Elena Tregubova
Die Mutanten des Kreml

Mein Leben in Putins Reich

Aus dem Russischen von
Olga Radetzkaja und Franziska Zwerg

Tropen Verlag

2. Auflage 2007

www.tropen-verlag.de

Die russischen Originalausgaben erschienen 2003
unter dem Titel »Baiki kremljowskogo diggera« und
2005 unter dem Titel »Proschtschanije kremljowskogo
diggera« bei Ad Marginem, Moskau.

Umschlaggestaltung unter Verwendung einer
Illustration von Zefa.

Gestaltung und Satz: Tropen Studios, Leipzig
Gesamtherstellung: Fuldaer Verlagsanstalt
Printed in Germany
ISBN 978-3-932170-22-5

Inhalt

EXIL – Vorwort zur aktualisierten deutschen Ausgabe

Am selben Tag, an dem der erste russische Präsident Boris Jelzin starb, habe ich meinen Antrag auf politisches Asyl in Großbritannien unterschrieben. Die Gleichzeitigkeit war rein zufällig – aber für mich sehr symbolisch: Mit diesem Tag war die kurze, aber brillante Epoche der liberalen Reformen in Rußland, die Zeit der bürgerlichen Freiheiten und der großen Hoffnungen auf den Aufbau einer demokratischen Gesellschaft, zu Ende. Putin hatte all das ebenso begraben wie er jetzt Jelzin beerdigen würde.

Meinem schweren Entschluß, nicht nach Moskau zurückzukehren, waren mehrere alptraumhafte Monate vorausgegangen, voller Schrecken und Angst um meine Familie, meine Freunde, mich selbst und mein Land.

Angefangen hatte das Ganze an Putins Geburtstag im Oktober 2006, mit einem besonders wertvollen »Geschenk« für den Präsidenten: Mitten in Moskau wurde die weltbekannte Journalistin und entschiedene Kritikerin des Kreml und des Tschetschenienkriegs Anna Politkowskaja ermordet. Von meinem Haus an der Puschkinskaja ploschtschad bis zum Schauplatz dieses Mordes sind es zu Fuß vielleicht sieben bis zehn Minuten, nicht mehr. Es war ein sonniger Samstag, ich war gerade draußen, auf dem Rückweg vom Einkaufen, als mein alter Freund Wladimir Korsunski mich anrief, der Chef der Internet-Seite *grani.ru*, die zu den letzten vom Kreml unabhängigen und nicht zensierten Medien gehört: »Hast du vielleicht was über Anna Politkowskaja gehört? Hier wird so ein Quatsch erzählt …«

»Nein, habe ich nicht, was ist denn los?« fragte ich noch mit ganz ruhiger Stimme, denn ich war hundertprozentig sicher: Wenn es irgend jemanden gab, den die Machthaber nicht anzutasten wagen würden, dann war das die weltweit bekannte und respektierte Anna Politkowskaja.

»Na ja, es gibt Gerüchte … Die Kollegen bei der *Nowaja Gaseta* wissen nicht, wo sie ist, sie erreichen sie telefonisch nicht – sie geht nicht an ihr Handy«, erklärte Wladimir Korsunski unter Berufung auf den stellvertretenden Chefredakteur der *Nowaja Gaseta*. »Und dazu kommen eben diese Gerüchte – man mag es gar nicht aussprechen … angeblich soll sie ermordet worden sein.«

»Das ist ausgeschlossen«, antwortete ich überzeugt. »Ich rufe dich von zu Hause aus zurück.«

Als ich wenige Minuten später in meiner Wohnung ankam, waren die »Gerüchte« bereits zur grausigen Wahrheit geworden, die Miliz hatte sie bestätigt, und ganz Moskau war buchstäblich gelähmt vor Schreck. Meine vollen Einkaufstüten blieben an der Tür liegen, ich brach in Tränen aus. Meine Putzhilfe (eine Ingenieurin mit Hochschulabschluß aus dem Moskauer Umland, die in ihrem Beruf nur 150 Dollar im Monat verdient und deshalb zusätzlich bei anderen Leuten putzen muß, um ihren Sohn zu ernähren – ein Symbol des modernen Rußland!) versuchte nach Kräften, mich zu beruhigen. Sie selbst hat mit Politik überhaupt nichts im Sinn, ich glaube, sie liest nicht einmal Zeitung, aber auch sie wußte, wer Anna Politkowskaja war und hatte große Achtung vor ihr.

»Was soll denn jetzt werden? Was bedeutet das, Lena? Gibt es jetzt wieder Repressionen?«

Einige Minuten später rief mich ein befreundeter Geschäftsmann an, den ich noch aus der Schulzeit kenne, und sagte barsch und ohne überflüssige Gefühlsduselei: »Okay, Tregubova, du hast eine halbe Stunde zum Packen. Dann komme ich vorbei und bringe dich zum Flughafen Scheremetjewo. Wage nicht, mir zu widersprechen. Du siehst doch, daß sie angefangen haben Leute umzubringen – die politischen Gegner werden jetzt einfach physisch aus dem Weg geräumt. Wahrscheinlich sind sie bald mit allen durch. Ich bringe dich jetzt sofort zum Flughafen, keine Widerrede – du bleibst keine Minute länger in diesem Land.«

»Halt, halt! Ich fahre überhaupt nirgends hin, so ein Quatsch. Das ist mein Land hier. Wer wegläuft, überläßt den anderen den Sieg.«

»Was redest du da!« brüllte mein Freund mich an. »Das ist doch Schwachsinn! Wer bist du denn, Jeanne d'Arc? Da steckt das *System* dahinter, das *Büro* – was kannst du gegen die schon ausrichten? Die haben schon siebzig Jahre hier regiert, und sie wollen mindestens noch mal siebzig Jahre regieren. Es ist vorbei, mit den Jelzinschen Freiheiten ist Schluß. Vergiß es! Reicht dir ein Attentat etwa nicht? Weißt du nicht mehr, die Politkowskaja haben sie auch vorher schon mal versucht umzubringen – damals, 2004, als sie im Flugzeug nach Beslan vergiftet wurde. Die schlachten euch Journalisten allesamt ab wie die Hühner, ohne mit der Wimper zu zucken. Wem nützt es, wenn du nach der Politkowskaja die Nächste bist?«

Aber ich weigerte mich strikt, das Land zu verlassen. Dennoch spürte ich in diesem Moment zum ersten Mal am eigenen Leib, was nackte Angst war. Die Vorstellung, daß

Anna Politkowskaja heute morgen, als ich aufgewacht und fröhlich aus dem Haus gegangen war, noch gelebt hatte, ganz in meiner Nähe, nur zehn Minuten Fußweg entfernt, daß man sie noch hätte retten können, und daß sie jetzt tot war, erschossen im eigenen Treppenhaus, war zuviel für meinen Verstand. Ich saß bewegungslos da, völlig schockiert. Selbst zwei Jahre zuvor, nach dem Anschlag auf mich, hatte ich nichts Vergleichbares empfunden.

Es war das Mitgefühl mit Anna, das mich in diesem furchtbaren Moment alles, was mir damals zugestoßen war, noch einmal durchleben und begreifen ließ – und jetzt saß ich völlig schockiert da und konnte mich nicht mehr dazu bringen, auch nur die Wohnung zu verlassen. Ich weinte nicht mehr. Aber ich konnte auch nicht normal atmen. Sprechen. Mich bewegen. Ich war hilflos. Ich konnte mir nicht vorstellen, wie ich weiterleben sollte.

Mein italienischer Agent rief an – er war gerade auf der Buchmesse in Frankfurt. Er wußte noch nichts von dem Mord, deshalb erzählte er munter, auf welch großes Interesse mein eben erschienenes Buch in Deutschland gestoßen sei. Ich unterbrach ihn und informierte ihn über die schreckliche Neuigkeit. Mein Agent kennt die Situation in Rußland gut, aber auch er wollte es im ersten Moment nicht glauben: »Unmöglich, das kann nicht sein! Bist du sicher? Vielleicht ist das eine Falschmeldung? Ich kann nicht glauben, daß sie sich trauen würden, Anna umzubringen – das wäre derart offensichtlich, sie ist doch weltberühmt, und jeder weiß, daß sie eine Putin-Kritikerin ist! Das wäre doch ein völlig offener, unverhüllter politischer Mord! Bestimmt wird sich das bald aufklären, das muß ein Irrtum sein.«

Statt ihm Beweise zu liefern, fing ich wieder an zu weinen und gestand: »Vor ein paar Tagen habe ich mich noch so gefreut, als ich die ersten Exemplare meines deutschen Buches bekommen habe! Und jetzt kann ich es gar nicht mehr anschauen! Egal was ich schreibe, es sind nur Worte. Aber Anna hat mit dem Leben bezahlt für das, was sie geschrieben hat. Wie konnten wir so etwas nur zulassen?«

»Rede keinen Unsinn, Lena, du hast an deinem Platz getan, was du konntest. Was in deiner Macht stand. Paß auf dich auf! Du mußt jetzt extrem vorsichtig sein. Wenn es wirklich stimmt, daß sie umgebracht wurde, dann ist damit nicht mehr zu spaßen.«

Als ich mich wieder etwas beruhigt hatte, rief ich Wladimir Korsunski von *grani.ru* an – als alter Dissident, der noch zu Sowjetzeiten die Moskauer Untergrund-Zeitung *Express-Chronika* herausgegeben hatte, müßte er doch wissen, was jetzt zu tun war, dachte ich. Ich bat ihn, alle Journalisten anzurufen, die er kannte: »Wir müssen uns sofort alle versammeln und auf die Straße gehen, um zu protestieren – ich weiß nicht wo – am besten auf dem Roten Platz! Jetzt gleich. Wenn wir heute nicht protestieren, dann wissen die Mörder, daß wir das Ganze ›geschluckt‹, haben, daß wir Angst bekommen haben und eingeknickt sind. Bitte ruf alle an, die du bei der *Nowaja Gaseta* kennst, sie sollen ihre Leser aufrufen, auf die Straße zu gehen – wir können es auch über *Echo Moskwy* bekanntgeben.«

Wladimir antwortete, die Idee sei ihm natürlich auch schon gekommen, aber Dimitri Muratow, der Chefredakteur der *Nowaja Gaseta*, habe ihm offen gesagt, die gesamte Redaktion sei im Moment nur mit einem beschäftigt: mit dem Kopieren und Vernichten von Dateien auf Annas Bürocomputer. Bei der *Nowaja Gaseta* befürchtete man, der Kreml und die von ihm kontrollierten »Sicherheitsbehörden« könnten Annas Ermordung auch noch zum Vorwand nehmen, die

Redaktionscomputer zu durchsuchen, um alles, was Anna möglicherweise demnächst publiziert hätte, zu konfiszieren und zu vernichten und nebenbei noch ihre Kontaktpersonen und geheimen Informationsquellen ausfindig zu machen. (Einige Stunden später zeigte sich, daß die Befürchtungen der Journalisten nur allzu berechtigt gewesen waren – in der Redaktion tauchte tatsächlich eine Gruppe von »Ordnungshütern« auf und beschlagnahmte die Festplatten sämtlicher Computer, so daß die Redaktion praktisch stillgelegt war.) Der Leiter von *grani.ru* erzählte mir, Journalisten von *Echo Moskwy* (dem letzten Moskauer Radiosender, der sich herausnimmt, dem Kreml nicht genehme Informationen zu senden) hätten bereits vorgeschlagen, sich am folgenden Tag einer Mahnwache auf der Puschkinskaja ploschtschad anzuschließen, die sich ursprünglich gegen ethnische Säuberungen richten sollte, wie sie die russische Staatsmacht damals gerade sanktioniert hatte (die Polizei war angewiesen worden, alle Georgier aufzugreifen und aus dem Land zu werfen).

Am nächsten Tag protestierten mehr Menschen auf der Puschkinskaja ploschtschad gegen Anna Politkowskajas Ermordung, als man je hätte erwarten können – schließlich waren Ort und Zeit der Aktion nur über *Echo Moskwy* und die letzten verbliebenen oppositionellen Internetseiten bekanntgegeben worden. Mir fiel ein, daß ich Anna hier auf der Puschkinskaja auch zum letzten Mal gesehen hatte, bei einer Demonstration gegen den Tschetschenienkrieg. Die offiziellen russischen Fernsehsender zogen es vor, die tragische Neuigkeit zu verschweigen oder sie ganz ans Ende ihrer Nachrichten zu schieben, um ihre Bedeutung möglichst herunterzuspielen.

Putin schwieg. Schon in den ersten Stunden nach Bekanntwerden des Mordes an Anna Politkowskaja waren Beileidsbekundungen und erste Reaktionen vom State Department der USA, von führenden Staatsmännern auf der ganzen Welt und von Menschenrechtsaktivisten eingegangen – alle hatten reagiert, Putin aber schwieg. Er schwieg am ersten Tag, er schwieg am zweiten Tag und am dritten. Erst am vierten Tag, in Deutschland, brachten Journalisten den Kremlchef endlich dazu, sich zu dem Mord an seiner berühmtesten Kritikerin zu äußern. Leider waren es keine russischen Journalisten, die den stummen Präsidenten mit ihren Fragen in die Enge trieben, sondern ausländische Korrespondenten.

Und Putin sprach. Besser wäre es allerdings gewesen, er hätte weiter geschwiegen. Am Tag, als in Moskau die ermordete Anna Politkowskaja beerdigt wurde, scheute der Präsident, den sie kritisiert hatte, sich nicht, vor der ganzen Welt zu verkünden, Politkowskajas Artikel hätten Rußland erstens »geschadet« (denn auch das verbirgt sich hinter Putins kasuistischer Formulierung, der Mord an ihr habe »Rußland mehr Schaden zugefügt als Politkowskajas Publikationen«) – und zweitens sei sie eine »völlig unbedeutende«, nur in den engen Kreisen von Menschenrechtsaktivisten und Journalisten bekannte Figur gewesen. Nur ein extremer Zyniker konnte am Tag der Beerdigung einer Journalistin, die für ihre Artikel mit dem Leben bezahlt hatte, behaupten, diese Artikel hätten »Rußland Schaden zugefügt«. Und nur jemand, den dieser Mord freute, konnte am Tag der Beerdigung verkünden, die Ermordete sei »unbedeutend« gewesen.

Das war ein Schlag ins Gesicht nicht nur für Annas Angehörige, sondern auch für sämtliche Journalisten. Wenn Putin sich nicht scheute, von der bekanntesten russischen Journalistin, die im Inland wie im Ausland das höchste Ansehen genoß, so respektlos zu sprechen, wie mochte er dann erst über ihre Kollegen denken? Die überwiegende Mehrheit unter ihnen bewertete Putins zynische Auslassungen in Dresden als klare Botschaft an alle noch lebenden russischen Journalisten: Wenn ihr glaubt, daß eure Bekanntheit im Westen euch schützt, dann irrt ihr euch. Also haltet besser den Mund.

Ich wußte erst nicht, wie ich mit der Situation umgehen sollte – wie ich mir bei den westlichen Regierenden Gehör verschaffen und ihnen klarmachen konnte, daß sie, wenn sie jetzt schwiegen (oder in zu milder Form protestierten, was unter den gegebenen Umständen auf dasselbe hinausgelaufen wäre), Putin de facto einen Freibrief für weitere Morde an politischen Gegnern ausstellen würden. Schließlich veröffentlichte ich in der deutschen Wochenzeitung *DIE ZEIT* einen offenen Brief an die Bundeskanzlerin Angela Merkel, mit dem Titel »Schweigen heißt Mittäterschaft«. Ich rief Frau Merkel, die sich in derselben Woche mit Putin traf, auf, von ihm ein Ende aller politischen Morde und weiterer grober Menschenrechtsverletzungen sowie die Wiederherstellung der Meinungs- und Pressefreiheit in Rußland zu fordern.

Einige Tage später erschien in einer europäischen Tageszeitung ein Artikel, der den »einzigen Unterschied zwischen Tregubova und Politkowskaja« darin sah, »daß Tregubova bislang noch am Leben ist und weiterhin Bücher über die *Mutanten des Kreml* veröffentlicht«. Es ist nicht schwer vorzustellen, wie sehr dieses »bislang noch« mich erschreckt hat. In dem Artikel war auch der durch einen Zufall mißglückte Anschlag auf mich erwähnt. »Doch die Killer im heutigen Rußland verfehlen ihr Ziel nur selten«, hieß es weiter. Eine Übersetzung dieses Artikels erschien umgehend auf einer russischen Internetseite. Ich holte den Rat eines meiner früheren Informanten ein, der gewöhnlich gut über die Situation im Kreml unterrichtet war. Er bestätigte mir, daß die Umgebung des Präsidenten sehr gereizt auf meine Veröffentlichungen in Deutschland reagiert hatte, sowohl auf das Buch als auch auf meinen offenen Brief an Angela Merkel zum Zeitpunkt ihres Treffens mit Putin, denn Putin und sein *inner circle*, der die Kontrolle über *Gazprom* habe, hätten ein vitales Interesse daran, maximalen Profit aus ihren Beziehungen zu deutschen Spitzenpolitikern zu schlagen.

Unmittelbar nach dem Erscheinen des offenen Briefs in Deutschland bemerkte ich – ich war immer noch in Moskau – ein sprunghaft gestiegenes ungesundes Interesse mir unbekannter Menschen an meiner Person: Ich wurde überwacht, pausenlos und unverdeckt. Als ich eines Tages nach einem Interview für einen italienischen Fernsehsender ziemlich spät, schon nach Einbruch der Dunkelheit nach Hause kam, stieß ich auf zwei Typen, die mir auflauerten – sie standen zu beiden Seiten der Haustür wie zwei Atlanten oder Karyatiden und sahen mich vielsagend und abwartend an. Völlig panisch schloß ich auf, schlüpfte ins Treppenhaus und zog so schnell wie möglich die Tür hinter mir zu. Ein andermal kam ich spät abends von einem Treffen mit Journalisten nach Hause und sah neben dem Torbogen, am Anfang der um diese Tageszeit menschenleeren Gasse, die von der uliza Twerskaja zu meinem Haus führt, einen Menschen, der offenbar auf mich wartete. Als er mich sah, wählte er sofort eine Nummer auf seinem Mobiltelefon, worauf wenige Sekunden später aus einer Einfahrt ein anderer Mensch hervorkam und hinter mir herging. Beide folgten mir in Richtung meines Hauses – ich konnte ihnen nicht ausweichen. Ich lief schneller und schlüpfte auch diesmal durch den Eingang und zog die Tür zu.

Bei wem hätte ich mich beschweren sollen? Wo hätte ich Schutz suchen können? Bei der Polizei? Eben der Polizei, die den Anschlag auf mich in den zwei Jahren, die seither vergangen waren, immer noch nicht aufgeklärt hatte? Oder hätte mich vielleicht die Polizeidienststelle im Erdgeschoß meines Hauses beschützen sollen, die damals nicht das geringste dagegen unternommen hatte, daß jemand am helllichten Tag einen Sprengsatz vor meiner Wohnung montierte und zur Explosion brachte?

All diese Tage über fuhr ich nur im Taxi durch Moskau, ich hielt die Wagen auf der Straße an – das schien mir die sicherste Art der Fortbewegung, denn so war es am schwersten, mir zu folgen. Aber auch das bewahrte mich nicht vor dem nächsten Schock: Eines Tages, ich war auf dem Weg zum Einkaufen und ging gerade die uliza Twerskaja entlang, als ich mit Schrecken feststellte, daß jemand mir dicht auf den Fersen folgte. Eine gut gekleidete Frau ging hinter mir her, als wäre sie an mir festgeklebt. Wenn ich langsamer ging, ging sie auch langsamer. Wenn ich stehenblieb, blieb auch sie stehen. Wenn ich mich umdrehte und in die Gegenrichtung ging, tat sie dasselbe. Wenn ich an den Verkaufstischen mit CDs stehenblieb und das Angebot dort studierte, folgte sie mir auch. So ging das zehn Minuten lang. Die Twerskaja war um diese Zeit voller Menschen, und offenbar hoffte meine Verfolgerin, in der Menge unbemerkt zu bleiben. Irgendwann hatte ich das Ganze satt: Ich drehte mich einfach direkt zu ihr um und blieb abwartend stehen. Eine Weile hielt sie sich noch in der Nähe auf und schaute in die Luft, dann verschwand sie endlich. Aber ich war nicht sicher, ob die Dame allein gewesen war oder ob noch irgendwelche Kollegen von ihr hier herumschwirrten. Was hatten sie vor? Auf einmal hatte ich keine Lust mehr, etwas einzukaufen, mir war der Appetit vergangen. Aber ich hatte auch Angst, mein Haus zu betreten. Ich blieb unter dem Torbogen am Anfang meiner Gasse stehen und wartete einfach ab, was passieren würde. Erst nach einigen Minuten ging ich nach Hause.

In den zwei Jahren seit dem Anschlag auf mich war es mir irgendwie gelungen, mich in Moskau aufzuhalten und die Bedrohung dabei auszublenden. Damals, im Jahr 2004, entschied ich mich nach der Rückkehr von einer kurzen Auslandsreise, auf Personenschutz zu verzichten. Ich wollte nicht paranoid werden. Gleichzeitig faßte ich einen grundlegenden Entschluß: Ich würde weiter in Moskau leben, das war meine Stadt und mein Land. In dieser ganzen Zeit, bis zum Mord an Politkowskaja, hatte ich, wenn ich allein oder mit Freunden in der Stadt unterwegs war, zwar gewisse Sicherheitsvorkehrungen getroffen, aber ich hatte mich gezwungen, mir keine Gefahr vorzustellen, nicht an das Attentat zu denken, nicht zurückzuschauen, sondern das Beste zu hoffen. Natürlich war das ein Selbstbetrug – doch dieser Selbstbetrug hatte mir zwei glückliche Jahre mehr in meiner geliebten Stadt geschenkt. All diese Zeit schaffte ich es, mir kaum Gedanken über meine Situation in Moskau zu machen, gewissermaßen nach dem Motto von Scarlett O'Hara: »Verschieben wir es doch auf morgen.«

Jetzt, zurück von der uliza Twerskaja, wurde mir plötzlich klar, daß dieses »morgen« heute angebrochen war. Ich griff zum Telefon und rief den ersten Flüchtling aus Putins Rußland an – den Oligarchen Boris Beresowski, der sich in London in Sicherheit gebracht hatte. In der Vergangenheit hatte Beresowski die Zeitung *Kommersant* gehört, für die ich gearbeitet hatte. (Heute wird sie von einem *Gazprom*-Vertreter kontrolliert.) Obwohl ich sofort nach dem Erscheinen meines Buches entlassen wurde, rief Beresowski mich damals persönlich an und sagte mir, das Buch habe ihm sehr gefallen. Im Text hatte ich Beresowski den »bösen Geist der russischen Politik« genannt und ihn für seine zerstörerischen Intrigen in der Jelzin-Zeit kritisiert, von denen die fatalste letztlich Putin an die Macht gebracht hatte. Beresowski aber war offenbar zufrieden, daß Putin in meinem Buch noch schlechter wegkam als er. In jedem Fall war ausgerechnet Beresowski einer der Ersten, die mich nach dem Anschlag anriefen. Er bot mir seine Hilfe an – in Form von Personenschutz. Jetzt war für mich der Moment gekommen, in dem ich diese Hilfe wirklich brauchte. Ich wollte immer noch in Moskau bleiben. Aber nach mehreren beunruhigenden Begegnungen mit meinen Überwachern war mir klargeworden, daß es Wahnsinn wäre, weiterhin völlig ungeschützt als lebende Zielscheibe durch die Stadt zu laufen. Beresowski antwortete mir, er sei selbstverständlich bereit, mir Personenschutz zur Verfügung zu stellen und bat mich um einige Tage Geduld, damit er alles Nötige vorbereiten könne.

Als ich in diesen Tagen in der Stadt unterwegs war, ertappte ich mich dabei, daß ich nur an eines dachte: In denselben Straßen liefen auch Anna Politkowskajas Mörder und deren Auftraggeber herum. Und wenn ich zu Hause war, verbot ich mir, daran zu denken, wie ich das nächste Mal aus der Tür gehen – und später wieder über die dunkle Gasse zurückkehren würde.

Ein europäischer Botschafter (seinen Namen möchte ich aus verständlichen Gründen nicht nennen), der von dem Attentat auf mich wußte und nach dem Mord an Politkowskaja sehr besorgt über die sich zusehends verschlechternde Situation in Rußland war, bot mir »für den Notfall« Schutz auf dem Gelände seiner Botschaft an. Ich erzählte ihm, daß Beresowski versprochen hatte, mir eine Leibwache zu besorgen und sagte, ich würde in jedem Fall in Moskau bleiben.

Während ich auf meinen Personenschutz wartete, wurde

mir immer klarer, daß ich in dieser Atmosphäre der permanenten Anspannung und allgegenwärtigen Angst nicht mehr arbeiten konnte. Ich stand damals in Verhandlungen mit einem russischen Verleger, der mich drängte, ihm möglichst bald mein neues Buch abzuliefern, an dem ich gerade arbeitete. Das Beste, dachte ich, wäre es, für eine Weile nach Israel zu fahren – an meinen liebsten Urlaubsort –, um dort zumindest einen gewissen Abstand von diesem ganzen Alptraum zu bekommen und in Ruhe zu arbeiten. Nach Moskau, so hoffte ich, würde ich dann mit einem fertigen Manuskript zurückkehren. Doch es kam anders.

Am ersten November rief mich endlich »im Auftrag von Beresowski« der Chef eines Sicherheitsunternehmens an. Er stellte sich vor und sagte, Beresowski habe mit ihm vereinbart, daß mir Leibwächter zur Verfügung gestellt würden. Der Name des Anrufers war Lugowoi.

Lugowois Firma schickte mir ihre Mitarbeiter zwei Tage vor meiner Abreise nach Israel. Sie brachten mich zum Flughafen und wir vereinbarten, daß sie mich auch wieder abholen sollten – am 11. Dezember wollte ich für einen Tag nach Moskau zurückkehren und am nächsten Tag zur Präsentation meines Buches nach Deutschland weiterfliegen.

Doch in Israel, wo ich gehofft hatte, zumindest ein wenig Ruhe und Ablenkung von meinen Problemen zu finden und mich ganz meinem Buch zu widmen, ging der Alptraum weiter. Kurz nach meiner Ankunft wurde bekannt, daß Alexandr Litwinenko, ein Mitstreiter Beresowskis und ehemaliger FSB-Mitarbeiter, in London vergiftet worden war. Und wenig später tauchte der Name desselben Andrei Lugowoi, der in Absprache mit Beresowski für meinen Personenschutz gesorgt hatte, in den Meldungen als Name des mutmaßlichen Mörders von Litwinenko auf. Ich wußte nicht, woran ich glauben und was ich denken sollte. Einerseits war Litwinenko unübersehbar einer der Hauptfeinde Putins in der Öffentlichkeit, und seine Liquidierung – der zweite Mord an einem dem Kreml verhaßten Oppositionellen in so kurzer Zeit – konnte kein Zufall sein. (Mir kamen sofort Parallelen zur Ermordung des tschetschenischen Präsidenten Jandarbijew in Katar in den Sinn, wonach FSB-Mitarbeiter als tatverdächtig festgenommen worden waren. Der Mord geschah 2004, kurz vor Putins Wiederwahl zum Präsidenten, und war anscheinend eine Einschüchterungsmaßnahme im Rahmen des Präsidentschaftswahlkampfs, die zeigen sollte, daß Putin ein knallharter Typ war, der seine Gegner überall erledigen konnte, selbst im Ausland.) Andererseits war Andrei Lugowoi, mit dem Litwinenko sich am Tag seiner Vergiftung getroffen hatte und der in der Presse als potentieller Mörder gehandelt wurde, der Mann, den der Putingegner Beresowski mir für meinen persönlichen Schutz empfohlen hatte. Ich überlegte hin und her, wie das zusammenpassen konnte. Beresowski konnte ich von Israel aus telefonisch nicht erreichen. Schließlich beschloß ich, die Lösung des Rätsels lieber nicht auf experimentellem Weg zu suchen und dem Leibwächterteam in Moskau zukünftig aus dem Weg zu gehen.

Währenddessen zogen sich über meinem Leben immer dichtere Wolken zusammen: »Moskau« erreichte mich selbst in Israel. Eines Tages bekam ich einen Anruf unter meiner Moskauer Mobilnummer von einem gewissen X (auch hier möchte ich den realen Namen nicht nennen) – beziehungsweise der Anrufer stellte sich vor als die bewußte Person X, mit der ich bislang nur schriftlich in Kontakt gewesen war, und deren Stimme ich nicht kannte. Die Person, die sich als X ausgab, wollte sich mit mir treffen und sagte, sie sei für kurze Zeit in Moskau. Ich bekam in diesen Tagen häufig Anrufe von Leuten, die sich mit mir treffen und die jüngsten Ereignisse erörtern wollten, viele davon Ausländer, die nach Moskau gekommen waren. Deshalb maß ich der Sache keine besondere Bedeutung bei, sondern war nur etwas verärgert, weil ich von der Arbeit abgelenkt worden war. »X« bestand etwas zu nachdrücklich auf einem Treffen, und als ich sagte, ich sei nicht in Moskau, versuchte »X« in Erfahrung zu bringen, wo ich sei. Ich wunderte mich außerdem ein wenig, daß »X« russisch sprach – bis dahin hatten wir uns immer in einer anderen Sprache geschrieben. Doch am Tag darauf durchfuhr mich ein eisiger Schreck, als ich in meiner Mail eine Nachricht von der echten Person X fand, die sich keineswegs in Moskau aufhielt, sondern im Ausland, und die unseren einige Tage zuvor unterbrochenen Mailwechsel fortsetzte wie bisher, ohne ein einziges russisches Wort. Offensichtlich hatte jemand versucht, mich zu einem Treffpunkt zu locken oder zumindest herauszufinden, wo ich mich aufhielt.

Der nächste »Gruß aus Moskau« fiel schon in die Zeit nach der Bekanntgabe von Litwinenkos Tod. Ich bekam einen Anruf von meiner Haushaltshilfe: »Jemand muß in Ihrer Wohnung gewesen sein, Lena!« sagte sie alarmiert. »Als ich das letzte Mal hier war, war alles in Ordnung, Ihr Computer war ausgeschaltet. Heute komme ich wieder, und er ist an …«

Das war zuviel. Ich wagte nicht mehr, mit irgendwem über all das am Telefon zu sprechen. Ich rief nur meine engste Freundin Mascha Slonim an und sagte ihr, ich hätte Sicherheitsprobleme. Mascha ist Journalistin und dreißig Jahre älter als ich, zu Sowjetzeiten mußte sie wegen ihrer dissidentischen Aktivitäten vorübergehend emigrieren und wurde in London zur bekanntesten russischen Stimme der BBC. Sie hörte ohne viele Worte sofort an meiner Stimme, daß ich Angst hatte und ernsthaft in Schwierigkeiten war: »Lena, ich fliege in ein paar Tagen geschäftlich nach London. Ich lasse eine Einladung für dich hier in Moskau (sie ist britische Staatsbürgerin – E.T.), besorg dir ein Visum und komm nach England. Da kannst du dich beruhigen und ausruhen, und Weihnachten verbringst du mit meiner Familie.«

Ich nahm das Angebot sofort mit Freuden an. Ich flog für ein paar Tage nach Moskau zurück, beruhigte so gut ich konnte meine Mutter, die wegen der jüngsten Ereignisse in furchtbarer Sorge war, und beantragte ein Visum für meinen Besuch bei Mascha und ihrer Familie in London. Während dieser Moskauer Tage versuchte ich, mich so unauffällig wie möglich zu verhalten. Mein Moskauer Mobiltelefon schaltete ich nicht ein, damit es sich nicht im lokalen Netz registrierte, sondern für diejenigen, die es möglicherweise abhörten, im israelischen Roaming blieb, so als wäre ich gar nicht hier.

Einige Tage später flog ich nach Israel zurück, und von dort aus weiter nach London. Inzwischen war eine weitere kriminelle Affäre bekannt geworden: Der in der Vergangenheit als Reformpolitiker unter Jelzin bekannte Jegor Gaidar erklärte, er sei während einer Vortragsreise im Ausland vergiftet worden. Die Kremlpropaganda verbreitete sofort, Gaidar sei von Beresowski vergiftet worden, der jetzt einen Oppositionellen nach dem anderen liquidiere, um Putins Image zu schaden. Die Kremlgegner wiederum behaupteten, es sei der Kreml, der erst Politkowskaja und dann Litwinenko umgebracht habe und nun versuche, die Spuren zu verwischen, indem er mit der »Vergiftung« Gaidars die Sache zur Groteske und Farce steigere. Wieder andere Stimmen behaupteten, Jegor Gaidar sei einfach krank geworden, und dann habe man ihn mit seiner Tochter (die in einer Anti-Putin-Jugendbewegung aktiv ist) erpreßt oder eingeschüchtert und ihn gezwungen, öffentlich die »Feinde Rußlands« zu bezichtigen.

Wem sollte man glauben? Für welche Version ich mich auch entschied, eines war für mich offensichtlich: Da meine Deutschlandreise bereits für Mitte Dezember angekündigt war, mit in der Presse veröffentlichten Veranstaltungsorten und -zeiten, würde ich damit zur direkten Zielscheibe werden. Besser wäre es, alle Kontakte mit der Öffentlichkeit und der Presse fürs erste zu meiden und in Ruhe abzuwarten und mein weiteres Vorgehen zu überdenken.

Bald nach meiner Ankunft in London traf ich mich mit Beresowski. Das Treffen fand in einem geschlossenen Club im Zentrum von London statt. Beresowski war buchstäblich nicht wiederzuerkennen. Anstelle des vor unbändiger Energie übersprudelnden Mannes, der kaum jemand anderen zu Wort kommen ließ, als den ich ihn bei allen früheren Begegnungen kennengelernt hatte, sah ich jetzt beim Betreten des Clubs einen angespannten, stillen Menschen mit geröteten Augen, der mich als erstes fragte: »Was glaubst du, warum haben sie Sascha umgebracht und nicht mich? Ich will dir was sagen, Lugowoi war am Abend vor der Vergiftung noch bei mir im Büro. Wir haben Champagner miteinander getrunken. Sie hätten mich ohne weiteres töten können. Warum haben sie das nicht getan?«

Zu seiner »Beruhigung« sagte ich – vielleicht etwas grausam in dieser Situation, aber absolut aufrichtig: »Keine Sorge, Boris Abramowitsch, ich bin vollkommen sicher, daß sie Sie vor den Wahlen auch noch umzubringen versuchen werden.«

Darauf sah er mich besorgt an und sagte: »Du hast bestimmt Hunger. Komm, wir bestellen dir etwas zu essen.«

»Nein danke, nicht nötig, Boris Abramowitsch«, lehnte

ich hastig ab – mir fielen mit einem Schlag alle gastronomischen Parallelen der letzten Zeit ein.

»Doch, doch, die kochen ein ausgezeichnetes Süppchen hier, das mußt du probieren.«

Die Suppe wurde serviert. In dieser Sekunde, als ich den Löffel schon in der Hand hatte und kurz davor war, ihn in den Teller zu tauchen, wußte ich, daß ich jetzt blitzschnell die Lage analysieren mußte: Wer steckte wirklich hinter dem Mord an Litwinenko – der Kreml oder Beresowski? Was immer ich vorher theoretisch darüber gedacht hatte, welche Gründe auch rein logisch für die eine oder andere Version gesprochen hatten, in diesem Moment stockte mir der Atem: Eine falsche Analyse und ein einziger Schluck konnten mich das Leben kosten. Eine Sekunde darauf bekam ich Hunger, nahm einen Löffel Suppe und aß. Das war offensichtlich meine instinktive Antwort.

Ich will an dieser Stelle nicht von den haarsträubenden Umständen sprechen, die mich in London zur Einsicht zwangen, daß eine Rückkehr in meine Heimat für mich einem Selbstmord gleichkommen würde – Umstände, die mir mit einem Schlag deutlich zeigten, daß mein Leben in Rußland unmittelbar bedroht war. Ich will nur sagen, daß mir Anfang Januar 2007, nachdem ich wieder einmal einen mehr als vielsagenden Hinweis aus Rußland bekommen hatte, klar wurde, daß mein temporärer »Urlaub« im Ausland dabei war, sich in ein Exil zu verwandeln. Und daß ich mich so schnell wie möglich an die britische Regierung wenden und sie um Schutz und Asyl bitten mußte. Ich beauftragte sofort einen Anwalt, einen offiziellen Brief an das Innenministerium zu schreiben.

Die weitere Entwicklung bestätigte meine Befürchtungen: Die in London eingetroffenen Ermittler der russischen Staatsanwaltschaft, die angeblich Beresowski zum Fall Litwinenko vernehmen wollten, versuchten während der Vernehmung auf einmal, meine Londoner Adresse von ihm zu erfahren. Beresowski erklärte, »selbst wenn er sie wüßte, würde er sie nicht verraten«. Die Mitschrift dieser Vernehmung wurde auf Beresowskis Betreiben auf der Internet-Seite des *Kommersant* veröffentlicht – und machte derart Furore in Rußland, daß unbekannte Hacker sich beeilten, die Seite sofort zu knacken und zu blockieren.

Am 23. April saß ich in Croydon in einer Sonderabteilung des britischen Home Office und hatte schon alle für den Asylantrag notwendigen Papiere unterschrieben, als mein Anwalt mit einer traurigen Nachricht vom Telefonieren zurückkam: »Jelzin ist tot.«

Wieder einmal war die Geschichte meines Landes zu meiner eigenen, zutiefst persönlichen Geschichte geworden. Sekundenschnell zog in meinem Kopf die ganze Jelzin-Zeit an mir vorüber – die Epoche eines großen Reformpolitikers, der die Presse und die Freiheit geliebt hatte und mit allen Kräften versucht hatte, das von Kommunisten und KGB geknechtete Rußland vorwärts zu zerren, der zivilisierten, offenen, demokratischen westlichen Welt entgegen. Am Ende dieser großen Epoche steht nun die stupide Revanche der Geheimdienste – mit Putin an der Spitze, der panische Angst vor der freien Presse hat, Journalisten haßt und die Opposition vernichtet, der die ehemaligen sowjetischen »Kolonien« (Estland, Georgien, die Ukraine und andere) erpreßt und schon begonnen hat, sich im alten Geist des Kalten Krieges mit dem Westen zu entzweien. Alle grundlegenden Errungenschaften des Reformers Jelzin – Meinungs- und Pressefreiheit, freie demokratische Wahlen und Föderalismus – hat Putin praktisch wieder abgeschafft. Die bevorstehenden Wahlen kann man in der derzeitigen Atmosphäre der Einschüchterung, in einer Situation, in der Oppositionelle und Journalisten physisch aus dem Weg geräumt werden, in der es keinen einzigen nicht vom Kreml zensierten Fernsehsender gibt und die Opposition keinen Zugang zu den Medien hat, in der friedliche Demonstrationen zerschlagen, oppositionelle Parteien aufgelöst und NGOs unter Druck gesetzt werden, nur als Farce betrachten. Sie werden nicht mehr Legitimität haben als Wahlen beispielsweise in Weißrußland.

Der Kreis schließt sich. In dem Moment, als Putin den Truppen des Innenministeriums Befehl gegeben hat, Gewalt gegen friedliche Demonstranten anzuwenden, hat er sich letztlich nicht als Erbe Jelzins, sondern der alten sowjetischen Partei- und Geheimdienst-Nomenklatur zu erkennen gegeben. Ob er entgegen der Jelzinschen Verfassung selbst für eine dritte Amtszeit Präsident bleibt oder ob seine »Korporation« diesen Posten mit irgendeinem Iwanow, Medwedjew oder Jakunin besetzen wird, ist inzwischen gar nicht mehr entscheidend: Im Prinzip wird das eine Neuauflage des guten alten Politbüros sein, mit vielen (mehr oder weniger aggressiven) Köpfen ein und desselben Drachen. Nur steht hinter dem neuen, Putinschen Politbüro nicht mehr ein maroder, in Auflösung begriffener Koloß auf tönernen Füßen (wie das zu Gorbatschows Zeit der Fall war, als selbst der alten Kreml-Elite klar war, daß das Land demnächst explodieren würde, wenn es nicht den Westen um Hilfe und Kredite bat), sondern ein modernisiertes Monstrum mit einem bedrohlichen Militärapparat und einer wesentlich profitableren Energiewirtschaft, die erst mit Hilfe der Oligarchen reformiert, dann aber enteignet und in die Hände marodierender Tschekisten gegeben wurde. Putin kann den Westen jetzt nicht nur erpressen, sondern auch kaufen. Er kann die schweigende Duldung westlicher Regierungschefs für die Ausschaltung der Opposition und die Auflösung demokratischer Institutionen in Rußland kaufen, und er kann sich das Recht auf einen Sitz in so ehrenwerten Organisationen wie der G8-Runde erkaufen.

Wer trägt die Schuld daran, daß Rußland seine Chance auf Freiheit und demokratische Entwicklung vertan hat? Um auf diese Frage zu antworten, will ich zuerst erzählen, wie ich den Menschen kennenlernte, der eine fatale Rolle nicht nur in meinem Leben, sondern auch für das Schicksal meines Landes spielte.

Wie Putin mich anwarb

»Wollen wir den Tag des Tschekisten nicht zusammen in einem Restaurant feiern?« schlug mir Wolodja Putin unerwartet vor.

Ich saß nach einem Interview bei ihm allein in seinem Büro in der Lubjanka, dem Sitz des KGB, heute FSB, und versuchte ein ungezwungenes Lächeln zu bewahren und krampfhaft zu verstehen, was der leitende Tschekist des Landes vorhatte. (Als »Tschekisten« bezeichnet man, in Anlehnung an die erste sowjetische Geheimpolizei »Tscheka«, die Mitarbeiter der russischen Geheimdienste.) Umwarb er mich als Journalistin oder als Frau? »Geben Sie mir Ihre Telefonnummer, ich rufe Sie die Tage an, und wir verabreden Zeit und Ort«, bat er.

»Meine Telefonnummer liegt eigentlich in Ihrem Vorzimmer ...«, preßte ich vorsichtig heraus.

»Schreiben Sie sie mir hier trotzdem noch mal für alle Fälle auf ...«

Noch länger auszuweichen wäre dumm gewesen, meine Telefonnummer ist ohnehin kein Geheimnis, und außerdem hätte es dem Chef des FSB keine Mühe bereitet, sie herauszufinden.

Der Leiter des Geheimdienstes hatte offenkundig bemerkt, daß mich sein »intimer« Vorschlag nervös machte.

Um die Situation wenigstens irgendwie zu entschärfen, verkündete ich fröhlich: »Gut, ich gebe Ihnen meine Privatnummer, aber sorgen Sie bitte dafür, daß mein Telefon nicht mehr abgehört wird! Als Direktor des FSB können Sie das doch unter Ihre persönliche Kontrolle stellen.«

»Werden Sie etwa abgehört?!« Das Erstaunen, das sich auf Putins Gesicht abzeichnete, sah dermaßen echt aus, daß ich unwillkürlich losprustete. Doch sofort riß ich mich wieder zusammen und setzte ein ernstes Gesicht auf. »Wissen Sie, Wladimir Wladimirowitsch, ich gehe ja jeden Tag in den Kreml, bin oft mit dem Präsidenten unterwegs. Und da habe ich vor kurzem in einem Artikel gelesen, daß in Rußland grundsätzlich alle Politikjournalisten ›von Amts wegen‹ abgehört würden ... Was glauben Sie, ist das wahr oder nicht?« Die letzte Frage hatte ich natürlich in möglichst naivem Ton ausgesprochen, und nun starrte ich Putin erwartungsvoll an.

»Ach was!!! Wir?! Sie meinen, daß *wir* euch alle abhören?« Putin war noch aufrichtiger erstaunt.

Die allseitige Naivität und das Staunen zwischen uns steigerten sich beständig. »Aber nicht doch, Wladimir Wladimirowitsch! Wie könnte ich so über Sie denken?« narrte ich ihn erneut. Ich konnte das Lachen fast nicht unterdrücken und sah, daß Putins Augen ebenfalls lachten. Allerdings war seine Maske der Aufrichtigkeit und unschuldiger Begriffsstutzigkeit um einiges professioneller als meine.

»Na also«, parierte Putin und verbarg gekonnt ein Grinsen, »das sind nicht wir, das ist jemand anderes!«

»Wer könnte es denn sein, Wladimir Wladimirowitsch?« ließ ich nicht locker. »Sie leiten schließlich die bestunterrichtete Institution im Lande, Sie müssen über Informationen verfügen, wer so etwas tut!«

»Nun, das ist wahrscheinlich irgendein großes Unternehmen. Wissen Sie, die haben so ihre eigenen kleinen Geheimdienste ... Dort arbeiten übrigens auch einige unserer früheren Mitarbeiter ...«

»Was denn, Sie können die nicht kontrollieren?«

»Nein, absolut nicht, die treiben, was sie wollen! Und hören die verehrten Journalisten ab!« Hier mußte Putin lachen.

»Wie schade, daß ich dieses Gespräch nicht als Zeitungsinterview bringen kann!« schoß es mir durch den Kopf. Bevor ich ging, fragte mich Wladimir Wladimirowitsch überaus professionell, woran ich merke, daß mein Telefon abgehört wird. Als ich ihm die Anzeichen aufgezählt hatte, schloß er zufrieden: »Aha. Das werden wir überprüfen!« Daraufhin gingen wir auseinander.

Kaum war ich über die Schwelle des düsteren KGB-Gebäudes in die Freiheit getreten, waren das seltsame Gespräch mit Putin und die Notwendigkeit, wegen des Mittagessens mit ihm eine Entscheidung zu treffen, verflogen. Private Probleme drängten sich auf. Der Mann meiner Freundin Mascha Slonim war kurz zuvor verstorben, der von uns allen geliebte Sergei Schkalikow, ein wunderbarer Schauspieler des Moskauer Künstlertheaters – er war gerade erst fünfunddreißig Jahre alt geworden. Mascha teilte mir über den Pager mit, daß sie sich mit mir treffen wolle, und wir verabredeten uns zum Abendessen in einem Gebäude neben der Lubjanka, im mexikanischen Restaurant auf der uliza Puschetschnaja. Die Fajitas blieben allerdings unberührt auf dem Teller liegen. Wir schauten Sergeis Fotos an und trockneten uns gegenseitig die Tränen.

Dann rief die Restaurantkulisse unerwartet eine ungeheuerliche Assoziation hervor. Mich überlief es heiß bei dem

Gedanken an das Mittagessen mit Putin. Wie schrecklich! Wie hatte ich Idiotin dem zustimmen können?! Und wie dachte Putin sich das überhaupt: Da sitzt eine schöne junge Frau an einem Tisch im Restaurant und ihr gegenüber der Chef des FSB?! Ein hübsches Pärchen! Ich sah mich um: Ein kleiner Springbrunnen, eine steinerne Grotte, gedämpftes Licht – und ich stellte mir vor, nicht mit der lieben Mascha am Tisch zu sitzen, sondern mit Putin. Was für eine Schande!

Auf dem Heimweg befand ich mich bereits in einem Zustand völliger Trance. Sobald ich allein war, begann ich das Gespräch mit Putin im Detail zu rekonstruieren und versuchte zu verstehen, was er von mir wollte und ob ich mich richtig verhalten hatte. Alles hatte damit begonnen, daß der Chef des FSB sich nach dem Interview, als ich zu »nicht für den Druck« bestimmten Fragen übergegangen war, plötzlich besorgt erkundigte: »Lenotschka, sagen Sie mal, womit kann ich Ihnen bei Ihrer Arbeit behilflich sein?«

»Womit? Mit mehr Informationen natürlich, Wolodenka!« blieb ich unbeirrt. (Ich weiß, daß für das westliche Ohr die Verwendung der Kosenamen »Lenotschka« und »Wolodenka« in einem Gespräch des FSB-Chefs mit einer Journalistin ein wenig seltsam klingt. Doch es war nun einmal so, wie es war.)

»Vielleicht können wir eine Art ständigen Informationsaustausch schaffen?« Aus dem Mund des obersten Tschekisten des Landes klang ein solcher Vorschlag ziemlich zweideutig. Ebendarum bemühte ich mich, das Gespräch von seinen Interessen zu meinen umzulenken.

»Es versteht sich von selbst, Wladimir Wladimirowitsch, daß *wir* so viele Informationen wie möglich bekommen wollen. Wissen Sie, in unserer Zeitung gibt es eine Rubrik über Verbrechen und deren Aufklärung, und ich denke, die wären glücklich, wenn sie von Ihrer Behörde Informationen zu laufenden Ermittlungen bekommen könnten.«

»Und wie können wir mit Ihnen persönlich zusammenarbeiten?« ließ Putin nicht locker.

»Das wissen Sie doch – ich bin politische Beobachterin, mich interessiert vor allem, was im Kreml geschieht. Aber was ›in der Folterkammer‹ vor sich geht, darüber werden Sie mir ja nicht die Wahrheit erzählen, oder?«

Putin lächelte zur Antwort sein typisches, rätselhaftes Gioconda-Lächeln.

»Es wäre einfach fabelhaft«, sprach ich weiter, »direkt von Ihnen ab und zu offizielle Kommentare zu den wichtigen politischen Ereignissen im Land zu bekommen. Aber ich weiß ja, daß Sie auf Ihrem Posten bemüht sind, sich so unpolitisch wie möglich zu verhalten. Wobei Sie die politische Situation wahrscheinlich besser kennen als viele andere im Kreml ...«

In dem Moment lächelte die Putinsche Gioconda noch zufriedener.

»Deswegen bleibt von meinen realistischen Wünschen nur einer«, resümierte ich. »Sie häufiger zu treffen, damit Sie mir unter vier Augen erläutern, wie Ihrer Meinung nach das Kräfteverhältnis im Land aussieht.«

Und an dieser Stelle machte mir der Direktor des FSB das Angebot, das ich nicht ablehnen konnte: zusammen zu Mittag zu essen. Noch dazu am Tag des Tschekisten. Ich war schockiert. In mir entbrannte ein Konflikt zwischen Gefühl und Pflicht, schlimmer als in den Tragödien von Racine. Genauer gesagt, war es eher andersherum als bei Racine: Das Gefühl sagte: »Nein«, aber die Pflicht brüllte: »Yes!!!«

Einerseits ist es eine Schmach, zusammen mit einem KGB-Mann zu Mittag zu essen. Und mit ihm auch noch den Tag des Tschekisten zu feiern ist eine Schande fürs ganze Leben. Ich würde mich hinterher schämen, meinen Freunden davon zu erzählen! Andererseits – ein Tête-à-tête mit dem Chef der allergeheimsten Behörde des Landes in inoffiziellem Rahmen und die Möglichkeit, ihm offene Fragen zu stellen – das ist der unerfüllte Traum jedes Journalisten! Nach einer Sekunde Zögern gewann die professionelle Neugier in mir die Oberhand: »Eine hervorragende Idee! Nur habe ich eine Bitte, Wolodja: Lassen Sie es uns nicht auf Ihren beruflichen Feiertag legen. Wir essen einfach zusammen zu Mittag und plaudern, gut?«

Als ich das alles in meinem Gedächtnis abspulte, war ich durchaus mit mir zufrieden. Mir schien, daß ich alle Akzente klar gesetzt hatte und keine Mißverständnisse zwischen uns auftauchen konnten. Trotzdem nagte weiterhin eine unangenehme Vorahnung an mir. Außerdem hatte ich das erste Mal im Leben ungefähr einen Tag lang eine unerklärliche Angst zu telefonieren. Um von dieser blöden Phobie loszukommen, erzählte ich die ganze Geschichte Julija Beresowskaja absichtlich am Telefon. (Meine Journalistenkollegin und enge Freundin ist mit dem größten Feind Putins, dem in Ungnade gefallenen, emigrierten Oligarchen Boris Beresowski, keineswegs verwandt, sondern trägt einfach nur denselben Namen. Solche Zufälle gibt es …)

»Was soll das, du dummes Ding? Warum erzählst du mir das am Telefon, du wirst doch sicher abgehört!« fing sie an zu schreien.

»Und vor wem soll ich mich jetzt noch verstecken? Der Direktor des FSB weiß es höchstpersönlich!« lachte ich.

»Hast du überhaupt eine Vorstellung davon, was du da angerichtet hast?« lamentierte die Beresowskaja im Ton einer jüdischen Mama. »Der Direktor des FSB hat dich um ein Rendezvous gebeten, und du hast ja gesagt! Gefällt er dir wenigstens?«

Einige Tage später, als der Tag des Tschekisten bereits ereignislos verstrichen und der offizielle Teil meines Interviews mit Putin bei der *Iswestija* gedruckt worden war, dachte ich erleichtert, daß es nun kein Mittagessen mehr geben würde.

Doch am nächsten Morgen klingelte in meinem Büro bei der *Iswestija* das Telefon: »Elena Viktorovna? Wladimir Wladimirowitsch Putin würde gern mit Ihnen zu Mittag essen. Er schlägt vor, morgen um zwei Uhr im japanischen Restaurant *Izumi* auf der uliza Spiridonowka. Passen Ihnen Zeit und Ort? Wunderbar, danke! Wladimir Wladimirowitsch wird Sie dort erwarten!«

Es war Igor Setschin, der jetzige Büroleiter des Präsidenten, der damals Putins Pressesprecher war. Nun, als dieses Abenteuer reale Formen annahm, war ich kein bißchen mehr erschrocken. Der einzige Mensch, mit dem ich mich ernsthaft (und nicht per Telefon) beratschlagte, war mein Vater. Er stärkte nicht gerade meine Zuversicht.

»Weißt du, Lawrenti Pawlowitsch Berija (ein Kremlkiller der dreißiger Jahre, engster Kampfgefährte Stalins und Chef der Vorgängerorganisation des KGB, der als Vergewaltiger und Raubmörder bekannt war, dem serienmäßig schöne Moskauer Frauen zum Opfer fielen – E.T.) hat die jungen Frauen auch so zum Mittagessen eingeladen. Und dann hat sie niemand je wieder gesehen ...«

In dieser Stimmung also ging ich im Dezember 1998 zum Rendezvous mit einem Menschen, der nur ein Jahr später Präsident Rußlands werden sollte. Damals hätte das natürlich niemand geglaubt. Genausowenig wie die Tatsache, daß mein Mittagessen mit Wladimir Wladimirowitsch Putin der indirekte Grund für meine Vertreibung aus dem »Kremlpool« sein würde, der Gruppe im Kreml akkreditierter Journalisten. Und noch weniger, daß dieser Mann, einige Monate nachdem er die höchste Macht im Land errungen hatte, den unabhängigen politischen Journalismus vernichten würde. Aber ich werde jetzt alles der Reihe nach erzählen und beginne damit, wie mein journalistischer »Durchbruch« der Kremlmauer vonstatten ging. Und wie es mir überhaupt einfallen konnte, mich mit alldem zu befassen.

Meine Orangen-Revolution

Ich erinnere mich gut daran, wie ich als junges Mädchen im letzten Schuljahr zum ersten Mal aus dem totalitären sowjetischen Gefängnis in die freie westliche Welt reiste, durch einen glücklichen Zufall ausgerechnet nach Deutschland, nach München.

Ich hatte einfach Glück gehabt – ich besuchte eine Schule mit Intensivunterricht in deutscher Sprache und Literatur. Wir fuhren mit dem Zug von Moskau nach Brest, dann kam die Grenze, und danach ging es weiter bis Berlin. Obwohl die Mauer vier Monate zuvor gefallen war, blieb bis zur endgültigen Wiedervereinigung Deutschlands noch ungefähr ein halbes Jahr, und die Stadt war in Ost und West geteilt. Wir verließen einen Bahnhof in Ostberlin, wechselten den Bahnsteig und stiegen um – in einen feinen Zug (wie es uns damals im Vergleich zu den sowjetischen Fernzügen vorkam) mit Abteilen und gepolsterten Klappsesseln. Wenige Minuten später fuhren wir ein in das Bollwerk der »feindlichen«, »ungerechten«, »mißgestalteten« westlichen Welt, als welche sie uns die sowjetische Propaganda hatte darstellen wollen. Bei Grenzübertritt war es Nacht.

Nie werde ich diesen ersten Eindruck vergessen: nach den am Vortag zurückgelassenen grauen, schmutzigen, depressiven, schlecht beleuchteten, sogar am Tag irgendwie schummerigen Straßen der hungernden Moskauer Innenstadt mit ihrer stalinistischen Architektur, den staubigen Schaufenstern und leeren Regalen in den Läden – plötzlich ein Lichtermeer.

Draußen war es hell, mitten in der Nacht. Schaufenster, Laternen, Reklame – ich schaffte es nicht, ein Detail zu erfassen. Nur eine ungewohnt strahlende, tanzende, bunte Stadt. Wie ein Weihnachtsbaum. Licht, Licht, überall um mich herum Licht. Das ist mein erstes Bild von Berlin, das ich nie vergessen werde. Mein Berlin. Die Grenze zwischen zwei Welten. Das erste Aufblitzen, meine erste klare Empfindung an der Schwelle vom totalitären Lager in die freie Welt, von der Kindheit zum Erwachsenwerden, von der Schule, der Jugend zur schwindelerregenden Karriere einer russischen Politikjournalistin.

Dann München, wo es auf den Straßen appetitlich roch und in den Unterführungen ein Duft von Parfum lag. (Seid ehrlich, Münchener: Nehmt ihr diesen Cocktail aus Düften noch wahr? Habt ihr euch daran gewöhnt? Ich bemerke ihn jetzt auch nicht mehr. Weil es im Moskauer Stadtzentrum nun ungefähr genauso riecht wie in den Zentren aller großen Hauptstädte der Welt. Doch damals, im Frühling 1990, bohrten sich diese Gerüche in meine Nase wie irgendein erlesenes Narkotikum – im Gegensatz zum sowjetischen Moskau und dessen Unterführungen. Ich sage Ihnen besser nicht, wonach es dort zu jener Zeit roch.) Und wissen Sie, welchen Geschmack der erste Schluck der Freiheit für mich hatte? Also, das einzige materielle Gut, das mich damals, als ich mit sechzehn Jahren aus dem sowjetischen Lager in die freie Welt ausbrach, wirklich interessierte, war – Achtung – Orangensaft. In der Sowjetunion gab es keinen. Zitrusfrüchte wurden bei uns nicht gemolken, und fertig! (Ein Lebensmittel mit dem Namen »Mandarinensaft« aus unserem Kaufhaus erinnerte in Geschmack und Farbe am ehesten an – verzeihen Sie – eine siebzig Jahre eingelagerte Eselsurinprobe.) In München konnte ich nun endlich darüber herfallen. Ich trank Orangensaft auf ex, flaschenweise, literweise. Meine Münchener Freunde wunderten sich, wie diese Mengen in mir Platz fanden. Doch ich hörte nicht auf. Ein Meister des Sozialistischen Realismus hätte diese Szene in einem epischen Gemälde festhalten können: »Eine Vegetarierin aus einem Land des Hungers gleicht ihren Jahresmangel an Vitaminen aus, bevor sie den Eisernen Vorhang zerbricht.«

Ehrlich gesagt hege ich bis heute den starken Verdacht, daß das sowjetische Imperium, nachdem ich den frischen Saft geschluckt hatte und in die Heimat zurückgekehrt war, nur aus einem Grund bald darauf zusammenbrach: wegen meines organischen, unstillbaren, leidenschaftlichen Verlangens, daß man auch in meinem Land am Morgen frischgepreßten Orangensaft trinken kann. Es war ganz klar ein revolutionäres Getränk.

»Lena, gibt es Gott?«

Ich gebe Ihnen vollkommen recht. Sich für Politik zu interessieren ist für ein Mädchen äußerst schädlich. Aber was sollte ich tun, da meine Kindheit genau zu dem Zeitpunkt endete, als sich das Leben um mich herum in reine Politik verwandelte? Die Politik zu ignorieren hätte schlicht bedeutet, nicht zu leben.

Als ich die Schule beendet hatte, brach nicht nur die kommunistische Diktatur in Rußland zusammen, sondern gleich die gesamte Sowjetunion. Die überalterten menschenfressenden Mutanten, die im Politbüro der kommunistischen

Partei ein sicheres Plätzchen gefunden hatten, klammerten sich rasend vor Wut mit letzter Kraft an die Macht und fühlten dabei sehr wohl ihren unausweichlichen historischen Untergang. Wenigstens wollten sie noch so viele Menschen wie möglich mit ins Grab nehmen.

An allen Außengrenzen tobte in den ehemaligen sowjetischen Republiken der Befreiungskampf. Ich erinnere mich gut daran, wie ich mit meiner Mutter laut schluchzend in der Küche saß, als Anfang 1989 eine Sondereinheit im Zentrum der georgischen Hauptstadt Tbilissi auf Befehl Gorbatschows einen Massenmord an friedlichen Demonstranten verübte, die für die Unabhängigkeit Georgiens von der Sowjetunion und die Abschaffung der kommunistischen Diktatur auf die Straße gegangen waren. Man hatte die Demonstranten nicht einfach nur mit Gewalt auseinandergetrieben, indem man sie mit Militärspaten verprügelte, sondern man schlug sie danach mit ebendiesen Spaten tot – in den Hauseingängen, in denen sie sich hatten verstecken wollen.

Das Gorbatschow-Regime, das der Sondereinheit den Befehl zum Einsatz der Militärspaten gegen friedliche Demonstranten in Tbilissi gegeben hatte, war auch todbringend für den politischen Häftling Anatoli Martschenko, den Autor eines antikommunistischen Buches, das selbstverständlich im Ausland erschienen war. Wenn man sich also im Westen mit sentimentaler Nostalgie an *Perestroika* und *Glasnost* und *Gorbi* erinnert, dann ist das ein großer Mythos, geschaffen von denen, die einfach heilfroh waren, daß der neue kommunistische Führer wenigstens respektabel aussah, nicht wie Chruschtschow mit seinem Schuh aufs Rednerpult schlug, physisch in der Lage war, ein Gespräch zu führen, anders als Breschnew alle Wörter verhältnismäßig deutlich aussprach und nicht ständig mit sowjetischen Atomraketen herumfuchtelte, wie es alle früheren sowjetischen Führer getan hatten. In Rußland haben damals alle über die sich selbst entlarvende Formel Gorbatschows gelacht: »Sozialismus mit menschlichem Antlitz«, denn ein Mensch hat es gewöhnlich nicht nötig, sich zu maskieren und ein »menschliches Antlitz« aufzusetzen. Eine menschliche Maske ist eher etwas für einen Wassergeist oder Mutanten aus Horrorfilmen.

Als Gorbatschow an der Macht war, fuhr die Polizei sogar in Moskau, im Zentrum des Imperiums, auf Befehl von oben damit fort, Herausgeber und Verbreiter des *Samisdat* zu verhaften und zu schlagen. *Samisdat* hießen in der sowjetischen Zeit alle Zeitungen oder Blätter, die nicht in den kommunistischen Druckereien herausgegeben wurden. Der *Samisdat* wurde entweder auf Schreibmaschinen getippt (auf dünnem »Zigarettenpapier«, damit die Schreibmaschine mehrere Kopien gleichzeitig machen konnte), oder er wurde in geheimen Druckereien erstellt. Was gehörte zu dieser verbotenen Literatur? Wenn ich das aufzähle, werden Sie es mir nicht glauben. Am »kriminellsten« war der Text der Allgemeinen Erklärung der Menschenrechte (die übrigens von der Sowjetunion unterschrieben worden war, aber selbstverständlich nicht eingehalten wurde), außerdem Archivmaterial über die Greueltaten der Kommunisten und Geheimdienste, Informationen darüber, wie die Behörden mordeten und Andersdenkende in Gefängnissen verfaulen ließen. Ein verbotenes Genre war auch der sogenannte *Tamisdat* – Zeitungen, die von politischen Emigranten herausgegeben und illegal ins Land geschmuggelt wurden (zum Beispiel das in Paris erscheinende Blatt *Russkaja mysl* und die in Deutschland herausgegebene Zeitschrift *Possew*), oder sogar einfach nur die im Ausland erscheinende Literatur, Poesie und Tagebücher von Autoren des sogenannten »Silbernen Zeitalters« (Achmatowa, Zwetajewa, Gumiljow), also aus der Zeit, als die Bolschewiki an die Macht kamen. Auch die Strafpsychiatrie, bei der die Behörden die Dissidenten gewaltsam in psychiatrische Anstalten stecken und sie dort mit psychotropischen Mitteln vollspritzen ließen, bis sie zu »Gemüse« wurden, setzte diese Praxis aktiv fort.

Doch der Tornado des massenhaften Protestes war bereits nicht mehr aufzuhalten. Überall gab es millionenstarke Demonstrationen auf den Straßen, denen sich praktisch die gesamte damalige sowjetische Intelligenzija anschloß, die früher nach außen die politisch passivste Klasse gewesen war. Der Sinn eines Plakates mit einer durchkreuzten »6« war damals jedem Bewohner der Sowjetunion verständlich, und jeder wußte, daß man dafür eingesperrt werden konnte. Denn dieses Plakat drückte die Forderung des Volkes aus, Paragraph 6 der sowjetischen Verfassung abzuschaffen, welcher das absolute Machtmonopol der kommunistischen Partei untermauerte.

Sie werden es nicht glauben: Die Demonstranten wurden sogar dafür verhaftet und verprügelt, daß sie die Trikolore, die weiß-blau-rote Flagge hochhielten, die damals als Symbol für das vorkommunistische Rußland galt. Ich erinnere mich daran, wie ich als kleines Mädchen zum Zeichen der Solidarität mit der Befreiungsbewegung die Trikolore mit bunten Fäden in Knöchelhöhe auf meine schwarze Nylonstrumpfhose nähte und so zur Schule ging. Natürlich wurde ich fast von der Schule geworfen. Jetzt ist die weiß-blau-rote Trikolore die offizielle Flagge Rußlands. Jelzin hat sie eingeführt. Die neue Hymne des demokratischen Rußland, ebenfalls von Jelzin eingeführt, hat der Zögling des alten sowjetischen Geheimdienstes Putin wieder abgeschafft und schändlicherweise durch die Hymne der UdSSR ersetzt. Unter ihr wurden zu sowjetischer Zeit alle politischen Morde und Gemetzel verübt, und nun zwingt Putin die Mitglieder des russischen Parlaments erneut, sich zu ihren Klängen ehrerbietig zu erheben – und das Land muß schweigen.

Meine Eltern waren keine Dissidenten. Sie waren nur ordentliche, ehrliche und gewissenhafte Menschen, die sich ihr ganzes Leben über eins im klaren waren: Sich mit kommunistischen Funktionären einzulassen oder mit dem KGB zusammenzuarbeiten ist peinlich, mies und unannehmbar. Sowohl meine Mutter als auch mein Vater hatten es ihr Leben lang abgelehnt, in die kommunistische Partei einzutreten, obwohl dies einen sofortigen Aufstieg auf der Karriereleiter bedeutet hätte. Deswegen hatten weder meine Mutter noch mein Vater, obwohl sie beide gebildete und begabte Menschen sind, in der sowjetischen Zeit je eine leitende Position inne.

Seit meiner frühen Kindheit hörte ich von meinen Eltern Witze über den senilen Generalsekretär Breschnew, der auf Geheiß der offiziellen Ideologie zu lobpreisen war. »Sagt einer zum Generalsekretär: ›Sie haben heute zwei verschiedene Schuhe an: der linke ist braun, der rechte schwarz. Wollen Sie nicht nach Hause gehen und sich umziehen?‹ Antwortet Breschnew: ›Ich war schon zu Hause und habe nachgesehen – zu Hause stehen auch nur zwei verschiedene …‹«

Oder: »Breschnew hat Besuch aus dem Ausland und liest vom Blatt: ›Liebe Indira Gandhi …‹ Sein Assistent souffliert ihm leise: ›Genosse Breschnew, das ist nicht Indira Gandhi, sondern der Botschafter von Namibia!‹ Breschnew fährt fort zu lesen: ›Liebe Indira Gandhi …‹ Der Assistent erneut: ›Genosse Breschnew!!! Das ist doch nicht Indira Gandhi – schauen Sie selbst –, das ist ein Schwarzer, ein Mann!‹ Daraufhin zeigt Breschnew dem Assistenten das Blatt Papier: ›Aber das steht hier so!!!‹«

Oder: Als wir einmal auf der Straße an einem riesigen, in meiner kindlichen Erinnerung wahrscheinlich zehn mal zehn Meter großen Breschnew-Plakat vorbeikamen, scherzte mein Vater: »Schau mal, seine linke Schulter ist breiter als die rechte. Weißt du warum? Weil er sich gestern selbst den vierten Orden verliehen hat, aber es war kein Platz mehr dafür, deswegen mußte die linke Schulter auf dem Plakat verbreitert werden. Wäre doch schade, das alte Plakat wegzuwerfen …«

Ich erinnere mich daran, mit welchem Abscheu meine Eltern untereinander über die Arbeit der sogenannten »1. Abteilung« sprachen, die es offiziell in jeder Institution gab, oder, einfacher gesagt, über die Spitzel, deren Aufgabe darin bestand, dem KGB alle »Wankelmütigen« zu melden. Wenn mein Vater von seinem Institut als bester Fachmann auf seinem Gebiet zu einer Dienstreise ins Ausland geschickt wurde, und sei es eine Dienstreise in ein Land des »sozialistischen Lagers«, befand sich in der Gruppe zwangsläufig ein solcher »Schmarotzer«, dessen Arbeit nur darin bestand, »auf die ideologische moralische Außenwirkung« der Mitarbeiter zu achten und darauf, daß sie nicht unerwartet auf die Idee kämen, das Leben im Ausland sei besser als in der Sowjetunion. Zur Information: Zu jener Zeit gab es im *Uniwersam* (so hießen die sowjetischen Supermärkte) gegenüber unserem Haus auf den langen Regalen in einem riesigen, fünfhundert Meter langen Saal nur drei Artikel: die sogenannten *Moskauer Chlebzy* (trockenen Roggenzwieback aus grobgemahlenem Mehl), kleine sowjetische Schmelzkäseecken der Marke *Freundschaft* sowie Wodka, und den im Überfluß, in verschiedenen Sorten und billig. Ansonsten gab es *nichts.*

Nun ja, zu sowjetischen Feiertagen wurden stinkende Rindsknochen angeliefert, an denen praktisch kein Fleisch war (zum Glück vielleicht), und das im verhältnismäßig »satten« Moskau, wo ungeachtet der sowjetischen Verlustwirtschaft durch repressive Regulierungsmethoden immer noch ein bedeutend höheres Niveau der Lebensmittelversorgung aufrechterhalten wurde.

Der realistischste Witz dieser Zeit war: »Ein Verkaufsstellenleiter rügt eine sowjetische Verkäuferin dafür, daß sie beim Verkauf der Waren zu wenig Initiative zeigt: ›Was machst du da, Mascha? Der Käufer kommt zu dir und fragt nach Socken der Größe 40. Und du sagst gleich nein. Du hättest sagen sollen: Wir haben Größe 36 und 44. Vielleicht hätte er sich etwas Passendes ausgesucht!‹ Am nächsten Tag beschließt der Verkaufsstellenleiter zu prüfen, ob die Verkäuferin ihre Lektion gelernt hat. Ein Käufer tritt an den Ladentisch und fragt: ›Sagen Sie, haben Sie Toilettenpapier da?‹ Die Verkäuferin antwortet: ›Nein, Toilettenpapier haben wir nicht, dafür aber Schmirgelpapier, Konfetti und Luftschlangen!‹«

Das mit dem Toilettenpapier war kein Witz. In der Sowjetunion gab es tatsächlich monatelang keines. Und wenn es dann endlich in die Regale »geworfen« wurde, bildeten sich kilometerlange Schlangen. Die Glücklichen, die welches ergattern konnten, deckten sich gleich für ein Jahr ein, fädelten auf eine Leine Dutzende von Rollen und hängten sich die Leine um den Hals wie Schmuck. Warum Toilettenpapier im Land mit den reichsten Holzvorkommen die größte Mangelware war, blieb immer ein Rätsel. Wahrscheinlich dachte die Partei- und Staatsführung (die sich von geheimen, internen Spezialzuteilungen ernährte und kleidete), daß das Volk sowieso nichts zu essen habe und deswegen auch kein Toilettenpapier benötige.

Im Vergleich zu jedem anderen beliebigen Land war also nicht zu übersehen, was die Spitzel aus der »1. Abteilung« während der Auslandsdienstreisen verschleiern sollten – daß nämlich in der Sowjetunion schlicht Hunger und Armut herrschten.

Wenn mein Vater aus dem Ausland zurückkam, versorgte er uns nicht nur mit unserem »täglich Brot« (für meinen Bruder und mich, Kinder der sowjetischen Mangelwirtschaft, waren das die Kaugummis, die mein Vater kiloweise mitbrachte). Mein Vater war es auch, der Anfang der achtziger Jahre als erster von allen unseren Bekannten die Bibel in russischer Sprache von einer Auslandsdienstreise mitbrachte – ein verbotenes und illegales Buch im damaligen gottesfeindlichen Land. Es gab sogar dazu einen bekannten Witz: »Ein Untersuchungsführer fragt einen Dissidenten im Verhör: ›Häftling, von wem haben Sie das Evangelium?‹ – ›Von Matthäus‹, gesteht der Häftling ehrlich.«

Als ich in der Oberstufe war, begann mein Vater Fotokopien von Büchern russischer Philosophen mit nach Hause zu bringen, die im Ausland erschienen und von der offiziellen sowjetischen Propaganda verboten worden waren. Offensichtlich deshalb, weil sie die Vielfalt der Möglichkeiten aufzeigten, zwischen denen Rußland zu seinem Vorteil hätte wählen können, wenn es sich von den Bolschewiki nicht hätte vergewaltigen lassen. Die Fotokopien mußte man »über Nacht lesen«, denn es gab eine ganze Reihe von Interessenten, Fotokopierer hingegen gab es zu der Zeit äußerst wenige – sie standen nicht zum freien Verkauf, und in den staatlichen Dienststellen wurde ihr Gebrauch streng von Mitarbeitern der Sicherheitsorgane kontrolliert.

Wie Sie sich denken können, endete mein Lesetag daher zwischen vier und sechs Uhr morgens. Wenn man nicht alles auf »schwierige Erbanlagen« schieben will, dann waren es wohl diese philosophischen Nachtwachen, die mich für immer zu einer überzeugten »Nachteule« gemacht haben. Abgesehen von seltenen Momenten seelischer Euphorie ist für mich ein Tag, an dem man vor zwölf Uhr aufstehen muß, ein verdorbener Tag. Damals mußte ich schon um acht Uhr aufstehen, um in die Schule zu gehen, die mich mit nichts anderem als der widerwärtigen sowjetischen Staatsmeinung vollstopfte. Eigentlich erinnere ich mich an keinen Fall, in dem meine Eltern mich für mein regelmäßiges (in den letzten Klassen fast tägliches) Schwänzen gerügt hätten.

Ihren Protest gegenüber der Obrigkeit äußerten meine Eltern nur zu Hause in der Küche, auf der traditionellen und einzigen Bühne der Machtkritik für sowjetische Intellektuelle. Sie wußten einfach nicht, wo sie ihre Gefühle sonst zum Ausdruck bringen konnten. Unter ihren Freunden gab es keine Dissidenten. Außerdem wollten sie ihre heranwachsenden Kinder vor den Aggressionen des Staates schützen.

Als 1968 sowjetische Truppen in die Tschechoslowakei einmarschierten, um den Prager Frühling (die mißlungene antikommunistische »samtene« Revolution) gewaltsam niederzuschmettern, zog der Bruder meiner engsten Freundin Mascha Slonim, die ich allerdings erst sehr viel später kennenlernte, zusammen mit einigen Freunden zum Zeichen des Protestes auf den Roten Platz. Selbstverständlich wurden alle sofort verhaftet.

Weder meine Mutter noch mein Vater haben so etwas getan. Sie wußten nicht einmal von dieser Aktion der Dissidenten, denn sie hatten zu dem Zeitpunkt keinen Zugang zum *Samisdat*. Meine Mutter erzählt jedoch, daß mein Vater, der nie Alkohol trinkt, sich vor Schmerz und Scham für sein

Land mit Wodka betrank, als er von der Entscheidung des Kreml erfuhr, den Prager Frühling mit Panzern niederzuschlagen. Schluchzend saß er in der Küche, wollte seinem Leben ernsthaft ein Ende bereiten und eine posthume Notiz des Protestes hinterlassen. Glücklicherweise kam meine Mutter rechtzeitig nach Hause und konnte das verhindern.

Sie werden verstehen, warum ich, als Ende der achtziger Jahre auch in Rußland der »Frühling« anbrach, ganz genau wußte, daß es mein Frühling war. Ich spürte, daß ich es nicht zulassen würde, daß man diesen Frühling mit Panzern plattwalzen und mir, wie man es mit meinen Eltern gemacht hatte, danach für den Rest des Lebens den Mund verbieten würde, so daß ich über die nächsten blutrünstigen Taten der Obrigkeit in derselben Küche hätte weinen müssen.

Nachdem ich mit meiner Mutter um die Opfer der Ereignisse in Tbilissi getrauert hatte, die man mit Spaten erschlagen hatte, fühlte ich den brennenden, ununterdrückbaren Willen, mich einzumischen und die Situation im Land zu ändern. Dabei gab es ein kleines Problem: Ich ging damals erst in die achte Klasse.

Ich wußte genau, daß ich von meinem Charakter her keine Revolutionärin und schon aus ästhetischen Gründen nicht in der Lage war, mich an irgendwelchen Massenveranstaltungen zu beteiligen oder gar in Parteien mitzuwirken, wo man Menschen nicht als einzigartige Individuen sah, sondern versuchte, sie als wertlose Massenware zu benutzen. Und erst recht würde ich nie auf die Barrikaden gehen. Schon aus hygienischen Gründen. Das heißt, ich wäre nicht als Teilnehmerin dorthin gegangen. In welcher anderen Eigenschaft man noch hineingeraten konnte – das war die Frage, über die ich nachdachte.

Ich verrate Ihnen noch ein großes Geheimnis. Aber erzählen Sie es nicht meinen Eltern. Während ich die ersten Unterrichtsstunden hauptsächlich wegen meiner philosophischen Nachtwachen schwänzte, gab es für das Versäumen der letzten Stunden gewöhnlich einen anderen Grund: Ich wollte mit meinem Geliebten zusammensein. Kein Problem, daß er tot war. Ich nahm einfach ein Buch von Vladimir Nabokov – dem größten russischsprachigen Schriftsteller, einem Genie, der sein ganzes Leben im Exil gewesen war, weil die Bolschewiki sein Land besetzt hatten –, ging in den Berjosowy-Park nahe der Schule und … Eine Minute später waren siebzig Jahre Diktatur in meinem Land weggeweht wie der schrecklicher Traum eines Banausen. Glauben Sie mir – Nabokov hat nicht nur »Lolita« geschrieben.

In der Schule ging ich nur noch zu den Stunden bei meinen Lieblingslehrern. Die wurden übrigens in der Regel nach kurzer Zeit aus ideologischen Gründen entlassen. Nicht meinetwegen natürlich – nur waren es gerade solche Lehrer, die mir gefielen. Ich erinnere mich, wie das verrückte Genie, der Literaturlehrer Igor Klepikow, für eine Unterrichtsstunde zu dem Theaterstück »Der Kirschgarten« von Tschechow ein Bühnenbild einrichtete. Es war Frühling, und er brach mit seinen Schülern einen blühenden Kirschzweig von einem Strauch unweit der Schulfassade ab und schmückte damit das Klassenzimmer. Leider war der Kirschstrauch gerade erst von der Biologielehrerin und ihren Schülern gepflanzt worden. Bis heute erinnere ich mich an ihr Gesicht, das grün war vor Wut, als sie im Flur auf mich zugerannt kam und fragte: »Wer hat meinen Kirschgarten zerstört?«

Ehrlich gesagt konnte ich das Lachen ungeachtet der Situation kaum zurückhalten, denn die Biologin hatte durch die verrückte Aktion unseres inspirierten Literaten, ohne es zu wollen, fast wörtlich die großartige Replik aus dem großartigen Theaterstück des großartigen russischen Dramatikers wiederholt. Um den Kirschstrauch war es natürlich schade. Dafür hat sich der »Kirschgarten« aber bestimmt jedem Mitwirkenden unseres Stücks für immer eingeprägt.

Kurz danach nahm uns der Literaturlehrer Klepikow auf eine Exkursion durch Moskauer Kirchen unterschiedlicher Konfession mit – in eine katholische Kirche, ein protestantisches Bethaus und eine Synagoge. Diese führten in der sowjetischen Zeit ein halblegales Dasein.

Und da hatten die Lehrerinnenhexen aus der Partei endlich einen hervorragenden Anlaß gefunden, sich dafür an ihm zu rächen, daß er sie alle übertraf. Die Schulleitung kam zu uns und fragte zischend vor Gehässigkeit: »Hat er euch wirklich in die Kirche geführt?« Der Literaturlehrer wurde bald darauf entlassen.

Die nächste Literaturlehrerin, Tatjana Gustjakowa, hielt sich in dieser Funktion nicht sehr viel länger – die junge Frau mit ihrer klassischen Universitätsausbildung las mit uns rebellische, »antisowjetische« Schriftsteller wie Bulgakow und analysierte Dostojewski nicht nach dem vorgeschriebenen Kanon der sowjetischen Propaganda, sondern nach dem berühmten Literaturwissenschaftler Bachtin. Die Lehrerin erwartete dasselbe Schicksal wie ihren Vorgänger: Ihr wurde von der Parteikommission vorgeworfen, sie unterrichte nicht nach Lehrplan. Ich habe die Namen der Lehrer absichtlich genannt, denn diese Menschen waren die ersten Kerzen, die vor meinen Augen im dunklen und stickigen Schuppen der sowjetischen Bestrafungspädagogik aufleuchteten. Ich weiß nicht, ob es die Sowjetmacht in ihrer Agonie noch geschafft hat, ihnen das Leben zu zerstören.

Es war auch die Literaturlehrerin Tatjana Gustjakowa, die mir eine Kirche im Zentrum von Moskau zeigte, wo ich kurze Zeit später, im Januar 1990, getauft wurde und wo einige Monate später auch meine Mutter sich taufen lassen wollte. Der Geistliche dieser Kirche kam ein Jahr später, am 25. Januar, zu uns nach Hause und traute meine Eltern, die bereits zweiundfünfzig Jahre alt waren.

Wenn Sie mich damals gefragt hätten, was ich werden will, hätte ich, ohne nachzudenken, geantwortet, daß ich mich zu Hause in meinem Elfenbeinturm einschließen und Prosa schreiben möchte. Natürlich keine politische. Paradoxerweise fühlte ich, daß ich mit der Zeit, sobald ich nur für eine Sekunde von meinen Büchern weg in die Welt ginge, wohin mich eine unerklärliche Kraft zog, unwillkürlich zu einer Art Gärstoff, zu Hefe für die Menschen in meiner Umgebung werden würde.

Es begann damit, daß ich bei einem meiner seltenen Schulbesuche kurzerhand den Komsomol, die sowjetische Jugendorganisation unserer Schule, zur Auflösung brachte. Dazu war es zunächst notwendig, den Sekretär des Schulkomsomol vom rechten Weg abzubringen. In einer Unterrichtsstunde gab ich ihm die in der Sowjetunion verbotene »antisowjetische« Zeitschrift *Possew* zu lesen. Woher das Heft kam? Das will ich Ihnen erklären.

Als jemand, der von Natur aus nicht in der Lage ist, in eine Partei einzutreten (weil jede von ihnen unvermeidlich versucht hätte, meine persönlichen Ansichten zu vereinfachen und einzuschränken), und der trotzdem ein dringendes Bedürfnis hat, auf die äußere Situation Einfluß zu nehmen, fühlte ich mich irgendwann in der Rolle des aktiven Beobachters am wohlsten. In der achten Klasse begann ich, zu allen politischen Veranstaltungen zu rennen – zu den offiziellen und zu den geheimen, die in Moskau stattfanden. Ich sprach mit den Leuten und versuchte herauszufinden, was für eine Suppe sich aus den einzelnen brodelnden Ingredienzen zusammenbraute. Dieser bohrenden, fast unkontrollierbaren Neugier hatte ich es zu verdanken, daß ich auf einer der ersten Konferenzen der Menschenrechtsorganisation *Memorial* den berühmten Wissenschaftler Andrei Sacharow zu Gesicht bekam – den schmalen, knochendürren Mann mit seinen bemerkenswert gütigen Augen. Das Land hatte ihn damals nur in den Fernsehübertragungen vom Kongreß des Obersten Sowjets beobachten können, wo Gorbatschow Sacharow nicht zu Wort kommen ließ, indem er den gealterten Wissenschaftler in seiner stotterigen Rede ständig unterbrach.

Bei *Memorial* lernte ich Menschen kennen, die geheime politische Diskussionen in einer Moskauer Privatwohnung auf der zentral gelegenen uliza Twerskaja veranstalteten und dort auch die Zeitschrift *Demokrat* druckten. Doch ich konnte es kaum abwarten, auf den »Grund« der antisowjetischen Bewegung vorzudringen, und fand letztlich heraus, daß dieser geheime politische Club manchmal auch von Mitgliedern jener Partei aufgesucht wurde, die mehr als alle anderen von der kommunistischen Propaganda gebrandmarkt, verboten und für ungesetzlich erklärt worden war und die ihre Basis im Ausland unterhielt – der *Bund Russischer Solidaristen* (*NTS*).

Nachdem mir eines der Mitglieder dieser Partei ins Netz gegangen war, verlangte ich natürlich sofort von ihm, er solle mich in die Höhle des größten Sowjetfeindes des Landes bringen – zum Chef der russischen Parteizelle des *NTS*, Waleri Senderow. Zu dem Zeitpunkt hatte Senderow wegen seiner antikommunistischen Ansichten bereits fünf Jahre im Gefängnis verbracht. Ich erinnere mich, mit welch erstauntem und begeistertem Blick er mich ansah und ganz offensichtlich nicht verstand, was ich junges hübsches Ding aus einer »wohlbehaltenen« Familie, in der es nicht ein Repressionsopfer gab, in der Politik zu suchen habe. »Ich möchte Ihnen einfach nur helfen, so gut ich kann«, erklärte ich aufrichtig. »Ich möchte nicht in Ihre Partei eintreten. Doch in einer Woche fahren wir mit der Klasse ins Ausland, nach München. Ich bin bereit, auf dem Rückweg Literatur über die Grenze zu schaffen.«

Ich weiß nicht, ob man mich verhaftet hätte, wenn ich wirklich Flugblätter und Zeitschriften des *NTS* über die Grenze gebracht hätte. Doch Senderow war dafür zu weise, verantwortungsvoll und nobel. Er sagte: »Wissen Sie, Lena ... wir sind eine aufklärerische Organisation. Unser Hauptziel ist, daß Sie sich in der Auswahl Ihres Lesestoffes nicht einschränken müssen. Also wäre es wunderbar, wenn Sie selbst ins Lager von *Possew* oder *YMCI-Press* fahren und sich alle Bücher aussuchen, die Ihnen persönlich gefallen ... Aber Sie sind noch ein junges Mädchen, es wird für Sie wohl schwer sein, das alles selbst zu schleppen. Deswegen kommen Sie besser bei mir vorbei, wenn Sie zurück in Moskau sind, ich müßte bald über unsere Kanäle eine neue Lieferung Bücher bekommen ...«

Obwohl ich in einem Land lebte, in dem Zensur herrschte, kam ich auf diese Weise unerwartet an eine unbegrenzte Auswahl von Büchern. Wenn Senderow irgendein geheimes Werk nicht hatte, konnte er das Buch sofort im Ausland »bestellen«, und es wurde ihm über irgendwelche dunklen, mir unbekannten »Parteikanäle« geliefert. Nabokov, Brodsky, Mandelstam, Bunins Tagebücher und die der Hippius – und so weiter in der kommunistischen Zensurliste. Ich denke, keiner meiner Altersgenossen hatte zu jener Zeit in Moskau eine so wunderbare Privatbibliothek wie ich.

Es versteht sich von selbst, daß ich von Senderow die Zeitschriften *Possew* erbat und sie mit in die Schule nahm, woraufhin mich alle Jungs natürlich nicht ohne Grund für das »coolste« Mädchen der Schule hielten. Im Handumdrehen gelang es mir, meinen Klassenkameraden Andrei mit dieser scharfen Lektüre »anzufixen« – ebenjenen Sekretär des Schulkomsomol, von dem ich anfangs sprach. Das war echte ideologische Sabotage. Als kluger Junge verschlang Andrei alle Artikel und zog schnell, sehr schnell die entsprechenden Schlüsse.

»Ihr Lenin ist ein Schuft!« erklärte er einer treuen alten Kommunistin offenherzig, die gleichzeitig unsere Lehrerin für Staatsbürgerkunde war (ein spezielles sowjetisches Unterrichtsfach: eine Mischung aus Neuerer Geschichte und Propaganda). Andrei stand gerade unter dem Eindruck der Lektüre eines Artikels aus meiner »verbotenen« Zeitschrift darüber, wie Lenin den Massenterror organisiert hatte. Die Lehrerin fiel selbstverständlich fast in Ohnmacht und rannte sofort zur Parteikommission der Schule, um sich zu beschweren. In der Pause wurde Andrei von seiner Tante, der Deutschlehrerin unserer Schule, in ihr Zimmer gerufen: »Andrei, ich möchte dich dringend warnen. Gib dich nicht mehr mit dieser Lena Tregubova ab. Sie ist ein gefährliches Mädchen ...«

Doch es war zu spät. Das nächste Abenteuer, das Andrei und ich nun bereits gemeinsam anzettelten, war die Auflösung des Schulkomsomol. In der Sowjetunion war die Mitgliedschaft in der kommunistischen Jugendorganisation Bedingung, um nach der Schule an einer Universität studieren zu können. Deswegen wurden viele Schüler, wie zum Beispiel auch Andrei, von ihren Eltern zum Eintritt in den Komsomol gezwungen, damit sie ihre Ausbildung fortsetzen konnten. Mit gutem Grund sahen wir darin eine grobe ideologische Diskriminierung, die zu einem Entzug des Rechtes auf Ausbildung für Andersdenkende führte.

Zu der Zeit spielte die Komsomolleitung auf Druck der Straßenproteste und in der Angst, auf der Müllkippe der Geschichte zu landen, eine »Demokratisierung« vor: Sie nahm eine Resolution an, wonach jede Komsomolzelle aufgelöst werden konnte, wenn die qualifizierte Mehrheit ihrer Mitglieder dafür stimmte. Wir beschlossen, dieses juristische Schlupfloch zu nutzen. Doch die Stimmen für eine qualifizierte Mehrheit reichten nicht aus. Im Schulkomsomol gab es auch »unbändige« Aktivisten, die ihre Karriere nicht aufs Spiel setzen wollten (in ihrer Naivität hofften sie diese auch in Zukunft mit Hilfe des Komsomol vorantreiben zu können).

Andrei und ich kamen zu dem Schluß, daß nur meine Stimme fehlte, damit der Komsomol aufhören konnte zu existieren. Nach unserem Plan sollte ich als »Trojanisches Pferd« fungieren: Ich würde nach meinem Eintritt in den Komsomol unverzüglich für seine Auflösung stimmen und so die Organisation wenigstens an unserer Schule für immer unter die Erde bringen. Doch wie konnte man die eingefleischten Apparatschiks betrügen, die sehr wohl von meinen Überzeugungen wußten? Wie konnte man sie dazu bringen, mich in den Komsomol aufzunehmen? Um das Ziel zu erreichen, ließ sich der unter meinen zersetzenden Einfluß geratene Andrei darauf ein, allerhand Mißbrauch mit seinem Amt als Sekretär der Komsomolzelle zu treiben. Zunächst rief er während einer Pause eine dringende Sitzung des Komsomol ein und forderte die Anwesenden auf, mich aufzunehmen, wobei er beteuerte, daß er für mich bürge.

In meinem Antrag stand schwarz auf weiß: »Ich bitte um Aufnahme in den Komsomol, denn ich will die Organisation von innen zerrütten.« Verständlicherweise wollte nie jemand Aufnahmeanträge lesen, denn gewöhnlich war das eine langweilige protokollarische Formalität. Doch diesmal fand sich ein gewitzter Kerl: ein böser Aktivistenjunge, der sich entschlossen hatte, parteiliche Prinzipientreue an den Tag zu legen. Er sah erst mich, dann Andrei argwöhnisch an, hielt sich das Papier vor die Nase und las es durch. Daraufhin riß er die Augen auf und brüllte los: »Ich bin dagegen! Dafür werde ich nicht stimmen!«

Die Sitzung endete mit einer Niederlage. Die Stimmen reichten nicht aus, um mich aufzunehmen. Doch Andrei gab nicht auf. Er war der Meinung, daß er nun nichts mehr zu verlieren hatte und es an der Zeit war, die Macht, die er als Komsomolführer hatte, zu mißbrauchen. Kurzum, er wagte den offenen Betrug. In der nächsten Pause berief er eine Sitzung der Komsomolzelle an einem anderen Ort und in anderer Zusammensetzung ein, und zwar ohne den unerträglichen Jungen und nur mit denen, die bereit waren, mich in den Komsomol aufzunehmen. Diejenigen, die eingeladen waren, hatten die Nase dermaßen voll von jeglicher Ideologie, daß ich eine halbe Minute später aufgenommen worden war. Andrei, der das auf der Stelle ausnutzte, um die Stimmung zugunsten der »Antikomsomolzen« kippen zu lassen, rannte zu jedem einzelnen (außer zu dem prinzipientreuen Jungen und einigen Vollidioten, wie wir sie nannten) und sammelte die Unterschriften der Mehrheit, die dann zusammen mit meiner Stimme für die Auflösung der Organisation reichten. Er erstellte eigenhändig ein Protokoll und beglaubigte es als Sekretär des Komsomol.

So hörte der Komsomol an unserer Schule auf zu existieren – dank Andreis und meiner Gewitztheit und der zersetzenden Kraft »verbotener« Zeitschriften. Bald darauf hebelten unsere Bemühungen auch andere ideologische Verbote aus: Besagte Lehrerin für Staatsbürgerkunde, die kurz zuvor noch bemüht gewesen war, uns in Marxismus-Leninismus zu unterrichten, begann mit kindlichem Interesse und Entsetzen mit uns Archivdokumente über die Verbrechen der Bolschewiki in den von mir mitgebrachten Zeitschriften zu lesen (der Zugang dazu war ihr, einer Historikerin, ein Leben lang versperrt gewesen). Was wir taten, war nach wie vor nicht erlaubt, doch dafür kam niemand mehr ins Gefängnis.

Und während meiner Abschlußprüfung rührte mich diese Lehrerin zusammen mit der Schuldirektorin, die extra gekommen war, um mir zuzuhören, zu Tränen: Die beiden fragten mich zaghaft und voller Scham, als wären sie nicht Lehrerinnen, sondern Schülerinnen: »Lena, sag bitte, glaubst du wirklich, daß es Gott gibt?«

Die Mission der Zwillinge

Zum Leidwesen der Kremlbewohner bin ich im Sternzeichen Zwilling geboren. Was an diesem Zeichen so bedrohlich für sie ist? Ich habe sehr schnell festgestellt, daß ich als echter Zwilling in gleichem Maße extrovertiert wie introvertiert bin, ein doppelköpfiger Janus also, ein innerer und ein äußerer Mensch in einer Hülle. Ich gebe ehrlich zu, meine extrovertierte Seite habe ich nie so richtig gemocht und sogar ein bißchen gefürchtet. Sie zog mich in den Mittelpunkt der Revolution, die um mich herum tobte. Doch was sollte ich machen? Ich fühlte, daß das Schicksal auch für meine nach außen wirkende Seite eine besondere, wichtige Mission bereithielt und daß, wenn ich sie nicht erfüllte, ziemlich wahrscheinlich die Welt unterginge.

Nachdem ich beschlossen hatte, daß ich später noch genug Zeit haben würde, mich in die literarische Einsiedelei zurückzuziehen, begann ich mit der Mission meiner äußeren Seite. Gleich nach der Schule ging ich an die journalistische Fakultät der Moskauer Universität. Die innere Seite versuchte auch hier ihr Recht zu erkämpfen: Die ersten beiden Studienjahre hatte ich mich am schönsten Ort von Moskau, der Historischen Bibliothek, eingegraben, wälzte dort wunderbare alte Folianten und fühlte mich unter meinesgleichen – denn der heilige Franz von Assisi, der heilige Augustinus, Platon, Bonaventura oder Lew Schestow existierten für mich weitaus realer und waren lebendiger als die Mehrheit der mich umgebenden Männer.

An der Moskauer Staatlichen Universität vertritt man im Unterschied zu den meisten anderen Universitäten den Standpunkt, daß selbst Studierende der journalistischen Fakultät fünf Jahre klassischer allgemeinhumanistischer Bildung in Philologie, Literatur, Literaturkritik und Literaturgeschichte benötigen und nur in geringem Umfang ausgesprochen »journalistische« Fächer. Dennoch brachte ich es fertig, schon mein erstes Referat in Journalistik dem Thema »Die Massenmedien im frühen Christentum« zu widmen. Ich beschäftigte mich vor allem mit dem Fisch, den die ersten Christen auf die Wände der Katakomben gezeichnet hatten, und mit der Gabe der »Zungenrede«, die den Aposteln kurz nach der Auferstehung Christi verliehen wurde, so daß jedem Zuhörer schien, daß sie in Sprache und Dialekt des jeweiligen Volkes und Ortes predigten.

Doch bereits im zweiten Studienjahr bekam meine extrovertierte, weltliche Seite wieder die Oberhand: Ohne tagsüber die Lehrveranstaltungen an der Universität aufzugeben, begann ich parallel für eine Tageszeitung zu arbeiten – selbstverständlich im Ressort Politik. Sie können sich vorstellen, welch frappierende, tiefe Kluft herrschte zwischen dem intellektuellen und geistigen Niveau der »toten« Menschen, mit denen ich durch ihre Schriften in der Bibliothek kommunizierte, und den »lebenden« Beamten und Politikern, mit denen ich nun jeden Tag persönlich zu tun hatte. Und wie schmerzhaft, mit einem nicht enden wollenden inneren Schaudern, sich mein Einleben in die Außenwelt vollzog. Insofern war ich mir von Anfang an nicht vollkommen sicher, ob man meinen »äußeren« und »inneren« Freunden die Attribute »lebend« und »tot« nicht umgekehrt zuordnen sollte.

Die Zeitung, bei der ich anfing zu arbeiten, war die erste offizielle unabhängige Zeitung im Land und hieß deswegen auch: *Nesawissimaja Gaseta* (*Unabhängige Zeitung*). Also begann die Geschichte meiner Journalistenkarriere genau zum selben Zeitpunkt, als auch die Geschichte des unabhängigen Journalismus in Rußland ihren Anfang nahm. Vorher, in der Sowjetunion, hatte es nominell natürlich auch »Journalismus« gegeben, doch im Grunde genommen war es ideologische Propaganda, die von allen sowjetischen Zeitungen gedruckt wurde – die wichtigste und verlogenste von ihnen trug ironischerweise den absurden Namen *Prawda* (*Wahrheit*), man könnte meinen, nach George Orwells *Wahrheitsministerium* –, von den Rundfunkstationen gesendet wurde (an den sowjetischen Radioempfängern waren sie auf drei Knöpfen fest eingestellt, damit die sowjetischen Bürger weder *Radio Liberty* noch *Voice of America* empfangen konnten) und die das Fernsehen ausstrahlte (dessen Sendeinhalte der Volksmund treffend parodierte: »Das waren die neuesten Nachrichten zum Generalsekretär, und jetzt noch kurz zum Wetter« – das heißt, daß man sich von den Sendungen über den amtierenden Generalsekretär der KPdSU nur mit dem Wetterbericht erholen konnte). Sowjetische Journalisten waren nicht mehr als Dienstleister der ideologischen Abteilung des Zentralkomitees der kommunistischen Partei und unterschieden sich voneinander nur durch Talent und Sprachbeherrschung.

Kein Journalist, der die grundlegenden Prinzipien des professionellen Journalismus zur Anwendung gebracht hätte (zwingende Überprüfung der Fakten bei mehreren Informationsquellen, Unabhängigkeit des Journalisten von der Quelle, Möglichkeit einer Gegendarstellung und so weiter), hätte die geringste Chance gehabt, sich auf seiner Arbeitsstelle in den sowjetischen Zeitungen zu halten. Im besten Fall hätte er sich im Exil wiedergefunden und im schlimmsten, wahrscheinlicheren Fall im Gefängnis oder in der Psychiatrie, vollgestopft mit Psychopharmaka. Professionellen Journalismus hatte es in der Sowjetunion schlicht nicht gegeben. Der Journalismus mußte eigenhändig geschaffen werden.

Meine wichtigsten Lehrer der Journalistik wurden jene Menschen, die Putin und seine Freunde vom Komitee für Staatssicherheit ihr ganzes Leben lang als »feindliche Stimmen« bezeichnet hatten. Das war ein Terminus aus der sowjetischen Propaganda: »Feindliche Stimmen« schimpfte man die russischsprachigen Redaktionen der westlichen Rundfunkstationen *Radio Liberty*, *Voice of America*, *Deutsche Welle* und *BBC*, bei denen russische Emigranten arbeiteten und versuchten, aus dem Ausland unabhängige Information in die Sowjetunion zu senden. Die Frequenzen, auf denen diese Rundfunkstationen arbeiteten, wurden gestört. Dafür stellte man einen enormen Anteil des sowjetischen Staatshaushaltes zur Verfügung, und die besten Wissenschaftler entwickelten spezielle Störsender. Ich erinnere mich sehr gut daran, wie mein Bruder und ich als Kinder *Voice of America* auf einem Radioempfänger erwischten, den mein Vater von einer Auslandsdienstreise mitgebracht hatte. Durch ein ungeheuerliches, ohrenbetäubendes Knistern und Rauschen, das einen sofort nach einer Schmerztablette schreien ließ, hörten wir beispielsweise eine harmlose Sendung über Finanzwirtschaft, die uns in dem Moment wie eine heißbegehrte, verbotene Frucht vorkam.

Stellen Sie sich vor, wie begeistert ich war, als ich die wichtigsten »feindlichen Stimmen« real kennenlernen durfte! Zuerst Wladimir Korsunski, dessen journalistische Erfahrung schon daher einzigartig ist, weil er als Korrespondent der *Deutschen Welle*, obwohl er damit sein Leben riskierte, in Moskau blieb und vor dem Zusammenbruch der sowjetischen Diktatur gemeinsam mit dem berühmten Dissidenten Alexandr Podrabinek die von den Behörden verbotene berühmte Menschenrechtszeitung *Express-Chronika* herausgab. Dann Alik Batschan, Korrespondent von *Voice of America*, der während seiner langjährigen Emigration schon dermaßen zum Amerikaner geworden war, daß es während des bewaffneten Putsches des Obersten Sowjets im Oktober 1993, als im Zentrum der russischen Hauptstadt ein kleiner Bürgerkrieg tobte, zu folgender Szene kam: Die Polizei wollte Alik nicht erlauben, sein Auto direkt neben dem Stab der bewaffneten Putschisten zu parken, woraufhin er mit aufrichtiger Verwunderung und Empörung fragte: »Worum geht es? Was ist passiert? Warum darf ich das nicht?!« Und ein wenig später lernte ich auch Mascha Slonim kennen, die berühmteste und schönste Stimme des russischen Dienstes des *BBC World Service* in London zu Zeiten des Eisernen Vorhangs, die sofort nach der Verkündung des *Glasnost* nach Moskau zurückkehrte, um die begabtesten Nachwuchsjournalisten in der *Moskauer Charta der Journalisten* zu vereinigen, und die für immer meine beste Freundin wurde.

Meine ältesten Freunde verband eines: Sie alle lehnten kategorisch jegliche Form von ideologischer oder physischer Gewalt ab und waren bereit, für die unverrückbaren Menschenrechte eines jeden Bürgers auf dem Territorium Rußlands zu kämpfen, wie es in der gesamten zivilisierten Welt üblich ist. Und sie wußten durch eigene Erfahrung sehr genau, daß die stärkste Waffe, mit der man die Kremlmauer durchdringen konnte, das professionelle und aufrichtige journalistische Wort ist. Auch ich wußte genau, daß ich auf der Jagd nach den Vampiren, die mehr als ein Jahrzehnt mit Vergnügen das Blut von Millionen Menschen in meinem Land getrunken hatten, mein altes Ghostbusters-Gewehr anstatt mit silbernen Kugeln mit scharfer Munition laden mußte: mit Informationen.

Die sowjetischen Beamten waren für meine Freunde im buchstäblichen Sinne »Vampire«. In praktisch jeder Familie gab es Opfer von Repressionen. Mascha Slonim hat nie vergessen können, wie im legendären und unglückseligen Moskauer »Haus am Ufer«, in dem die Parteielite lebte (ebenso wie Mascha als Enkelin von Stalins Volkskommissar für Auswärtige Angelegenheiten Litwinow), jede Nacht bei einem der Nachbarn »Hochzeit« gespielt wurde. So nannte man die Massenverhaftungen, bei denen Familienmitglieder mißliebiger Parteifunktionäre mit schwarzen Autos, den »Raben«, abgeholt wurden und mit unbekannter Bestimmung für immer verschwanden.

Mehr noch hat mich eine andere Geschichte Mascha Slonims über ihren Großvater Litwinow beeindruckt, einen der letzten Vertreter der damals noch »ungeschorenen« Parteiintelligenz in der sowjetischen Regierung, mit der Stalin später kurzen Prozeß machte. Als Stalin den überaus ehrlichen und humanen Litwinow gegen Molotow auswechselte (der den bekannten menschenverachtenden Vertrag zwischen Hitler und Stalin unterschrieb, welcher als »Molotow-Ribbentrop-Pakt« in die Geschichte eingegangen ist), sagte Molotow zu Litwinow: »Stellen Sie mir bitte eine Liste aller Mitarbeiter zusammen, denen Sie vertrauen und auf die ich mich bei meiner zukünftigen Arbeit verlassen kann. Immerhin möchte ich eine gewisse Kontinuität wahren ...«

Und Maschas Großvater Litwinow, ein unverbesserlich rechtschaffener und intelligenter Mensch, glaubte ihm, stellte die Liste zusammen und gab sie Molotow. Wie Sie sich denken können, wurde daraus eine »Erschießungsliste«. Stalin und Molotow ließen praktisch niemanden von denjenigen, die der Großvater aufgezählt hatte, am Leben. Litwinow war trotz seiner Intelligenz nicht auf die Idee gekommen, daß er es nicht mit Menschen, sondern mit Unmenschen zu tun hatte, mit Blutsaugern, Werwölfen, die nur als Menschen maskiert waren, denen sowohl moralische Prinzipien als auch überhaupt jegliche menschliche Regung fremd waren.

Mascha Slonim war ungeachtet ihres Parteigroßvaters eine unverbesserliche Dissidentin geworden und mußte Moskau in ungefähr dem Alter verlassen, in dem ich jetzt bin. Kurz zuvor war ihr kleiner Sohn Anton von einem Spaziergang nach Hause gekommen und hatte gesagt: »Mama, ich habe dich und deine Gäste draußen in einem Auto gehört.« Sie begriff zunächst nicht, wovon er redete, aber dann stellte sich heraus, daß vor ihrem Hauseingang ein Auto des Geheimdienstes stand, in das ihr Sohn zufällig einen Blick geworfen hatte – und darin lief die Abhöranlage für Maschas Wohnung.

Doch ich hatte auch andere »alte Freunde« – begabte und ambitionierte postsowjetische Journalisten, die mit mir bei der Zeitung arbeiteten. Obwohl sie nur sieben bis zehn Jahre älter waren als ich, erwies sich dieser Altersunterschied für viele als schicksalhaft: Sie hatten zuvor bereits bei sowjetischen Zeitungen gearbeitet. Und dementsprechend waren sie daran gewöhnt, sich im System »zurechtzufinden«. Im sowjetischen System, versteht sich, denn ein anderes gab es nicht. Für sie waren meine Freunde aus den westlichen Rundfunkstationen einfach nur »Randfiguren«, »Romantiker« und »Maximalisten«. Meine zynischen Kollegen von der Zeitung versuchten mir tatsächlich beizubringen, daß man besser nicht so prinzipientreu sein sollte, denn sonst werde man schnell zum »Außenseiter« für die Beamten in den Behörden, von denen ein Journalist seine Informationen bekommen muß. Und überhaupt – das Leben wird schwieriger, und um Brot und Butter mit Kaviar essen zu können, reicht das verdiente Geld dann nicht. Für diese postsowjetischen Kollegen schien die neue russische Staatsmacht mit Jelzin an der Spitze, die die Altkommunisten abgelöst hatte, »ihre« Staatsmacht zu sein. Dabei war unwichtig, daß diese neue Staatsmacht zum größten Teil wieder aus Parteifunktionären bestand. Im Vergleich zum alten Politbüro waren sie immerhin jünger, hatten einen leichten Anflug von »Westlichkeit« und, was das wichtigste war, sie hatten begriffen, daß es sinnvoller ist, mit Journalisten Freundschaft zu pflegen, als sie umzubringen.

Nie habe ich die Regierung Jelzins oder einzelne Beamte für »meine Leute« gehalten. Ich unterstützte die Mehrzahl der Jelzinschen Reformen. Gleichzeitig hielt ich sie für halbherzig und nicht radikal genug, um das Land aus der Krise zu führen. Doch ich war mir darüber im klaren, daß es auf dem politischen Feld in Rußland zu dem Zeitpunkt keinen ernstzunehmenden Akteur gab, der stärker als Jelzin den einzig möglichen Rettungskurs für das Land eingeschlagen hätte –

den der Liberalisierung und Schaffung einer Marktwirtschaft anstelle der verfaulten, bürokratischen Kommandowirtschaft, die unabdingbar bis ins letzte ausgerottet werden mußte.

Mehr noch, ich wurde mit der festen Überzeugung Journalistin, daß man in diesem Beruf, egal unter welchen Umständen, niemals das Recht hat, eine Regierung als die »seine« zu betrachten, denn sonst beginnt diese Regierung einen augenblicklich selbst »in Besitz zu nehmen«, und schon ist es bereits »parteilicher« Journalismus oder, einfacher gesagt, Propaganda. Jeder Journalist, sogar einer des demokratischsten Landes, muß sich, wie ich finde, immer ein wenig in Opposition zur Macht sehen – einfach deshalb, weil er eine sehr wichtige Funktion innehat: Er soll nicht die Interessen der Machthabenden vertreten, sondern derer, die der Möglichkeit beraubt sind, ihren Standpunkt öffentlich zum Ausdruck zu bringen. Die Staatsmacht kann sich selber verteidigen, sie verfügt über einen repressiven Apparat, eine Armee, ein Heer gekaufter Journalisten sowie andere Sprachrohre der offiziellen Propaganda. Deswegen besteht die Mission eines Journalisten ebendarin, nicht auf der Seite der Ankläger zu sein, sondern auf der der Opfer, nicht auf der Seite der Starken, sondern auf der der Schwachen.

Zur ersten ernsthaften Prüfung für mich und meine Journalistenkollegen wurde der erste Tschetschenienkrieg. Die Präsidentenwahlen rückten heran, und Jelzin, der einzige Kandidat der Reformer, hatte einige Monate zuvor den Befehl zum Einmarsch der Truppen in Tschetschenien gegeben. Seine Umfragewerte sanken daraufhin fast auf Null (etwas später werden Sie sehen, wie Putin es vermochte, in einer ähnlichen Situation zu Beginn des zweiten Tschetschenienkrieges mit Hilfe von Propaganda und Liquidierung der

Pressefreiheit das Blatt zu seinen Gunsten zu wenden). Die Alternative zu Jelzin wäre in diesem unglückseligen Jahr 1996 nur der Führer der neuen *Kommunistischen Partei*, Gennadi Sjuganow, gewesen. Er versprach eine gewaltsame Rückverstaatlichung des Privateigentums und die Abrechnung mit den großen Unternehmern, die es geschafft hatten, während Jelzins Präsidentschaft Kapital anzuhäufen. Die russischen Bankiers und Unternehmer (die größeren und erfolgreichen, die bald den Beinamen »Oligarchen« erhielten) hatten verständlicherweise gewisse Vorbehalte gegen dieses Programm und schlossen daher zu ihrem Schutz einen Pakt zu Jelzins Unterstützung, der, wie sie erwarteten, als wiedergewählter Präsident zum Zeichen des Dankes die Reste des Staatseigentums unter ihnen aufteilen würde.

Um das selbstgesteckte Ziel zu erreichen, mobilisierten die Oligarchen alle ihnen zur Verfügung stehenden Mittel, in erster Linie die Massenmedien, die in ihrem Besitz waren. Dazu kam das älteste und erprobteste Mittel überhaupt: Dollars, die kiloweise in alle Redaktionen getragen wurden. Diesem »Schwarzgeld«, das niemand mehr zählte und das selbstverständlich nirgendwo verbucht war, wurde vom Volksmund bald darauf ein geflügelter Ausdruck zugedacht: »Kopierpapierkarton« – wegen des öffentlich gewordenen Skandals um einige zehntausend nicht registrierter Dollars, die man in Jelzins Wahlkampfstab entdeckt hatte und die von den Mitarbeitern des Stabes und von PR-Leuten in einem Kopierpapierkarton hinausgeschafft worden waren. Schon bald darauf schrieben die fügsameren unter den postsowjetischen Journalisten, die keine Skrupel vor der lukrativen Nähe zu den Behörden hatten, optimistische Reportagen von ihren Wahlkampfreisen mit dem Präsidenten: über den putzmunteren Jelzin und die fröhlichen Schreie kopulierender

Frösche aus dem nahe gelegenen Teich – anstatt zu schreiben, daß Jelzin in Wirklichkeit fast im Koma lag, weil er sich nach mehreren Herzinfarkten in einem geradezu lebensbedrohlichen Zustand befand, und der nächste Herzinfarkt zu erwarten war.

Dieses erste Schauspiel einer massenhaften Prostitution politischer Journalisten in der Geschichte des postsowjetischen Rußland bekam eine patriotische Rechtfertigung: »Sonst wären die Kommunisten zurückgekommen und hätten alle aufgeknüpft.« In einer kurzen »Ruhepause« zwischen den Herzinfarkten siegte Jelzin bei den Präsidentschaftswahlen. Und für die Journalisten, die ihre »Unschuld« verloren hatten und einmal käuflich gewesen waren, ergaben sich gleich jede Menge guter Anlässe, dieses Spiel auch weiterhin zu treiben. Um so mehr, als die Nachfrage von seiten der Oligarchen äußerst beständig war.

Nach Jelzins Sieg bei den Wahlen 1996 während der »Oligarchenperiode«, der Neuaufteilung von Kapital und Eigentum, verwandelte sich der Journalistenberuf – statt eine gefährliche und lebenswichtige gesellschaftliche Mission zu sein – für viele meiner Kollegen in einen der bestbezahlten Berufe in einem halbverhungerten, unruhigen Land. Kreditkarten mit unbegrenztem Limit, die den willfährigen Zeitungsschreibern von Oligarchen und Eigentümern der Zeitungen spendiert wurden, Kredite in Höhe von mehreren hunderttausend Dollar, die die Oligarchen den Fernsehmoderatoren zum Kauf von Wohnungen im Stadtzentrum und Landhäusern in den in Mode gekommenen Moskauer Vororten, an Spaniens und Frankreichs Stränden sowie anderen angenehmen Orten gewährten – das alles verwandelte die Journalisten alsbald von Kämpfern für Reformen und Verteidigern der Freiheit in Geiseln ihrer eigenen finanziellen Interessen. Schon bald spiegelten die Witze darüber, daß die russischen Journalisten den »zweitältesten« Beruf gegen den »ältesten« Beruf vertauscht hatten, ziemlich gut die Einstellung der Moskauer Fernsehzuschauer und Leser gegenüber den Medien wider.

Die Oligarchen benutzten ihre Verlage und Fernsehkanäle, wo sie nur konnten. Zunächst stellte sich der Medienkonzern von Gussinski gegen Jelzin und sein Umfeld, dann kämpfte der Medienkonzern von Beresowski gegen den von Gussinski, dann der von Beresowski zusammen mit dem von Gussinski gegen die Reformregierung um einzelne Besitztümer, dann kämpfte Gussinskis Medienkonzern wiederum gegen Beresowskis. Schließlich kam Putin, und es blieben in Rußland keine Medien mehr übrig, außer denjenigen, die von ihm kontrolliert wurden. Genau dadurch unterschied sich die Jelzin-Zeit deutlich von der Putins. In der Jelzin-Zeit hatte man als Journalist einer Zeitung des Medienmoguls Gussinski zum Beispiel nicht die Möglichkeit, ihn in seinem eigenen Blatt zu beschimpfen. Doch im großen und ganzen läuft es heute überall so: Arbeitet man bei einer Zeitung, die einem Unternehmer gehört, kann man darin als Journalist nicht den Patron rügen. Wenn jedoch ein Journalist in einem zivilisierten Land mit der Position seiner Zeitung nicht einverstanden ist, dann hat er das Recht, zu einer anderen Zeitung zu wechseln, auch wenn diese sich in Opposition zur Regierung befindet. Und genauso lief es unter Jelzin: Ein Journalist, dem es zuwider war, die Bestellung des einen oder anderen Oligarchen in dem einen oder anderen Medienkonzern zu erfüllen, hatte das Recht, diese Bestellung abzulehnen, und konnte versuchen, zu einem Medienkonzern der Gegenseite zu wechseln. Und wenn es ihm dort nicht gefiel, konnte er sich theoretisch für seine Arbeit jeden anderen

Verlag auswählen, der seinen politischen Anschauungen annähernd entsprach. In diesem Sinne hatte ein Journalist unter Jelzin eine enorme Auswahl. Und die Leser und Fernsehzuschauer hatten die Entscheidungsfreiheit, welche Zeitung sie lesen und welchem Fernsehsender sie glauben wollten.

Unter Jelzin herrschten Meinungs- und Pressefreiheit sowie Pluralismus bei den Massenmedien. Ein Pluralismus der »Oligarchen« zwar, doch das war mehr als natürlich in der Epoche der Kapitalakkumulation, der Privatisierung des ehemaligen Staatseigentums sowie seiner Neuaufteilung unter den aufkommenden Kapitalisten und der Entstehung einer bürgerlichen demokratischen Gesellschaft. Jedenfalls stand ein Journalist in der Jelzin-Zeit nicht wie heute unter Putin vor der Wahl, sich entweder mit einer Zensur im Interesse des Kreml einverstanden zu erklären oder ohne Arbeit auf der Straße zu landen. Nichtsdestoweniger hatten die Journalisten durch ihre Käuflichkeit während der Jelzin-Zeit den Behörden demonstriert, wie eine Abschaffung der Pressefreiheit grundsätzlich möglich war. Da ich aus Prinzip nie Schmiergeld für eine illegale politische Werbung in einem Artikel angenommen habe (einfach deshalb, weil ich in derselben Sekunde aufgehört hätte, mich als Journalistin zu fühlen), wirkte ich unter den Moskauer Journalisten bald wie ein weißer Rabe.

Dennoch wurde meine angeborene, auch mir nicht ganz erklärliche Spaltung in Extrovertiertheit und Introvertiertheit, dank derer ich auf dem Grat zwischen zwei Welten balancieren konnte, schicksalhaft: Niemand meiner erwähnten Freunde von den »feindlichen Stimmen« konnte dem Kreml so nahe kommen wie ich.

Boris Jelzin – tot und lebendig

Kaum war ich zum Kreml gekommen, um dort als Journalistin zu arbeiten, erfuhr ich das heiligste Geheimnis des Kremlhofstaates, das jeder Journalist, Politologe oder Kremlforscher kennen mußte. Das Geheimnis bestand darin, daß Jelzin ein kranker Mann war. In den Phasen seiner Krankheit wurde das Land nicht vom Parlament regiert, nicht von der Partei und erst recht nicht von Jelzin selbst, sondern von seiner Familie. Familie im Sinne einer russifizierten Version der italienischen *Cosa nostra*. Das Schema war recht simpel: Der Oligarch Boris Beresowski hatte plötzlich eine Superidee für ein Superprojekt zur Superneuaufteilung des Eigentums im Land zu seinen Gunsten und zum Nutzen befreundeter Oligarchen. Danach suggerierte der Superoligarch Beresowski seine Superidee mit allen ihm zur Verfügung stehenden Mitteln dem vollständig von ihm abhängigen Superchef der Jelzin-Regierung, Waleri Jumaschew. Und Jumaschew (vormals sowjetischer Journalist und Autor aller Bücher »von Jelzin«) gab seinerseits diese Superideen an Jelzins Supertochter Tatjana weiter, mit der Jumaschew in enger Verbindung stand (mittlerweile sind sie verheiratet). Tatjana übermittelte die Ideen ihrerseits ihrem Vater, Präsident Jelzin. Auf diese Weise gelangten Beresowskis Ideen Jelzin nach nur zwei, drei meisterlichen Pingpongschlägen zu Ohren.

Manchmal benutzten die Oligarchen sogar ihre Fernsehsender, um auf den Präsidenten einzuwirken. Ein bestochener Fernsehmoderator zog beispielsweise einen Konkurrenten des Oligarchen in den Dreck, und Präsidententochter Tatjana wurde einfach gebeten, ihrem Vater rechtzeitig den Fernseher einzuschalten. Da Jelzin oft krank war, war es von entscheidender Bedeutung, wer sich in seiner unmittelbaren Nähe befand. Wer schiebt dem kranken Präsidenten im rechten Moment ein Gesetz zur Unterschrift unter? Jene zarte Tochterhand, die dem Vater auch ein Glas Wasser reicht. So endeten viele Reformansätze Jelzins. So wurden – angefangen mit dem Aufschlag von Beresowski, über das Pingpong von Jumaschew bis hin zu den eigennützigen Intrigen der »Familie« sowie ihr nahestehender Oligarchen – einige widerspenstige russische Premierminister entlassen (die bei einer anderen Entwicklung der Ereignisse durchaus eine akzeptable demokratische Alternative zu Putin hätten werden können). Mit dieser Methode wurden auch zwei Reformregierungen Jelzins abgesägt: die erste störte die Oligarchen, weil sie versuchte, die inoffizielle Aufteilung des Staatseigentums in die gesetzliche Sphäre offener Auktionen zu verlagern, und die zweite drohte eine antimonopolistische Gesetzgebung durchzusetzen.

Dennoch wußten alle genau, daß der »Großvater« (wie die politische Elite Jelzin liebevoll nannte) ein überzeugter Reformanhänger war. Kaum hatte er sich etwas erholt und kam aus dem Krankenhaus, stürmte er sofort wieder »auf den Panzer« und schuf neue Reformgruppen. Schade nur, daß wegen seiner Krankheit Jelzins klare Phasen immer seltener wurden.

Mein »Großvater« Jelzin

Unter Jelzin mußte ein Journalist nichts Besonderes vorweisen, um in den Kremlpool zu gelangen, also in die Gruppe von Journalisten, die mit dem Präsidenten auf Reisen gingen und über die Interna aus dem Kreml berichten durften. Man mußte vom Chefredakteur einer Zeitung für den besten politischen Journalisten seines Blattes gehalten werden, und der mußte einen offiziellen Brief mit der Bitte um Akkreditierung an den Kreml schicken. Genauso lief es bei mir. Unter Jelzin erlaubte sich die Pressestelle des Präsidenten keine so offene ideologische Ausgrenzung wie jetzt unter Putin. Sie war verpflichtet, jeden Journalisten auf Wunsch seiner Redaktion hin zu akkreditieren. Von Jelzin wußten ohnehin alle: In welcher Verfassung er auch gerade sein mochte – tot oder lebendig, betrunken oder nüchtern –, er *vergötterte* Journalisten. Und die Journalisten erwiderten sein Gefühl. Er hatte eine ungewöhnliche, für einen ehemaligen Parteifunktionär unglaubliche Ehrfurcht vor der Pressefreiheit. Nie hat er einen kritischen Journalisten angerührt, ihm die Akkreditierung entzogen oder gar einen Fernsehsender verboten (wie Putin es tat). Und das, obwohl der arme »Großvater« Jelzin für seine »unpopulären«, aber für das Land unabdingbaren strengen Wirtschaftsreformen in der Presse dermaßen mit Dreck beworfen wurde wie wohl nie ein Präsident zuvor. Jelzin rannte immer als erster auf uns Journalisten zu, als wären wir seine besten Freunde, und zeigte uns sein breites Lächeln. Auch als er sehr krank war. Eigentlich sind diese Liebe zu Journalisten und die ungewöhnliche Freimütigkeit wohl das, was man gewöhnlich als »Begabung« eines Politikers bei öffentlichen Auftritten bezeichnet. Etwas, das Putin völlig fehlt.

Auch während der Reisen mit Jelzin durch Rußland und ins Ausland hatte ich persönlich mehrfach die Gelegenheit, ihm Fragen zu stellen. Niemand hat meine Fragen vorher »gefiltert«, wie es unter Putin praktiziert wird. Das größte und letztlich für Rußland fatale Problem, das Jelzin hatte, waren seine Gesundheit und sein Hang zu Spirituosen. Selbstverständlich hatte jeder am Zarenhof seine eigene Version über die Natur der Krankheit.

»Sie müssen wissen, mit dem rechten Ohr kann Boris Nikolajewitsch praktisch nichts hören. Und alle machen sich darüber lustig, daß ich ihm ständig alle Fragen erkläre, angeblich um vorzubeugen, daß der Präsident unangemessen antwortet, oder weil er etwas nicht ganz begriffen hat, dabei hat Boris Nikolajewitsch die Frage einfach nicht richtig gehört, und ich spreche sie ihm nur ins linke Ohr«, so erklärte uns fürsorglich der legendäre Pressesprecher Jelzins, Sergei Jastrschembski, in einem inoffiziellen Gespräch. Es war derselbe Jastrschembski, der den internationalen Journalisten zur Zeit von Jelzins Herzinfarkten über den »kräftigen Händedruck« des Präsidenten berichtete. (Unter Putin ist er mittlerweile Präsidentenberater zu Fragen der außenpolitischen Beziehungen mit der Europäischen Union. Davor setzte Putin *Jastreb*, den »Falken«, wie ihn insgeheim alle Journalisten in Anspielung auf seinen Nachnamen nannten, als Chef der Behörde ein, die den Tschetschenienkrieg mit Propaganda und PR zu vertuschen versuchte.)

Damals versuchten wir gutgläubig, dem Rat seines Pressesprechers zu folgen und Jelzin unsere Fragen in sein intaktes, linkes Ohr zu schreien: »Boris Nikolajewitsch! Stimmt es, daß Sie gestern in Moskau sagten, Sie hätten mit Kofi An-nan bereits eine Verabredung bezüglich einer Reise in den Irak getroffen? Können Sie das bestätigen? Immerhin gibt es eine dem widersprechende Meldung, wonach Annan auf eine Reise verzichtet, weil die UNO kein Mandat hat«, fragten wir Jelzin bei einer Zeremonie im Präsidentenpalast in Rom.

»Nein! Das stimmt nicht! So etwas habe ich nie gesagt! Das ist eine Fehlinformation!« widersprach Jelzin entrüstet. »Ich? In den Irak? Nein! Ich fahre nicht in den Irak! Ich habe so etwas nie gesagt!«

»Aber doch nicht Sie, sondern An-nan! An-nan!« riefen wir Journalisten des Kremlpools Silbe für Silbe im Chor und bemühten uns, wie uns Jastrschembski gebeten hatte, von links an Jelzin heranzutreten.

Oder in Birmingham, auf dem G7-plus-Rußland-Gipfel, als Jelzin plötzlich anfing, mit sich selbst zu sprechen, und das auch noch über den Dolmetscher.

»Sie sind zu spät!« warf er den Regierungschefs der führenden Industrieländer vor, als er früher als alle anderen zur Tagung kam. Der Dolmetscher übersetzte diesen Satz, und nachdem sich alle gesetzt hatten, wiederholte ihn auch der englische Dolmetscher. Unser Dolmetscher wiederum, der den Satz »Sie sind zu spät« auf Englisch hörte, beschloß, ihn wiederum ins Russische zu übersetzen.

»Ich?! Ich bin zu spät?!« empörte sich Jelzin, als er seine eigenen Worte im Kopfhörer vernahm. »Sie sind es, die zu spät gekommen sind!!!«

Ja, er war krank. Und manchmal verhielt er sich nicht ganz angemessen. Aber er war nie niederträchtig. Und sobald er wieder gesund war und physisch in der Lage, mit den Wählern zu sprechen, vergötterte ihn das Volk. Nur leider gab es solche Momente immer seltener. Ich kann Ihnen kaum sagen, wie froh ich war, wenn »Großvater« Jelzin sich über längere Zeit auf den Beinen hielt und keine Dummheiten von sich gab! Denn wenn dem nicht so war, dann wäre ich auf Reisen mit ihm oft am liebsten in Tränen ausgebrochen oder gar im Boden versunken. Obwohl ich mich vom Standpunkt eines Paparazzos aus über das »brandheiße« Material hätte freuen sollen.

Der Alptraum von Stockholm

Wenn jemand in meiner Gegenwart das Wort »Stockholm« ausspricht, überlaufen mich bis heute kalte Schauer. Und nicht nur mich, sondern auch mehr als ein Dutzend anderer Politikjournalisten, die Anfang Dezember 1997 zusammen mit dem russischen Präsidenten durch Schweden reisten.

Es begann damit, daß Jelzin seinen ersten Vizepremier Boris Nemzow um ein Haar mit der schwedischen Kronprinzessin Victoria vermählt hätte. Beim offiziellen Empfang des Königs hob der russische Präsident plötzlich sein Champagnerglas, rief seinen Schützling, den jungen Reformpolitiker, zu sich, wies auf die schwedische Monarchentochter und forderte: »Schau, was für ein nettes Mädchen! Du mußt sie heiraten. Geh hin und sprich sie an!«

»Boris Nikolajewitsch, wir sind in Schweden! Hier herrscht eine strenge Etikette! Sie ist eine unantastbare Person, man kann sie nicht so einfach ansprechen!« versuchte Nemzow ihn von diesem Heiratsabenteuer abzubringen.

Doch dem russischen »Zaren« war das schwedische Protokoll ziemlich einerlei. Jelzin zog Victoria, die vor Schreck erstarrte, an sich und gab ihr einen Schmatz.

»So! Und jetzt bist du dran!« forderte Jelzin seinen Liebling Nemzow auf. Um die Ehre der schwedischen Prinzessin und zugleich die seines Landes zu retten, brachte der Vizepremier die letzte geheime Waffe zum Einsatz: »Boris Nikolajewitsch, ich kann nicht, ich bin schon verheiratet. Und hier gibt es ein Gesetz: Wenn jemand eine unverheiratete Prinzessin anrührt, muß er sie auf der Stelle heiraten!«

»Ach, du!« knurrte Jelzin unzufrieden.

Doch schon bald erschien allen die Gefahr, die Kronprinzessin könnte entehrt werden, wie eine Lappalie. Auf der Pressekonferenz im Rathaus von Stockholm drehte der »Großvater« vollends durch. Jelzins Bewußtseinsstrom setzte bei seinem Lieblingsthema ein: »Die Atomsprengköpfe«.

»Ich habe den Vereinigten Staaten vorgeschlagen, die Kernwaffen zu halbieren! Und inzwischen habe ich die Entscheidung getroffen, daß Rußland im Alleingang, ohne die anderen, die Sprengköpfe um ein Drittel abbaut ... Und dann müssen wir die Sache nach und nach zu Ende führen, bis zu einer völligen Vernichtung der Kernwaffen!« tönte Jelzin, und die vielen Reporter fingen schon an, diese sensationellen Neuigkeiten hastig an ihre Agenturen weiterzugeben. Es schien, als könnten sich die westlichen Diplomaten bereits über den beispiellosen Pazifismus des russischen Regierungschefs freuen. Doch nein, Jelzins Friedensinitiative geriet auf der Stelle ins Schlingern, denn unerwartet rechnete er auch Länder wie Japan und Deutschland zu den Atommächten. Dann kam auch Schweden an die Reihe. Jelzin verwechselte es mit Finnland und erklärte, das Land habe sich im 20. Jahrhundert mit Rußland einige Zeit im Krieg befunden.

»Aber das alles gehört jetzt der Vergangenheit an ...«, schloß das russische Staatsoberhaupt versöhnlich.

Kaum hatte er sich dazu durchgerungen, den Schweden diesen mythischen, nicht existierenden Krieg zu verzeihen, ging Jelzin daran, der Regierung vor Ort eine Lektion zu erteilen.

»Ihre Bevölkerung, die Arbeiterschaft hier in Schweden, tut ganz recht daran, ihre Unzufriedenheit mit der Regierung zum Ausdruck zu bringen!« verblüffte der werte Gast die Schweden. »Denn ihr nehmt immer Kohle statt Gas! Ihr solltet Gas nehmen! Und Rußland kann es euch verkaufen!«

Aus welchen Volksmärchen Jelzin diese Kenntnisse über die schwedische Energieversorgung zog, wird für immer ein großes Geheimnis der russischen Diplomatie bleiben. Dafür wurde nun die russische Delegation in Angst und Schrecken versetzt.

»Ich habe ihnen eine Anweisung gegeben!« Jelzin nickte in Richtung seines Gefolges. »Der Vertrag über die Gaspipeline muß nicht irgendwann im Jahr 1999 fertig sein, sondern morgen früh um acht!«

Als ich in diesem Moment zu Jelzins Team blickte, stellte ich fest, das die Gesichter von Vizepremier Nemzow und Präsidentensprecher Jastrschembski, die dem schwedischen Protokoll gemäß neben dem Präsidenten strammstehen mußten, nicht mehr nur blaß waren, sondern schon eine ungute, grüne Farbe angenommen hatten. Besonders die zartbesaiteten russischen Journalistinnen neben mir fingen bereits an zu schluchzen. Eine nach der anderen sprang auf, bedeckte mit den Händen ihr Gesicht und rannte aus dem Saal in den Korridor. Vor Schreck konnte ich mich kaum bewegen, ich starrte wie gebannt auf den Präsidenten. Da schien es, als würde in Jelzin der Aufziehmechanismus langsam zum Stillstand kommen. Er geriet ins Stocken, beantwortete die Fragen falsch, seine Mimik verschwamm zusehends, und schließlich stolperte er über die Mikrophonschnur, kam ins Schwanken, kippte langsam zur Seite und drohte direkt auf der Bühne wie eine vom Blitz gefällte riesige Eiche umzustürzen. Ich hatte das Gefühl, daß dieser schier endlose Schrecken in wenigen Minuten ein jähes Ende finden und mein Präsident gleich hier vor meinen Augen sterben würde.

Im Gefolge war mittlerweile Hysterie ausgebrochen. Jastrschembski stürzte zum Präsidenten, um ihn zu retten, wobei er so tat, als wolle er Jelzin irgendwelche wichtigen Papiere geben. Doch in Wirklichkeit stützte der Pressesprecher den Präsidenten möglichst unauffällig wie eine besorgte Kinderfrau. Dann schob er Jelzin geistesgegenwärtig einen Stuhl unter und setzte ihn an den Tisch.

Nemzow dagegen erwies sich als noch empfindlicher als seine schwedische »Braut«: Der erste Vizepremier fing ebenfalls an zu schwanken, griff sich an den Kopf und stürzte Hals über Kopf von der Bühne – zum linken Korridor, wo sich mehr als die Hälfte der russischen Delegation und die Presse vor den Augen der schwedischen Diplomaten verbarg. Als ich keine Kraft mehr hatte, dieses herzzerreißende Schauspiel anzusehen, emigrierte auch ich dorthin.

»Ich hatte das Gefühl, als würde ich selbst gleich in Ohnmacht fallen«, gestand mir der totenbleiche Boris Nemzow, der sich mit dem Ablaufplan des Präsidentenbesuches wie mit einem Fächer Luft zuwedelte. Neben ihm zerrte eine Journalistenkollegin die Präsidententochter Tatjana am Ärmel und schrie ihr laut ins Gesicht, als wäre sie irre: »Aber das ist doch Scheiße! Tanja! Was für eine Scheiße!!! Was sollen wir jetzt bloß machen?!«

Die absolut kaltblütig wirkende Präsidententochter Tatjana zog es vor, diese originelle Frage nicht zu beantworten.

Als ich anschließend wie auf Wattebeinen zum Stockholmer Pressezentrum rannte, entdeckte ich Jelzins Pressesprecher Sergei Jastrschembski, als er kurz allein dastand, bevor er den bereits mit empörten Journalisten überfüllten Konferenzsaal betreten wollte. Wie ein Schauspieler vor seinem Auftritt legte sich Jastrschembski, der mich nicht bemerkt hatte, seine Mimik zurecht und lockerte seine Lippen, um seinem Gesicht den gewohnten vieldeutigen, lebensfrohen Ausdruck zu verleihen. Sein Gesicht zuckte nervös, aber seine Hände, mit denen er mechanisch vom Tisch am Eingang einen Plastikbecher mit Kaffee gegriffen hatte, waren erschreckend ruhig. Er hielt einfach diesen armseligen Plastikbecher Kaffee und nippte nicht einmal daran. Es schien so, als müsse er sich daran festhalten.

»Sergei, was ist los? Können Sie mir das erklären?« fragte ich ihn leise.

»Wenn ich nur selbst verstehen würde, was los ist, Lena ... Sie werden es nicht glauben: Jedesmal, wenn mit dem Präsidenten so etwas passiert, empfinde ich einen geradezu physischen Schmerz ...«, gestand mir der überraschte Jastrschembski, der nach dem Schock noch nicht seine gewohnte Unzugänglichkeit wiederhergestellt hatte. Doch sogleich riß sich der »Falke« zusammen, richtete sich auf und lächelte sein eigentümliches, gummiartiges Lächeln: »Was los ist? Die Pressekonferenz fängt an!«

Galant riß der Pressesprecher die Saaltür vor mir auf, hinter der meine Kollegen bereits ungeduldig lärmten, und zog in den Kampf. Von dem nachdenklichen Jastrschembski, den ich auf dem Flur gesehen hatte, war nichts mehr zu sehen. Wie im Tennisspiel, das Jelzin so sehr liebte, schlug er alle Bälle der Journalisten gnadenlos und präzise zurück und erfand aus dem Stegreif geniale Formulierungen, die Jelzins Wunderlichkeiten erklärten: »Journalisten haben normalerweise keinen Einblick, was hinter verschlossenen Türen bei Verhandlungen vor sich geht. Die geheimen Kammern der

Diplomatie befinden sich außerhalb ihres Gesichtsfeldes. Doch der russische Präsident hat seinen eigenen Stil. Und heute hat er vor Ihren Augen das getan, was Diplomaten sonst nicht tun: Der Präsident hat das Fensterchen für die Journalisten einen Spaltbreit geöffnet, damit sie in den Raum hineinschauen können, in dem die geheimen diplomatischen Gespräche geführt werden. Insbesondere, und hier verrate ich Ihnen ein Geheimnis, hat er auf Gespräche angespielt, die künftig mit den USA über das Abrüstungsproblem zu führen sind.«

Einen um Jelzins Gesundheit besorgten Japaner, der nicht müde wurde zu fragen, wie man mit Jelzin umgehen solle, welcher Japan immerhin zu den Atommächten gezählt habe, stellte Jastrschembski vollends als Dummkopf hin: »Japan? Ja? Er hat Japan genannt? Nun, dann hat er sich versprochen, verstehen Sie das etwa nicht? Setzen Sie an Japans Stelle … Mir fällt es gerade nicht ein: Welche Atommächte gibt es noch? Ja? Aha! Na also! Sie können sich selbst nicht erinnern! Also setzen Sie Großbritannien ein! Und Deutschland können Sie ganz übergehen.«

Der »Kremlfalke« vernebelte im Laufe einer halben Stunde allen dermaßen professionell das Hirn, daß selbst ich nach dem Briefing drauf und dran war, mich zu fragen: »Habe ich wirklich vor einer Stunde den Schwachsinn eines dem Tode nahen Jelzin gehört, oder waren es vielleicht doch ›diplomatische Geheimnisse durch ein spaltweit geöffnetes Fensterchen‹?«

Am nächsten Tag, als Jelzin im schwedischen Parlament eine lange Rede vom Blatt verlas, klang er verdächtig heiser, wußte dafür aber genau, was er sagte, und verhaspelte sich kaum. Seine Tochter Tatjana und Jastrschembski, die in der Gästeloge saßen, hatten sich wieder beruhigt und kicherten fröhlich über kleine Versprecher des Präsidenten. Der weitaus emotionalere Nemzow gestand mir später, daß er jenes Glas Champagner, von dem Jelzin beim Empfang beim schwedischen König genippt hatte, für die Ursache des Stockholmer Skandals hielt.

»Verstehst du, wenn Jelzin Probleme mit der Gesundheit hat, dann geben sie ihm, um ihn in einem normalen, handlungsfähigen Zustand zu halten, offenbar irgendwelche starken Medikamente, zu denen Alkohol strengstens verboten ist, da kann es einen umhauen. Und bei ihm reicht in einem solchen Zustand ein kleiner Schluck vom leichtesten Wein oder Champagner, und schon geht der Alptraum los ...«

Einige Jahre später erhielt ich einen unerwarteten Gruß aus Stockholm, der Stadt, deren Namen ich am liebsten für immer vergessen würde. Am 24. Mai rief mich Nemzow ausgerechnet aus der schwedischen Hauptstadt an, um mir zum Geburtstag zu gratulieren: »Ich habe mich gerade daran erinnert, wie der ›Großvater‹ uns hier fast gestorben wäre ... Ich fliege jetzt nach Moskau. Soll ich dir aus Schweden etwas zum Geburtstag mitbringen?«

Ich bat um »irgendwas Schwedisches, nur keine Kötbullar und keine Schrankwand«. Letzten Endes brachte mir Boris, der direkt vom Flughafen zu meiner Geburtstagsfeier kam, zur Begeisterung aller Gäste (darunter auch Journalisten, die mit Jelzin den Stockholmer Alptraum erlebt hatten) eine kostbare schwedische Nationaltracht mit. Und das half mir schließlich, mich doch irgendwie mit dieser unseligen Stadt zu versöhnen, wo die Arbeiter sich wahrscheinlich bis heute »über ihre Regierung empören, weil sie mit Kohle heizt und nicht mit russischem Gas«.

Jelzin schenkt Japan Inseln, den Bauern Land und fällt in Ohnmacht

Ehrlich gesagt, manchmal gefielen mir Jelzins Eskapaden sogar. Solange sie natürlich nicht sein Leben bedrohten. Eine dieser unschuldigen Possen haben wir beide sogar als Paar aufgeführt während seines Besuchs der russischen Stadt Orjol, die traditionell dem sogenannten »roten«, also prokommunistischen »Gürtel« Rußlands zugerechnet wird.

Der Gouverneur dieses Verwaltungsgebietes namens Strojew, der ehemalige örtliche Leiter des Komitees der *Kommunistischen Partei*, war krankhaft um den Erhalt des Kolchose-Sowchose-Systems in seiner Region besorgt. Mit anderen Worten: um sein Monopol auf das Land. Ich wartete ab, bis Jelzin zusammen mit Strojew auf die Journalisten zukam, und fragte den »Großvater« so laut, daß der Orjoler Gouverneur später auf keinen Fall behaupten konnte, er habe es nicht gehört: »Boris Nikolajewitsch, sind Sie der Meinung, daß der Landkodex in Kraft gesetzt werden sollte, der den Bauern das Recht auf freien Kauf und Verkauf landwirtschaftlicher Nutzflächen garantiert?«

Strojew platzte fast vor Wut, hatte jedoch in Anwesenheit des Präsidenten Angst, etwas zu erwidern. Und »Großvater« Jelzin wurde gleich lebhaft und wäre fast wieder auf den Panzer geklettert. »Natü-ü-ürlich!« rief der Präsident aus. »Der Bauer muß Herr seines Landes sein, er muß das Recht haben, es zu kaufen und zu verkaufen! Und solange es im Landkodex eine solche Bestimmung nicht gibt, werde ich ihn nicht unterschreiben! Meine Position steht fest: ein freies Kaufs- und Verkaufsrecht für Grund und Boden – das ist die

Zukunft Rußlands.« Ich ergötzte mich an den stummen Höllenqualen, die der Apologet des Kolchose-Sowchose-Systems neben dem Reformpräsidenten litt, und beschloß: wenn schon Klamauk, dann richtig.

»Und was meinen Sie, Boris Nikolajewitsch, sollte der freie Kauf und Verkauf von Land auch hier im Orjoler Verwaltungsgebiet möglich sein?« konkretisierte ich mit salbungsvoller Stimme und lenkte mit einem Nicken Jelzins Blick zu Strojew. Es sah aus, als wolle sich Strojew vor Anspannung in den Boden hineinpressen, gegen dessen freien Kauf und Verkauf er kämpfte. Jelzin saß derselbe Schalk im Nacken wie mir.

»Im Verwaltungsgebiet von Orjol?« fragte er nach, lächelte verschlagen und schielte zum »roten« Gouverneur.

Dann ergänzte Jelzin mit fester Präsidentenstimme: »Hier, auf dem Boden von Orjol, ist die Marschrichtung zu einem freien Kauf und Verkauf von Land stre-e-engstens einzuhalten!«

Strojew schwieg wie ein Orjoler Partisan, doch Jelzins Aussage war bereits von den Kameras der führenden Fernsehsender des Landes festgehalten worden: Er hatte in Orjol die Leibeigenschaft der Kolchose mit stillem Einverständnis des »roten Gouverneurs« aufgehoben.

Nach solchen Begebenheiten konnte man Jelzin alles verzeihen, finde ich. Denn ob er nun gerade zurechnungsfähig war oder nicht, ob tot oder lebendig, ob nüchtern oder nicht – er blieb immer »cool«. Schade nur, daß er immer öfter »tot« war und somit letztlich das Kauf- und Verkaufsrecht von Land doch nicht durchgesetzt hat.

Und trotzdem, wer außer dem »Großvater« hätte es fertiggebracht, die Kolchosen wenigstens ansatzweise aufzulösen und darüber hinaus auch noch die »umstrittenen« Kurilen mit großer Geste an Japan zu verschenken?

Ich hatte so etwas schon geahnt, als Boris Nemzow und Sergei Jastrschembski auf alle meine privat gestellten Fragen über den Inhalt der informellen Gespräche zwischen Jelzin und den Japanern mit nervösem Gelächter reagierten. Doch erst nach Jelzins Rücktritt vertraute mir Nemzow an: »Während des freundschaftlichen Zusammentreffens mit dem Premier, ›Freund Ryu‹, in Krasnojarsk, erwies sich unser Zar Boris eines Zaren würdig und versprach ihm Aug in Aug, Japan die umstrittenen ›nördlichen Territorien‹ zu schenken. Danach kamen die völlig durchgedrehten japanischen Beamten auf uns zugelaufen, konnten ihr Glück kaum fassen und sagten: ›Er hat uns die Inseln geschenkt! Was sollen wir tun? Meint er das ernst?‹ Da stürzten Jastrschembski und ich zu Jelzin und fielen beide buchstäblich vor ihm auf die Knie: ›Boris Nikolajewitsch, tun Sie das nicht, wir flehen Sie an!‹ Und er antwortete: ›Warum sollte ich das nicht tun können? Ich möchte meinem Freund, dem japanischen Premier, etwas Gutes tun!‹ Wir bettelten ihn an, uns beide lieber in den Ruhestand zu schicken, die Inseln jedoch nicht wegzugeben. Schließlich lächelte der Präsident listig und sagte: ›Na gut, macht euch keine Sorgen … Ich werde sie übers Ohr hauen …‹«

Und so zerstörten zwei Beamte Jelzins mit einem Schlag die Hoffnungen der Bevölkerung der Kurilen, jener frierenden, hungrigen, alkoholkranken Bewohner der fernen Inseln, für die sich die Regierung überhaupt nicht interessiert und die warum auch immer den Preis für abstrakte staatliche Interessen zahlen müssen, anstatt ein neues Leben unter dem Protektorat eines kleinen, aber für seine Bürger sorgenden Landes anzufangen.

Urteilen Sie selbst: Kann man etwa die kalten und taktischen »Aphorismen« Putins, die aus irgendeinem Grund ausnahmslos grausam, bösartig und sadistisch sind (wie das Versprechen Putins, »alle tschetschenischen Terroristen auf dem Klo kaltzumachen« oder die Drohung an die westlichen Journalisten, »die Beschneidung so durchzuführen, daß ihnen an dieser Stelle nichts mehr wächst«), mit den unvergeßlichen, gutmütigen und arglosen Einfällen Jelzins vergleichen? Sogar Jelzins Orchesterdirigat in Berlin bei der Zeremonie zum Abzug der sowjetischen Streitkräfte aus Ostdeutschland – ein spontaner Fauxpas des leicht angetrunkenen russischen Präsidenten, der im Gefühlsüberschwang vom Treffen mit seinem »Freund Helmut« war und sich von der Aufmerksamkeit des Publikums anstacheln ließ – ist in die Geschichte eingegangen.

Doch der schrecklichste, dramatischste und fatalste Ausbruch Jelzins spielte sich vor meinen Augen während seines Besuchs in Zentralasien im Herbst 1998 ab. Bereits am Flughafen von Taschkent, der Hauptstadt von Usbekistan, kam der russische Präsident kaum die Gangway herunter, und als er über den roten Teppich zum Flughafengebäude ging, fing er plötzlich an zu schwanken, verlor das Gleichgewicht und war genötigt, sich an den Arm des gerade noch rechtzeitig herbeigeeilten usbekischen Präsidenten Islam Karimow zu hängen. Wir hatten erwartet, daß Jelzin wie gewohnt direkt nach der Landung auf die Journalisten zukommen würde. Doch zum ersten Mal versagte er sich dieses traditionelle Vergnügen und schritt schwerfällig an uns vorbei. Später sah ich in der Residenz des Präsidenten von Usbekistan mit Schrecken, wie Jelzin bei der Begrüßung der Ehrengarde plötzlich mir nichts, dir nichts nach vorne umzukippen drohte. In der Kremldelegation erklärte man diesen Vorfall mit der Widerspenstigkeit des Teppichs, einer Falte, die sich nicht rechtzeitig gelegt hatte. Doch ich habe mit eigenen Augen gesehen, daß der Teppich unschuldig war.

Am nächsten Morgen teilte mir der stellvertretende Leiter des Kremlstabs für internationale Fragen, Sergei Prichodko, mit, daß es um Jelzin schlecht bestellt sei: »Der Präsident ist heute aufgewacht und sagte: ›Macht euch fertig, ich fahre in den Kreml!‹ Er wußte nicht einmal, wo er war.«

»Erklären Sie mir, was mit ihm los ist! War er betrunken? Oder ist es wieder das Herz?«

»Nein, es ist ganz sicher weder das eine noch das andere ... Ich sage Ihnen im Vertrauen, was passiert ist: Er hatte am Vortag starken Bluthochdruck, doch um den Besuch abzusagen, war es bereits zu spät ...«

»Warum hat man ihn dann mit erhöhtem Blutdruck ins Flugzeug gesteckt?! Das ist doch Mord!« ereiferte ich mich. Der Kremlbeamte hob nur die Schultern.

Ein wenig später führte das Kremlteam vor den Journalisten ein regelrechtes Schauspiel auf: Man mußte sich irgend etwas Harmloses ausdenken, deswegen fing der russische Regierungschef während der Abschlußzeremonie demonstrativ an zu husten und schluckte ständig Tee, der ihm ununterbrochen serviert wurde. Zudem verhielt sich der Leiter des Protokolls, Wladimir Schewtschenko, angesichts einer »Erkältung« recht merkwürdig. Kaum hatte er gesehen, daß die Kellner den Staatsoberhäuptern Tabletts mit Champagner brachten, beförderte er sie fast mit Tritten aus dem Saal. Und die Kremljournalisten, die sich an ihrem Präsidenten wieder einmal satt gesehen hatten, fühlten sich wie ein Beerdigungskommando.

Als Jelzin mit Ach und Krach in die kasachische Hauptstadt Alma-Ata flog, beobachtete ich in der Residenz des kasachischen Präsidenten zufällig eine Szene zwischen Jelzin und seiner Tochter Tatjana. Jelzin hatte mich nicht bemerkt und machte beim Verlassen des Sitzungssaals in mürrischem Ton seinem Unmut darüber Luft, daß man ihn nicht aufs Bankett lassen wollte. Tatjana entfernte sich geschäftig zusammen mit dem kasachischen Präsidenten Nasarbajew und riet ihrem Vater eindringlich, er solle »sich hinlegen und ruhen«.

»Ja? Und ihr geht alle ohne mich zum Bankett?« fragte Jelzin mit launischer, doch gleichzeitig irgendwie jammervoll-willenloser Stimme, die am Ende des Satzes ins Falsett abrutschte.

»Ja, Papa, der Arzt hat es dir doch verboten ...«, plapperte Tatjana, die sich offensichtlich auf einen Streit einstellte.

Aber Jelzin schnaufte nur unzufrieden, setzte eine verdrießliche Miene auf, starrte eine halbe Minute seine Tochter an und wankte dabei leicht mit weit auseinandergestellten Beinen. Schließlich bellte er sie und den kasachischen Präsidenten Nasarbajew entnervt an: »Na, dann geht schon!«

Diese familiäre Szene machte auf mich einen niederschmetternden Eindruck. Mir wurde wohl zum ersten Mal richtig klar, wie schlecht es um Jelzins Gesundheit bestellt war und wie zynisch seine Umgebung davon Gebrauch machte. Vor dem Hintergrund der schweren Finanzkrise in Rußland, die im Herbst 1998 in der inneren und äußeren Zahlungsunfähigkeit kulminierte und sich verstärkte, als die letzte Reformregierung nach den Intrigen der Oligarchen aus Jelzins Umfeld zurücktrat, kam das einer Katastrophe gleich. Mir wurde klar, daß der Reformpräsident Jelzin aufgrund seiner Krankheit nicht die Kraft hatte, der Revanche der Geheimdienste etwas entgegenzusetzen, welche Rußland in dieser totalen Krise von seiten des »Not«-Premierministers Jewgeni Primakow, der Jelzin faktisch nahezu entmachtet hatte, drohte. Primakow, der ehemalige Chef der Auslandsaufklärung und Freund Jassir Arafats und seiner Regierung, strebte eine Unterstützung der russischen Rüstungsindustrie und der russischen Chauvinisten an. Dem Land und der Welt ist er dadurch unvergessen, daß er sein Flugzeug auf dem Weg zu einem USA-Besuch über dem Atlantik wenden ließ, um damit gegen die Kriegshandlungen der USA gegen die faschistische Führung Jugoslawiens, die ethnische Säuberungen durchführte, zu protestieren. Eine Umkehr in der Luft, die eine leere Drohung blieb. Dabei entfachten Primakow und seine Anhänger aus der russischen Generalität innerhalb Rußlands eine Hysterie zugunsten von Milošević, der eng mit der russischen Rüstungsindustrie zusammenarbeitete und vom russischen Geheimdienst unterstützt wurde. Außerdem leitete Primakow ein Gerichtsverfahren gegen den kremlnahen Oligarchen Beresowski ein und versprach, eine gewaltsame Deprivatisierung durchzuführen. Dadurch bekamen die in ihr Spiel vertieften intriganten Oligarchen und deren Schützlinge in Jelzins Umgebung einen solchen Schreck, daß sie sich in ihrer Panik zum »Schutz« vor dem Geheimdienstmann Primakow ihren eigenen KGB-Mann erfanden: Putin.

Mein »Freund« Wolodja Putin

Vor kurzem fragte ich den Oligarchen Boris Beresowski, der zum Zeitpunkt unseres Gesprächs bereits vor den repressiven Verfolgungen Putins aus Rußland geflohen war und in Großbritannien offiziell den Status eines politischen Flüchtlings erhalten hatte: »Warum haben Sie Putin damals zum Präsidenten gemacht? Um sich selbst zu schaden? Zum Unglück des ganzen Landes?« Beresowski antwortete: »Wissen Sie, Lena, als ich Putin zum Präsidenten machte, kannte ich ihn überhaupt nicht! Zweimal haben wir zusammen Wodka getrunken – und ab ging's zur Präsidentschaft! Nun ... Ich habe mich geirrt ... Das kommt vor ... Ich bereue es ...«

Jumaschew, Jelzins damaliger Stabschef und später auch sein Schwiegersohn, hatte den großen Kremlintriganten mit Putin bekannt gemacht. Der Kreml, der wegen der Offensive des Geheimdienstgünstlings Primakow in Panik war, fand in Putin eine »Ersatzlösung« und forderte alle Oligarchen auf, Geld in einem *obschtschag* zusammenzuwerfen (so nennt man im Kremlslang, der mit dem Gefängnisslang der russischen kriminellen Welt vollkommen identisch ist, eine »schwarze Kasse«), um damit eine effektive Wahlkampagne für Putin durchführen zu können. Nur der Oligarch Gussinski plazierte in diesem Kremlkasino seinen Einsatz falsch: Sein Fernsehsender *NTW* fuhr fort, Korruptionsfälle in der Jelzin-

»Familie« aufzudecken, und kritisierte Putin als direkten Günstling der korrupten, kremlnahen Oligarchen. Insbesondere enthüllte *NTW* die dubiose Verbindung von Jelzins Tochter und seinem zukünftigen Schwiegersohn Jumaschew zu Beresowski, ebenso ihre direkte finanzielle Abhängigkeit von Beresowskis »Patensohn« Roman Abramowitsch (heute Besitzer des englischen Fußballclubs Chelsea London), der bereits die finanzielle Stütze der gesamten *Cosa nostra* des Kreml war und demzufolge auch deren Günstling Putin finanzierte. Gussinski mußte diese Enthüllungen teuer bezahlen – er war der erste Oligarch, den Putin gleich nach seiner Machtübernahme ins Gefängnis steckte und »entkulakisierte« (stalinistischer Terminus für staatliche Enteignung), indem er ihm seinen Medienkonzern wegnahm und ihn dann aus dem Land warf. Gussinskis *NTW* wurde so der erste einer ganzen Reihe von Fernsehsendern, bei denen mit Putins Zustimmung die Leitung gewaltsam ausgewechselt und die Journalisten entlassen wurden.

Doch ich kehre zu jenen Tagen zurück, als sowohl ich wie auch der wichtigste Intrigant des Kreml, Boris Beresowski, sowie Jelzins künftiger Schwiegersohn Jumaschew auf den unscheinbaren Beamten Wladimir Wladimirowitsch Putin aufmerksam wurden – und wenig später auch Jelzin selbst.

Der Prahlhans

Unter allen russischen Journalisten gebührt mir der Ruhm, Putin als erste entdeckt zu haben. Im Mai 1997 kam ich zum ehemaligen Gebäude des ZK der KPdSU auf der Staraja ploschtschad, wo heute der Kremlstab residiert. Ich wollte den neuernannten Chef der Hauptkontrollverwaltung des

Präsidenten, also einen Abteilungsleiter des Kremlstabs, kennenlernen – Wladimir Putin. Als ich hineinkam, saßen in dem tristen grauen Zimmer, in dem es nach dem Moder alter Akten roch, an einem unendlich langen Tisch bereits einige unscheinbare Journalisten, die sich offenkundig langweilten. Mit einem Wort, alles war so wie auf einem gewöhnlichen, öden halbamtlichen Briefing. An der Stirnseite des Tisches saß kaum bemerkbar ein kleiner, uninteressanter Mann. Aus irgendeinem Grund mahlte er nervös mit dem Kiefer. Meine Kollegen beachteten ihn kaum, lustlos schmierten sie ihre Notizblöcke voll. Im ersten Teil des Briefings versuchte ich nicht einmal, einen Sinn in den belanglosen Pflichtfragen und den noch belangloseren Antworten zu erkennen. Ich konzentrierte mich auf das Gesicht dieses Männleins und versuchte die Ursache für die verdächtige Dissonanz zwischen den gleichmäßig nervösen Bewegungen seines Kiefers und seiner Kaumuskeln und dem inhaltsleeren Gespräch herauszufinden. Offensichtlich arbeitete es in ihm, entweder fürchtete er irgendeine unangenehme Frage, oder er erwartete im Gegenteil, daß ihm jemand diese Frage endlich stellte. Seine Augen hatten übrigens nicht nur einen leeren und teilnahmslosen Ausdruck, sie schienen überhaupt nicht da zu sein. Es war unmöglich auszumachen, worauf sich sein Blick richtete – er schien sich in der Luft aufzulösen oder an den Gesichtern der anderen zu zerfließen. Dieser Mann gab seinen Gesprächspartnern das Gefühl, daß es ihn nicht gab, er verschmolz meisterlich mit dem Farbton seines Büros.

Ausgerechnet dieser unscheinbare kleine Mann war Wladimir Putin. So habe ich ihn das erste Mal gesehen. Mir schien, als fehlte nicht mehr viel, und die von ihm eingeschläferten, hypnotisierten, gelangweilten Gäste von der Presse wären von ihren Stühlen gefallen wie schlafende Fliegen von der Zimmerdecke. Das Ganze fand an einem Samstag statt, was die allgemeine Schläfrigkeit noch verstärkte. Somit versiegte alsbald auch der zähe Strom idiotischer Fragen, die sich darauf richteten, ob der neue Beamte beabsichtige, seine Arbeit gut zu machen und welche Pläne die Hauptkontrollverwaltung überhaupt habe. Da beschloß ich, für Stimmung zu sorgen. Um das graue Männlein nicht zu früh aufzuschrecken, begann ich ihn in demselben besonnenen, ruhigen Tonfall, in dem auch sämtliche Fragen zuvor gestellt worden waren, nach dem seinerzeit empfindlichsten Problem des Kreml auszufragen – Primorje. In dieser weitentfernten russischen Region, zu der man von Moskau aus selbst mit dem Flugzeug acht Stunden braucht, herrschte ein wirtschaftliches Desaster: Der Strom wurde regelmäßig abgeschaltet, die Menschen waren in Not – mehrere Monate hatte man ihnen kein Gehalt gezahlt –, und der Patron der Region Primorje, Gouverneur Nasdratenko, der im Kreml den Ruf eines Mafioso, Monopolisten, Gegners der Marktwirtschaft sowie lokalen Diktators hatte, versuchte auch noch, die auf ihn gerichteten Pfeile des Unmuts aus der Bevölkerung auf Jelzin zu lenken. Und so stellte ich dem Beamten Putin die Frage: »Gouverneur Nasdratenko organisiert in seiner Region Demonstrationen, bei denen Jelzins Rücktritt gefordert wird. Und trotz vieler Untersuchungen, die gröbste wirtschaftliche Vergehen seitens Nasdratenkos ans Licht gebracht haben, zieht der Kreml es vor, den Gouverneur im Amt zu lassen. Teilt Jelzins Kremlstab etwa die präsidentenfeindliche Haltung des Gouverneurs?«

Ich sah, daß ich ins Schwarze getroffen hatte. Putins Augen wurden sofort lebendig, und er spulte, erst noch etwas träge, als wäre er aus dem Koma erwacht, dann aber zunehmend energisch die vorbereitete Stellungnahme und die an

Nasdratenko gerichteten Drohungen des Kreml ab. Allerdings begann der Beamte Putin mit seinen Sicherheitsmaßnahmen schon im eigenen Büro: Nach seinem Rapport über die Entschlossenheit Moskaus, in allernächster Zeit die Krise in der Region Primorje zu beseitigen, erklärte er vorausschauend den folgenden Teil des Briefings als geheim und untersagte das Zitieren seiner Worte in der Presse. Ich beschloß, ihn endgültig »auszuquetschen«, und bot ihm zwei mögliche Erklärungen für die Krise an: »Wenn Ihre Ermittlungen gegen den Gouverneur seine Straftaten ans Licht gebracht haben, er aber dennoch nicht eingesperrt wird, heißt das dann, daß er tatsächlich entweder im Kreml, bei den Geheimdiensten oder im Militär von einer Mafia gedeckt wird? Oder ist der Kreml nicht mehr Herr der Lage im Land?«

Die Versionen, die ich dem Beamten zur Wahl gegeben hatte, waren eine schlimmer als die andere. Doch Putin schickte sich nicht an, zwischen den zwei Übeln zu wählen, er bot dem erstaunten Publikum eine noch schlimmere Variante an – die Synthese aus beiden. Er verkündete, daß der Kreml tatsächlich die Kontrolle über die Situation in der Region Primorje verloren habe und daß man bei den Versuchen, mit Hilfe von Polizei und Staatsanwaltschaft für Ordnung zu sorgen, auf korrupte Strukturen gestoßen sei. Sämtliche Entscheidungsträger von Primorje waren nach seinen Worten bereits vor langer Zeit von »Nasdratenko gekauft worden«. Eigens aus Moskau entsandte Vertreter seien auf geheimnisvolle Weise in kürzester Zeit ebenfalls »dem dort ansässigen Mafiaclan einverleibt worden«. Sogar Jelzins ehemaliger Vertreter in Primorje hatte sich, so Putin, diesem Schicksal nicht entziehen können. »Und nun«, faßte der Beamte unerwartet zusammen, »haben wir alle unsere Hoffnung auf die Sicherheitsorgane gesetzt!«

Bei dieser Schreckensmeldung wachten sogar die phlegmatischsten meiner Kollegen auf – Putin hatte gerade von der totalen Korruption aller Silowiki (die »Mächtigen«, »Kraftvollen«, Führungskräfte in Geheimdienst, Militär und Sicherheitsbehörden) sowie von Polizei und Staatsanwaltschaft in Rußland gesprochen! Und dann brachte der ehemalige Geheimdienstmann (als welcher er sich von Beginn an empfohlen hatte) den Lieblingsmythos der Tschekisten zur Sprache: Nur der KGB war in der Lage, das verkommene Land zu reformieren.

»Unsere Institutionen, der FSB oder genauer gesagt sein Urvater, das Komitee für Staatssicherheit, KGB, standen nie direkt in Verbindung mit der Verbrecherwelt, sondern haben sich im wesentlichen mit Aufklärung und Abwehr befaßt. Dank dieser Tatsache haben die Strukturen des FSB eine gewisse Reinheit bewahrt ...«, verkündete Putin. Dabei klangen gewisse Worte in diesem Kontext besonders pikant.

Putin schwor, daß in Primorje jetzt alles anders werden würde, weil der soeben zum Präsidentenvertreter ernannte Generalleutnant Wiktor Kondratow, der zuvor die Abteilung des FSB in Primorje geleitet habe, »unser Mann« sei. Nachdem er seine schöne Theorie dargelegt hatte, konnte Putin nicht erklären, was diese unschuldige Institution früher daran gehindert hatte, das Land in einen angemessenen Zustand zu versetzen. Und warum der vom Kreml ausgesandte Genosse, der die Krise richten sollte, nicht bereits die Korruption bekämpft hatte, als er noch Chef des örtlichen FSB gewesen war. Nichtsdestoweniger zeigte sich schon damals deutlich, wie krankhaft Putin Spezialeffekte liebte: Alle seine drohenden Phrasen ließ er nachlässig und geringschätzig über die Unterlippe gleiten, während über sein Gesicht ein seliges, jungenhaftes Lächeln huschte. Er wollte offensichtlich wie jemand wirken, der jetzt gleich, ohne sich vom Tisch zu erheben oder Ton oder Gesichtsausdruck zu verändern, in aller Ruhe mit eigenen Händen nicht nur irgendeinen Gouverneur Nasdratenko und die russische Korruption zu Staub zerreiben kann, sondern auch jeden anderen, der sich ihm und seinen geliebten Geheimdiensten in den Weg stellt. Ganz offensichtlich genoß er die Wirkung, die er mit seiner unerwarteten »coolness« auf das Publikum hatte, und steigerte sich immer weiter. Als ich ihn bat zu konkretisieren, wie hart die Maßnahmen sein würden, die der Kremlstab gegen den Gouverneur von Primorje anzuwenden gedenke, versprach Putin mit dem gleichen bezaubernden Jungenlächeln: »Wenn er eingesperrt gehört, sperren wir ihn eben ein ...«

Er brachte das alles mit großer Leichtigkeit und Gelassenheit vor. Zugleich klang es in der damaligen politischen Situation unwahrscheinlich, so daß man nicht wußte: Ist das nun eine Revolution, oder sind das nur die Prahlereien eines Tschekisten, dem es gefällt, den Mädels zu imponieren?

Als ich in die Redaktion des *Kommersant* kam, wo ich zu dem Zeitpunkt arbeitete, sagte ich dem Redakteur meiner Abteilung ganz ehrlich, daß es über den offenen Teil des Briefings nichts zu schreiben gebe, daß der geheime hingegen eine Sensation sei. Es gab nur einen Ausweg: Putin anrufen und ihn um ein Interview bitte. Zu meinem Erstaunen nahm Putin sofort ab und war einverstanden, das Gesagte direkt am Telefon zu kommentieren. »Der arme, unerfahrene Beamte«, schoß es mir durch den Kopf. »Hat ihm seine Mutter in der Kindheit etwa nicht beigebracht: ›Wowotschka, sprich nie mit Journalisten ...‹? Ich kann mir vorstellen, wie ihn sein Chef, der Kremlstabschef Jumaschew, morgen nach der Publikation auseinandernehmen wird!«

Putin erzählte mir bereitwillig bei laufendem Tonband, daß die von ihm geleitete Abteilung des Kremlstabs von Präsident Jelzin ein Mandat für einen umfassenden Kampf gegen die Korruption erhalten habe, und zwar zuallererst gegen die Korruption im russischen Verteidigungsministerium. »Die korrumpierte Generalität ist nicht in der Lage, aus eigener Kraft gegen die Korruption zu kämpfen. Deswegen ist klar, daß das Verteidigungsministerium selbst keine Reform zustande bringen kann …«

Alles, was dieser kleine Kremlbeamte sagte, erinnerte sehr stark an eine Kriegserklärung. Die nominelle Kremlmacht wollte diesen Krieg gegen all jene führen, die in Rußland die reale Macht hatten – kriminelle Gruppierungen, die eng mit den Netzwerken der Silowiki und den staatlichen Behörden verwachsen waren. »Wir stellen jetzt spezielle Brigaden der Kontrollverwaltung auf, zu denen Vertreter des FSB, des Innenministeriums und der Kontroll- und Revisionsbehörde des Finanzministeriums hinzugezogen werden. Wir werden detailliert überprüfen, in welcher Weise Zahlungen des Finanzministeriums an die Zentralorgane des Verteidigungsministeriums erfolgen und über welche Bankkanäle das Geld an die entsprechenden Stellen überwiesen wird. Wenn nötig, gehen wir nicht nur bis in die Militärbezirke, sondern bis in die einzelnen Einheiten!«

Dieses erste Interview, das ich mit Putin führte, schlug in Politikerkreisen ein wie eine kleine Bombe. Klein war sie, weil diese Äußerungen weder vom Präsidenten noch vom Premier oder vom Chef des FSB und auch nicht vom Chef des Kremlstabs kamen, sondern von irgendeinem, dem breiten Publikum unbekannten Beamten, der über keinerlei Machtinstrumente verfügte. Übrigens haben meine Quellen im Kreml bezeugt, daß Putins Vorgesetzter Walentin Jumaschew ihm für seine Gesprächigkeit keine Rüge erteilte. Woraus man schließen konnte, daß der unerwartete märchenhafte Auftritt des Kremltschekisten in der politischen Arena von der Leitung des Kremlstabs sanktioniert wurde. Offensichtlich hatte sie sich zu dieser einschüchternden PR-Kampagne durchgerungen, um irgendwie ihre reale politische Schwäche zu vertuschen.

Was die Verläßlichkeit der markigen Versprechungen Putins bezüglich der Korruptionsbekämpfung betrifft, so werden Sie staunen: Gouverneur Jewgeni Nasdratenko, den Putin damals als Mafioso bezeichnete und den er wenn nötig ins Gefängnis zu bringen versprach, hat in seinem Amt sogar Präsident Jelzin überlebt. Die ganze Geschichte ist äußerst symbolisch. In ihr spiegelt sich wie in einem Wassertropfen das Szenario von Putins künftiger Präsidentschaft. Schon damals wurde klar, daß die Natur aus einer seltsamen Laune heraus diesen Menschen gleichermaßen mit einer Vorliebe für allerlei kriegerische Effekte bedacht hatte, wie auch mit der Unfähigkeit, in der Praxis etwas Konstruktives zu realisieren.

Nach der plötzlichen Beförderung des kleinen Beamten Putin in das Präsidentenamt wurde der ehemalige Diktator der Region Primorje, Jewgeni Nasdratenko, keineswegs ins Gefängnis gesteckt, sondern im Gegenteil ganz demonstrativ an der Putinschen Präsidentenbrust gehegt – zunächst auf einem einträglichen Posten in der russischen Fischfangbehörde, und dann wurde er auch noch ungeachtet der fast einstimmigen Empörung der politischen Elite in das hohe staatliche Amt eines stellvertretenden Sekretärs des russischen Sicherheitsrates befördert. Erst vor vier Jahren gelang es mir, das Rätsel der Beziehung zwischen Putin und Nasdratenko zu lösen. Und die Erklärung charakterisiert noch klarer die Persönlichkeit des derzeitigen russischen Präsidenten. Im Jahr 2001, als der Stab von Präsident Putin beschloß, sein einjähriges Jubiläum mit dem Beginn der »Gouverneurssäuberungen« zu begehen, prognostizierte ich in einer meiner Analysen, das erste Opfer dieser Kampagne würde ebenjener Nasdratenko sein, und gerade mit ihm würde der neue Regierungschef besonders grausam abrechnen wollen. Meine Prognose beruhte auf Putins besagter Schwäche: Für ihn wäre es logisch, sich an dem Menschen zu rächen, den er zu Beginn seiner Kremlzeit nicht hatte besiegen können. Außerdem, schlußfolgerte ich, mußte Putin gekränkt sein, daß er damals, 1997, vor den Journalisten als Schwätzer dagestanden hatte, weil er Nasdratenko nicht hatte aushebeln können. Dennoch erfüllte sich meine Prognose nur zur Hälfte. Putin rettete Jewgeni Nasdratenko einfach behutsam vom wackligen Gouverneursstuhl in Primorje und bettete ihn auf den sicheren und lukrativeren Posten eines russischen Ministers. Und schließlich siedelte er ihn sogar in die Hallen des Sicherheitsrates um.

»Unser Präsident erklärt der Elite auf diese Weise demonstrativ die Spielregeln«, erläuterte mir damals Anatoli Tschubais, der dem Kreml nahestehende, wichtigste russische Reformer. »Putin hat gezeigt, daß diejenigen, die bereit sind, nach seinen neuen Regeln zu spielen (und genau das hatte Nasdratenko getan, als er freiwillig von seinem Posten in Primorje zurückgetreten war), als Mitglieder des Clans behandelt und nicht ins Gefängnis gesteckt werden. Die anderen, die nicht nach den Regeln des Putin-Clans spielen wollen, werden die volle Härte des Gesetzes zu spüren bekommen …«

Doch das verblüffendste war nicht einmal diese Banditenethik, die der neue russische Präsident nach Tschubais' Worten ganz offen anwendete, sondern die Tatsache, so wiederum Tschubais (der selbst unter Jelzin lang und erfolglos gegen Nasdratenko gekämpft und versucht hatte, in Primorje die Marktwirtschaft einzuführen und die örtliche Wirtschaft zu entmonopolisieren), daß gerade Putin seinerzeit auf stillen Befehl von Kremlstabschef Walentin Jumaschew den FSB angewiesen hatte, alle Strafverfahren gegen Nasdratenko einzustellen und alles belastende Material, das den Gouverneur von Primorje der Veruntreuung überführen könnte, unter den Teppich zu kehren. Warum? Einfach deshalb, weil der Kremlstab um Jumaschew in dem Moment in Beresowskis Interesse gegen Tschubais und seine Leute um ein weiteres Stück Eigentum kämpfte. Deswegen war Walentin Jumaschew nicht am politischen Erstarken Tschubais' interessiert (den Jelzin ebenfalls achtete und dem es, wenn der Präsident kurzzeitig wieder gesund war, auch gelang, bei diesem Gehör zu finden und ernsthafte Entscheidungen durchzusetzen). Dieses Erstarken wäre aber unausweichlich gewesen, wenn es dem Reformator Tschubais gelungen wäre, die Krise in Primorje zu »seinen Gunsten« zu lösen, also für die Entlassung des Gouverneurs von Primorje zu sorgen und Strukturreformen in der Region durchzusetzen. Und ebenjener Putin, dem es so gefiel, vor Journalisten den unversöhnlichen Kämpfer gegen die Korruption zu spielen, erfüllte widerspruchslos den Befehl, die Strafakten gegen den mafiosen Gouverneur unauffindbar zu archivieren, wie Tschubais bezeugt. Diese Geschichte zeigt äußerst anschaulich die »ethischen« Einstellungen und Prinzipien des russischen Präsidenten Wladimir Putin, denen er heute beim Aufbau der gesamten Verwaltungsstruktur des russischen Staates folgt.

Papa setzt auf den Favoriten

Als junge Frau hat man es mit den Eltern nicht leicht, besonders wenn man schon erwachsen und eine Kremlbeobachterin ist. Denn in diesem Fall sehen einen die Eltern erst recht selten und wissen nichts über das Privatleben. Sie werden von der für Eltern typischen Neurose befallen, in jedem Mann einen potentiellen Bräutigam für ihre Tochter zu sehen. Was Putin damit zu tun hat? Ja, das ist es ja, rein gar nichts! Nur war es völlig unmöglich, meinen Vater davon zu überzeugen! Aber der Reihe nach …

Während meiner Arbeit im Kremlpool sahen mich meine Eltern häufiger im Fernsehen als in natura. Schlugen sie morgens die Zeitung auf und lasen einen meiner Artikel, hieß das, ich war am Leben. Wenn sie mich auf dem Mobiltelefon anriefen, konnten sie nie genau wissen, aus welcher Stadt oder aus welchem Land ich ihnen antworten würde. Es war klar, daß ihnen diese Situation überhaupt nicht paßte, und sie waren der Meinung, daß es für ihre Tochter besser sei zu heiraten, als ihre Jugend sinnlos an alle möglichen Kremlmonster zu verschwenden. Dabei wären sie scheinbar mit jedem Schwiegersohn einverstanden gewesen …

Eines Tages rief mich mein Vater in der Redaktion an und teilte mir in geschäftigem Ton mit: »Der ist gar nicht schlecht … Und deine neue Frisur heute hat mir gefallen … Du trägst deine Haare so selten offen, da wußte ich gleich, daß du *ihm* gefallen willst!«

Fieberhaft begann ich zu rätseln, wen er meinte. An diesem Tag hatte ich es geschafft, gleich drei Pressekonferenzen zu besuchen, und wahrscheinlich hatte man alle in den

Nachrichten gezeigt. Blieb zu klären, wen von den drei Politikern, mit denen ich im Fernsehen gewesen war, mein Vater ins Auge gefaßt hatte …

»Wen meinst du?« fragte ich gespannt.

»Aber nicht doch, was soll die Heimlichtuerei!« brummte mein Vater unzufrieden. »Ich meine den, der über die Bergarbeiter und die Oligarchen gesprochen hat.«

Über die Bergarbeiter und die Oligarchen hatten an diesem Tag alle gesprochen.

»Na der, den der Präsident gerade zu irgendwas ernannt hat …«, setzte mein Vater seine Scharade fort. »Ein sympathischer Typ, mir hat er gefallen …«

Da begriff ich zu meinem Entsetzen, daß mein Vater den gerade beförderten Kremlbeamten Putin meinte – man hatte ihn zum Ersten stellvertretenden Kremlstabschef ernannt.

»Papa!!! Bist du verrückt geworden?! Erstens könnte er mein Vater sein …«

»Lüg nicht, er ist ganz klar jünger als ich!« entgegnete mein Vater.

»Papa, ich war doch nur bei ihm auf dem Briefing. Wir kennen uns flüchtig und mehr nicht. Was denkst du dir nur immer aus! Außerdem ist er vom KGB …«

»Also weißt du, du bist zu streng mit den Leuten! Hauptsache, er ist ein guter Mensch …«

»Papa! Wie konntest du überhaupt auf so etwas kommen?! Du hast doch gesehen: Er ist halb so groß wie ich!« übertrieb ich absichtlich, um meinem Vater mit allen Mitteln seine fixe Idee auszutreiben.

Doch mein Vater war sich sicher, daß ich es einfach nur meinen »Eltern nicht mitteilen« wollte, und schlug mir auch noch vor, »meinen ›Freund‹ Putin irgendwann mit nach Hause zu bringen«. Da begriff ich, daß er, selbst wenn ich behaupten würde, Putin sei eine Frau, wie in der Schlußszene von »Some Like It Hot« antworten würde: »Well, nobody's perfect!«

»Ach was, ich habe in den Nachrichten sehr gut gesehen, wie ihr da zusammenstandet und euch unterhieltet ...«, fügte mein Vater zum Abschied spitzbübisch hinzu und legte den Hörer auf.

Putin und ich hatten folgendes Gespräch geführt: Kaum hatte man ihn zum Ersten stellvertretenden Kremlstabschef befördert, sagten die Alteingesessenen des Kreml neue interne Querelen vorher – denn alle übrigen (und bisher gleichberechtigten) Stellvertreter würden es ihm nicht verzeihen, daß er »gleicher« als sie geworden war. Deswegen ging ich nach Putins erstem Briefing in seinem neuen Amt auf ihn zu und fragte: »Wolodja, haben Sie keine Angst, daß die anderen ›einfachen‹ Stellvertreter des Kremlstabschefs eifersüchtig auf Sie sein könnten?«

Worauf Putin, der mich interessiert betrachtet hatte, antwortete: »Sie sind doch eine schöne Frau ... Haben Sie einen Freund? Ist er eifersüchtig, wenn er Sie mit anderen Männern sieht?«

»Sehr!« bekannte ich ehrlich.

»Und das ist auch richtig so! Die Eifersucht ist ein natürlicher und unvermeidlicher Prozeß!«

An jenem Tag sah ich wirklich ausgesprochen gut aus. Meine Freundin Beresowskaja und ich hatten vor kurzem Geburtstag gehabt und wollten das am Abend in der Redaktion mit Freunden feiern. Deshalb hatte ich mir eine üppige Frisur zugelegt und mich festlich angezogen. Die metaphorische Antwort Putins konnte ich in meinem Zeitungsartikel natürlich nicht zitieren. Doch der Kameramann, der unser

Gespräch filmte, hatte den Verdacht meines Vaters aufkeimen lassen.

Nach Putins Sieg bei den Präsidentschaftswahlen erfreute sich diese Ulkgeschichte unter dem Titel »Papa setzt auf den Favoriten« bei meinen Freunden größter Beliebtheit. Allerdings setzte auch ich im Sommer 1998 in meinen Artikeln für die Zeitung *Russki Telegraf* auf diesen Favoriten (natürlich im politischen, nicht im persönlichen Sinne). Das politische Klima in Rußland war so aufgeheizt, daß Putin die Karriereleiter mit dem Tempo einer tropischen Unkrautpflanze emporkletterte, die Jelzin aufs Geratewohl ohne Wurzeln in den Boden gestopft hatte. Ende Mai wurde er Jumaschews Erster Stellvertreter und im Juli bereits Direktor des FSB.

Wie mir damals erfahrene Kremlapparatschiks erklärten, erfolgte die zwischenzeitliche Beförderung Putins in den Ehrenrang eines Ersten stellvertretenden Kremlstabschefs bereits »bewußt in Hinblick auf die Lubjanka«, um seinen Status in den Augen der Tschekisten »bis zu dem eines ZK-Sekretärs im alten sowjetischen System« zu erheben. Mit jedem Artikel, den ich schrieb, mußte ich immer deutlicher konstatieren, daß die Putinsche Behörde (zunächst in der Hauptkontrollverwaltung des Präsidenten mit der Funktion eines Koordinators der Geheimdienste und dann im wichtigsten Geheimdienst des Landes selbst – dem FSB) sich für den Kreml zum wichtigsten, wenn nicht einzigen Instrument verwandelte, um auf die Situation im Land Einfluß zu nehmen.

Jelzin verlor nicht nur die Kontrolle über das Land, sondern auch über seine Familie, die wiederum in eine zweifelhafte Freundschaft mit den Oligarchen verwickelt war, welche mit aller Macht das politische Boot ins Schwanken brachten, um ihre eigenen egoistischen Geschäftsinteressen durchzusetzen. Der Präsident beauftragte Putin nicht nur offiziell, die Regionalverwaltungen zurechtzuweisen, die bewußt eine Verzögerung der Gehaltsauszahlung aus dem Staatsbudget provozierten, sondern auch die Oligarchen, die damit begonnen hatten, Bergarbeiter mit politischen Parolen gegen den Kreml auf die Straßen zu schicken.

Wie Putin auf jener Pressekonferenz, die sich meinem Vater so eingeprägt hatte, betonte, sollte das Gespräch mit den Widerständlern mit »Dossiers in der Hand« geführt werden, das heißt unter Hinzuziehung aller Ressourcen der Geheimdienste. Diesen Auftrag des Präsidenten erfüllte Putin offensichtlich nachlässig – die Situation verschärfte sich nicht täglich, sondern stündlich. Und statt an ein Antikrisenzentrum der staatlichen Behörden erinnerte der FSB in Person von Jelzins neuem Favoriten immer mehr an ein Ersatzmachtzentrum, das Jelzin für den Fall vorbereitet hatte, daß die Krise im Land irreversible Formen annähme. Was in der Folge auch geschah. Putin konnte damals mit der Situation nicht fertig werden, doch seine Rolle im Machtzentrum begann ihm zu gefallen, und er wollte sie nicht mehr abgeben.

Kurz nach der besagten Pressekonferenz traf ich Putin auf einer Reise mit Jelzin in die russische Provinzstadt Kostroma. Während wir uns die örtlichen Sehenswürdigkeiten ansahen, blieb es Jelzins Gefolge unerklärlich, warum sich meine Aufmerksamkeit auf das Gespräch mit dem unbedeutenden Präsidialbeamten Wolodja Putin konzentrierte, für den sich, abgesehen von mir, damals wohl keiner der Moskauer Journalisten interessierte. Ich spürte jedoch, daß der Kremlstabschef und künftige Schwiegersohn Jelzins, Walentin Jumaschew, aus irgendeinem mir unbekannten Grund versuchte, Putin »aus dem Staub in den Fürstenstand« zu erheben.

Es geschah buchstäblich am Vorabend der katastrophalen Finanzkrise im August 1998 und des darauffolgenden Rücktritts der Reformregierung, als sich jede Hoffnung auf Stabilität und Reformen in Rußland endgültig zerschlug. Putin hatte kurz zuvor den Ehrenrang des Ersten stellvertretenden Kremlstabschefs erlangt. Ich verstand nicht, was Jelzins Intriganten an diesem unscheinbaren Mann fanden, und versuchte auf verschiedene Weise, den neuen Favoriten des Kreml zu »knacken«. Während Jelzin eine Manufaktur in Kostroma besuchte, entdeckte ich Putin in seinem Gefolge, ging auf ihn zu und begrüßte ihn: »Oh, Wolodja, wie schön, daß Sie endlich hier sind. Stellen Sie sich vor, wir haben hier länger als einen Tag festgesessen und auf Jelzin gewartet! Wir Mädels waren sogar schon in der Wolga baden und haben uns gesonnt, so langweilig war es, absolut nichts los hier!«

Putin, der durch die Sonne erschöpft war, antwortete schlagfertig: »Nun, wenn ich gewußt hätte, daß Sie hier sind, wäre ich eher gekommen ...«

Jelzins Pressesprecher Jastrschembski, der stets eifersüchtig überwachte, mit wem die Journalistinnen des Kremlpools professionelle Gespräche führten, grunzte vor Ärger, als er an mir vorbeiging. Trotzdem gelang es mir, von Putin ein Exklusivinterview zu bekommen. Sobald er sich von Jelzin loseisen konnte, begann ich ihn mit der seinerzeit heikelsten aller Fragen zu löchern: der Wahrscheinlichkeit einer dritten Amtszeit von Präsident Jelzin. Das Problem war, daß die russische Verfassung dem Präsidenten nicht mehr als zwei aufeinanderfolgende Amtszeiten erlaubte. Kurz zuvor hatte der Oligarch Boris Beresowski unmittelbar nach einem Treffen mit Jelzin öffentlich verkündet, der Präsident solle sich im Jahr 2000 nicht noch einmal als Kandidat zur Wahl stellen, weil dies seine Gesundheit nicht zulasse. Dennoch hatte der

Pressesprecher des Präsidenten mir gegenüber immer strikt dementiert, daß Jelzin derselben Meinung sei wie der Oligarch. Allen Höflingen war wohl bekannt, daß Jelzin im tiefsten Inneren natürlich nicht auf das Präsidentenamt verzichten wollte. Mehr noch, Jastrschembski selbst hatte mir kurz zuvor gesagt, daß Jelzin nach dem Gesetz durchaus ein drittes Mal kandidieren könne, wenn er das wolle: Das erste Mal sei er schließlich noch nach der alten, sowjetischen Verfassung gewählt worden, als Rußland von Rechts wegen noch ein anderer Staat gewesen war. Demzufolge galt nach der neuen Verfassung Jelzins »zweite« Amtszeit lediglich als die »erste«.

»In jedem Fall muß man als erstes die Entscheidung des Verfassungsgerichts zu dieser Frage abwarten«, sagte Jastrschembski. Wladimir Putin äußerte sich mir gegenüber in Kostroma zu diesem Thema jedoch weitaus weniger standardmäßig, als es in der damaligen Kremlpolitik üblich war.

»Was glauben Sie, Wolodja«, fragte ich ihn, »welche Entscheidung wird das Verfassungsgericht zur Frage der dritten Amtszeit von Jelzin treffen?«

»Das kann ich Ihnen sagen: Das Verfassungsgericht wird die Entscheidung treffen, die notwendig sein wird, Lenotschka«, teilte mir Putin unverblümt mit.

»Das heißt, das Gericht wird so entscheiden, daß Jelzin kandidieren kann?« wunderte ich mich.

»Wenn Jelzin kandidieren *soll*, dann wird die Entscheidung des Gerichts dementsprechend ausfallen«, beteuerte der neue Liebling des Kremlstabs, der kurz darauf selbst das Amt des »Garanten der russischen Verfassung« ausüben sollte.

Sehr bald nach dieser Begebenheit waren alle Gespräche über eine weitere Amtszeit Jelzins obsolet geworden. Der kranke Jelzin schaffte es mit Müh und Not, die laufende Amtsperiode irgendwie durchzustehen ... Zudem erfuhr ich just nach der Rückkehr aus Kostroma von meinen Quellen in der Moskauer Wirtschaftselite, daß im Kremlstab an dem Szenario eines vorzeitigen Rücktritts von Jelzin und der Ernennung eines Nachfolgers gearbeitet wurde. Nur Putins Name als endgültige Variante für einen Nachfolger wurde damals im Kreml noch nicht genannt. Einige Tage nach diesem denkwürdigen Gespräch wurde Putin zum Direktor des FSB ernannt. Und ein Jahr nach diesem Gespräch war er als letztes, nicht aussortiertes Glied der Kremlrevolution übriggeblieben. Wenn man mich jetzt um eine Prognose bittet, ob Putin im Jahr 2008 seine Macht abgibt, wenn er die konstitutionell erlaubten zwei Amtszeiten abgesessen haben wird, erinnere ich mich immer an unser Gespräch. Und an die schlichte, leicht faßbare Antwort, die Putin mir gab: »Das Gericht wird so entscheiden, wie es nötig ist. Wenn es eine dritte Amtsperiode geben soll, dann wird die Entscheidung des Gerichts dementsprechend ausfallen.« Nur ist mit Putins Gesundheit im Gegensatz zu Jelzins alles in Ordnung.

»Dann stellen Sie den Eisernen Felix wieder auf den Lubjankaplatz! Aber quäken Sie nicht rum!«

Es ist wie verhext: Keines meiner Interviews ist je reibungslos verlaufen! Selbst wenn ich mir vor Langeweile ein Interview ausgedacht habe. So war es auch im Dezember 1998. Der Kremlstab befand sich in einer Phase der Wiederbelebung, Jelzin hingegen an seinen besseren Tagen im Tiefschlaf und an den schlechteren im Krankenhaus. Auch die Beamten hatten sich bis zum Frühjahr in ihrem Bau verkrochen. Nur Premier Primakow sorgte fortwährend für Schlagzeilen. Aber man kann ja nun wirklich nicht jeden Tag über einen gealterten Spion schreiben! Nun ja, er legte seiner Pressestelle die Daumenschrauben an und dem Fernsehen gleich mit, damit es ihn besser darstellte. Und er versprach, Beresowski mit Hilfe seiner Staatsanwaltschaft abzusägen. Doch mehr gab es im Land nicht zu schrauben oder zu sägen, und etwas anderes vermochte der Günstling der Geheimdienste Primakow offensichtlich nicht. Mit anderen Worten, in der russischen Hauptstadt herrschte kurzfristig Informationsfrost.

Man mußte sich schnell irgendwie aufwärmen. In einer solchen Situation ist ein Interview wie eine warme Suppe. Und so saß ich in meinem riesigen, tristen Büro in der Redaktion der *Iswestija* und fing an, massenhaft Faxe mit ein und demselben Text an alle offiziellen Adressen zu schicken: »Ich bitte Sie um ein Interview zu diesem und jenem Thema, vielen Dank im voraus ...«

Ich fühlte mich wie eine Spitzbübin, die eine Million »Glücksbriefe« verschickt und die Adressaten darin bittet, den Brief mit hundert Rubeln an die angegebene Adresse zurückzuschicken, in der Hoffnung, daß wenigstens irgendein Trottel anbeißt. Zu meinem Erstaunen bissen gleich zwei an. Aber wie das so ist: Mal läuft gar nichts, und dann kommt alles auf einmal. Beide nannten mir einen Interviewtermin am gleichen Tag. Um zwei Uhr sollte ich zum Reformer Boris Nemzow zur Staraja ploschtschad fahren. Der von allen Regierungsämtern befreite ehemalige erste Vizepremier Nemzow arbeitete nach eigener Definition als »Jelzins Stellvertreter«, in dem Sinne, daß er stellvertretender Vorsitzender der von Jelzin geleiteten Kommission für Regionale Selbstverwaltung war. Diese Funktion hatte keinerlei Bedeutung, doch dafür konnte er sein Zimmer im Gebäude des Kremlstabs behalten.

Und bereits um vier Uhr erwartete mich danach der Direktor des FSB Putin.

Günstig war nur eines: Vom Gebäudekomplex des Kremlstabs auf der Staraja ploschtschad, wo Nemzow saß, bis zur Lubjanka, wo Putin saß, war es ein Katzensprung. »Das schaffe ich«, dachte ich.

Die Hauptstadt meiner Heimat hatte sich zu dem Zeitpunkt noch nicht von den Folgen der schweren Finanzkrise erholt. Die Verkäufer der Geschäfte im Zentrum schienen sich verabredet zu haben, keine Mikrokassetten für Diktiergeräte zu verkaufen. Offensichtlich waren sie der Meinung, dies sei nach der Krise ein unangemessener Luxus. Zu Hause hatte ich nur noch eine Leerkassette über sechzig Minuten. Trotzdem machte ich mich ganz unbesorgt auf den Weg: Ich würde das Diktiergerät auf Geschwindigkeit »1,2« statt auf »2,4« laufen lassen, so daß sich die Zeit auf der Kassette verdoppelte. Das machte insgesamt zwei Stunden. Für Nemzow, da hatte ich keine Zweifel, reichte eine halbe Stunde. Vielleicht maximal vierzig Minuten. Und der Direktor des FSB, so hatte mich sein Pressesprecher vorsorglich informiert, konnte mir auch nicht mehr als vierzig Minuten widmen. Also müßte die Kassette ausreichend sein. Selbst wenn ich Glück haben und es mir gelingen sollte, den Tschekisten in ein einstündiges Gespräch zu verwickeln, bliebe immer noch eine Reserve.

Gewöhnlich spricht der Demokrat Nemzow in Interviews wenig und vorwiegend in kurzen, primitiven Sätzen (er nimmt es mir immer übel, wenn ich dies in meinen Artikeln konstatiere, und erklärt mir, daß es so »besser beim Volk ankommt«). Doch diesmal hob Nemzow geradezu ab. Nach seinem Ausschluß aus der Regierung sehnte sich der ehemalige Vizepremier offenbar nach öffentlichen Auftritten und legte mir seine Gedanken zu absolut allen Problemen des Universums dar. Das nahm ungefähr neunundfünfzig Minuten meiner Kassette in Anspruch. Nemzows Gesprächigkeit brachte meinen Plan ins Wanken. Doch immer noch wiegte ich mich in der Sicherheit, daß auf der Kassette genug Platz war – weit mehr, als für das »urbi et orbi« des Chefs der Lubjanka Putin notwendig war. Aber bald wurde mir klar, daß ich mich auch hier schwer verkalkuliert hatte.

Fast zwei Stunden mußte ich auf Putin in seinem Empfangszimmer warten. Immer wieder kam sein Assistent mit freundlichem Bedauern im Gesicht auf mich zu: »Eine sehr wichtige Besprechung, entschuldigen Sie uns, Elena Viktorovna …«

Als die Besprechung endlich vorbei war, sagte man mir, daß nur noch ein Besucher vor mir dran sei, daß es nur »genau fünf Minuten« dauern würde und Wladimir Wladimirowitsch dann »ganz zu Ihrer Verfügung stehen wird!«

Zu meinem Pech hatte Putin beschlossen, meine lange Wartezeit zu kompensieren. Er sprach sehr viel, sehr fade, und völlig inhaltslos: Er gab bloß offizielle Verlautbarungen von sich. Wenn ich das Interview heute lese, findet sich sogar im langweiligsten Teil eine komische Nuance. Für diejenigen, die gern wetten, wie lang die Operation »Putin for President« von Jelzins Umgebung geplant gewesen sein mag, findet sich in meinem Interview ein direkter Beweis dafür, daß er im Dezember 1998 nicht im Traum daran dachte, welch schwindelerregende Karriere eines »Thronfolgers« ihm bevorstand. Mehr noch, Putin war sogar eindeutig besorgt, daß seine damals noch bescheidene Karriere jäh zum Teufel gehen könnte: In dem Moment zweifelte er zudem nicht nur an seinem persönlichen Schicksal, sondern auch daran, ob Jelzins Regime überhaupt noch die ihm konstitutionell zugebilligte Zeit existieren würde.

»Was die Gerüchte über meinen Rücktritt betrifft«, sagte mir Putin, »so ist in der Tat klar: Präsident Jelzin hat ausdrücklich gesagt, daß er nicht für eine dritte Amtszeit kandidieren wird. Wir beide wissen, daß ein künftiger Präsident auf dem Posten des FSB-Chefs natürlich einen qualifizierten, aber vor allem ihm ergebenen Mitarbeiter sehen will. Daß ich dann gehen muß, ist klar. Präsident Jelzin weiß, daß ich damit kein Problem habe. Für mich ist das hier eine interessante und ehrenvolle Seite in meinem Leben, die irgendwann umgeblättert werden wird ... Aber was für Rußland außerordentlich wichtig ist: Der FSB muß als einheitliches, starkes, ausschließlich föderales und vertikal organisiertes System erhalten bleiben. Derartige Strukturen gibt es derzeit wenige ...«

Nachdem seine Antwort auf meine erste Frage fast eine halbe Stunde in Anspruch genommen hatte (wobei ich genau wußte, daß ich diese halbe Stunde plattester Erörterungen zur Rolle der tapferen Sicherheitsorgane später aus dem Interview als völlig unbrauchbar für die Veröffentlichung würde streichen müssen), wurde ich ernsthaft unruhig. Ich wußte genau, daß ich Putin im Laufe der verbleibenden halben Stunde auf meiner Kassette zu Aussagen darüber bringen mußte, wer in Wirklichkeit das Land regierte – Jelzin oder Premier Primakow, dem aufgrund der Krankheit des Präsidenten praktisch alle Vollmachten des Staatsoberhaupts übertragen worden waren. Abrupt unterbrach ich den Bewußtseinsstrom des Tschekisten.

»Wie oft haben Sie derzeit persönlichen Kontakt zu Präsident Jelzin?«

»Ungefähr einmal im Monat ...«, gestand der Chef des wichtigsten Geheimdienstes des Landes die ungeheuerliche Tatsache.

»Und mit dem Premier öfter als mit dem Präsidenten?«

»Ja, öfter«, antwortete Putin verräterisch aufrichtig. »Zeitweise viermal pro Woche. Manchmal etwas seltener, einmal die Woche. Aber es kommt vor, daß wir uns alle zwei Tage sehen ...«

»Das heißt, alle aktuellen operativen Fragen entscheiden Sie mit Primakow, nicht mit Jelzin?« präzisierte ich in ruhigem Tonfall.

Putin bestätigte bereitwillig: »Ja, es gibt so viele aktuelle operative Fragen – das betrifft das Außenministerium, das Wirtschaftsministerium, das Verteidigungsministerium, die Außenhandelsbeziehungen und die militärische Spionageabwehr. Deswegen ruft mich Jewgeni Maximowitsch (so hochachtungsvoll mit Vor- und Vatersnamen nannte Putin Primakows Namen – E.T.) sowohl innerhalb als auch außerhalb der Arbeitszeit an, und wenn es für mich notwendig ist, dann rufe ich ihn auch immer an ...«

Und da stellte ich endlich die wichtigste Frage, die sich aus allen vorigen Antworten Putins ergab: »Auf diese Weise sind Sie jetzt Primakow direkt unterstellt? Heißt das, daß die Silowiki Fragen der operativen Staatsführung, die eigentlich dem Präsidenten obliegen, mit dem Regierungschef klären?«

Als er begriff, daß er sich selbst in die Ecke gedrängt hatte, versuchte Putin, die Spuren zu verwischen: »Wir haben damit keinerlei Probleme! Der FSB ist gesetzlich direkt dem Präsidenten unterstellt. Das hindert den Regierungschef in keiner Weise, mit uns zusammenzuarbeiten ...«

Doch nach seiner vorangegangenen Offenheit bezüglich der Seltenheit seiner Kontakte zu Präsident Jelzin klangen diese Worte völlig sinnlos. Putin hatte das Wichtigste zugegeben: Primakow, der die Schwäche des Kreml und die Krankheit des Präsidenten ausnutzte, hatte im Land bereits einen schleichenden Umsturz vollzogen und verfügte de facto über die Macht des Präsidenten und, was entscheidend war, er verfügte über die Geheimdienste. Daß Putin das so ruhig zugab, zeugte entweder von seiner zutiefst defätistischen Haltung oder im Gegenteil von seiner Hoffnung, mit der neuen Regierung auf einen Nenner zu kommen, zum Beispiel bei einer Wiederbelebung der Geheimdienste. Um so mehr, als die beiden Behörden, denen Primakow und er entstammten, miteinander verwandt waren. Damit konnte man das Interview eigentlich beenden.

Doch es blieb noch ein wichtiges Thema (das übrigens bis heute nicht an Aktualität verloren hat, sondern sogar noch brisanter geworden ist): die offene Protektion russischer Faschisten durch die russischen Geheimdienste sowie durch Polizei und Staatsanwaltschaft. Natürlich wurde keine der faschistischen Gruppierungen offen von Beamten unterstützt. Dennoch hatten die Generalstaatsanwaltschaft, das Innenministerium und der FSB in den Jahren zuvor ganz offen Bemühungen um Strafverfahren gegen antisemitische Politiker sabotiert, die unverhohlen zu Pogromen aufgerufen hatten. Während der kurzen Herrschaft Primakows und seiner nationalistischen Regierung hatten die Faschisten Oberwasser bekommen. Als erster fiel der Abgeordnete Makaschow auf, der öffentlich dazu aufgerufen hatte, »den Juden ins Fenster zu pissen«. Dabei tat der Generalstaatsanwalt Skuratow, der auf Primakows Seite stand, alles, um ein Strafverfahren gegen die Chauvinisten zu verhindern. Ich fragte Putin, ob er das nicht für direkte Sabotage halte. Seine Antwort war äußerst vorsichtig, doch sie enthielt, wenn auch etwas feige, eine interessante Anspielung: »Ich glaube nicht, daß in der Einstellung der Generalstaatsanwaltschaft als staatlicher Institution auch nur der geringste Grund dafür liegen könnte, Untersuchungen konkreter Straftaten zu verhindern. Doch sowohl im Innenministerium, in der Staatsanwaltschaft, als auch im FSB sind Menschen tätig. Und alle diese Menschen haben irgendeine Einstellung ...«

»Irgendeine Einstellung – eine antisemitische?« fragte ich.

»Nein, nein, ich sagte ›irgendeine‹«, sagte Putin über sich selbst erschrocken und machte sich daran, lang und wortreich die Generalstaatsanwaltschaft vor allen Anschuldigungen in Schutz zu nehmen und ihre prozessualen und juristischen Schwierigkeiten zu rechtfertigen.

Das ärgerlichste war, daß er dies ohne Mitleid mit meinem Tonband tat, das ungestüm und unbarmherzig seinem Ende entgegenflog! Nachdem ich im Kopf schnell die Prioritäten abgewogen hatte, drehte ich die Kassette um und begann Putin auf Nemzow aufzuzeichnen. Das heißt, ich löschte zynischerweise das Interview des Reformers mit der Rede des Tschekisten. Ich verfluchte mich innerlich für meine Unprofessionalität (schließlich hätte ich einen meiner Kollegen um eine Ersatzkassette bitten können, wenn es im krisengeschüttelten Moskau schon unmöglich war, eine zu kaufen!) und versuchte verzweifelt, Putin zu irgendwelchen Aussagen zu provozieren, die eine sensationelle Neuigkeit hätten werden können. Und das möglichst schnell, damit wenigstens ein kleines Stück des Interviews von Nemzow übrigblieb.

»Wenn Sie nicht in der Lage sind, einen Menschen zu bestrafen, der vor laufender Kamera sagt: ›Schlagt die Juden‹, dann sollten Sie vielleicht besser zugeben, daß sie keine Macht haben und den Hut nehmen?!« fragte ich den Direktor des FSB Putin.

Mit der Frage hatte ich Putin endlich gepackt. Die Provokation funktionierte blendend. Putin plusterte sich in seiner Kränkung auf, seine Augen blitzten, der Kiefer mahlte nervös, und fast hätte er mit der Faust auf den Tisch geschlagen.

»Was wollen Sie? Daß wir außerhalb des gesetzlichen Rahmens agieren?! Dann stellen Sie den Eisernen Felix wieder auf den Lubjankaplatz! Aber quäken Sie nicht rum! Dann kehren wir eben ins Jahr '37 zurück!« (Das berühmte Denkmal für den Gründer des ersten kommunistischen Bestrafungsgeheimdienstes NKWD, Felix Dserschinski, das auf der Lubjanka vor dem Gebäude des KGB-FSB gestanden hatte, war während der samtenen Revolution Jelzins im August 1991 spontan von antikommunistischen Demonstranten auf den Straßen Moskaus entfernt worden. Mit diesem symbolischen Ereignis begannen in Rußland die liberalen Reformen.)

Auf diese Weise gelang es mir in dem seltsamen Interview, das ich aus Langeweile mit Putin im Dezember 1998 führte, eine kleine Reise in die Zukunft zu unternehmen und einen Blick auf den Putin der Jahre 2000–2008 zu werfen, der die Tschetschenen »auf dem Klo kaltmacht«, den Oligarchen und ihren Medien »eins auf die Rübe gibt« und an der ausländischen Presse eine »Beschneidung so durchführt, daß ihnen an dieser Stelle nichts mehr wächst«. Und nur, weil er nicht in der Lage ist, etwas auf zivilisierte, nachvollziehbare Weise zu tun. Schon damals, im Amt des Direktors des FSB, legte er sich fürs erste zwar nur rhetorisch, aber doch mit erkennbarem Vergnügen den eisernen Mantel von Lenins Mittäter Felix Dserschinski um, der ihm allerdings glücklicherweise eine Nummer zu groß war.

Was die russischen Faschisten und Extremisten betrifft, so ist Putin als Präsident nicht nur außerstande, mit ihnen fertig zu werden, sondern er wurde auch selbst ein würdiger Nachfolger der alten Generalstaatsanwaltschaft, die er in meinem Interview so zaghaft kritisiert hatte. Damals wie heute beschützen die Vertreter der Geheimdienste die Brutstätten junger Faschisten, statt gegen sie zu kämpfen, wie es das Gesetz vorschreibt. In den letzten Jahren gab es keinen ernsthaften Prozeß auf Grundlage des Paragraphen, der Volksverhetzung unter Strafe stellt: Die Mitarbeiter der »Sicherheitsbehörden« sabotieren offen dessen Anwendung. Dieser Artikel des Strafgesetzbuches wurde nicht einmal im Fall eines Mannes zur Anwendung gebracht, der Anfang 2006 eine Synagoge im Zentrum von Moskau überfiel und neun Juden verstümmelte – man versuchte ihn einfach nur als Wahnsinnigen hinzustellen. 2005 wurden in Rußland siebzig Menschen bei Überfällen mit nationalistischem Hintergrund verletzt oder getötet. Im Internet informieren russische Faschisten auf ihren Websites unbehelligt darüber, wie man derartige Morde und Schmähungen begeht. Organisierte Einheiten russischer Faschisten terrorisieren offen die Heimatstadt Putins – Sankt Petersburg. Nazis veranstalten mit Erlaubnis von oben Umzüge im Moskauer Stadtzentrum und schreien dabei Losungen wie »Rußland den Russen«. In Moskau werden ungestraft Wohnheime farbiger Ausländer angezündet und zerstört und deren Bewohner werden auf den Straßen erbarmungslos zusammengeschlagen und umgebracht. Und meine armenischen, aserbaidschanischen und jüdischen Freunde klagen, daß sie Angst haben, ihre Kinder in die Moskauer Metro und die Unterführungen zu lassen, wo Faschisten allein in den letzten zwei Jahren einige Dutzend »dunkelhäutiger« Jugendlicher getötet oder zu Krüppeln geschlagen haben. Ganz zu schweigen davon, daß es nach der von Putin geführten antitschetschenischen Kampagne im heutigen Rußland gefährlich ist, Tschetschene zu sein. Wen wundert's, wenn die Behörden jetzt schon ganz offen »ethnische Säuberungen« in der russischen Hauptstadt gutheißen! Während der antitschetschenischen Kampagne des Kreml eine Woche vor den letzten Wahlen »säuberte« die Miliz auf Anweisung der Behörden die Stadt von allen »Personen kaukasischer Nationalität« (ein nationalistischer Begriff aus dem Vokabular der russischen Regierungsbeamten und der Polizei), die ihnen in die Hände fielen – oder einfach von den »Schwarzärschen«, wie die russischen Polizisten sagen, wenn sie sich ihrer Ausdrucksweise nicht schämen. Ein sehr anständiger »Kaukasier«, der in Moskau ein Café besitzt, klagte, daß die Polizei ihn einige Tage vor der Wiederwahl Putins auf der Straße aufgriff und seine Moskauer »Registrierung« verlangte. (Falls es jemand nicht weiß: In Moskau ist das Recht der Bürger auf Reisefreiheit und freie Wahl des Wohnortes außer Kraft gesetzt. Selbst russische Staatsangehörige sind verpflichtet, eine spezielle »Registrierung« für ihren Aufenthalt in Moskau zu erlangen, deren Ausgabe die Polizei selbstverständlich als zusätzliche Methode nutzt, um an Schmiergelder zu kommen oder »Dunkelhäutige« aus der russischen Hauptstadt auszuweisen.) Die Miliz fragte also den kaukasischen Cafébesitzer im Moskauer Stadtzentrum am Vorabend der Wahlen: »Hast du eine Moskauer Registrierung?«

Er antwortete ehrlich: »Habe ich«, und zeigte seine Registrierung, die allen Auflagen der Behörden entsprach.

Da riß der Milizionär ihm das Papier aus den Händen, zerfetzte es in kleine Stücke und sagte: »Jetzt hast du keine Registrierung mehr. Mach dich für die nächsten vierundzwanzig Stunden aus der Stadt und laß dich hier nicht blikken, bis die Wahlen vorbei sind …«

Doch ich will weiter von meinem dramatischen Interview mit Putin in seiner Eigenschaft als FSB-Direktor berichten. Das Drama bestand nämlich darin, daß auch die zwei Stunden, die das Tonband fassen konnte, zu Ende waren. Doch der sich ereifernde Putin, der gekränkt war, daß man ihn der Macht- und Willenlosigkeit überführt hatte, konnte nicht mehr aufhören und redete und redete ... Ich war gezwungen, das Diktiergerät auf »Pause« zu stellen, damit das blinkende Lämpchen des Mikrophons ihm die Illusion einer Aufzeichnung gab ... Boris Nemzow konnte ich damals nicht retten. Putin fraß alles auf und ließ nichts übrig.

Einen eleganten Ausweg aus der peinlichen Lage mit dem armen Boris Nemzow wies mir Mascha Slonim. Als sie in London beim Fernsehsender *BBC* arbeitete, mußte sie einmal ein Interview mit dem Kultusminister Großbritanniens führen, und die Fernsehkamera war kaputt. Das geschah so unerwartet, daß sie erst nach zwei Stunden Gespräch entdeckte, daß kein einziges Wort aufgezeichnet worden war. Ohne Umschweife erklärte Slonim dem britischen Minister: »Verzeihen Sie, das war die Generalprobe!« Die Formel von der »Generalprobe«, die ich Nemzow sagte, gefiel ihm, und er legte mir seine Gedanken mit Vergnügen ein zweites Mal dar. Bis heute habe ich dem Demokratenführer nicht gebeichtet, welcher ungeheuerlichen politischen Erniedrigung durch Putin ich ihn unterwarf. Wahrscheinlich hätte ich mich nur damit rechtfertigen können, daß meine Kassette instinktiv jene historische Wahl zwischen Liberalismus und Diktatur vorherbestimmt hatte, die danach das ganze Land traf.

Das komischste Abenteuer in Zusammenhang mit meinem Interview mit dem wichtigsten Tschekisten des Landes war natürlich trotz allem nicht die indirekte Gewaltanwendung gegen die Keime der Demokratie in Person von Nemzow, sondern das Mittagessen mit Putin, das mir bald danach bevorstand.

Wie Putin mich zum Sushi-Essen einlud

Und so ging ich Ende Dezember 1998 zum »Rendezvous« mit Putin. Als ich das Redaktionsgebäude der *Iswestija* im Zentrum von Moskau verließ, entdeckte ich, daß ich wie immer zehn Minuten zu spät war (wie sich später herausstellte, ist meine pathologische Unpünktlichkeit praktisch das einzige, was Putin und ich gemeinsam haben). In dem Moment beunruhigte mich allerdings weniger der Gedanke an die Zeit als ... an das Geld. Aus einer dummen Angewohnheit heraus erlaube ich meinen Interviewpartnern nie, im Restaurant für mich zu zahlen. Ich dachte sogar ernsthaft daran, auch für Putin großzügig mitzubezahlen, und überschlug, wieviel ein Mittagessen für zwei im Restaurant *Izumi* kosten könnte, wahrscheinlich an die zweihundert Dollar (das ist die Währung, in der ein Großteil der Moskauer sein Gehalt ausgezahlt bekommt, die man aber selbstverständlich in Restaurants nicht annimmt). Ich mußte also schnellstens eine Wechselstube finden. Die durch die Finanzkrise angeschlagenen Banken hatten fast nie geöffnet. Dummerweise hatte ich nicht einmal Kleingeld für ein Taxi, so daß ich mich durch die vorweihnachtlichen dreckigen Schneewehen und über Glatteis von einer geschlossenen Wechselstube zur nächsten arbeitete. Falls es jemand nicht weiß: Eine Frau sollte im Winter nie zu Fuß durch Moskau gehen. Das bestätigte mein rechter Absatz, der mit einem abscheulichen Knacken just vor der dritten Wechselstube abbrach. Der mitleidige Kassierer, der meine Dollars in Rubel gewechselt hatte, kam hinter seinem Tresen hervorgelaufen und versuchte mit irgendwelchen Hilfsmitteln (ich glaube, es war ein Locher) den Absatz irgendwie an seinen Platz zu klopfen. Wobei ich wegen der Eile erst gar nicht meinen Schuh ausgezogen hatte und daher in dem Augenblick sehr wohl nachfühlen konnte, wie einem Pferd zumute ist, wenn es beschlagen wird. Doch alle diese Bemühungen erwiesen sich als vergeblich. In der Nähe gab es keinen Schuhservice und auch kein Schuhgeschäft. Ich war bereits fünfundzwanzig Minuten zu spät und beschloß, besser auf einem Bein zu Putin zu hüpfen, als überhaupt nicht zu erscheinen. Und so kam ich eine halbe Stunde zu spät und rächte mich damit offensichtlich schon im voraus an Präsident Putin für die künftigen Leiden der auf ihn wartenden Minister, Journalisten und Staatsoberhäupter.

Der Taxifahrer fuhr mich bis zum japanischen Restaurant *Izumi* auf der uliza Spiridonowka. Ich hatte mich nicht in der Adresse geirrt, wie ich an den Wichtigtuern in Zivil erkannte, die in der unmittelbaren Nähe eines Mercedes 500 herumlungerten. Putins Pressereferent Igor Setschin kam mir entgegen. Jedesmal verwechselte ich ihn wegen seines charakteristischen Gesichts und seiner Frisur mit einem Leibwächter: »Elena Viktorovna, Wladimir Wladimirowitsch ist drinnen, er wartet schon lange auf Sie …« Mit diesen Worten ließ mich die künftige graue Eminenz des Kreml Setschin (den Putin mittlerweile zum Aufsichtsratsvorsitzenden des Ölkonzerns *Rosneft* gemacht hat) ehrerbietig in das Restaurant und blieb selbst draußen als Wache stehen.

Kaum hatte ich das Restaurant betreten, begriff ich: Dieser Ort war wie für mich gemacht! Das heißt für eine Frau, deren rechter Absatz ordentlich in ihrer rechten Manteltasche lag. Im Restaurant *Izumi* war es seinerzeit nämlich üblich, die Schuhe auszuziehen. Als ich das separate Zimmer betrat, in dem mich der Direktor des FSB erwartete, war also alles in bester Ordnung. Das heißt, ich war in Strümpfen, und er (selbstverständlich ebenfalls in Strümpfen) saß an einem niedrigen, original japanischen Tischchen auf einem niedrigen Bänkchen. Im Boden befand sich eine kleine Vertiefung für die Beine. Putin hatte es auf eine für mich unbegreifliche Weise geschafft, sich sehr kompakt dort hinzusetzen. Ich fühlte mich wie Gulliver in Liliputanermöbeln: Meine Knie hatten überhaupt keinen Platz, und von einer Haltung, in der man hätte bequem essen können, konnte keine Rede sein. Nachdem ich mich wie eine gigantische Heuschrecke mit den Knien nach oben hingesetzt hatte, machte ich mich daran, Putin zu quälen: »Hören Sie, mir ist aufgefallen, daß wir die einzigen Besucher im Restaurant sind und draußen wenig Wachpersonal steht. Seien Sie ehrlich, haben Sie für dieses Mittagessen das ganze Viertel räumen lassen?«

»Aber nicht doch!« begann Putin sich zu verteidigen. »Ich habe lediglich einen Tisch für uns bestellt, das war alles … Ich habe doch das Recht, wie jeder normale Mensch hin und wieder mit einer interessanten Frau und begabten Journalistin essen zu gehen … Oder glauben Sie, nur weil ich Direktor des FSB bin, kommt so was bei mir nicht vor?«

»Und kommt ›so was‹ bei ihnen oft vor?« fragte ich neugierig.

Da begriff ich, daß Putin meine scherzhaft gemeinte Frage sehr persönlich aufgenommen hatte – über seine Lippen huschte ein verlegenes Lächeln, verschmitzt senkte er den Blick und sprach mit dem Ausdruck einer beichtenden Maria Magdalena: »Ach nein … Nicht so oft …«

Ich beeilte mich, das Gespräch in eine sachliche Richtung zu lenken.

»Ich wollte Sie das schon im Interview fragen, doch Sie haben sich immer vor einer Antwort gedrückt … Ich verstehe, daß Sie es falsch finden, in einem offiziellen Interview den Generalstaatsanwalt zu rügen, aber könnten Sie mir jetzt, wo es nicht für die Zeitung ist, erklären, was da vor sich geht? Nach unseren Informationen bemüht die Generalstaatsanwaltschaft irgendeinen Strafprozeß gegen das Gaidar-Institut und andere Privatisierungsanhänger.« (Jegor Gaidar ist ein bekannter Wirtschaftswissenschaftler, der für Jelzin ein Programm zur Marktreform in Rußland erarbeitet hat.)

»Jegor Gaidar ist unser Freund. Wir achten ihn sehr. Wir kennen seine Verdienste. Also halte ich solche Dinge für unzulässig …«, begann Putin plötzlich hochtrabend im Namen irgendeiner »Wir«-Gemeinschaft zu sprechen. Ich beschloß, meine Fragen so primitiv wie möglich zu stellen, um ihn dazu zu zwingen, klare Antworten zu geben.

»Gut, wenn also Gaidar Ihr Freund ist und die Generalstaatsanwaltschaft gegen ihn und seine Mitstreiter ein Strafverfahren anstrengt, heißt das, daß sich in der Generalstaatsanwaltschaft Ihre Feinde eingenistet haben?«

»Das heißt es dann wohl«, antwortete Putin ruhig.

»Und was werden Sie tun?« ließ ich nicht locker.

»Arbeiten«, gab Putin mit Nachdruck von sich.

Sehr bald nach unserem Gespräch eröffnete der Generalstaatsanwalt Skuratow die Schlacht gegen Jelzin und sein Umfeld und bezichtigte sie der Korruption. Der Kreml antwortete, indem er zuließ, daß ein staatlicher Fernsehsender ein Videoband ausstrahlte, das Skuratow in einer Geheimwohnung beim gelangweilten Sex mit Prostituierten zeigte.

Man servierte Sake, und Putin wurde lebendig. »Lenotschka, warum reden Sie die ganze Zeit nur über Politik? Lassen Sie uns besser anstoßen!«

Als ich ihm erklärte, daß ich wegen einer Alkoholallergie niemals trinke und daß mein Vater mich im Scherz eine Abstinenzlerin nennt, glaubte mir das Putin ganz offensichtlich nicht und war etwas beleidigt. Er lächelte gezwungen, wandte sich an die Kellnerin und zwinkerte ihr zu: »Sie hat Angst, sich zu besaufen!«

Bei diesem billigen Scherz drehte sich mir der Magen um, was Putin sogleich bemerkte. Virtuos wechselte er das Thema und bemühte sich, über etwas zu sprechen, was mir näher lag: »Sie sprachen von Ihrem Vater. Was macht Ihr Vater denn beruflich? Wo arbeitet er?«

»Das gibt's doch nicht! Hat man Sie etwa nicht über die Journalistin informiert, mit der Sie sich treffen?« lachte ich auf.

Der Direktor des FSB lächelte zufrieden und antwortete nicht.

»Mein Vater arbeitet in einem Institut mit dem komplizierten Namen *Sojusmorniiprojekt*«, fing ich an, ihm zu erklären. »Das ist das beste Institut im Land – sie entwickeln Lade- und Entladevorrichtungen für Häfen.«

»Weiß ich, ja«, unterbrach mich Putin. »Sie haben einen ziemlich starken Konkurrenten in Leningrad – *Lenmorprojekt*. Fragen Sie Ihren Vater, er weiß das! Die sind gerade in einer schwierigen Situation ...«

Ich war völlig verblüfft über Putins unerwartete Informiertheit über die relativ kleine Branche meines Vaters.

»Mein Vater lebt in Sankt Petersburg ...«, sagte Putin überraschend warm. »Ich leide darunter, daß ich ihn nur selten besuchen kann ...«

»Haben Sie ein enges Verhältnis?«

»Ja, sehr ...«

Von unserem Gespräch über die Väter zu einem politischen Thema zurückzukehren war mir unangenehm. Ich beschloß, mit dem Direktor des FSB über Literatur zu sprechen. Das Gespräch fiel kurz aus.

»Wolodja, was lesen Sie in Ihrer Freizeit?«

»Im Moment praktisch gar nichts«, gab er ehrlich zu. »Wenn ich Freizeit habe, versuche ich Sport zu machen. Judo. Ich möchte in Form bleiben, immerhin habe ich es früher mal ernsthaft betrieben ...«

»Er lügt«, dachte ich und betrachtete ungläubig seine schmächtige Figur.

»Sie glauben mir nicht? Ich habe sogar einen Gürtel ...«

Mir kam das alles wie die Prahlereien eines kleinen Jungen vor, also wechselte ich wieder zur Politik. »Seien Sie nicht böse, aber ich fange schon wieder mit meinem Mädchenkram an. Mich quält eine Frage, die nur Sie als Direktor des FSB beantworten können. Ich verspreche Ihnen, es ist nicht für die Zeitung. Nach der Augustkrise, gleich nachdem Primakow zum Premier ernannt worden war, hatte ich ein Gespräch mit Jumaschew, der mir schwor, er sei nur deshalb gezwungen gewesen, die Reformregierung zu entlassen, weil ihm angeblich irgendwelche Informationen von den Geheimdiensten vorlagen, daß andernfalls Ausschreitungen und sogar eine Revolution im Land zu befürchten wären. Hat der FSB dem Präsidenten tatsächlich solche Mitteilungen gemacht?«

»Keinesfalls! Derartige Hinweise lagen uns gar nicht vor! Im Gegenteil, es gab Informationen, daß die Situation absolut unter Kontrolle und ziemlich ruhig war. Und die wenigen Zwischenfälle, als Menschen auf die Straße gingen – wir wußten schließlich genau, wer das organisiert und finanziert hatte. Sie haben es doch selbst gesehen: Die mußten erst mal lange die Stimmung aufheizen, unter anderem mit Hilfe des

Fernsehens, um die Leute überhaupt zu irgendwelchen Aktionen zu bringen ...«

»Ist es denn denkbar, daß Jumaschew und dementsprechend auch Jelzin über irgendwelche anderen geheimen Informationen verfügten, die nicht von Ihnen kamen? Oder sagen wir, von denen Sie nichts wußten?«

»Völlig ausgeschlossen! Das garantiere ich Ihnen. Als Direktor des FSB erfahre ich von allen Informationen dieser Art, und ich habe sie dem Präsidenten selber vorgetragen!« verkündete Putin.

An der Stelle sah mich Putin aufmerksam an und las auf meinem Gesicht die logische nächste Frage ab, die er beantwortete, noch ehe ich sie stellen konnte: »Ich mische mich nicht in die Politik ein, deswegen weiß ich eben nicht, wer Ihnen das gesagt hat und zu welchem Zweck. Aber Sie können ja Ihre eigenen Schlüsse ziehen ... Ich habe Ihnen gerade eine absolut ehrliche Information gegeben.«

Diese Information reichte tatsächlich völlig aus, um zu begreifen, daß Walentin Jumaschew mich einfach angelogen hatte, um ein weiteres mißglücktes Manöver seiner Freunde, der kremlnahen Oligarchen, zu rechtfertigen. Nachdem ich eine Bestätigung für meine Vermutungen erhalten hatte, fühlte ich eine gewisse bittere Befriedigung: Wäre die Reformregierung nicht entlassen worden, dann hätte es die Krise, die das Land gerade erschütterte, möglicherweise nicht gegeben. Damit vertiefte ich mich in den Genuß der Sushis. Zu dem Zeitpunkt meiner Kremlkarriere hatte ich für kurze Zeit aufgehört, Vegetarierin zu sein – und ich aß nicht nur Fisch, sondern zugegebenermaßen auch Fleisch. Einfach nur, um unter all den Menschenfressern nicht aufzufallen. Jedesmal, wenn ich auf meinen Teller schaute, redete ich mir unter enormer Willensanstrengung ein, daß Fleisch und Fisch im Supermarkt wachsen – erst dann bekam ich es herunter. Mittlerweile denke ich: Vielleicht geht es dem Land meinetwegen wieder schlecht? Vielleicht bin ich schuld? Vielleicht ist auch Putin deswegen an die Macht gekommen? Was meinen Sie? Im Evangelium steht schließlich, daß es eine Art von bösen Geistern gibt, die man nur »mit Fasten und Gebet vertreiben kann«! Vielleicht ist Putin also meinetwegen an die Macht gekommen?! Weil ich, statt zu fasten, ein getötetes Lebewesen gegessen habe? Vielleicht ist es meine Schuld. Vielleicht liegt alles nur daran, daß ich mit Putin Sushis gegessen habe. Kurzum, ich esse jetzt überhaupt nichts Tierisches mehr. Weil ich im Gegensatz zu Putin kategorisch dagegen bin, daß meinetwegen ein Lebewesen getötet wird.

Während unseres Treffens setzten Putin und ich, bewaffnet mit Holzstäbchen, unser leichtes, von der Völlerei nicht ablenkendes Tischgespräch fort und suchten verzweifelt nach irgendwelchen gemeinsamen Themen außerhalb der Politik. Wir warfen uns einige deutsche Wörter zu (wie sich herausstellte, eine weitere Gemeinsamkeit: damals sprachen weder er noch ich Englisch, konnten aber beide sehr gut Deutsch), und als wir uns über seine Spionagetätigkeit unterhielten, fragte ich ihn, ob er in Richtung Westberlin gearbeitet habe, und meinte damit, ob er Aufklärung auf dem Territorium der Bundesrepublik betrieben habe. Er nickte undeutlich. Nachdem er eine weitere Sushi-Rolle gegessen hatte, fragte Putin plötzlich mir nichts, dir nichts: »Lena, wo werden Sie Silvester feiern?«

»Ich weiß es noch nicht genau …«, antwortete ich.

»Ich möchte nach Sankt Petersburg fahren …« Er ließ das Ende des Satzes im Raum hängen. Es klang wie eine Einladung, mit ihm zusammen nach Petersburg zu fahren.

Ich sagte eilig, ich würde wohl zu meiner engsten Freundin Mascha Slonim fahren, die vor kurzem ihren Mann verloren habe, um ihr beizustehen. Putin wurde traurig, brachte sein Mitgefühl zum Ausdruck, fragte mich fürsorglich über Maschas verstorbenen Mann Sergei Schkalikow aus, einen Schauspieler des Moskauer Künstlertheaters, und beteuerte sogar, er habe davon gehört, daß er ein hervorragender Schauspieler gewesen sei. Das Gespräch hatte sich erschöpft. Die Sushis waren aufgegessen.

»Nun gut, auf mich wartet die Zeitung und auf Sie die Staatsgeschäfte«, faßte ich zusammen.

Putin schlüpfte unter dem Tisch hervor, sprang auf mich zu, faßte mir galant unter den Ellbogen und half mir aus dem japanischen Zwergenmobiliar. Als ich mit großer Geste für den Direktor des FSB zahlen wollte, erstickte er meinen Feminismus im Keim: »Lenotschka, ich weiß nicht mal, wieviel das alles kostet! Ehrenwort! Ich bezahle ja nicht selbst, sehen Sie, ich habe nicht einmal Geld dabei! Machen Sie sich keine Sorgen, meine Assistenten haben das alles schon erledigt ...«

Als er sich im engen Flur seine Schuhe anzog, fügte Putin kokett hinzu: »Gehen wir davon aus, daß Sie mir noch ein Mittagessen schulden. Vergessen Sie das nicht!« (Und so bin ich ihm bis heute dieses unglückselige Mittagessen schuldig.) Und er fügte hinzu: »Wohin wollen Sie jetzt? In die Redaktion? Ich fahre Sie!«

Da zeigte ich lachend auf meinen eleganten Wildlederstiefel ohne Absatz. »Dann fahre ich Sie zuerst zu einem Schuhservice!«

Wir fuhren bis zum nächsten Schuhservice, und Putin schlug mir vor, im Auto auf mich zu warten, bis der Absatz fertig war. Doch mir wurde die ganze Komik dieser Szene bewußt: Der Direktor des FSB wartet vorm Schuhservice auf eine Journalistin. Ich prustete los vor Lachen, dankte ihm und sagte, dies würde meine Kräfte endgültig übersteigen. Beim Abschied drängte mir Putin, wie sehr ich mich auch wehrte, ein Präsent aus dem Restaurant *Izumi* auf – kleine Sakeflaschen und passende Becherchen dazu.

»Ich habe schon verstanden, daß Sie nicht trinken, aber Sie können damit ja lieben Besuch bewirten.«

Als ich meinen Vater anrief und ihm, »ohne die Quelle zu verraten«, erzählte, was mir Putin über die Konkurrenz zwischen *Sojusmorniiprojekt* und *Lenmorprojekt* mitgeteilt hatte, war dieser erstaunt: »Woher weißt du das?!«

Selbstverständlich entsprachen alle Fakten, die Putin wie beiläufig erwähnt hatte, der Wahrheit. Mir war nur nicht klar, ob das seine »Hausarbeit« gewesen war oder eine Improvisation.

Mich hat aufrichtig beeindruckt, was für ein glänzender Gesprächspartner Putin war. Seine professionellen Agententricks in der Konversation waren zwar allesamt ziemlich klassisch und ohne weiteres vorhersagbar, aber die Art, wie er sie einsetzte, war virtuos. Ich weiß nicht, ob mit der Mimik, der Intonation, mit Blicken, doch im Gesprächsverlauf suggerierte er, daß wir demselben Kreis angehörten und die gleichen Interessen hätten. Obwohl es keinerlei logischen Grund dafür geben konnte. Im Gegenteil – alle Fakten bezeugten, daß er der komplette Gegensatz von mir war. Ich begriff, daß er bloß ein genialer »Reflektor« war, der seinen Gesprächspartner wie ein Spiegel kopiert, um ihn glauben zu machen, daß man zusammengehört. Später hatte ich mehrfach Gelegenheit, diese phänomenale Gabe zu beobachten, wenn er mit Führungspersonen der westlichen Staaten zusammentraf, die er für sich gewinnen wollte. Dieser Moment ist sogar auf manchen offiziellen Fotos eingefangen: Anstelle des russischen und des amerikanischen Präsidenten sitzen plötzlich zwei Bushs beieinander und lächeln sich an. Oder statt des ehemaligen deutschen Bundeskanzlers und des russischen Präsidenten sitzen sich zwei Schröders gegenüber. Für einen winzigen Augenblick schafft es Putin, mit erschreckender Genauigkeit die Mimik seines Gegenübers zu kopieren, den Ausdruck der Augen, die Neigung des Halses, das Doppelkinn und sogar die Gesichtszüge. Dabei stellt er sich so geschickt an, daß sein Gegenüber es nicht bemerkt und sich einfach wohl fühlt. Und nicht einmal weiß, warum.

Als Freunde mich später ausquetschten – »und wie ist dieser Putin im persönlichen Gespräch?« –, antwortete ich: »So seltsam es klingt, er ist keineswegs eindimensional. Er scheint über eine völlig durchschnittliche sowjetische Bildung und einen normalen Intellekt zu verfügen. Aber er ist sehr anpassungsfähig und hat zeitweise einen gewissen jungenhaften (um nicht zu sagen billigen) Hinterhofcharme ...«

Es kann sein, daß er es darauf angelegt hatte, mir gegenüber den draufgängerischen Jungen zu mimen, weil er merkte, daß mir das besser gefiel als seine offizielle Art. Nichtsdestoweniger quälte mich, nachdem Putin und ich auseinandergegangen waren, für den Rest des Tages irgendein seltsames, verborgenes, unangenehmes Gefühl. Es gab überhaupt keine Erklärung dafür, denn den Schuhabsatz hatten sie mir ja repariert! Und wie sich erst meine Kollegen aus der *Iswestija* gefreut haben, als sie meinen Sake auf Putins Gesundheit austranken und nur eines bedauerten: daß man in der Redaktion keine Möglichkeit hatte, den japanischen Schnaps zu erhitzen ... Erst gegen Abend wurde mir klar, was mich so beunruhigte: Es war das sichere Gefühl, daß dieser Mann, mit dem ich gerade erst zusammengesessen und nett geplaudert hatte, irgendeine miese Rolle spielen würde – in meinem Leben oder dem meiner Freunde ... Und daß es dieses Mittagessen besser nicht gegeben hätte.

Putins Aufstieg

Selbst unter Verwendung von Auslassungspunkten kann ich mich nicht entschließen, Ihnen jene schweren Flüche wiederzugeben, mit denen die gesamte politische Klasse Rußlands am 9. August 1999 die Neuigkeit des Tages kommentierte, Jelzin habe den Premier entlassen – den fünften innerhalb eines halben Jahres – und an seiner Stelle Wladimir Putin ernannt. Kurz zuvor hatte die Kremlleitung in einer von Jelzins kurzen Genesungsphasen es doch noch gewagt, Jewgeni Primakow seines Amtes zu entheben (er war in offene Opposition zu Jelzin und seinem Umfeld getreten und hatte den eigenen politischen Block mit der ernsthaften Absicht gespalten, die Macht im Land zu übernehmen). Auf dem Posten des Premierministers saß danach für einige Monate mit Jelzins Segen Sergei Stepaschin. Mehr noch: Stepaschin war der westlichen Öffentlichkeit bereits als wahrscheinlicher Nachfolger Jelzins für das Präsidentenamt präsentiert worden. Und was das wichtigste war: Bei Boris Jelzin rief das offensichtlich keine Aversionen hervor.

Im Juni 1999 fuhr ich sogar zusammen mit Stepaschin zum G7-plus- Rußland-Gipfel nach Köln, Stepaschin gewissermaßen in Funktion des »stellvertretenden russischen Präsidenten«. Auf Jelzins Bitte leitete der Premierminister an seiner Statt die russische Delegation, da er selbst wegen seines schlechten Gesundheitszustands nur zur Abschlußzeremonie nach Köln kommen konnte. Vor meinen Augen veranstalteten die Staatsoberhäupter der führenden Industrieländer der Welt für Sergei Stepaschin eine »Brautschau« – das heißt, sie gingen mit ihm um, als wäre er der aussichtsreichste Kandidat für Jelzins Nachfolge. Alle überschlugen sich, um mit Stepaschin bilaterale Treffen zu vereinbaren und die aktuelle Situation zu erörtern. Innerhalb Rußlands verhielten sich die verschiedenen Schichten und Wählergruppen Stepaschin gegenüber ebenso wohlwollend. Der damals einflußreichste russische Reformer Tschubais nannte mir gegenüber Stepaschin in einem persönlichen Gespräch den wahren »Präsidentschaftskandidaten der demokratischen Kräfte«. Tschubais war sich sicher, daß Stepaschin die liberalen Reformen fortsetzen und die bürgerlichen Freiheiten erhalten würde, die Jelzin erkämpft hatte. Stepaschin war zweifelsohne nicht die Ideallösung – er kam aus dem Innenministerium, und ich hatte in den Archiven herausgefunden, daß seine Dissertation der »Rolle der Parteiorgane in Fragen des Feuerschutzes« gewidmet war. Dennoch vertrat Stepaschin zweifellos demokratische Überzeugungen, und vor allem war er kategorisch dagegen, den historischen Fehler Rußlands zu wiederholen und Truppen nach Tschetschenien zu entsenden. Im August 1999 sprachen nach Angaben der Stiftung »Öffentliche Meinung« bereits 33% der Wähler Stepaschin ihr Vertrauen aus. Putin hingegen, der den FSB leitete, konnte in puncto »Vertrauen bei der Bevölkerung« mit gar nichts glänzen. Ihm vertrauten im August 1999 laut derselben Untersuchung nur 5% der Bevölkerung. Echtes Mißtrauen gegenüber Putin empfanden hingegen ganze 29% der Bevölkerung Rußlands. Jetzt verstehen Sie den Grund für die schweren Flüche, die in Moskau und den schicken Moskauer Vororten ertönten, als bekannt wurde, daß Jelzin Stepaschin nur wegen neuerlicher Intrigen des engsten Kreises der »familiennahen« Oligarchen unerwartet entlassen und Putin ernannt hatte.

Es stellte sich heraus, daß der amtierende Premier Stepaschin in den Augen der Jelzinschen Oligarchenfamilie plötzlich eine riesige »Unzulänglichkeit« aufwies: Im Kreml kursierten hartnäckige Gerüchte, wonach Stepaschin Roman Abramowitsch eine schnelle Unterschrift auf einem Geschäftspapier verweigert hatte und es überhaupt ablehnte, sich wie früher an den Schattenspielen der kremlnahen Oligarchen zu beteiligen. Einen derartig widerspenstigen »Nachfolger« des Präsidenten konnten die Oligarchen nicht gebrauchen. Dagegen versprach der vom Jelzinschen Umfeld protegierte Tschekist Putin, wie alle Kremlquellen bestätigten, der »Familie« und den mit Jelzin »befreundeten« Oligarchen volle Kooperation. Dabei hatte Jelzin, der sich zu dem Zeitpunkt wieder einmal nicht in der besten physischen Verfassung befand, ganz offensichtlich nicht die geringste Ahnung, wie die Intriganten in seiner Umgebung ihn ausspielten und in welchem historischen Drama er auf ihren Druck hin mitwirken mußte. Jelzin wurde von seiner nächsten Umgebung ganz einfach angelogen: Rasch überzeugte man den »Großvater« davon, daß Stepaschin ein »Waschlappen«, »Schwächling« und »Willenloser« war (genau diese Terminologie war damals im Kreml zu hören) und daß er »Primakows Revanche nichts entgegenzusetzen hatte«. Ebendarauf beruhte angeblich die dringende Notwendigkeit einer schnellen Entlassung Stepaschins.

Jelzin, der schon immer eine kindliche Freude an »knallharten«, »energischen« Entscheidungen gehabt hatte (die für ihn psychologisch um so wichtiger geworden waren, je handlungsunfähiger er in der Realität wurde und je länger er wegen seiner Krankheit an seinem Arbeitsplatz im Kreml fehlte), ließ sich führen, glaubte seinen Ratgebern und machte mit seiner Unterschrift unter die Ernennung Putins, ohne es selbst zu ahnen, einen dicken Strich durch alle demokratischen Reformen und liberalen Errungenschaften.

Am 11. August 1999, zwei Tage nach Stepaschins Rücktritt und Putins Ernennung zum Premier (was in der damaligen historischen Situation im Grunde einer automatischen Ernennung zu Jelzins Nachfolger gleichkam), gab es eine Sonnenfinsternis, und die politische Zeitschrift *Wlast*, deren Hauptthema selbstverständlich Jelzin und Putin waren, druckte anstelle von Verwünschungen eine ausdrucksstarke kurze Schlagzeile auf die Titelseite: »Verfinsterung«. Mit einer Fotografie der scheinbar verkohlten, umschatteten Sonne. Damals wußte ich bereits genau, wie die Rollen im letzten tragikomischen Kremlschauspiel dieser Epoche mit dem Titel »Die Ernennung Putins zum Präsidentennachfolger« verteilt waren. Ein Schauspiel, dessen Finale den Kurs der politischen Geschichte Rußlands auf Jahre, wenn nicht Jahrzehnte verändern sollte. Wie ich vermutet hatte, war der führende russische Reformer Anatoli Tschubais kategorisch gegen den Rücktritt Stepaschins (und folglich gegen die Ernennung Putins), traf sogar persönlich mit Jelzin zusammen und versuchte ihm zu erklären, daß ein solcher Schritt nationaler Selbstmord wäre. Es heißt, daß Putin dem ehemals wichtigsten Politiker der Privatisierung Rußlands, der mittlerweile den Energiekonzern *RAO EES Rossii* leitet, bis heute nicht verzeihen kann.

Und so lief das Drama ab:

5. August 1999: Jelzin, dem seine Umgebung schon eingehämmert hat, daß »Stepaschin ein Schwächling« ist, ruft ihn zu sich und verkündet ihm noch auf der Schwelle seine

Entlassung. Doch Stepaschin verhält sich im Vergleich zu allen Premiers, die Jelzin vor ihm entlassen hat, untypisch und fragt den Präsidenten: »Weswegen?« Jelzin beschuldigt ihn der Prinzipienlosigkeit und der Unfähigkeit, den Angriffen des Günstlings von Geheimdienst und Rüstungsindustrie Primakow standzuhalten. Stepaschin widerspricht Jelzin und schreibt die Schuld dem Chef der Kremladministration Woloschin zu. Der bei diesem Treffen anwesende Woloschin (Mitglied der »Oligarchenfamilie«) begreift, daß die Frage jetzt lautet: er oder Stepaschin. Die Nachricht über die Absetzung Stepaschins läuft an diesem Tag noch nicht über die Nachrichtenticker. Jelzin, der die Information über die Entlassung in den Abendnachrichten nicht sieht, macht seinem engsten Kreis keine Szene. Für erfahrene Höflinge ist dies ein sicheres Zeichen dafür, daß den Präsidenten die Entlassungsfrage mittlerweile kaltläßt.

6. August: Sergei Stepaschins Umfeld läßt die Journalisten hinter den Kulissen mit einem Seufzer der Erleichterung wissen, daß sich »alles in Wohlgefallen aufgelöst hat«.

7. August: Auf einer Sitzung der Vereinigung russischer Regionen »Große Wolga« spricht Premier Stepaschin über die Probleme im Nordkaukasus und macht eine hochwichtige politische Aussage: »Rußland wird die Fehler von 1994–1995 nicht wiederholen, in Tschetschenien werden keine russischen Soldaten mehr umkommen.«

8. August: Es tauchen inoffizielle Informationen über das Eindringen tschetschenischer Kämpfer in Dagestan auf (eine Kaukasusrepublik, die zur Russischen Föderation gehört). Premier Stepaschin fliegt in die Hauptstadt Machatschkala.

Zur selben Zeit entscheidet sich in einem nahen Moskauer Vorort die Zukunft des Premierpostens und gleichzeitig auch die des Präsidentenpostens. Die Führung des Kremlstabs berät sich in ihren Datschen unter Beteiligung von Roman Abramowitsch und Anatoli Tschubais. Tschubais spricht sich erneut scharf gegen eine Entlassung Stepaschins aus und sagt, dieser habe »seine Ressourcen noch nicht ausgeschöpft«. Dennoch ist der Chef des Kremlstabs Woloschin nach wie vor entschlossen, die Sache durchzuziehen. Präsident Jelzin beraumt ein Treffen mit Premier Stepaschin für den 9. August um zehn Uhr morgens an. Tschubais ruft Jelzin an und bittet um eine Privataudienz vor diesem Termin – noch immer hofft er, auf die Entscheidung des Präsidenten Einfluß nehmen zu können. Jelzin ist einverstanden, Tschubais am 9. August um 9 Uhr 15 zu empfangen. Das bedeutet: fünfundvierzig Minuten vor Stepaschin. Dennoch hat die Leitung des Kremlstabs in Person von Woloschin für Jelzin bereits eine Rede vorbereitet, in der er Putin als Nachfolger ankündigt. Jelzins Umfeld suggeriert diesem, dies sei ein »energischer Schritt«. Woloschin warnt Jelzin: »Boris Nikolajewitsch, Tschubais wird morgen früh versuchen, Sie von einem energischen Schritt abzubringen …«

9. August: Voller Ungeduld, eine »effektive Rochade« zu setzen und dem Land zu zeigen, wie »knallhart« er ist, fährt Jelzin früher als geplant in den Kreml. Bereits um acht Uhr ruft er Stepaschin zu sich: »Sergei Wadimowitsch, Sie sind entlassen … Räumen Sie Ihr Zimmer für Putin … Alles Gute!«

Gleich danach ruft Jelzin Tschubais an und teilt ihm mit zufriedener Stimme die Entlassung mit, die er gerade vollzogen hat. »Haben Sie sonst noch irgendwelche Fragen an mich?« fragt er Tschubais giftig.

Nach der Verkündung von Jelzins Nachfolger im August waren Putins Umfrageergebnisse niederschmetternd – nur 2% der Bevölkerung sprachen ihm das Vertrauen aus. Auch diese Angaben stammen von der Stiftung »Öffentliche Meinung«. Selbst das dem Kreml gegenüber äußerst loyale Meinungsforschungsinstitut ließ hinsichtlich der Beliebtheit und Chancen Putins keinerlei Illusionen aufkommen. Mindestens einen Monat lang lachte man in politischen Kreisen (mit Ausnahme der Drahtzieher des Projektes »Putin« selbst) aus vollem Halse über sein Potential als Präsident. Sogar der als Premier entlassene Stepaschin genoß ein wesentlich höheres Ansehen: Ich erinnere daran, daß Stepaschin im August ganze 33% der Wähler das Vertrauen aussprachen. Genau in dem Moment beschlossen Woloschin und die »Familie«, ihn in den Ruhestand zu schicken und gegen Putin auszutauschen. Als ich einmal bei dem bekannten Moskauer PR-Taktiker des Kreml Alexei Wolin zu Gast war, wollte ich von ihm wissen: »Nun, wie gefällt dir Putin? Als potentieller Klient? Würdest du es übernehmen, ihn als Präsident zu vermarkten?«

»Laß mich mit diesem Quatsch in Ruhe … Der ist ein hoffnungsloser Fall«, winkte Wolin ab und wandte sich erneut wichtigeren, aktuelleren Problemen zu.

Doch ich ließ nicht locker. »Wolin, laß uns mal annehmen, du hast einen hoffnungslosen Klienten, der so schlechte Umfragewerte hat und dem alle Voraussetzungen für die Außenwirkung völlig fehlen … Gibt es irgend etwas auf der Welt, mit dem dein PR-Team seine Umfrageergebnisse stark verbessern und aus ihm einen Präsidenten machen könnte?«

Wolin kratzte sich am Kopf und antwortete: »Ja, das gibt es. ›Einen kurzen, siegreichen Krieg.‹ In dem Putin als ›siegreicher Feldherr‹ auftritt.«

Blieb mir nur, wie Mister »Fix it« in dem bekannten Film »Wag the Dog« zu fragen (Sie erinnern sich? »Why Albania?! – »Why not!«): »Why Chechnya?« – »Why not!«

Das Geheimrezept Wolins (das offenbar nicht nur diesem Politstrategen in den Sinn gekommen war) wurde vom hoffnungslosen Patienten Putin mit erschreckender Präzision angewandt. Am 9. September 1999 explodierte in Moskau ein neunstöckiges Haus, und die Behörden beschuldigten auf der Stelle tschetschenische Terroristen, daran beteiligt gewesen zu sein. (Der Abgeordnete Sergei Juschenkow, Vorsitzender der Oppositionspartei *Liberales Rußland*, der verkündete, der FSB sei an den Anschlägen in Moskau beteiligt gewesen, und einen Film mit einer Untersuchung zu dem Thema in Umlauf brachte, wurde Anfang 2003 vor seinem Haus erschossen.) Daraufhin entfesselte der Kreml einen neuen Krieg in Tschetschenien, und Putins Umfragewerte begannen in einem irrsinnigen Tempo zu wachsen wie eine Gurke im radioaktiven Tschernobyl: um 3–4% pro Woche. Und im Dezember 1999, auf dem Höhepunkt der Kriegshandlungen, erreichten sie bereits 45%. Danach ernannte Jelzin ihn offiziell zu seinem Nachfolger und ging in den Ruhestand. Übrigens bekräftigte Alexandr Oslon, der wichtigste Kremlsoziologe und Leiter der Stiftung »Öffentliche Meinung«, deren Umfrageergebnisse ich angeführt habe, im Gespräch mit mir, daß nach Untersuchungen seines Instituts die Hauptantriebskraft, die Putins Bewertung aufblähte, eben der Krieg in Tschetschenien war, über den die Öffentlichkeit durch ein vollständig vom Kreml kontrolliertes Fernsehen informiert wurde.

Der Beginn der Putinschen Repressionen

Wahrscheinlich sollte es mir schmeicheln, daß ich nach Putins Machtübernahme das erste Opfer der Zensur in Rußland wurde. Das ist schließlich der beste Beweis für meine journalistische Professionalität: Meine Artikel hatten die Sache im Kern getroffen. Doch eigentlich hätte ich auf diese »Ehre« der Repressionen lieber verzichtet. Zunächst entzog Putin mir meine Akkreditierung für den Kreml, dann brachte er den Medienmogul Gussinski ins Gefängnis, um ihm den oppositionellen Fernsehsender *NTW* wegzunehmen, dann nahm er Beresowski mit kriminellen Methoden den Fernsehsender *ORT* weg und schloß den oppositionellen Fernsehsender *TW-6*, dann liquidierte er den letzten »halbliberalen« Fernsehsender *TW-S*, und schließlich brachte er Chodorkowski ins Gefängnis, weil dieser die Opposition unterstützt hatte und weil der Kreml gleichzeitig Chodorkowskis gigantischen Ölkonzern *Yukos* an sich reißen und unter Putins Freunden aufteilen wollte.

Wie auch immer, nach der Säuberung des Kremlpools, deren erstes Opfer ich wurde, setzte eine Kette von Ereignissen ein, die schon sehr bald zur völligen Abschaffung der Freiheit der Presse und der unabhängigen Medien führte – und zur Zerstörung der Demokratie in Rußland (an deren Stelle eine Scheindemokratie nach dem Modell der DDR trat). Ein befreundeter Oligarch, der die Putinsche »Entkulakisierung« überlebt hat, erzählte mir vor kurzem, daß Putin nicht nur für die russischen Medien, sondern auch für alle Politiker und Geschäftsleute, die nicht wie Chodorkowski im Gefängnis oder wie Beresowski im politischen Asyl landen wollen, fünf unausgesprochene Informationstabus eingeführt hat. Die fünf Regeln der Putinschen Zensur, die im Fall ihrer Nichtbeachtung unverzüglich eine Bestrafung durch den Kreml nach sich ziehen, lauten wie folgt:

Regel Nr. 1: Es ist verboten, Putin zu kritisieren.

Regel Nr. 2: Es ist verboten, den Krieg in Tschetschenien zu kritisieren.

Regel Nr. 3: Es ist verboten, die Handlungsweise der Geheimdienste in Krisensituationen zu kritisieren – zum Beispiel die Tötung der Geiseln und Terroristen im Theater an der Dubrowka im Herbst 2002 (als durch das Vorgehen der Sondereinsatztruppe mehr als hundert Geiseln ums Leben kamen, der Großteil von ihnen durch das mit Putins Einverständnis eingesetzte Giftgas) und den Mord an ungefähr dreihundert Kindern in Beslan im Herbst 2004, die sich unter den Geiseln befanden, als eine russische Sondereinheit die Schule stürmte.

Regel Nr. 4: Es ist verboten, Putins Geschäftsbeziehungen mit den Oligarchen zu benennen und zu kritisieren.

Regel Nr. 5: Es ist verboten, die Abschaffung der Pressefreiheit durch Putin sowie die Liquidierung des unabhängigen Fernsehens und anderer unabhängiger Massenmedien in Rußland zu kritisieren.

Ein Verstoß gegen Putins »Zensurpentagramm« kann im heutigen Rußland einen Verlust der Arbeit, der Firma, des Aufenthaltrechtes oder des Lebens nach sich ziehen.

Die Zensur im Kreml

Als Putin zu Jelzins Nachfolger ernannte wurde, war ich praktisch die einzige Kremlbeobachterin, die sowohl ihn persönlich als auch sein früheres Leben und darüber hinaus Igor Setschin kannte (der während des Mittagessens mit Putin »Wache stand«, im FSB Putins Pressekontakte betreute und nun zu den grauen Eminenzen des Kreml zählt). Entgegen meinen Erwartungen verhielt sich Setschin mir gegenüber erstaunlich unfreundlich: Er ging nicht ans Telefon, wenn ich ihn anrief, und rief auch im Gegensatz zu früher nicht zurück, wenn ich in seinem Vorzimmer eine Nachricht hinterließ. Als ich ihn eines Tages zufällig bei einer der offiziellen Kremlveranstaltungen traf, grüßte mich Setschin mit einem über die Maßen demonstrativ-freundschaftlichen Lächeln und ergoß sich wie üblich in Komplimenten. Doch kaum hatte ich ihn darum gebeten, mir ein Interview mit Putin zu organisieren und mich für dessen Reise in die russischen Regionen zu akkreditieren, schaute er weg und tat so, als hätte er mich nicht gehört.

»Wie können Sie die alten Bekannten nur so schnell vergessen, Igor Iwanytsch?« lachte ich ihn aus.

Setschin rannte weg und tat so, als hätte er sich gerade an eine unaufschiebbare Sache erinnert.

Kurz zuvor hatte mir die Leiterin des Politikressorts des *Kommersant* mitgeteilt, daß Putins Leute für die nächste Reise des Premiers nicht mich, sondern unseren Kriegsberichterstatter eingeladen hatten, der dafür bekannt war, daß er an der Propaganda-Fakultät des Militärinstituts studiert hatte. Das alles wirkte recht seltsam. Übrigens kommentierte einer meiner Bekannten aus dem Kreml, der in groben Zügen die Geschichte meiner Bekanntschaft mit Putin kannte, die Situation vom Gesichtspunkt des Apparates aus: »Hör mal, vielleicht hat Putin einfach Angst vor denen, die ihn vor seiner Zeit als Präsidentennachfolger kannten? Weißt du, das ist sehr typisch für die kleinen Beamten, die plötzlich aufsteigen: Sie versuchen, sich diejenigen vom Hals zu halten, die sie von früher kennen. Und erst recht junge Journalistinnen, die sie einmal zu einem Rendezvous überreden wollten ...«

»Na gut, warten wir's ab. Wenn Putin Präsident wird, dann werden wir ja sehen«, beschloß ich.

Doch Putin wurde sehr viel früher Präsident, als alle annahmen. Und mit weitaus ernsthafteren Folgen nicht nur für mich, sondern für den gesamten russischen Journalismus.

Kaum hatte sein Umfeld den kranken Jelzin überredet, in den Ruhestand zu gehen und Putin zum Interimspräsidenten zu ernennen, änderte sich die Arbeitsweise der Pressestelle des Kreml schlagartig. Der neue Pressereferent Alexei Gromow beeilte sich, die unausgesprochenen Richtlinien der neuen Führung zu erfüllen: Von nun an gehörte es zur alltäglichen Praxis im Kreml, Journalisten die Akkreditierung wegen kritischer oder sogar einfach nur nicht ausreichend anerkennender Artikel über Putin zu entziehen. Anfangs schien das alles ein Mißverständnis zu sein, das sich bald aufklären würde. Als Gromow mir das erste Mal die Akkreditierung für eine von Putins Wahlkampfreisen verweigerte und sich darauf berief, daß ich in meinem letzten Artikel etwas nicht richtig dargestellt hatte, fanden sich im Kremlpool sogar zwei »Kamikaze«, die mich verteidigten: Jelena Dikun von der Zeitung *Obschtschaja Gaseta* (die bald darauf geschlossen wurde) und Tatjana Netreba von *Argumenty i Fakty*.

»Wahrscheinlich ist das nur eine kleine Intrige von jemandem aus der Pressestelle. Gromow und du seid doch immer bestens miteinander ausgekommen! Vielleicht hat ihn jemand gegen dich aufgehetzt?« rätselten die beiden.

Während einer Präsidentenreise durch die Regionen gingen Dikun und Netreba eines Abends auf Gromow zu und luden ihn auf ein Gläschen Tee ein, um mit ihm das Problem auf freundschaftliche Weise zu erörtern. Mit dem Gläschen Tee war Gromow einverstanden, damit, das Problem zu erörtern, auch. Doch letztlich wurden meine beiden Fürsprecherinnen ebenfalls hin und wieder von der Akkreditierungsliste gestrichen – offenbar eine erzieherische Maßnahme, damit sie künftig nicht mehr auffällig wurden und protestierten. Um sein Verhalten wenigstens irgendwie zu begründen, erwähnte Gromow gegenüber der Journalistin Jelena Dikun mit besessener Hartnäckigkeit immer irgendwelche »Schächtelchen«, über die »sie nicht das Recht gehabt hat zu schreiben«. Es stellte sich heraus, daß Dikun auf einer der Agitationsreisen Putins durch Rußland zufällig gesehen hatte, wie der Sicherheitsdienst aus dem Präsidentenflugzeug Kartons mit Wahlgeschenken lud, die offensichtlich offiziell nicht registriert und ordnungsgemäß von Putins Wahlstab bezahlt worden waren. Klarer Fall – nicht darüber zu schreiben wäre für Dikun ein journalistischer Fehler gewesen. Meiner anderen Fürsprecherin Netreba warf Gromow irgendeine kleine Notiz in *Argumenty i Fakty* über eine finanzielle Verbindung zwischen Putin und Beresowski sowie Abramowitsch vor. Die Komik der Situation bestand darin, daß die Notiz nicht einmal von der Journalistin Netreba selbst geschrieben worden war, sondern von einem Kollegen.

»Ich habe keine Schuld! Das ist nicht von mir! Ehrenwort!« versuchte sich die sanftmütige Netreba zu verteidigen.

Doch Gromow ließ sich nicht mehr umstimmen. »Das ist völlig egal, ob du es warst! Wenn du im Kreml arbeitest, bist du verpflichtet, alle Artikel über Putin zu kontrollieren, die in deiner Zeitung erscheinen!« schrie Putins Pressesprecher in Anwesenheit des gesamten Kremlpools bei einem protokollarischen Treffen.

Gromows überraschende Mutation wurde für uns zum unlösbaren psychologischen Rätsel. Noch vor kurzem war Gromow ein treuer Schatten von Jelzins Pressesprecher Sergei Jastrschembski gewesen, der allerdings nach dem Präsidentenwechsel eine einigermaßen schmähliche Funktion als Propagandist des Tschetschenienkrieges hatte. Doch wenigstens hatte sich der »Falke« in der segensreichen Zeit von Jelzins Liberalismus nie einen solch groben und unprofessionellen Arbeitsstil erlaubt wie nun sein Nachfolger Gromow. Ja, Gromow war immer unscheinbar und profillos gewesen. Stets hatte er die zweite Geige gespielt und nie konnte er sich dazu entschließen, zu einer politischen Frage eine eigene Meinung zu äußern. Aber immerhin war er vor Putins Machtübernahme absolut arglos und bescheiden und hatte niemandem etwas Niederträchtiges angetan. Was im Kreml schon eine große Seltenheit ist.

Es gab übrigens einen symptomatischen Zwischenfall in Jelzins Endphase, der uns aus heutiger Sicht schon damals hätte ahnen lassen können, daß mit Gromow etwas nicht stimmte. Während einer Reise Jelzins nach Istanbul kurz vor seinem Rücktritt drängte sich Gromow einmal zufällig mir und einigen Freundinnen auf, als wir in einem Restaurant im Gebäude des OSZE-Gipfeltreffens Mittag essen gingen. Die Suppe, die man mir servierte, war völlig kalt, und ich schickte den Kellner natürlich damit zurück in die Küche, damit er sie aufwärmen ließ. Daraufhin gab Gromow mir den väterlichen Ratschlag: »Das hättest du nicht tun sollen, Lenotschka! Die Kellner mögen es nicht, wenn man so mit ihnen umgeht. Wenn man anfängt, sich zu beschweren, spucken sie einem in der Küche noch in den Teller! Du hättest die Suppe besser kalt essen sollen!«

Aus Naivität schrieb ich diesen servilen Blödsinn Gromows übermäßiger Friedfertigkeit zu. Selbst sein Hobby war betont harmlos: In seinem Büro im Kreml sammelte er in aller Ruhe Gartenzwerge. Ein typisches Hobby für den »kleinen Mann«, der seine Rolle akzeptiert hat und sie ein Leben lang mit Demut und sogar mit Stolz spielt. Wo war nach seiner Ernennung zum Pressesprecher all seine Gutmütigkeit hin? Der arme Wurm Gromow war schrecklich anzusehen: Sein Gesicht verzog sich permanent in eine krankhaft erbitterte Grimasse, sein Blick verströmte den blanken Haß, und in Gesprächen begann er zu zittern, sogar seine Lippen bebten vor Zorn. Bald darauf gingen die Journalisten einsichtsvoll dazu über, in gehörige Distanz zu ihm zu gehen, wenn er sie wegen eines »falschen« Artikels beschimpfte: Erstens hatte man den Eindruck, dieser ungestüme Mensch könnte jeden Moment anfangen, auf einen einzuprügeln, und zweitens – auch wenn es peinlich ist, dies zu erwähnen – bespuckte der Pressesprecher die Journalisten förmlich, wenn er einen Wutanfall hatte. Doch das schlimmste war: Gromows Gesicht begann dem seines neuen Herrn Putin zu ähneln. Die Mutation ging so weit, daß es bald darauf in Moskau einen Skandal wegen einer Reportage des Fernsehsenders *NTW* über »den Doppelgänger Putins« gab. Ein Kameramann hatte einen unscheinbaren Mann in einem unscheinbaren Anzug gefilmt, der dem neuen russischen Präsidenten von hinten ähnelte wie ein Ei dem anderen, mit absolut gleicher Frisur, Figur und Gestik. »Wir wissen nicht, wer das ist«, sagte man in den Nachrichten. »Doch es sieht aus, als habe man für Präsident Putin einen Doppelgänger gefunden.«

»Sie wissen nicht, wer das ist. Aber ich weiß es!« bestätigte Gromow mit selbstzufriedenem Grinsen meine Vermutung. Es war niemand anders als Gromow selbst – der Pressesprecher des Präsidenten, der sich bemühte, ihn zu kopieren. Wie es Gromow gelungen war, diese frappierende Ähnlichkeit zu erreichen, als er gefilmt wurde, ist ebenfalls ein Rätsel: In der Realität ist Gromow um einiges größer und kräftiger als Putin. Kurz gesagt, vor unseren Augen vollzog sich die Verwandlung Gromows in Mister Smith aus »Matrix«!

Bald darauf verhielt sich Gromow auf Veranstaltungen des Präsidenten sogar äußerlich so, als sei er nicht sein Pressesprecher, sondern sein Leibwächter: Er wich keinen Fußbreit vom Präsidenten, schien sich mit seiner gebeugten Körperhaltung an Putin anschmiegen zu wollen und maß die Umstehenden mit ungutem Blick, als wolle er jeden zerfleischen, der dem »wichtigsten Body des Landes« zu nahe kommt. Sogar ich, die das Verhalten des Präsidentengefolges unzählige Male aus nächster Nähe beobachtet hatte, war erstaunt, wenn ich sein Gebaren im Fernsehen sah: Der Mann hatte offensichtlich vergessen, welches Amt er ausübte.

Auch mit uns Journalisten ging Gromow nun um, als wäre er ein Leibwächter und nicht Pressereferent des Kreml: Seine Hauptbeschäftigung bestand darin, uns von den Politikern wegzuscheuchen und uns zu verbieten, ihnen Fragen zu stellen. Befreundete westliche Journalisten, die Gromow in Putins Anwesenheit doppelt so zornig traktierte, äußerten sich über die Arbeit des neuen Präsidentenpressesprechers äußerst knapp: »KGB« – dabei klopften sie sich vielsagend die Stelle, wo manchen Menschen Schulterklappen wachsen.

Ich weiß nicht, ob Gromow früher tatsächlich derselben Behörde angehört hatte wie der heutige Präsident. Von den früheren Etappen seiner Karriere weiß ich nur, daß er zusammen mit Jastrschembski in Bratislava in der Botschaft tätig gewesen war. Einem unbestätigten Gerücht zufolge war es früher unmöglich, im Ausland einen Botschaftsposten zu bekleiden, ohne Mitarbeiter des Geheimdienstes zu sein. Ich weiß davon nichts, ich war damals noch klein. Man müßte Gromow selbst fragen. Jedenfalls interessiert es mich wenig, ob er unter seinem Beamtenjackett Schulterklappen trägt oder nicht. Sein von Putin angeregter Arbeitsstil mit der Presse riecht nicht nur nach KGB, er stinkt geradezu danach.

Als ich übrigens zu Beginn der Putinschen Ära versuchte, das Rätsel der jähen Mutation Gromows zu ergründen, hielt ich es für zu oberflächlich, alles mit den »Schulterklappen des KGB« zu erklären. Ich quälte mich lange, schlief halbe Nächte lang nicht und entschied schließlich für mich, daß Gromow wahrscheinlich der psychischen Anspannung nicht gewachsen war, die aus dem Wissen um die plötzlich über ihn hereingebrochene Verantwortung entstanden war. Diese Verantwortung erdrückte ihn, deformierte seine Persönlichkeit und sogar sein Gesicht und entfremdete ihn seinem eigenen Körper, in dem sich, den Veränderungen seines Äußeren nach zu urteilen, niemand anders als Wladimir Wladimirowitsch Putin eingenistet hatte.

Ein Großteil meiner Kollegen aus dem Kremlpool versuchte nicht einmal, das Wesen des psychologischen Dramas von Gromow zu verstehen, sondern zog es einfach vor, so schnell wie möglich mit ihm in eine Beziehung zu treten, die der neuen Ordnung entsprach. Die Journalistinnen, die sich unter Putins Regime diensteifrig in Hofdamen des Kreml verwandelten, nahmen Gromow schnell in den Kreis jener

Beamten auf, die man nicht nur grüßt, wenn man sie trifft, sondern sie auch auf die Wange oder auf die Lippen küßt. Wobei sich weder die Küssende noch der Geküßte die Frage stellte, warum derartige Zärtlichkeiten nicht auch vor seiner Ernennung zum Pressesprecher ausgetauscht worden waren. Und die Betroffenen hatten keinerlei moralische Bedenken, als die Chefredakteure der Zeitungen plötzlich dazu übergingen, ihnen teuren Schnaps als Geschenk für Gromow mitzugeben, wenn sie zu Feiern in den Kreml gingen. Selbstverständlich dachte keiner dieser Kremljournalisten auch nur eine Sekunde daran zu protestieren, als Gromow mich wegen eines weiteren Artikels, der Putin nicht gefallen hatte, erneut von der Akkreditierungsliste strich. Sogar jene Kollegen aus dem Kremlpool schwiegen, die ich für Freunde gehalten hatte. Um so wertvoller und rührender war für mich, daß Dikun und Netreba mir zuliebe versuchten, Gromows Feuersalven auf sich zu lenken, wofür sie noch lange danach unter den Maßregelungen des Präsidentensprechers zu leiden hatten, der sie immer wieder aus dem Kreml ausschloß. Besonders bemerkenswert an dieser Geschichte war, daß Jelena Dikun zu der Zeit in der damals noch existierenden Zeitung *Obschtschaja Gaseta* arbeitete, die vom Medienmogul Wladimir Gussinski finanziert wurde. Demnach mußte Dikun mich eigentlich als Klassenfeind betrachten, denn während Gussinski damals bereits ein in Ungnade gefallener Oligarch war, waren für Beresowski, den Hausherrn der Zeitung *Kommersant*, für die ich arbeitete, noch alle Rechte des Putinschen »Paten« in Kraft. Einmal gestand Dikun mir: »Weißt du, Tregubova, als ich gesehen habe, was sie mit dir machen, habe ich begriffen, daß ich jetzt nicht schweigen darf, sonst bin ich irgendwann dran, und nach mir alle anderen auch ...«

Zu dem Zeitpunkt konnte Dikun natürlich noch nicht ahnen, daß sie in jedem Fall irgendwann unvermeidlich an der Reihe gewesen wäre, und dann der Fernsehsender *NTW*, der Fernsehsender *TW-6*, die *Obschtschaja Gaseta*, die geschlossen wurde, und die Zeitschrift *Itogi*, deren Leitung gewaltsam ausgetauscht wurde, sowie alle anderen, die sich Putin nicht unterordnen wollten.

Übrigens kann ich sogar jetzt, da ich dieses Buch schreibe, eine seltsame Vision nicht verdrängen: Was wäre gewesen, wenn sich zu Beginn der Repressionen *alle* Journalisten gewehrt hätten, oder zumindest die Mehrheit, statt nur zwei Frauen? Hätte der Kreml es dann gewagt, praktisch die gesamte freie Presse im Land zu eliminieren? Hätte sich dann dieser rätselhafte Virus aus dem Kreml, dieser Aussatz, der offenbar auch bei freundlichen Menschen schreckliche Formen moralischer oder sogar physischer Mutation hervorruft, in ganz Rußland verbreitet wie eine Pest, wie die Vogelgrippe? Oder hätte man so vielleicht Zeit gehabt, ein Gegengift zu finden?

Rettet den Journalisten Babizki!

Die grellste Signalrakete, die Wladimir Putin auf die »feindlichen« Stellungen der russischen Journalisten abschoß, nachdem er die höchsten Gipfel des Kreml erklommen hatte, war die skandalöse Geschichte des Verschwindens von Andrei Babizki, Korrespondent von *Radio Free Europe – Radio Liberty*, in Tschetschenien. (Der Radiosender war seinerzeit zur Befreiung vom Kommunismus geschaffen worden und ging erstmalig an Stalins Todestag auf Sendung. In der sowjetischen Zeit wurde von Deutschland, aus meinem geliebten

München, auf russisch gesendet. Heute befindet sich die Radiostation in Prag und wird vom US-amerikanischen Kongreß finanziert.) Bei der Ausübung seiner journalistischen Tätigkeit in Tschetschenien war Babizki von Unbekannten unter äußerst seltsamen Umständen entführt worden. Alle russischen Journalisten hegten den Verdacht, daß er vom russischen Geheimdienst verschleppt worden war, da Babizki in seinen Reportagen das Vorgehen der russischen Streitkräfte in Tschetschenien stets schonungslos kritisiert hatte. Verglichen damit ähnelten meine persönlichen Unannehmlichkeiten mit der Pressestelle des Kreml einem Feuerwerk beim Kinderfasching.

Keiner meiner Journalistenfreunde hatte während Babizkis Gefangenschaft den geringsten Zweifel, daß wir jeden Tag, jede Stunde aus voller Kraft gegen die Kremlmacht anschreien und fordern mußten, den Journalisten freizulassen, da man ihn sonst einfach still und leise umbringen würde. Jeder von uns Moskauer Journalisten nutzte alle ihm zur Verfügung stehenden Einflußmöglichkeiten. Es war wohl die letzte gemeinsame Aktion der russischen Presse – denn man fürchtete ernsthaft um das Leben des Kollegen. Die Mehrheit der Zeitungen brachte täglich die Zahl der Tage, die seit seiner Verschleppung vergangen waren. Und ich rannte in den Kreml zu Putins Stabschef Woloschin und flehte ihn an, auf die Situation einzuwirken.

»Was haben wir denn damit zu tun?« spielte Woloschin das unschuldige Mädchen.

»Gut, Sie haben nichts damit zu tun, einverstanden. Aber wenn Sie jetzt, nach diesem Skandal, Babizki lebend freilassen, so ist das nur zum Nutzen Ihres Präsidenten: Er kann ja dann sagen, daß alles nur die ›Hysterie von Journalisten‹ war!« versuchte ich äußerst gewitzt, wie mir damals schien, den Kremlstabchef zu überreden. Doch sein Stellvertreter Wladislaw Surkow teilte mir sogar mit: »Babizki ist ein Feind! Schau dir doch seine Reportagen an! Er hat geschrieben, daß er nach den ›gewaltsamen Säuberungsaktionen‹ gegen die ›friedliche tschetschenische Bevölkerung‹ verstehen kann, warum die Tschetschenen zu den Waffen greifen! Babizki ist ein Feind des russischen Staates und ein Provokateur!«

»Und deswegen muß man ihn jetzt umbringen?!« erkundigte ich mich neugierig. Eine vernehmbare Antwort bekam ich nicht.

Sehr bald hatten offenbar alle im Kreml genug davon, daß ich immer wieder an Babizki erinnerte (wobei ich den Verdacht habe, daß ich nicht die einzige Bittstellerin war, die der Kremlstabsleitung in dieser Sache lästig wurde). Woloschin sagte mir also: »Es reicht!!! Kein Wort mehr über Babizki. Was hast du überhaupt damit zu tun? Ich glaube, da hat sich jemand einfach was ausgedacht. Außer dir interessiert sich niemand im Land für Babizki!«

»Ach, so ist das!« dachte ich zornig. »Ausgedacht?! Na wartet, ich werde es euch zeigen ... Ihr sollt am eigenen Leib spüren, was ›ausgedacht‹ heißt!« Am nächsten Tag tat ich so, als hätte ich die Spielregel »Kein Wort mehr über Babizki« akzeptiert und lud Woloschin zu meiner Freundin Mascha Slonim ein, die gegenüber dem Kreml auf der uliza Twerskaja wohnte, wo sich unsere »Moskauer Charta der Journalisten« versammelte. Vor dem Erscheinen des Stabschefs stifteten Mascha und ich alle unsere Kollegen an, keinerlei Ausflüchte Woloschins auf Fragen nach dem verschleppten Journalisten zuzulassen.

Einen solchen Druck von seiten der Journalisten wie an diesem Abend hatte Woloschin offensichtlich noch nie erlebt.

Wie ein Engel saß ich schweigsam da, und wenn mich der gehetzte Blick meines Bekannten aus dem Kreml traf, hob ich nur die Schultern, als wollte ich sagen: »Sehen Sie, das Thema macht offenbar nicht nur mich betroffen …« Ich hatte ein außerordentliches Vergnügen daran zu beobachten, wie koordiniert meine Freunde Woloschin bearbeiteten: Als der Kremladministrator das erste Mal einer direkten Antwort auswich, »ob der Journalist Babizki am Leben sei«, stellte man ihm eine Minute später die Frage, ob sich Babizki in den Händen des russischen Geheimdienstes befinde. Und als sich Woloschin auch hier herauswand, fragte ihn ein anderer Kollege, ob »Putin vorhat, ähnliche Methoden künftig auf alle Journalisten anzuwenden«. Je öfter Woloschin einer Antwort auswich, um so eifriger quetschten ihn meine Freunde aus. Ich hatte das Gefühl, daß jeder meiner Kollegen Woloschin jetzt die Lügen heimzahlte, die wir von Putins offiziellen Quellen serviert bekamen. Letztlich hielt der Kremlstabschef es nicht mehr aus und tobte einfach los: »Was habt ihr nur alle mit Babizki? Babizki hier, Babizki da, he?!«

»Wollen Sie sagen, das Thema sei nicht wichtig, Alexandr Stalewitsch?« fragte ich mit salbungsvoller Stimme.

Und da versetzte Alexei Wenediktow vom Radiosender *Echo Moskwy* unserem Gast den Todesstoß. Er überreichte ihm ein Blatt Papier und sagte: »Ich habe eine besondere Bitte, Alexandr Stalewitsch. Nehmen Sie das zum Andenken an den heutigen Abend mit und geben Sie es bitte dem Präsidenten!«

Es handelte sich um einen offenen Protestbrief gegen das Vorgehen der Behörden im Fall Babizki. Der Brief war initiiert von unserer »Moskauer Charta der Journalisten« und von mehr als fünfzig führenden Journalisten der russischen und westlichen Medien unterschrieben worden.

»Die Verantwortung für das Leben von Andrei Babizki tragen diejenigen, die ihn unbekannten maskierten Menschen überlassen, diejenigen, die diese Entscheidung gefällt und sanktioniert haben, und darüber hinaus Wladimir Putin, der das Präsidentenamt innehat. Wir haben allen Grund zu der Annahme, daß die russischen Behörden nicht nur dem Prinzip der Pressefreiheit, sondern auch der elementaren Einhaltung der Gesetze eine Absage erteilt haben. Ein solches Regime nennt man Totalitarismus«, so endete unser Brief, den Woloschin Putin in den Kreml mitnehmen mußte.

Es ergab sich, daß wir genau an dem Abend von Woloschins Besuch als erste erfuhren, daß Andrei Babizki am Leben war und daß unsere Vermutung, Putin habe mit der Geschichte der Entführung unmittelbar zu tun, eindeutig bestätigt wurde. Um halb zwölf Uhr nachts, als sich der Kremlstabschef ein wenig Entspannung erlaubte und Wodka mit Kochwurst zu sich nahm, klingelte Mascha Slonims Telefon. Es war Natalija Geworkjan, die damals zur Wahl ein Interviewbuch für Putin schrieb.

»Putin sitzt hier im Nebenzimmer«, teilte ihr Geworkjan in hastigem Flüsterton mit. »Ich kann nicht lange sprechen! Ich weiß, daß ihr da alle zusammen seid, gib schnell an die Leute von *Radio Liberty* weiter, sie sollen Babizkis Verwandte anrufen und sie beruhigen. Er lebt, und bald wird in Moskau irgendein Videoband mit ihm auftauchen. Putin hat es mir gerade selbst gesagt ...«

Damit brach die Verbindung ab. Geworkjan rief aus einem Regierungsgebäude an, wo sie gerade eines ihrer Interviews mit Putin für sein Wahlbuch führte. Am nächsten Tag erzählte mir Geworkjan ausführlich, was geschehen war. Genau wie ich jeden Tag versuchte, wegen Babizki allen meinen

Bekannten im Kreml aufs Dach zu steigen, hatte Geworkjan ihrerseits die Gelegenheit genutzt, um Putin weichzukochen.

»Putin hat mir meine Fragen nach Babizki mit so offenem Haß beantwortet, daß ich wirklich Angst um ihn bekam«, gestand mir Geworkjan. »Und als ich ihn am Abend anschrie: ›Holen Sie Babizki sofort zurück!‹, sagte er plötzlich: ›Hören Sie, lassen Sie mich mit Ihrem Babizki in Ruhe! Sie bekommen ein Band und werden sehen, daß er gesund und munter ist ...‹ Daraufhin sagte ich zu Putin: ›Warten Sie, Sie haben doch beteuert, Sie hätten ihn an irgendwelche Kämpfer übergeben! Waren das etwa tschetschenische Kämpfer, die Ihnen nun mitgeteilt haben, daß ein Band mit Babizki nach Moskau gebracht wird?!‹«

Als Putin ihr gegenüber das Band erwähnte, erinnerte sich Geworkjan ihrer Herkunft als Tochter eines sowjetischen Spions und beschloß, nach Agentenart das Zimmer zu verlassen, in dem der Präsident saß, um »eben mal auf die Toilette zu gehen« und uns schnell anzurufen und den geheimen Bericht durchzugeben. Als Babizki endlich nach Moskau zurückkam, hatten wir alle das Gefühl, ihn Putin und dem Geheimdienst entrissen zu haben, mit unserem vereinten journalistischen Geschrei, das auch dann nicht still wurde, als uns alle Regierungsbeamten verscheuchten wie lästige Fliegen und uns darauf einstimmen wollten, daß Babizki für immer verschollen bleiben würde.

Doch eine der Kolleginnen, die Babizki retteten, haben wir trotzdem verloren. Nach der Veröffentlichung der Erklärung unserer journalistischen »Charta« rief mich Mascha Slonim an und sagte empört: »Stell dir vor, unter unserer Erklärung zu Babizki steht die Unterschrift von Anja Melnikowa, und heute zeichnet Anja Melnikowa auf dem Ticker von *RIA Nowosti* (das ist die staatliche Nachrichtenagentur –

E.T.) für einen absolut anbiedernden Artikel verantwortlich, in dem behauptet wird, Babizki sei ein Spion der CIA!« Bis dahin war die Journalistin Anja Melnikowa ein Mitglied unserer »Charta« gewesen. »Ich weiß einfach nicht, was ich machen soll! Zuerst wollte ich die ›Charta‹ unverzüglich zusammenrufen und Melnikowa ausschließen, doch dann dachte ich, das sieht aus wie eine sowjetische Parteiversammlung ... Wahrscheinlich werde ich künftig der Melnikowa das Haus verbieten und Schluß«, endete Slonim.

Ich bat sie, sich nicht aufzuregen, und machte mich zusammen mit Jelena Dikun auf den Weg zu dem mir seit langem bekannten PR-Mann Alexei Wolin, der inoffiziell zuerst für den Kreml und dann für die Regierung gearbeitet hatte und die staatliche Nachrichtenagentur *RIA Nowosti* leitete. Mehr noch, unter dem Dach dieser Agentur agierte damals das sogenannte »Russische Informationszentrum«, das sich gleich nach Putins Machtübernahme damit beschäftigte, den Tschetschenienkrieg propagandistisch zu bemänteln. Ich wollte bei Wolin persönlich herausfinden, was mit Melnikowa geschehen war.

»Was hast du mit der Melnikowa gemacht?« fragte ich Wolin, kaum war ich über seine Schwelle getreten.

Wolin, den mein Auftritt kein bißchen irritierte, teilte mir mit der ihm eigenen zynischen Offenheit mit: »Die Melnikowa soll mal nicht so das Maul aufreißen und eure Menschenrechtspapierchen unterschreiben, schließlich arbeitet sie für die staatlichen Medien! Solange ich ihr Geld zahle, entscheide ich, welche Erklärungen sie unterschreibt und welche nicht! Und dieser Artikel für den Nachrichtenticker, daß Babizki Spion der CIA ist, den hat die Melnikowa nicht mal selbst geschrieben. Ich habe sie einfach zu mir gerufen und gesagt: ›Du hast die Wahl, meine Teure! Entweder landest du morgen ohne Gehalt auf der Straße, oder du wirst jetzt hier bei mir zur Strafe deine Unterschrift unter diesen Artikel setzen!‹ Das nächste Mal ist sie schlauer!«

Ausflüge mit Putin

Während Putins Wahlkampagne verfluchte ich die Stunde, in der ich nach einem Etappensieg über die Kremlzensoren eine Erlaubnis erhalten hatte, mit Putin durchs Land zu reisen. Ich fuhr in Putins Wahlkarussell, bis mir übel wurde. Im Laufe eines Monats seiner Wahlkampagne mußte ich mit ihm und seinem »Agitationszug« zwölf russische Städte bereisen: Irkutsk, Wolgograd, Selenograd, Swjosdny Gorodok – das Sternenstädtchen –, Surgut, Woronesch, Sankt Petersburg, Nischni Nowgorod, Nabereschnye Tschelny, Kasan, Iwanowo, Orechowo-Suewo. Einige Fahrten dauerten mehrere Tage, und gegen Ende begann ich schon, die Ortsnamen durcheinanderzubringen.

»Während seines Besuchs bei dem Fahrzeughersteller *Kamaz* in Nischni Tagil verkündete Putin, daß ...«, diktierte ich in wilder Eile über mein Handy direkt aus dem Flugzeug in den verbleibenden Sekunden vor dem Start.

»Wir sind nicht in Nischni Tagil, sondern in Nabereschnye Tschelny«, soufflierte mir ein Kollege noch rechtzeitig.

»Ist mir doch egal. Die sollen sich freuen, daß ich überhaupt noch weiß, wie er heißt!« bekannte ich.

Wenn man bedenkt, daß ich in den Pausen zwischen den Flügen und den Niederschriften der Reportagen auch noch die unaufhörlichen Auseinandersetzungen mit der Pressestelle des Präsidenten wegen der bereits im *Kommersant* erschienenen Texte aushalten mußte und daß ich nach den kurzen glücklichen Momenten auf der vertrauten Moskauer Erde wieder in die Redaktion rennen und nächtelang (vor einem erneuten Flug) Kommentare und Analysen für die Wochenzeitschrift *Wlast* des Verlagshauses *Kommersant* schreiben mußte, ist es nicht schwer, sich auszurechnen, wieviel Schlaf ich zu der Zeit bekam: kein bißchen. Ich verstehe natürlich, daß Wladimir Wladimirowitsch Putin es auch nicht leicht hatte. Aber ihm ging im Gegensatz zu mir wenigstens seine Pressestelle nicht auf die Nerven. Außerdem wollte ich im Unterschied zu Putin nicht Präsident werden. Wenn ich um halb fünf am Morgen aus der Redaktion nach Hause kam, um so, wie ich war, für eine halbe Stunde tot ins Bett zu fallen, und dann um fünf Uhr wieder aufsprang, mich umzog und zum Flughafen fuhr, hätte ich auf die existentielle Frage »Wofür werde ich hier eigentlich bestraft?« ganz sicher keine Antwort gefunden.

Zu meinem Unglück bin ich von Natur aus absolut kein Herdentier, das heißt, ich bin ungesellig: Ich wäre lieber zu Hause mit Proust im Bett geblieben, als mit Putin auf Reisen zu gehen. Und wenn ich längere Zeit keine Möglichkeit habe, allein zu sein, falle ich langsam in einen Zustand tiefer Trance. Die Atmung wird schwach. Der Puls wird stärker. Eine Reaktion findet praktisch nicht mehr statt. Bitte starten Sie das System neu!

Ich reagiere derart krankhaft auf erzwungene Aufenthalte in einer Gruppe, daß schon in meiner Kindheit beide Versuche meiner Eltern, mich in ein Pionierlager zu schicken, auf gleiche Weise endeten: Bereits nach der ersten Woche litt ich unter seelischer Erschütterung sowie einer Magenverstimmung und wurde eilig nach Hause geholt. Doch mit Putin hatte sich der Kremlpool der Journalisten geradezu in ein ewig fliegendes Pionierlager verwandelt. Allerdings gab es statt des schleimigen kalten Breis (die Spezialität jedes sowjetischen Pionierlagers) zum Frühstück eine spezielle magenschonende Kost im Flugzeug oder im Hotel und anstelle des zwanghaften Frühsports und der kalten Dusche Putins idiotische Veranstaltungen. Und selbstverständlich zusätzlich zu allen Lustbarkeiten »Spiele und Lieder« unter Leitung der Pressestelle des Präsidenten.

Entgegen allen Naturgesetzen und Kampfregeln zwischen den Clans wurde ausgerechnet Jelena Dikun während Putins Wahlkampf zu meinem persönlichen Schutzengel. Wunderbarerweise verzieh Dikun ihrer mitleiderregenden Kollegin (also mir) nicht nur verständnisvoll alle oben beschriebenen Launen, sie war darüber hinaus auch von Natur aus viel »kollektivistischer« als ich und trug damit aktiv zu meiner »Rettung« bei. Nicht nur, daß sie mich telefonisch aus meinem Koma weckte, sie nahm mich auch regelmäßig zum Flughafen mit. Nie war sie auf der Fahrt dorthin beleidigt, wenn ich mich aus der mitteilungsbedürftigen Optimistin vom Vorabend in eine stumme Misanthropin verwandelt hatte.

»Laßt die Tregubova in Ruhe. Sie ist unausgeschlafen und grantig«, hielt mir Dikun redselige Kollegen vom Hals, die noch vor Tagesanbruch nicht an sich halten konnten, mir äußerst wichtige Shopping-Erkenntnisse mitzuteilen.

Zunächst standen wir normalerweise an die vierzig Minuten in einer langen Schlange von Fahrzeugen des Kremlpools auf der Chaussee zum Regierungsflughafen *Wnukowo-2*, weil Putins Wache am Tor aus irgendeinem Grund nie »rechtzeitig die Listen bekommen hatte«. Ins Flughafengebäude ließ uns die Wache dann aus unbekannten Gründen noch lange nicht hinein, wir mußten jedesmal wie unerwünschte Verwandte draußen unterm Vordach stehen und im morgendlichen Frost von einem Fuß auf den anderen treten. Und das nicht einmal vor dem Haupt-, sondern dem Hintereingang des Flughafens.

»Hier ist noch geschlossen«, faselte der Putinsche Wächter dumm.

Dumm, weil wir sehr gut sehen konnten, daß die Türen schon lange geöffnet waren. Nur hatte man dem Wärter »noch keinen Befehl gegeben«. Wenn wir versuchten, zum Aufwärmen durch den Haupteingang in das Flughafengebäude zu gelangen, versperrte uns wiederum ein Putinscher Klon mit Knopf im Ohr den Weg: »Wer sind Sie? Presse? Für Sie ist ein anderer Eingang vorgesehen.«

Dieser Versuch des Sicherheitsdienstes, uns auf Schritt und Tritt das Gefühl zu geben, wir seien Menschen zweiter Klasse, machte mich wütender als alles andere. Wenn wir, um uns aufzuwärmen, wenigstens ein bißchen über das Flughafengelände spazieren wollten, fühlten wir uns erst recht wie Gefangene. »Kommen Sie sofort zurück! Sie müssen unter dem Vordach stehenbleiben!« rief man uns zu. Wenn man uns dann endlich einließ, fielen wir dem Sicherheitsdienst in die Hände. Die Listen waren mehrfach überprüft, unsere Papiere schon ganz abgegriffen, dennoch gab es nach dem Passieren des Magnetrahmens und dem Scannen unserer Handtaschen eine erneute Leibesvisitation. Die Mitarbeiter von Putins Security, die unsere Physiognomien fast jeden Tag sahen, filzten uns trotzdem, als wären wir nicht von der Presse, sondern tschetschenische Terroristen.

»So! Was haben Sie da in dieser kleinen Tasche?!«

»Kosmetik.«

»Und was ist da drin?«

»Tampons.«

»Zeigen Sie her!«

Nach dieser erniedrigenden »Säuberungsaktion« (die an guten Tagen vierzig Minuten, an schlechten über eine Stunde dauern konnte) mußten wir immer noch in dem dafür vorgesehenen Seitengebäude des Flughafens herumlungern. Warum hatte Putins Pressestelle eigentlich verlangt, daß wir so früh zum Flughafen kommen sollten? Niemand hat mir diese Frage je überzeugend beantworten können. Wahrscheinlich nur, damit es uns nicht zu gut ging. Glücklicherweise gab es jedoch in diesem Warteraum für die Presse einen kleinen Imbißstand. Der Großteil meiner Kollegen stürzte nach der Kontrolle zum Frühstück direkt dorthin: der eine auf einen Cognac, der andere auf einen Wodka. Die abstinente Journalistin Tregubova wurde am Imbißstand von ihren Kollegen stets bei einer seltsamen Tätigkeit beobachtet: Sie kaufte fünf Wurst- und fünf Käsebrote, zog planmäßig Wurst und Käse von den Brotschreiben, wickelte dann unkoscher die Wurst in den Käse und steckte sich das Ganze mit einer unverhohlenen Grimasse des Abscheus in den Mund. Denn in diesen Momenten versuchte die Journalistin Tregubova, statt ihrem Organismus mit der ungesunden Lebensweise des Präsidentengefolges vollends den Rest zu geben, dem Ernährungssystem des französischen Diätologen Michel Montignac treu zu bleiben. Der arme Montignac wird sich natürlich an seiner Gurke verschlucken, wenn er erfährt, wie ich seine Diät verschandelt habe. Doch etwas Gesünderes – verzeih, mein lieber Michel – gab Putins Imbißstand nicht her, und niemand wußte, wann sich die nächste Gelegenheit bieten würde, etwas Eßbares aufzutreiben. Als ich zum dritten Mal zum Flughafen *Wnukowo-2* kam, schrie die Bedienung bei meinem Anblick freudig auf: »Oh, meine Liebe, wie gut, daß Sie kommen, ich habe Sie schon erwartet!« Mit diesen Worten holte das gute Tantchen, begleitet von allgemeinem Gelächter, einen für mich vorbereiteten »Montignac-Teller« unter dem Tresen hervor, mit aufgeschnittener Wurst und Käse – ohne Brot …

Um mich im »vorderen« Präsidentenflugzeug (das so heißt, weil es immer vor dem von Putin startet) irgendwie vor dem ungehemmten Konversationsdrang meiner Kollegen zu schützen (der sich nach ihrem Wodka-Cognac-Frühstück verstärkte und nach dem meinen absolut unerträglich wurde), hatte ich mir einen genialen Trick ausgedacht: Ich erklärte meinen Reisegefährten, daß mir beim Start immer ganz schrecklich die Ohren weh täten, verschloß selbige mit den Kopfhörern meines Players, klappte die Lider über die Augen, drehte die erstbeste Musik auf volle Lautstärke und begann in aller Ruhe zu meditieren. Aber fragen Sie bloß nicht, was ich da hörte …

Gleich nach der Landung begann der schlimmste Teil des Programms, die sogenannte »Poolvergabe«. »Pools« hießen in diesem Fall kleine Zettelchen mit einer Nummer der Präsidentenveranstaltung, zu welcher der eine oder andere Journalist zugelassen war. Das Prozedere sah folgendermaßen aus: Im Bus, der uns vom Flughafen abholte, rief ein eigens dafür ausgebildeter Mitarbeiter der Pressestelle der Reihe nach die Namen der Journalisten auf und händigte jedem ein dickes Kuvert von der Größe eines Aktenordners aus. In ihm fanden wir erstens ein laminiertes Namensschild mit dem Emblem des Kreml, zweitens ein Programm des Besuches von W. W. Putin, drittens eine Beschreibung der Sehenswürdigkeiten der Region mit genauen historischen Angaben, viertens einen sogenannten »Arbeitsablaufplan« für die Presse. Die Beschreibung der Sehenswürdigkeiten warfen meine Kollegen gleich zusammen mit dem Kuvert in den Mülleimer. Das Studium des Ablaufplans dagegen gestaltete sich außerordentlich dramatisch, denn dort stand geschrieben, daß Pool Nr. 1 mit Putin ins Konservatorium geht, Pool Nr. 2 hingegen den Präsidenten im Schweinestall erwarten soll. Der Lärm, der sich im Bus sofort nach der Lektüre dieses Dokumentes erhob, erinnerte an die Streitereien einer Wandertheatertruppe, in der alle Schauspieler nach der Lektüre des Stücks auf einmal feststellen, daß sie die unbedeutenden Rollen erwischt haben.

»Was soll das? Weshalb haben Sie mich zur ›Intelligenzija‹ gesteckt? Was soll ich denn von dort berichten?« ereiferte sich der Vertreter einer Nachrichtenagentur und meinte damit, daß die Pressestelle ihn in die Spalte »Bericht vom Treffen W. W. Putins mit der örtlichen Intelligenzija« eingetragen hatte.

»Und wieso sind wir nicht beim ›Zugang‹?« empörten sich ihrerseits die Zeitungsjournalisten. (Der Begriff »Zugang« bezeichnet bei der Pressestelle des Kreml ein kurzes, im Ablauf vorgeplantes Treffen des Präsidenten mit der Presse.)

Allen war sehr wohl bewußt, daß die Vergabe der unterschiedlich wichtigen und attraktiven Pools sich in erster Linie nach der Position der jeweiligen Redaktion in der höfischen Kremlhierarchie und daneben auch nach der persönlichen Zuverlässigkeit und Kontrollierbarkeit des jeweiligen Journalisten richtete. Putins Pressestelle hatte bei der Vergabe der Pools ein strenges System von Zuckerbrot und Peitsche eingeführt: Wenn die letzte Reportage über einen von Putins Besuchen im Sinne seines Pressereferenten Gromow geschrieben war, dann bekam man grünes Licht für die wichtigen Veranstaltungen. Wenn aber ein Artikel dem Präsidententeam mißfallen hatte, dann wurde man, sagen wir, zum »Ehrengeleit Putins über die Hauptstraße der Stadt«

oder zu irgendwelchem anderen Quatsch gesteckt. Auf die Kremlmitarbeiter zuzugehen und sie um bessere Pools anzubetteln – dafür war ich mir zu schade. Schließlich war klar, daß sie genau darauf spekulierten. Man sollte sich erniedrigen und ihnen dankbar sein, wenn sie gnädigerweise zuließen, daß man seinen beruflichen Verpflichtungen nachkam. Außerdem sah ich an den Erfahrungen meiner Kollegen, daß es meistens sowieso keinen Sinn ergab zu streiten. Das komischste war, daß dieses ausgeklügelte »Strafsystem«, dessen Aufbau alle Kräfte der riesigen Pressestelle des Kreml in Anspruch genommen hatte, sich letztlich als völlig ineffektiv erwies. Die begabten Journalisten brachten es trotzdem fertig, interessante Reportagen über diese Reisen zu schreiben, während die halbamtlichen Journalisten, egal wie nah sie an Putin herankamen, nichts außer öden, untertänigen Platitüden zustande brachten, die zum Verdruß der Pressestelle keiner lesen wollte.

Indem die Pressestelle den Journalisten Steine in den Weg legte, erreichte sie also lediglich, daß wir für die Vorbereitung unserer Reportagen ein bißchen mehr Zeit brauchten, weil wir mit allen »zuverlässigen«, an günstigen Standorten plazierten Kameraleuten des Kreml sprechen mußten, um zu erfahren, welches »Bild« sich von dort geboten hatte. Letztlich erhielten wir dadurch sogar oft einen ausgewogeneren Eindruck als die Journalisten, die mit ihren Kremlnamensschildchen auf den ihnen zugeteilten besseren Plätzen gestanden hatten.

Doch das war noch nicht die letzte Station im Hürdenlauf zu Putin, zu dem uns die Pressestelle des Kreml mit aktiver Unterstützung des Sicherheitsdienstes trieb. Irgend jemand hatte die idiotische Regel eingeführt, daß die Journalisten mindestens eine Stunde vor seinem Kommen auf Putin warten mußten. Wobei dies nichts mit den pathologischen Verspätungen des Präsidenten zu tun hatte (Verspätungen gab es als Bonus), sondern mit undurchschaubaren »Sicherheitsgründen«. Man fragt sich, welche Gefahr von den armseligen, unterernährten Zeilenschindern ausgehen sollte, die vom Sicherheitsdienst bereits hundertmal bis auf die Knochen durchsucht worden waren – auf dem Flughafen vor dem Abflug, im Hotel vor der Abfahrt und vor dem Zutritt zum »Objekt«. Niemand konnte das erklären. Es geschah einfach so, der Ordnung halber. Offenbar war ein kluger Kremlmitarbeiter einfach zu der Erkenntnis gekommen, daß Journalisten wie Wein etwas gelagert werden müssen, um an Qualität zu gewinnen. Im Unterschied zum Wein ließ man die Journalisten allerdings im russischen Winter stehen. Die Methode des Schockgefrierens von Journalisten wurde erstmalig in Nischni Nowgorod vor dem Eingang zum Automobilwerk an uns ausprobiert. Draußen herrschte große Kälte: minus fünfzehn Grad. In das Gebäude ließ man uns nicht hinein, doch durch die Absperrung ins Hotel zurückfahren ließ man uns auch nicht. Eine halbe Stunde lang veranstalteten die Journalisten des Kremlpools wie Insassen eines Straflagers kleine Sprints in ein für uns vorgesehenes Kabuff im Innenhof, um sich aufzuwärmen. Wobei alle Journalistinnen ohne Ausnahme schicke Stiefelchen mit dünnen Sohlen trugen.

»Uns friert alles ab! Haben Sie doch Mitleid, lassen Sie uns wenigstens für fünf Minuten hinein, damit wir uns aufwärmen können!« flehten wir Putins Wachleute an.

»Wir haben auch etwas, das abfrieren könnte«, parierten sie eisig.

Am nächsten Tag, als in der Zeitung meine Reportage aus Nischni Nowgorod erschien und ich mit dem Präsidenten bereits in einer anderen Stadt war, rief mich Boris Nemzow aus Moskau an. Er war unter Jelzin der progressivste junge Gouverneur und Reformpolitiker aus Nischni Nowgorod.

»Hör mal, Tregubova, ist Putins Wahlkampagne komplett für den Arsch, oder was? Alles sinnlose Besuche? Gibt es nichts, worüber man schreiben könnte?«

»Boris, mach mir keine Angst. Hat dir meine Reportage aus Nischni Nowgorod nicht gefallen?« fragte ich alarmiert.

»Nein, nicht doch! Die Reportage ist klasse – hier in Moskau wiehern alle! Ich dachte nur, wenn die Tregubova schon in der ersten Spalte ihrer Reportage über erfrorene Genitalien schreibt, dann muß Putins Wahlkampagne wohl völlig beschissen laufen …«

Das Geheimnis von Putins Wahlkampagne bestand tatsächlich genau darin, daß es ohne unseren journalistischen Erfindungsreichtum absolut nichts gegeben hätte, worüber wir hätten schreiben können. Aphorismen der Art »man muß alle tschetschenischen Terroristen auf dem Klo kaltmachen« waren unserem Klienten schnell ausgegangen. Ansonsten beschränkte sich die Phantasie des Spitzenkandidaten auf alle Arten von Transportmitteln, mit denen zu fahren er offenbar seit seiner Kindheit geträumt hatte und über die er nun herfiel. Putin wurde im Jagdflugzeug *Su* herumgeflogen, in einem *Wolga*, einem *Kamaz*-Lastwagen und einem Traktor kutschiert … Und die Kreativität seines PR-Teams erschöpfte sich darin, daß Putin in jeder Region ein Kind küssen und sich mit irgendeinem Fließbandarbeiter zur Schau stellen mußte, um vor den Fernsehkameras ein rasendes Wirtschaftswachstum zu demonstrieren.

Ach, diese Fließbänder! In einer Autofabrik in Nischni Nowgorod hätte ein solches Fließband in unserer Anwesenheit fast die Arbeiterinnen zerquetscht, die auf den hohen Gast warteten. Bevor Putin kam, war das Band selbstverständlich nicht in Betrieb. Es sollte nur für die Zeit seines Aufenthalts eingeschaltet werden. Der Vorzeigearbeiterin, die am Hebelschalter postiert worden war, schien es plötzlich, als sei der Auserwählte der Nation bereits im Anmarsch, und da zog sie verständlicherweise mit aller Kraft am Hebel und brachte dabei fast ihre Kolleginnen um, die sich malerisch zwischen die Autos aufs Fließband gesetzt hatten.

In der nächsten Autofabrik – in der Republik Tatarstan, wo man schon etwas schwerere Lastkraftwagen herstellte – erwartete die Journalisten geradezu ein Déjà-vu-Erlebnis: wieder ein Fließband außer Betrieb, wieder ein Arbeiter am Hebelschalter, der Putin erwartete. Nur waren es hier nicht die Arbeiterinnen, die beinahe zerquetscht wurden, sondern ausländische Fernsehjournalisten, die versuchten, diese Schaubude zu filmen. Putins Wachleute, die ausländische Journalisten für die Zeit seiner Reisen ohnehin schon wie Provokateure behandelten, fingen daraufhin an, einen armen ausländischen Kameramann zu schubsen, um zu verhindern, daß er das nicht funktionierende Fließband filmte. Es mag vielleicht komisch klingen, doch es waren erneut allein die zarten Frauen des Kremlpools, die dem armen Teufel zu Hilfe eilten – wir drohten den Wachleuten, daß wir alles unverzüglich in unseren Reportagen erwähnen würden, wenn sie ihn nicht sofort in Ruhe ließen.

Mit einem weiteren PR-Trick blieb Putin zunächst auch glücklos. Innerhalb des Kremlpools wurden Anekdoten über Putins unfreiwillig komische Versuche, Kinder zu hätscheln, erzählt. Im Kinderkrankenhaus der Stadt Petrosawodsk verkündete Putin einem kleinen Jungen auf Krücken, der von einem Auto erfaßt worden war, statt ihn zu trösten: »Na also, nun wirst du wohl nicht mehr gegen die Verkehrsregeln verstoßen!«

Es ist nicht erstaunlich, daß danach ein kleines Mädchen, dem Putin einen Kuß geben wollte, dies nicht zuließ und ihm unter Tränen gestand: »Ich habe Angst vor dir!«

Putins Pressestelle verbot den Journalisten, in ihren Reportagen über diese Begebenheiten zu schreiben und drohte mit dem sofortigen Entzug der Akkreditierung. Allerdings brauchte Putins Wahlkampagne auch gar nicht gut zu sein. Er mußte der Bevölkerung nur Tag für Tag in jeder Nachrichtensendung mit Hilfe des staatlichen Fernsehens einen einzigen Gedanken ins Hirn hämmern: »Ich, Putin, bin jetzt schon am Ruder. Unabhängig davon, ob ihr für mich stimmt oder nicht.«

Nach vollendetem Diktat (das heißt, sobald sie ihre Reportagen nach Moskau durchgegeben hatten) und Unterbringung in einem Provinzhotel, verwandelte sich der Kremlpool endgültig in ein Komödiantenstadl, und jeder führte zur Erbauung des Provinzpublikums seine Nummer vor. Alexandr Budberg von der Zeitung *Moskowski Komsomolez* erkundigte sich ohne Umschweife beim Portier, wo es im Hotel Striptease gebe, und wenn nicht im Hause, wo in der Nähe. Nach beendeter Arbeit machte er sich sofort auf den Weg dorthin. Auf diese Weise inspizierte der Kremlbeobachter für die Zeit der Wahlkampagne gründlich alle führenden Stripteasebars der Regionen, die der Präsident mit seiner Aufmerksamkeit beehrt hatte. Da Budberg einer der wenigen Journalisten war, die schon zur Jelzin-Zeit in den Kremlpool berufen worden waren und auch jetzt noch mit dem Präsidenten auf Reisen gehen, dürften diese Exkursionen inzwischen planetarische Maßstäbe angenommen haben.

Auch wenn Putins Wahlreisen immer nach einem bestimmten Schema abliefen, gab es in jeder Stadt Vorkommnisse, die mir für immer im Gedächtnis bleiben werden. Doch genau darüber durfte man in den Reportagen nicht schreiben.

Hier ist eine Auswahl …

IRKUTSK: Putin erklärt Sex zu einer »Form der Perversion«

Während eines Treffens mit der örtlichen Intelligenzija erklärte der Präsidentschaftskandidat Putin für alle hörbar, daß Sex eine Form der Perversion sei. Auf die Frage eines Irkutsker Intellektuellen nach seiner Meinung zur staatlichen Zensur im Fernsehen, verkündete er, daß die »Gesellschaft von sich aus alles verwerfen sollte, was mit Sex, Gewalt und anderen Perversionen« zu tun habe. Als ich abends meinen Bericht schrieb, klingelte im Hotelzimmer das Telefon. Meine Kollegin Malkina von der *Wremeni Nowostei* rief mich an.

»Weißt du, Lena, das, was Putin über Sex gesagt hat, solltest du lieber nicht zitieren. Sonst steht er hinterher wie ein Idiot da.«

»Und warum bist du so besorgt, wie er dasteht? Arbeiten wir etwa neuerdings für die Pressestelle des Präsidenten?« lachte ich.

»Versteh doch, Putins Protokollchef bittet darum, daß wir nicht darüber schreiben …«, geriet Malkina ins Stocken.

»Mich haben sie um nichts dergleichen gebeten«, schnitt ich ihr das Wort ab.

Eine Minute später klingelte das Telefon erneut. Nun war bereits der Protokollchef des Präsidenten persönlich am Apparat: »Lena, entschuldigen Sie, daß ich störe, aber Malkina hat mir gerade gesagt, daß es besser wäre, allen Journalisten

Bescheid zu geben, daß sie die Worte von Wladimir Wladimirowitsch lieber nicht zitieren … Na, was er über Sex gesagt hat … Sonst kommt das irgendwie komisch rüber …«

WOLGOGRAD: Putin schenkt Amputierten aus Tschetschenien Armbanduhren

Im Wolgograder Kriegsversehrtenkrankenhaus, das auf Putins Reiseprogramm stand, mußten die Journalisten weiße Kittel anziehen und sich an vorgegebene Posten stellen. Ich ging in dieser Verkleidung zufällig in ein Krankenzimmer, in dem sich Amputierte befanden, die man vor kurzem aus Tschetschenien hergebracht hatte. Ich begriff, daß es herzlos gewesen wäre, einfach zu gehen und die Tür hinter mir zu schließen. Um so mehr, da die jungen Männer, die dort lagen, mich bereits mit einer gewissen Hoffnung ansahen: Sie hatten Besuch bekommen. Ich spürte, daß es ihnen wichtig war, daß ich sie anlächelte und keine Angst hatte, mich mit ihnen zu unterhalten. Also ging ich auf sie zu und stellte mich vor. Und lächelte. Bemühte mich mit aller Kraft, die fehlenden Gliedmaßen und verunstalteten Gesichter nicht zu bemerken. Und wieder zu lächeln. Der neunzehnjährige Alexei aus Nischni Nowgorod erzählte mir, daß er, nachdem er einberufen worden war, nur drei Monate in Tschetschenien gekämpft hatte: Eine Explosion riß ihm die Hand bis zum Gelenk ab und hätte ihn fast ein Auge gekostet.

»Ich wollte Fernfahrer werden. Wie mein Vater«, seufzte Alexei. »Ich wollte durchs Land fahren, neue Städte sehen. Und jetzt, Sie sehen ja, muß ich mir was Neues ausdenken …«

»Hast du eine Freundin in Nischni?«

»Ja, ich habe ihr schon die ganze Wahrheit darüber geschrieben, was mit mir geschehen ist. Sie schreibt, es sei ihr egal. Sie will mit mir zusammensein …«

Da sprang die Tür zum Krankenzimmer auf, und Putin kam herein. Um die Delegation nicht zu stören, setzte ich mich vorsichtig auf den Rand von Alexeis Bett und hörte dadurch ein ungeheuerliches Gespräch des Oberbefehlshabers Putin mit diesem Jungen, der in dem von ihm entfesselten Krieg zum Krüppel geworden war. Zunächst schritt der Generalissimus durch das Krankenzimmer, drückte allen die Hände, schenkte ihnen Uhren und tragbare Fernseher. Und als Alexei an der Reihe war, der nichts hatte, woran er die Uhr hätte befestigen können, und fast nichts, womit er hätte fernsehen können, fragte ihn Putin ruhig: »Sehen Sie mit dem einen Auge etwas?«

»Ja.«

»Es macht nichts, daß Sie eine Narbe im Gesicht haben. Heute kriegen die Chirurgen das so hin, daß man hinterher gar nichts mehr sieht!« verkündete ihm Putin munter.

Danach bemühte sich das Staatsoberhaupt um einen schnellen Rückzug aus dem Krankenzimmer der Amputierten – das Wahlkampfbild für die Fernsehkameras war gar zu unvorteilhaft geraten. Als er sich verabschiedete und zur Tür ging, hauchte Alexei kaum hörbar: »Kaum zu glauben … Putin … in echt …«

Solange ich neben Alexei saß, hatte ich mit aller Kraft dagegen angekämpft loszuheulen. Doch in der Sekunde entdeckte ich, daß mir die Tränen bereits übers Gesicht liefen. Am liebsten wäre ich aufgestanden und hätte Putin geohrfeigt: für seinen leidenschaftslosen Gesichtsausdruck, für den Lehrerton, in dem er, der nie im Krieg gewesen war, sich erlaubte mit dem Jungen zu sprechen, der in einem Krieg verletzt worden war, den Putin für seinen Wahlerfolg gebraucht hatte. Und außerdem für die Putinsche Propaganda auf allen Fernsehkanälen, die den Leuten dermaßen das Gehirn verkleisterte, daß dieser junge Mann, der knapp überlebt hatte, sich freute, den »echten« Putin zu sehen.

IWANOWO: Putin erzählt mir von »Tampax«

Als Putin eine Textilfabrik besuchte, nutzte einer der im Kreml akkreditierten westlichen Journalisten die Gelegenheit und versuchte dem Präsidenten eine Frage zu stellen, als dieser an ihm vorbeiging. Doch kaum war Putin wieder weg, stürzte sich sein aufgebrachter Pressereferent Gromow auf den Journalisten und schrie: »Wie können Sie es wagen! Kennen Sie etwa die Regeln nicht?! Bei uns werden keine nicht abgesprochenen Fragen gestellt! Wenn Sie das noch einmal machen, können Sie direkt nach Hause fliegen! Wir werden nicht weiter mit Ihnen zusammenarbeiten!«

Man muß dazu erklären, daß im Kremlpool seit Putins Amtsantritt absolut alle Fragen als nicht abgesprochen galten, die nicht im voraus abgesegnet oder gar vom Pressereferenten des Präsidenten zusammengestellt und an die Journalisten ausgegeben worden waren. Gromow sah den ausländischen »Spion« an wie die Schlange das Kaninchen, während dieser sich offenbar innerlich bereits darauf einstellte, daß dies seine letzte Reise mit dem russischen Präsidenten war. Doch da drehte sich Gromow zufällig um und sah, daß ich hinter ihm stand und alles mitbekommen hatte. Blitzartig begriff er, daß man mich als gefährliche Zeugin dieser unschönen Szene sofort irgendwie neutralisieren mußte. Gromows Gesicht nahm augenblicklich einen aufgesetzt sanften Ausdruck an, und er fragte mich in schmeichlerischem Ton: »Lenotschka, möchtest du Wladimir Wladimirowitsch eine Frage stellen? Interessiert sich eure Zeitung vielleicht dafür, wann die ersten Wahlwerbespots von Putin ausgestrahlt werden?«

Das interessierte meine Zeitung leider tatsächlich, und ich war einverstanden. So bekam ich am eigenen Leibe den Mechanismus der gesteuerten Fragen auf den sogenannten Pressekonferenzen Putins mit. Gromow veranstaltete in der Werkabteilung ein Briefing und ließ dazu alle angereisten Zeitungsjournalisten und Fernsehkameras zu, fischte aus der Menge jedoch nur diejenigen heraus, deren Fragen er selbst vorbereitet hatte. Darunter auch mich. Putins Antwort erwies sich ebenfalls als vorbereitete Hausarbeit: Er verkündete abschätzig, er habe nicht die Absicht, mit allen übrigen Präsidentschaftskandidaten in einen Wettkampf der Art »Was ist besser – *Snickers* oder *Tampax?*« zu treten.

Putin war ein hohes Risiko eingegangen, indem er das politisch unkorrekte Thema der Tampons angesprochen hatte. Denn die Geschichte spielte sich ausgerechnet am 7. März, dem Vorabend des Frauentages, ab. Und ich konnte mich natürlich nicht zurückhalten, Wladimir Wladimirowitsch auf den Seiten des *Kommersant* ein wenig über die Frauen aufzuklären. Zum Beispiel darüber, falls er das noch nicht wußte, daß für jede postsowjetische Frau *Tampax* die größte (vielleicht sogar einzige) fühlbare Errungenschaft der Demokratie war. Und daß jede Russin, die vor die Wahl zwischen *Tampax* und dem Präsidenten gestellt wird, sich ohne nachzudenken für das erste entscheidet.

Die »Kremlgestapo«

Als Putins Pressereferent Alexei Gromow mich nach einer meiner Reportagen wieder einmal von einer Reise ausschloß, war ich eher froh über die Möglichkeit, mich nach der Wahlkampagne ausschlafen zu können. Wenn es nicht ein »Aber«

gegeben hätte: Gromow teilte mir mit, daß er mir die Akkreditierung »mit Zustimmung des Chefredakteurs des *Kommersant*«, Andrei Wassiljew, entzogen habe. Ich rannte zu Wassiljew, um herauszufinden, was passiert war. Die Erklärung, die ich von ihm zu hören bekam, machte mich sprachlos: »Ja, das stimmt. Entschuldige, meine Liebe. Ich habe dich ausgetauscht. Es war einfach so, daß Gromow unserem Fotoreporter wegen irgendeiner Aufnahme die Akkreditierung entzogen hat – Putin war darauf wie ein Monster abgelichtet … Verstehst du, für uns ist es wichtig, daß wir im Kremlpool wenigstens einen Fotoreporter haben … Und da habe ich mit Gromow abgemacht, daß ich dich gegen unseren Fotografen ›austausche‹: Du fährst nicht, Gromow ist glücklich und läßt dafür unseren Fotografen mitfahren. Aber das ist nur für eine Reise, mach dir keine Sorgen!«

Ich drohte daraufhin, fristlos zu kündigen. »Wozu halte ich jeden Tag den Druck aus? Damit mich in einem unerwarteten Moment meine eigene Zeitung verrät? Danke für die ›kollegiale Unterstützung‹! Macht euch nichts vor: Wenn ihr dem Kreml einmal so den Hintern hinhaltet, dann wissen die für die Zukunft, daß man mit euch alles machen kann!«

Nach diesem Gespräch akkreditierte mich der Chefredakteur für die folgende Präsidentenreise wieder. Unserem Fotoreporter wurde die Akkreditierung sowieso entzogen: Diesmal hielt mir Gromow die Titelseite unserer Wochenzeitung *Wlast* unter die Nase und schrie, daß wir nicht das Recht hätten, die Kremlwache zu fotografieren …

Die Journalisten glaubten zunächst, daß sich gleich nach den Präsidentenwahlen die Kremlparanoia legen würde. »Wenn Putin erst mal keine Angst mehr hat, die Wahl zu verlieren, wird sich auch sein Bedürfnis nach einer strengen Zensur legen«, räsonierten die Journalisten. Doch im Gegenteil: Nach Putins Sieg verschärften sich bei seinen ersten Reisen die Repressionen gegen die Journalisten nur noch mehr. Sein Pressereferent Gromow verkündete den Journalisten völlig offen und schamlos die Einführung der Zensur im Kreml.

Mitte April 2000, vor der ersten Reise Putins ins Ausland (er stattete Minsk, London und Kiew noch vor seiner Vereidigung Blitzbesuche ab), rief Alexei Gromow unerwartet den gesamten Kremlpool zu einem internen Briefing zusammen.

»Es werden neue Regeln für die Arbeit des Pools bekanntgegeben«, rapportierte ein Mitarbeiter der Pressestelle, der alle telefonisch informierte. »Gromow bat mich auszurichten, daß für alle Anwesenheitspflicht gilt!«

Die Beleidigungen seitens der Kremlaufseher vor den Wahlen hatten mir schon gereicht, und so täuschte ich eine Krankheit vor und schwänzte die »Kremlunterrichtsstunde«. Besorgte Kollegen hingegen schrieben selbstverständlich den Inhalt der Instruktionen des Kremlsekretärs detailliert mit und gaben sie an mich weiter. Gromows neue Regel Nummer eins erinnerte an Aushänge in üblen Spelunken: »Die Geschäftsleitung hat das Recht, nach eigenem Ermessen und ohne Angabe von Gründen einem Kunden die Bedienung zu verweigern.« – »Sie können natürlich in Ihren Artikeln schreiben, was Sie wollen. Aber wundern Sie sich nicht, wenn wir Sie dann nicht in die Akkreditierungsliste für die nächste Präsidentenveranstaltung aufnehmen«, warnte Gromow offen.

Regel Nummer zwei verbot den Kremljournalisten, während der Reisen mit dem Präsidenten ihre primären beruflichen Pflichten wahrzunehmen: »Niemand hat das Recht, dem Präsidenten Fragen zu stellen, die nicht vorher mit mir persönlich abgesprochen worden sind. Und niemand hat das

Recht, auf diesen Reisen an Teilnehmer der Delegation heranzutreten, die den Präsidenten begleitet, und ihnen Fragen zu stellen«, verkündete Gromow.

»Entschuldigen Sie, und wenn ein Teilnehmer der Delegation selbst auf mich zukommt und mit mir sprechen will? Was soll ich dann tun? Vor ihm weglaufen und rufen: ›Die Pressestelle hat mir verboten, mit Ihnen zu sprechen!‹?« versuchte die Journalistin Jelena Dikun die Situation ins Absurde zu treiben.

Alle lachten. Nur Gromow war nicht zum Lachen zumute. »Wenn ein Teilnehmer der Delegation auf Sie zukommt, dann sind Sie verpflichtet, unverzüglich einen Mitarbeiter der Pressestelle zu rufen und mit ihm diesen Kontakt abzustimmen«, sagte der Pressereferent allen Ernstes.

Das erstaunlichste war nicht, daß der offizielle Vertreter des Kreml dies vor allen Journalisten laut auszusprechen wagte, sondern daß, außer zwei, drei Anwesenden, niemand auch nur versuchte, sich über diese neuen repressiven Richtlinien zu empören. Einige Kollegen begrüßten sie sogar.

»Ihr versteht das nicht: Putin will damit eine neue Elite von Journalisten schaffen!« frohlockte der große Putin-Verehrer Alexandr Budberg vom *Moskowski Komsomolez* gegenüber Jelena Dikun und mir.

»Du scheinst da was zu verwechseln, Budberg: So schafft man keine Elite, sondern höchstens futterneidische, gefügige Journalisten. Und das auf niedrigstem Niveau. Denn nur die Unfähigen im Kremlpool, die bei freier Konkurrenz keine Chance haben, werden bereit sein, unter solch erniedrigenden Bedingungen zu arbeiten, weil sie froh sind, wenn man die stärkeren Journalisten ausschaltet«, mußten wir ihn enttäuschen.

Bald brach innerhalb des Kremlpools im wahrsten Sinne des Wortes der Futterneid aus. Während seiner ersten Auslandsreise nach London organisierte die Pressestelle ein Abendessen mit Putin für den servilen Teil des Kremlpools. Bei der Einteilung der Journalisten in »Dämliche« und »Unbequeme« waren die einfachen Mitarbeiter der Pressestelle leicht verwirrt: Sie konnten nicht verstehen, warum in der Akkreditierungsliste für das Abendessen keiner der führenden Journalisten war, die vorher alle Briefings des Kreml besucht hatten. Ich erinnere mich noch an das verständnislose Gesicht eines Mitarbeiters der Akkreditierungsstelle, als er unmittelbar nach der Landung in London-Heathrow gezwungen war, alle Journalisten auf zwei Busse aufzuteilen: in den rechten jene, die mit Putin zum Abendessen fuhren, und in den linken die anderen, denen man die Akkreditierung wegen »schlechter« Artikel entzogen hatte und die ins Hotel sollten.

»He, Mädels! Wo wollt ihr alle hin? Ihr müßt doch dorthin, in den rechten Bus!« winkte er mir und einigen anderen Kolleginnen einladend zu und war sich sicher, daß man uns zu dem Abendessen mit Putin eingeladen haben mußte. Doch dann schaute der Kremlmitarbeiter für alle Fälle in die Akkreditierungsliste, und auf seinem Gesicht machte sich Panik breit: »Oh, oh, oh … Die haben hier wahrscheinlich was verwechselt … Ihr seid hier nicht drauf! Das kann nicht sein … Was soll ich machen?! Das ist sicher ein Fehler! Aber ich kann euch schließlich nicht selbst einschreiben! Oh, Mädels, entschuldigt, ihr fahrt jetzt besser ins Hotel und wartet, und ich werde das klären und euch auf jeden Fall anrufen!«

Ich hatte die Situation gleich richtig eingeschätzt. »Hurra! Dikun, wir haben einen freien Abend! Laß uns nach Chinatown fahren, ich lade dich zu Hummer in Chilisoße ein!«

Ich pulte glücklich Krabben, doch die arme Jelena Dikun jammerte die ganze Zeit: »Wo kriegen wir jetzt bloß die Informationen über dieses Treffen her? Tregubova, kannst du dir das vorstellen? Was, wenn diese Folter jetzt auf jeder Putin-Reise so weitergeht? Wenn sie uns scheinbar offiziell akkreditieren, uns aber in Wirklichkeit nirgendwohin lassen! Wie sollen wir da arbeiten?!«

Doch kaum wurde das chinesische Dessert serviert, waren Dikuns Tränen auf der Stelle getrocknet, und auch sie dankte dem Schicksal dafür, daß Putin uns an diesem Abend mit seiner Anwesenheit verschont hatte. Am nächsten Tag versuchte Dikun auf dem Weg zur Downing Street ihren Kollegen die Einzelheiten des Zusammentreffens am Vorabend zu entlocken. Doch die neuernannte journalistische Elite schwieg wie ein Partisan beim Verhör. Alle schauten weg und taten so, als verstünden sie gar nicht, wovon die Rede ist. Man merkte, daß der Pressereferent Gromow sie hübsch bearbeitet und ihnen absolutes Stillschweigen verordnet hatte. Dikun hängte sich an den Korrespondenten der *Komsomolskaja Prawda*, Sascha Gamow: »Gamow, ich weiß doch, du bist ein ordentlicher Junge und machst dir immer Notizen, wenn du auf den Treffen von Politikern bist!«

»Ja, das tue ich ...«

»Und auch gestern abend?« erwischte Dikun ihn bei seiner Angeberei.

»Nun ja, das habe ich ...« Gamow war verwirrt.

»Dann laß mich mal bitte sehen«, blieb die Dikun standhaft. »Ich lese sie mir durch und gebe sie dir gleich zurück. Ich verspreche dir, daß ich niemandem erzähle, daß du sie mir gegeben hast. Schließlich sind wir Kollegen!«

Gamows Blick wurde unruhig. Es war ihm offensichtlich peinlich zuzugeben, daß er einfach nur Angst vor der Pressestelle hatte, deshalb versuchte er krampfhaft, sich irgend etwas auszudenken, um sich aus der Affäre zu ziehen. »Ich kann nicht …«

»Warum?«

»Ich habe die Aufzeichnungen nicht mehr.«

»Wo hast du sie denn hingetan, Sascha? Hast du sie aufgegessen?« Dikun wurde giftig.

»Ja, ich habe sie aufgegessen«, murmelte Gamow wie verdammt.

Eine andere Kollegin, an die sich Dikun mit derselben Bitte wandte, berief sich auf ihr schlechtes Gedächtnis. »Ich kann mich nicht erinnern, was da geredet wurde … Und Notizen zu machen hat uns die Pressestelle verboten …«, verteidigte sie sich, schaute ebenfalls weg und wurde rot.

Als es uns endlich gelungen war, einen Informanten »einzufangen«, zeigte sein detaillierter Bericht von diesem Treffen (selbst jetzt, nach all der Zeit, werde ich seinen Namen nicht nennen, denn er ist immer noch im Kremlpool), daß Dikuns Befürchtungen umsonst gewesen waren. Putin hatte keine Staatsgeheimnisse gelüftet, sondern über den Köpfen der vertrauenswürdigen Journalisten nur den gleichen banalen Cocktail über die schwierigen Beziehungen Rußlands mit dem Westen wegen Tschetschenien ausgegossen, den uns die außenpolitischen Strategen des Kreml schon vor dem Besuch serviert hatten.

»Offensichtlich macht er sie wirklich bloß gefügig«, beruhigte sich Dikun. »Scheinbar hofft er einfach, daß sie über ihn kein übles Wort mehr schreiben werden, wenn er sie füttert, weil sie sonst fürchten, daß sie das nächste Mal vom Präsidenten nichts mehr vorgesetzt bekommen.«

Außer seinen appetitlichen hausgemachten Aphorismen à la »Genug rumgeheult« (wenn er die Regierung zu nachgiebig fand) hatte der Präsident der angefütterten Presse bei den inoffiziellen Mittag- und Abendessen offenbar nichts anzubieten – in inhaltlichem Sinne. In gastronomischem Sinne durchaus. Doch indem er uns auf Agentenart gegeneinander ausspielte, erreichte der Präsident sein Ziel: In Anwesenheit der Kremlbeamten begannen die Journalisten, die an einem Abendessen mit dem Präsidenten teilnahmen, vor den anderen wie vor Aussätzigen jäh zurückzuschrecken. Nach jedem meiner Artikel rief mich Putins Pressereferent Gromow im *Kommersant* an und machte Ärger – mal mir, mal dem Chefredakteur. Der Kreml entzog mir immer wieder die Akkreditierung. Und ich mußte sie immer wieder auf jede erdenkliche Weise zurückerobern. Schrieb ich einen Artikel, der einfach nur objektiv eine Situation beschrieb, stand der Kreml kopf und strich mich erneut aus den Akkreditierungslisten. Die Zensur kam mir vor wie Folter.

In der Stadt Baltijsk, unweit von Kaliningrad, wo ich mit verdächtiger Liebenswürdigkeit akkreditiert wurde, um über den »eintägigen Besuch Putins zu berichten«, probierte die Pressestelle eine neue Art »psychischer Folter« an mir aus. Die einzige Veranstaltung, zu der die Presse zugelassen wurde, war ausgerechnet ein Mittagessen mit Putin auf einem Kriegsschiff auf offenem Meer. Die Journalisten sollten auf einem speziellen Dampfer zu dem Schiff gelangen. Doch als ich versuchte, auf den Dampfer zu kommen, versperrte mir ein Mitarbeiter der Pressestelle den Weg. »Entschuldige, Lena, da ist kein Platz mehr.«

Die Szene wirkte wie eine geschmacklose Groteske aus einem Fellini-Film: Ich stehe allein an der Anlegestelle, der halbleere Dampfer fährt ab, und aus den Bullaugen werfen mir meine Kollegen ein selbstzufriedenes Lächeln zu. Auf eigene Faust aus der Militärhafenstadt wegzufahren, in der wir uns befanden, war ich einfach physisch nicht in der Lage, und so mußte ich fünf Stunden im Bus sitzen und warten, bis das »Große Fressen« des Regisseurs Putin zu Ende war. Bei ihrer Rückkehr kam als erster Alexandr Budberg auf mich zu, der sich buchstäblich die Essensreste aus den Zahnlücken entfernte (mal mit einem Streichholz, mal mit den Fingernägeln). Mit zufriedener Miene fragte er mich: »Na? Wie hast du dir die Zeit vertrieben, unabhängige Journalistin?«

Ansonsten konnte man den armen Budberg nur bedauern: Wegen seines unstillbaren Verlangens nach Essen auf Kosten anderer, das sich bald zu einer Krankheit entwickelte, wuchs der Bauch dieses jungen Mannes stündlich und wurde bald noch größer als die der staatlicherseits verköstigten »ewig schwangeren« Abgeordneten im neuen russischen Parlament. Mit Schrecken beobachteten wir, wie Budberg auf allen Reisen zwei oder drei Hauptgerichte hintereinander essen konnte. Und anschließend schaffte er es auf einem Bankett auch noch, wie ein Staubsauger alles vom Tisch zu fegen, was ihm unter die Finger kam. Seine Leidenschaft für das »Schmarotzertum« war rational nicht zu erklären: Der Journalist ließ im Gespräch mit Kollegen keine Gelegenheit aus zu betonen, wie reich er war, und empfand Verachtung und Hohn gegenüber jenen »Saubermännern«, die kein Schmiergeld für journalistische Publikationen nahmen.

Gleich nach Budberg kam ein Mitarbeiter der Pressestelle des Kreml auf mich zu – derselbe, der mich auf Befehl der Leitung nicht auf den Dampfer gelassen hatte. Er errötete leicht und fragte mit gespielter Besorgnis: »Lenotschka, hast du wenigstens etwas zu essen bekommen?«

Budberg mußte sich übrigens bald darauf von einer schweren Verfettung bei einem der teuersten und gefragtesten Diätologen in Kremlkreisen kurieren lassen.

Doch weitaus größeren Kummer bereitete mir die Mutation meiner ehemaligen Freundin Tatjana Malkina von den *Moskowskije Nowosti*, die durch die Putinsche »Radioaktivität« hervorgerufen wurde. Irgendwann zu Beginn der *Perestroika* war Tatjana in Rußland berühmt dafür geworden, daß sie während des antidemokratischen Putsches gegen Jelzin durch die Kommunisten des Politbüros, die im August 1991 versucht hatten, Revanche zu nehmen, den Putschisten auf der Pressekonferenz furchtlos die Frage gestellt hatte, »ob sie sich im klaren darüber sind, daß sie einen Staatsumsturz angezettelt haben«. Nachdem die damals so mutige und unabhängige Journalistin Malkina jedoch im Kremlpool akkreditiert worden war, wurde sie plötzlich zur aktiven Anhängerin von Putins Gestapomethoden gegenüber Andersdenkenden. Mehr noch – von einer unabhängigen Journalistin hat sie umgesattelt auf das propagandistische »Unterstützungskomitee« Putins: Bei einer von Putins Reisen durch Rußland versuchte Malkina in Blagoweschtschensk die anderen Frauen des Kremlharems dazu zu bringen, mit ihr an der Protokollstrecke des Präsidenten zu stehen und »Putin zuzuwinken«, wenn er vorbeifährt: »Mädels, kommt, wir müssen Wladimir Wladimirowitsch begrüßen! Das wird ihm bestimmt gefallen …«

Journalisten, die sich den neuen Regeln nicht unterordnen wollten, unterzog Putins Pressestelle ausgeklügelten »Foltermethoden«. Der unschuldigste Scherz sah folgendermaßen aus: Zuerst lehnte die Pressestelle es ab, den *Kommersant* für einen Termin des Präsidenten zu akkreditieren, und versicherte, die »Akkreditierung hat noch nicht begonnen«. Riefen wir einen Tag später wieder an, bekamen wir zu hören, daß die »Liste schon geschlossen« sei.

Zumindest bei einzelnen Mitarbeitern der Pressestelle regte sich dennoch manchmal das Gewissen, und sie zeigten dem Kreml in der Hosentasche den Stinkefinger. Die damalige Leiterin der Abteilung für Akkreditierungen Ira Chlestowa führte mich, als ich zu ihr in den Kremlstab kam, aus ihrem Zimmer in das leere Foyer und flehte mich in scharfem Flüsterton an: »Lenotschka, verzeih mir um Gottes Willen! Ich finde es selbst ekelhaft, dich am Telefon anzulügen! Aber du weißt ja: Wir werden hier alle abgehört! Deswegen bin ich gezwungen, dir am Telefon das zu sagen, was mir von oben befohlen wird. Weißt du, uns hängt diese Gestapo auch zum Halse heraus! Bei der nächsten Gelegenheit kündige ich!«

Ich sage es gleich: Ich habe dieses Gespräch »ausgeplaudert«, weil Chlestowa inzwischen wirklich längst gekündigt hat und in der Wirtschaft arbeitet. Genau wie einige andere Mitarbeiter der Pressestelle, die die neuen Gepflogenheiten nicht ertragen konnten. Die übrigen folgten den repressiven Anweisungen von oben offenbar nicht aus Pflicht, sondern aus Neigung.

Einmal rief in der Redaktion des *Kommersant* »aus alter Freundschaft« ein unbedeutender Mitarbeiter der Kremlabteilung für Akkreditierungen an und schlug meinem Kollegen Andrei Kolesnikow vor, zur nächsten Reise mit dem Präsidenten an meiner Stelle mitzukommen. (Es war derselbe, der für Putin ein Wahlkampfbuch geschrieben hat und jetzt an meiner Stelle für den *Kommersant* als Kremlbeobachter arbeitet, nachdem ich wegen meines eigenen Buches entlassen wurde.)

»Die Tregubova lassen sie sowieso nicht mehr mit …«, erklärte der Provokateur aus dem Kreml.

Doch der widerlichste Programmpunkt waren die Anrufe

aus dem Kreml auf mein Mobiltelefon, bei denen mir »freundschaftliche Ratschläge« erteilt wurden. Zum Beispiel von der neuen Leiterin von Putins Pressestelle, Natalija Timakowa: »Tregubova, ich warne dich im guten: Wenn du nicht den Ton in deinen Veröffentlichungen änderst, finden wir früher oder später Leute im *Kommersant*, die mit uns zusammenarbeiten und so schreiben, wie wir wollen. Glaubst du vielleicht, ihr hättet dort zuwenig Journalisten, die sich über eine Akkreditierung freuen würden?« verkündete sie mir mit erschreckender Offenheit. Das schlimmste war, daß Natalija Timakowa noch kurz zuvor selbst Kremlkorrespondentin gewesen war. Mit Putins Machtantritt war sie in den Kreml gewechselt und hatte sich in einen aggressiven Zerberus verwandelt, der seine ehemaligen Journalistenkollegen vernichtete. Übrigens hat die neue Mitarbeiterin der »Kremlgestapo« Timakowa ihr persönliches Glück gefunden – und zwar mit der »angefütterten Elite« der Putinschen Journalisten. Sie heiratete ebenjenen Alexandr Budberg vom *Moskowski Komsomolez*, der so hitzig und leidenschaftlich die repressiven Methoden gegen konkurrierende Verlage und Journalisten unterstützt hatte.

Mit all diesen netten Tricks der »Kremlgestapo« wurde das Hauptziel erreicht: Es wurde einfach unmöglich, physisch und – was das wichtigste war – moralisch im Kreml durchzuhalten. Doch genau in dem Moment faßte ich den festen Entschluß: Wenn in dem ungleichen Kampf meiner Zeitung gegen die Pressestelle des Kreml jemand aufgibt, dann werde nicht ich es sein. Einfach deshalb, weil auf alles zu pfeifen und zu gehen einem Sieg von Putins Zensoren gleichgekommen wäre. Und weil man ihnen damit gestattet hätte, im Land ein »Berufsverbot« für Journalisten einzuführen, die nicht durch den Kreml kontrollierbar waren.

Die Verteidigung Putins

Inzwischen ging mit Putin etwas Ungutes vor sich. Obwohl seine Pressestelle regelmäßig meinen Namen aus den Akkreditierungslisten strich, begann der frischgebackene Präsident auf offiziellen Veranstaltungen plötzlich damit, mir freundschaftlich zuzuzwinkern und zu kokettieren. Oder es kam vor, daß er mir ein schelmisches »Grüß dich, Lena!« zuwarf, wenn er mit seiner Delegation an den Journalisten vorbeiging, womit er meine Kollegen in leichte Verwirrung stürzte. Eines Tages grimassierte er mir auf einer offiziellen Veranstaltung von der Bühne aus, wo er mit anderen Staatsoberhäuptern saß, so offen zu, daß die arme Jelena Dikun, die mit mir zusammen in der ersten Reihe saß, einen Schreck bekam.

»Tregubova, das ist ja unanständig! Sag mir sofort: Hattest du mal was mit Putin?« lag sie mir flüsternd die gesamte Pressekonferenz über in den Ohren. Ich war gezwungen, ihr in Kürze die Geschichte meiner Bekanntschaft mit Putin zu erzählen.

»Wollen wir wetten, daß er jetzt, wo er sieht, daß du mit ihm im Kremlpool reist, die Pressestelle auffordern wird, die Repressionen gegen dich einzustellen!« versuchte mich die naive Dikun zu überzeugen.

Sogar Alexandr Budberg, der die neuen repressiven Gepflogenheiten im Kremlpool begrüßte, äußerte haßerfüllt: »Hör mal, Tregubova, ich verstehe das nicht: Wenn du mit dem Ersten Mann bekannt bist, wie kannst du dann Probleme mit seiner Pressestelle haben?«

Ich konnte auf die Frage keine Antwort geben. Ich zitierte lediglich meinen Bekannten – einen erfahrenen Kremlapparatschik, der ganz im Gegenteil davon überzeugt war, daß Putin meine Eliminierung aus dem Kremlpool angeordnet hatte, weil er die Nähe eines Menschen fürchtete, der sein früheres, »vorpräsidiales« Leben kannte. Nur weil Putin mich auf offiziellen Besuchen ständig sah, ging man jedenfalls nicht dazu über, mich für die »geschlossenen« Briefings zu akkreditieren, ganz im Gegenteil, immer öfter wurde mir sogar die Teilnahme an seinen »offenen« Veranstaltungen verweigert, und das genau stützte die Vermutung meines Bekannten: Die Anordnung über den Entzug meiner Akkreditierung kam von ihm.

Kurz darauf erklärte mir der Pressesprecher des Kreml Alexei Gromow ganz direkt, daß die Hetzjagd gegen mich vom Staatsoberhaupt befürwortet wurde. Nach einem erzieherischen Gespräch unter vier Augen mit dem Stabsleiter Alexandr Woloschin (mit dem ich mich bereits zu Jelzins Zeiten oft »in alter Freundschaft« im Kreml getroffen hatte), bei dem ich in leichtverständlicher Form erklärte, daß der Presse das Maul zu stopfen ein Zeichen der Schwäche der Mächtigen und ihres äußersten Mißtrauens gegenüber der Konkurrenzfähigkeit des Präsidenten sei, gab Woloschin die Anweisung an die Pressestelle, meine Akkreditierung für die Präsidentenreisen zu erneuern. Putins Pressesprecher Gromow sagte mir daraufhin bei unserem nächsten Zusammentreffen mit unverhohlenem Haß in der Stimme: »Du kannst dich über mich beschweren, bei wem du willst. Ist mir egal! Ich bin dem Präsidenten persönlich unterstellt …«

Aus dieser Bemerkung des Pressesprechers zog ich den Schluß, daß die Anordnung, mir die Akkreditierung zu entziehen, unmittelbar von Präsident Putin ausgegangen war.

Im Juni 2000 begann eine qualitativ neue Etappe meines Widerstands gegen die Pressestelle des Kreml. Ich wurde nun nicht mehr nur als unabhängige Journalistin verfolgt, sondern auch gleichzeitig als Autorin der »Zeitung von Beresowski«, des *Kommersant*: In der gesamten Geschichte des *Kommersant* hatte auf ihren Seiten wohl niemand mehr Abscheulichkeiten über den Intriganten Beresowski geschrieben als ich. Fairerweise hat Beresowski seine Medien nie zensiert, er hatte eine andere Methode: In jedem Printmedium hatte er immer einige *influence agents*, und die plazierten seine Politik in den Artikeln. Die anderen Journalisten hat er nie zu irgend etwas gezwungen, sie verfügten über völlige schöpferische Freiheit. Da ich jedoch nie zu Beresowskis »Agenten« gehört hatte, war es um so ärgerlicher, nun zu Beresowskis »Märtyrerin« zu werden.

Alles fing in dem Moment an, als der Kreml den Oligarchen Beresowski nicht mehr als »treu ergebenen, wenn auch hyperaktiven und unruhigen Mann des öffentlichen Lebens« sah (wie ihn der Leiter des Kremlstabs Alexandr Woloschin hinter seinem Rücken bei privaten Gesprächen noch Ende 1999 genannt hatte), sondern als »ein Übel« (ein Attribut, das ihm der wichtigste Lobbyist des Kreml, Wladislaw Surkow, in einem Gespräch mit mir bereits Mitte 2000 gab). Ende Mai 2000 schrieb Beresowski an Präsident Putin einen offenen Brief, in dem er die sogenannte Reform der Machtvertikale, die Föderalismus und Demokratie im Lande abschaffte, scharf kritisierte. Nach Putins »Reform« hörte das Oberhaus des russischen Parlaments – der Föderationsrat – als Organ einer direkten demokratischen Vertretung der Regionen praktisch auf zu existieren. Einen Tag nach dem Protest des Oligarchen Beresowski entschloß sich der Präsident, ausgerechnet als in der Staatsduma seine Gesetzesvorlagen zur Machtvertikale erörtert wurden, in die altrussische Stadt Jaroslawl zu fahren, um dem dortigen loyalen Gouverneur öffentlich seine Unterstützung zuzusichern. Ich beschloß, zusammen mit Putin zu fahren, um den Präsidenten zu einem klaren Kommentar zu zwingen: erstens zu dem Krieg, den er gegen die regionalen Eliten begonnen hatte, und zweitens zu dem Krieg gegen den Oligarchen Beresowski, der Putin erst zum Präsidenten gemacht hatte. Doch kaum war ich in Jaroslawl angekommen, erklärte Putins Pressereferent dem Kremlpool in ultimativem Ton, daß »dem Präsidenten jetzt keine Fragen zu Beresowski gestellt werden dürfen«.

»Mit welchem Recht? Immerhin sind dieser Konflikt und die Diskussion um die Liquidierung der demokratischen Vertretungen der Regionen im Parlament gerade die wichtigsten politischen Themen im Land!« empörte ich mich. »Und was glaubt ihr, warum die Journalisten hierhergekommen sind? Um sich an dem Schauspiel zu ergötzen, das der Gouverneur für den Präsidenten aufführt?«

Ich meinte das volle moralische Recht zu haben, dem Präsidenten genau die Frage zu stellen, die ich wollte, und nicht jene, die mir seine Pressestelle vorschrieb.

Als der Pressesprecher wieder einmal wie ein Leibwächter versuchte, die Journalisten mit gespreizten Fingern vom Präsidenten fernzuhalten, entschloß ich mich, die starke emotionale Reaktion Putins auf mich auszunutzen. Kaum erblickte ich den nahenden Präsidenten, rief ich laut: »Guten Tag, Wladimir Wladimirowitsch!«

Putin blieb stehen, grüßte mich und … war gegen seinen Willen gezwungen, meine Fragen zu Beresowski und zu den Regionalvertretern zu beantworten, die sich gegen Putins Rückkehr zu den sowjetischen Mustern der Zentralisierung der Macht wehrten.

Das Gespräch zwischen mir und Putin wurde, wie Sie sich vorstellen können, vor laufenden Fernsehkameras geführt.

»Wenn jemand seine Position darlegt, ist das normal, insofern er damit nicht das Boot ins Schaukeln bringen will«, sagte Putin mit Nachdruck auf dem letzten Teil des Satzes. »Auf jeden Fall wird die Position der Mehrheit siegen. Und wie wir an der Abstimmung in der Duma sehen können, ist es unsere Position, hinter der die Mehrheit steht!«

Daß ich den Präsidenten dazu gebracht hatte, zuzugeben, daß es im Land eine ernstzunehmende Opposition gegen die von ihm begonnene Beschneidung der Autonomien der Regionen gibt, war außerordentlich wichtig. Es versteht sich von selbst, daß dies zur wichtigsten Meldung in allen Fernsehnachrichten des Tages wurde. Alle Journalisten sprachen über genau dieses Thema. Doch ich mußte dafür mit meiner Akkreditierung zahlen.

Nachdem Putin mir meine Frage aus freien Stücken beantwortet hatte, war sein Pressereferent zunächst so verwirrt, daß er nicht wußte, wie er auf mich reagieren sollte: erneut mit Repressionen für die nicht abgesprochene Frage drohen oder im Gegenteil schleunigst mit Speichellecken anfangen. »Wer weiß«, dachte wahrscheinlich der flinke Beamte, »vielleicht wollte Putin diese Erklärung sogar abgeben?« Für alle Fälle wählte der Pressesprecher des Präsidenten fürs erste den Mittelweg: Speichellecken, bis er mit Putin geklärt hatte, wie es zu meiner »nicht abgesprochenen« Frage kommen konnte.

Während Putin auf einer städtischen Bühne Auszeichnungen an irgendwelche Provinzarbeiter verteilte, setzte sich Gromow zu mir in den obersten Rang und beteuerte, daß er persönlich »in der letzten Zeit nichts auszusetzen« habe an mir. »Aber Ihre Zeitung ist ja völlig aus dem Ruder gelaufen! Bald werden Sie zum Sprachrohr für Beresowski degradiert! Laß uns zusammen nachdenken, Lenotschka, was wir dem entgegensetzen können …«, schlug mir der Pressereferent liebevoll vor. Der Hauptvorwurf, den Gromow dem *Kommersant* machte, war (bitte, fallen Sie nicht um!), daß wir Auszüge aus der westlichen Presse über Rußland und Putin nachdruckten. Erstaunt riß ich die Augen auf.

»Was denn, Alexei Alexejewitsch! Wollen Sie uns etwa wie in sowjetischen Zeiten verbieten, ›feindliche Stimmen‹ nachzudrucken? Das ist doch einfach lächerlich!«

»Nein, Lena! Das ist überhaupt nicht lächerlich. Das ist durch und durch antirussische Provokation und Verleumdung von Wladimir Wladimirowitsch Putin!« ließ Gromow nicht locker.

Besonders erzürnten den Kremlzensor jene nachgedruckten westlichen Artikel, in denen eine Kampagne kritisiert wurde, die die russische Staatsanwaltschaft mit Putins unausgesprochenem Einverständnis gegen Wladimir Gussinski und die Medienholding *Media-Most* führte.

»Und wenn Beresowski an der Reihe ist und wir auch ihn entkulakisieren, wird Ihre Zeitung dann auch aufschreien, daß Putin gegen die oppositionellen Massenmedien kämpft?!« rief Gromow plötzlich ärgerlich aus.

Diese Erklärung erschütterte mich geradezu. Das kleine Kremllicht Gromow plauderte mir in seiner Dummheit den Plan für weitere Repressionen aus, der seinem Herrn Putin offenbar durch den Kopf schwirrte: Das bedeutete, Beresowski und seine Medien würden Putins nächste Zielscheibe sein.

Nach meiner Rückkehr nach Moskau berichtete ich selbstverständlich unverzüglich dem Chefredakteur des *Kommersant* von diesem Gespräch und schlug ihm einen Artikel darüber vor. Doch er lehnte dies kategorisch ab und verkündete, er glaube nicht, daß sich die Dinge so entwickeln würden. Aber schon wenige Tage später setzten die Repressionen mit voller Wucht ein. Die Pressestelle des Kreml verweigerte mir offiziell eine Akkreditierung für Putins Reise nach Spanien und Deutschland. Ungeachtet der Liebenswürdigkeit, die er mir gegenüber bei seinen öffentlichen Auftritten vorspielte, war der Präsident offensichtlich verärgert, daß ich ihn vor Fernsehkameras zu einer Aussage über ein heikles Thema gezwungen hatte. Danach ließ er durch seine Pressestelle Rüffel verteilen und forderte, ihn künftig mit aufsässigen Journalisten zu verschonen. Und wenn Gromow in Jaroslawl im Gespräch mit mir noch geschwankt hatte bei der für einen Zarenhöfling schwierigen Entscheidung zwischen Kratzfuß oder Arschtritt, so hatte Putin seinem getreuen Hund mit eiserner Hand die Richtung gewiesen.

Da Putin nun, da man mir wegen meiner Frage nach Beresowski die Akkreditierung entzog, ganz offen die »korporativen Interessen« des *Kommersant* angriff, wagte mein Chefredakteur es zum ersten (und letzten) Mal, öffentlich für mich einzutreten. Zu Beginn von Putins Auslandstournee erschien in der ersten Zeitungsspalte des *Kommersant* eine Notiz aus der Feder des Chefredakteurs. Der Inhalt war folgender:

ENTSCHULDIGUNG BEI DEN LESERN
Warum der Kommersant *nicht über Putins Staatsbesuch berichten wird*

An dieser Stelle könnte eine Reportage der Kremlbeobachterin des Kommersant *Elena Tregubova über die Reise des russischen Präsidenten Wladimir Putin nach Spanien und Deutschland stehen. Doch die Leser des* Kommersant *werden sie nicht zu lesen bekommen. Schuld daran sind Umstände, die die Redaktion nicht zu verantworten hat. Die Pressestelle des Kreml hat sich ohne Angabe von Gründen geweigert, Tregubova zu akkreditieren. Doch es gibt eine inoffizielle Begründung für die Ablehnung. Nach Informationen des* Kommersant *wählt die Pressestelle des Kreml für die Eskorte des Präsidenten künftig nur ihnen genehme Journalisten aus. Unsere Überzeugung hingegen ist es, daß die Auswahl der Journalisten ein unstrittiges Vorrecht der Redaktionen ist. Natürlich hätte sich die Berichterstattung über Putins Reise auch auf fremde Quellen stützen können, doch das entspricht nicht dem Anspruch unserer Zeitung. Der* Kommersant *wird den Gang der Ereignisse trotzdem verfolgen. Und die um ihre besten Rechte betrogenen Leser informieren.*

Die Redaktion

Gleich nach Erscheinen dieses Artikels rief mich Andreas Körting, der damalige Leiter der politischen Abteilung der deutschen Botschaft in Moskau, an und machte mir ein offizielles Angebot: »Elena, wir sind empört, daß der Kreml Ihre Rechte als Journalistin verletzt hat. Und deswegen bin ich bevollmächtigt, Ihnen folgenden Vorschlag des Botschafters zu überbringen: Wir sind bereit, Ihnen eine Akkreditierung der deutschen Regierung für die offiziellen Veranstaltungen während des Besuches von Präsident Putin in unserem Land zu erteilen.«

Nach den Deutschen rief auch gleich die spanische Botschaft in der Redaktion des *Kommersant* an und machte mir denselben Vorschlag. Dennoch fürchtete der Chefredakteur, der wie immer versuchte, auf zwei Hochzeiten zu tanzen (der Freundschaft mit Beresowski und der Gunst des Kreml), eine radikale Zuspitzung der Beziehungen zum Präsidenten. Er bat mich inständig, die Angebote Deutschlands und Spaniens abzulehnen und in Moskau zu bleiben.

Zwei Tage später wurde allen endgültig klar, warum Putin es für notwendig erachtet hatte, vor seiner Europatournee vorbeugend jene Journalistin zu suspendieren, die es hätte wagen können, ihm unangenehme Fragen zu stellen. Denn genau für den Zeitraum von Putins Spanienaufenthalt war die Verhaftung des oppositionellen Medienmoguls Wladimir Gussinski geplant, dem Putin seinen unabhängigen Fernsehsender *NTW* und sein gesamtes Medienimperium wegnehmen wollte.

Putin trägt beim Schaschlik mit Journalisten die Kursk zu Grabe

Schon das erste Jahr der Präsidentschaft Putins ist den russischen Wählern als eine Serie schrecklicher, unheilverkündender, symbolträchtiger Tragödien im Gedächtnis geblieben.

Die erste war der Unfall des U-Boots *Kursk* in der Barentssee, bei dem niemand auch nur *einen* ernsthaften Versuch unternahm, die Mannschaft an Bord zu retten. Als nächstes brach ein Feuer im wichtigsten Fernsehturm des Landes im Moskauer Stadtteil Ostankino aus. Vierundzwanzig Stunden lang hatten die Zuschauer in Moskau kein Fernsehen – die Geräte blieben tot, und die ganze Stadt war mit Ruß bedeckt. Der brennende Fernsehturm war ein düsteres Vorzeichen für die Verheerung, die Putin nur wenige Monate später erst beim Fernsehsender *ORT*, dann bei *NTW* und schließlich bei *TW-6* und *TW-S* anrichten sollte.

Der Untergang der *Kursk* war für Putin der erste Charaktertest. Zum Zeitpunkt des Unglücks saß er mit dem regierungstreuen, handzahmen Teil des Kremlpools in seiner Urlaubsresidenz in Sotschi am Schwarzen Meer und aß genüßlich Schaschlik. Und anstatt sofort an den Schauplatz der Tragödie zu fahren oder zumindest seinen Urlaub abzubrechen und in den Kreml zurückzukehren, um als Oberkommandierender der Streitkräfte von dort aus alles zur Rettung der in Lebensgefahr schwebenden Besatzung zu unternehmen, zog Putin es vor, seinen Urlaub fortzusetzen und sich weiterhin in angenehmer Gesellschaft in Sotschi zu erholen. Neben der traditionellen Speisung der »vertrauenswürdigen« Journalisten umfaßte das Unterhaltungsprogramm in der Präsidentenresidenz am Schwarzen Meer auch Bootsfahrten sowie Wasserski- und Wasserscooter-Touren. In den Genuß dieser Urlaubsfreuden kam außer den Journalisten und dem Präsidenten selbstverständlich auch Alexei Gromow, der treue Pressesprecher des Präsidenten, der dafür gesorgt hatte, daß die Journalisten vor Eintritt in den präsidialen Ferienclub einer gründlichen ideologischen Gesichtskontrolle unterzogen worden waren.

Sehr bald kannte die ganze Moskauer Politszene die »Urlaubsgeschichten aus Sotschi« bis ins Detail. Sogar Fotos gelangten an die Öffentlichkeit. Das lag daran, daß es unter den wenigen Journalisten, die Zutritt zum Präsidenten hatten, auch welche gab, die diese Episode als Schandfleck in ihrer Biographie empfanden. Um so mehr betonten in Ungnade gefallene Kollegen (denen Putins Pressestelle aus pädagogischen Gründen die Akkreditierung entzogen hatte und die daher nicht mit dem Präsidenten hatten Schaschlik essen dürfen) mir gegenüber am Telefon unisono: »Gott sei Dank durften wir nicht mit! So was bleibt ja das ganze Leben lang an einem hängen …«

Kurz darauf brachte das erste russische Fernsehprogramm *ORT*, das damals noch Beresowski gehörte, eine Reportage, in der Putin für die Grillparty während des Untergangs der

Kursk scharf kritisiert wurde. Offiziell besaß Beresowski nur 49% der Anteile an *ORT*, aber jeder wußte, daß er der Hauptgeldgeber des Senders war.

Putin raste vor Wut darüber, daß *ORT* und die anderen Sender, die noch nicht völlig unter der Kontrolle des Kreml standen, seine Untätigkeit während der Tragödie auf der *Kursk* kritisierten. Doch diese Kränkung Putins war nur ein unbedeutender Vorwand für den Beginn einer umfassenden, auf die Liquidierung aller nicht kremltreuen Sender ausgerichteten Umstrukturierung des Fernsehens.

Präsident Putin berief sofort ein internes Briefing im Kreml ein und ließ den Oligarchen durch die dort anwesenden Vertreter ausrichten: »Von jetzt an kriegt jeder, der schreit, sofort eins auf den Deckel.«

Als ersten Kandidaten, der »eins auf den Deckel kriegen« sollte, hatte Putin Boris Beresowski auserkoren, der nach den Worten des Präsidenten beim Untergang der *Kursk* »das Boot absichtlich zum Schaukeln gebracht« hatte. Mit diesem Satz gab Putin das Startzeichen für die nächste Welle von »Entkulakisierungen«, die diesmal nicht mehr nur »Feinde« wie Gussinski, sondern auch seinen ehemaligen »Freund« Beresowski traf. Das war das Signal, mit dem der Präsident die Neuaufteilung der Medienlandschaft einleitete.

In der Nacht nach der Ausstrahlung der *ORT*-Reportage über die *Kursk*, in der die Angemessenheit von Putins Verhalten beim Untergang des U-Boots angezweifelt wurde, konfiszierte die Polizei im Archiv der Redaktion die Bänder mit dem entsprechenden Material. Und zwar mit Einverständnis des *ORT*-Generaldirektors Konstantin Ernst. Es sollte sich bald zeigen, daß das erst der Anfang der Zwangsmaßnahmen zur Unterwerfung des Fernsehens war. In seiner Wut auf Medienmogule wie Gussinski und Beresowski, vor allem aber auf die Gesamtheit der Journalisten, ging Putin daran, alle Medien, die ihn für seine persönlichen Fehler kritisiert hatten, zu zerschlagen. Der erfahrene Intrigant Boris Beresowski ahnte bald, daß sein Sender *ORT* das nächste Opfer der »Entkulakisierung« sein würde, das erste und wichtigste russische Fernsehprogramm. Also dachte der dienstälteste Taktiker der postsowjetischen Politik sich einen listigen Präventivschlag aus. Der in Ungnade gefallene Oligarch erklärte öffentlich, er übergebe seine Anteile an dem Fernsehsender einer Treuhandgesellschaft aus Vertretern der schöpferischen Intelligenzija. Gleichzeitig lancierte er über Zeitungspublikationen den Vorschlag, der Staat solle mit den ihm verbleibenden 51% der Anteile genauso verfahren. Für den Kreml war das eine Herausforderung: Wäre der Plan aufgegangen, dann hätte Putin den Sender nicht mehr einem Oligarchen weggenommen, sondern der »Allgemeinheit«. In einem offenen Brief an Putin behauptete Beresowski, ein »hochrangiger Beamter der Präsidialadministration« habe ihm ein Ultimatum gestellt, »innerhalb von zwei Wochen entweder sein *ORT*-Aktienpaket an den Staat zu übergeben oder denselben Weg zu gehen wie Gussinski«. Ich wußte, daß dieser hochrangige Beamte, der dem Oligarchen offen gedroht hatte, niemand anders war als Putin selbst. Nach Putin bestätigte auch Kremlstabschef Alexandr Woloschin indirekt das Beresowski gestellte Ultimatum.

Ich ging in den Kreml und bat Woloschin um eine offizielle Stellungnahme: »Alexandr Staljewitsch, Beresowski hat den Ausdruck ›denselben Weg gehen wie Gussinski‹ als direkte Drohung des Kreml aufgefaßt, ihn ins Butyrka-Gefängnis zu sperren. Hat er Sie richtig verstanden?«

»Erstens hat von der Butyrka (dem Moskauer Gefängnis, in dem Gussinski saß, als Putin ihn durch seinen Presseminister zur Abgabe seiner Anteile am Fernsehsender *NTW* und seines gesamten früheren Medienimperiums nötigte – E.T.) keiner ein Wort gesagt«, erklärte Woloschin, ohne zu stokken – er machte nicht einmal den Versuch, das Ultimatum abzustreiten. »Gemeint war nur, er soll verschwinden ...«

»›Verschwinden‹ in die erzwungene Emigration ohne Rückkehrrecht, wie Gussinski?« fragte ich nach.

»Einfach verschwinden, egal wohin! Hier kann ihn doch allmählich keiner mehr sehen, diesen Beresa!« lachte Woloschin nervös.

Der Kremlstabschef hatte öffentliche Interviews immer gemieden, doch diesmal erklärte er, ich könne seine Antwort zitieren, unter Berufung auf einen »hochgestellten Kremlbeamten«. So bildete der von Beresowski angeführte »anonyme hochrangige Amtsträger« (Putin), der den Medienmogul erpreßt hatte, zusammen mit meinem »nicht namentlich genannten hochgestellten Informanten im Kreml« eine nette Machtvertikale anonymer Schutzgelderpresser im Land.

Sein Hauptargument unterbreitete Woloschin mir zum Schluß, als ich schon auf dem Weg zur Tür war: »Seine Aktien nehmen wir Beresa sowieso alle weg! Schreib das ruhig. Er soll sich nicht so aufregen!«

Was den Fernsehsender betraf, hielt der Kreml sein Versprechen. Bald darauf schlug man Beresowski ein Geschäft vor: Er sollte alle seine *ORT*-Anteile an den Staat abgeben, und im Gegenzug würde der Kreml seine »Geisel« aus dem Gefängnis entlassen, Beresowskis schwerkranken Freund und Geschäftspartner Nikolai Gluschkow. Beresowski, der wegen des gegen ihn eingeleiteten Verfahrens bereits nach London geflohen war, stimmte zu. Er erklärte, das Leben seines Freundes sei ihm mehr wert als seine Aktien. Letztendlich legten die Mittelsmänner, die im Auftrag des Kreml mit Beresowski verhandelt hatten, ihn »aufs Kreuz«: Beresowski gab seine *ORT*-Aktien ab, doch die »Geisel« Gluschkow wurde laut Beresowski nach einem inszenierten Fluchtversuch sofort wieder verhaftet und ins Gefängnis gesteckt.

Chodorkowski ist ein Volksfeind, Abramowitsch ein fauler Zahn

Als der Besitzer des Ölkonzerns *Yukos* verhaftet wurde, wußte in der russischen Politik jeder, daß »Chodorkowski sich das mit seinen Finanzhilfen für die Opposition« eingehandelt hatte. Das Komischste daran – Sie werden staunen! – ist, daß der Kreml Chodorkowski gleichzeitig zwang, auch Putins Partei *Einiges Rußland* zu finanzieren. Im heutigen Rußland ist das gängige Praxis: Der Kreml nötigt alle Unternehmer, die sich nicht mit dem Präsidenten überwerfen wollen, zu »Spenden« für seine Partei. Dennoch zitierte Putin Chodorkowski einige Monate vor der Verhaftung zu sich und verlangte, er solle seine finanzielle Unterstützung für die Jawlinski-Partei *Jabloko* sowie – in geringerem Maß – für die reformorientierte *Union der rechten Kräfte* und die *Kommunistische Partei* einstellen. Chodorkowski hörte Putin an – und sagte nein. Das heißt, er investierte weiter in die Entwicklung von Parteien, deren Vorhandensein im Land er als Absicherung gegen die heraufziehende Gefahr von Totalitarismus und Diktatur betrachtete.

Meine Informanten bei *Yukos* brachten allerdings auch noch eine zweite, wesentlich spannendere Version ins Spiel: Sie behaupteten, die ganze Sache mit der Verhaftung sei von langer Hand geplant gewesen und dahinter stecke niemand anders als Chodorkowskis Konkurrent Roman Abramowitsch, der zu Putin enge freundschaftliche Beziehungen unterhält. Laut dieser Version war die Fusion von Chodorkowskis reichem *Yukos*-Konzern mit Abramowitschs ziemlich kleiner, verschuldeter Firma *Sibneft* einige Monate vor Chodorkowskis Verhaftung eine gezielte Falle, eine Schlinge, die Abramowitsch bewußt für den erfolgreicheren Öl-Oligarchen ausgelegt hatte, um ihm mit Putins Hilfe sein Unternehmen wegzunehmen. Sobald die Fusion der beiden Firmen in die Wege geleitet war, habe Abramowitsch geschickt den Haß Putins gegen Chodorkowski und dessen politische Aktivitäten geschürt und ihm die paranoide Befürchtung in den Kopf gesetzt, der Geschäftsmann könnte mit ihm um das Präsidentenamt konkurrieren.

Unmittelbar nach der Verhaftung, so meine *Yukos*-Informanten weiter, habe Abramowitsch Chodorkowski über einen Mittelsmann (dessen engen Vertrauten Leonid Newslin, der schon aus Rußland nach Israel hatte fliehen müssen) ein Angebot unterbreitet: Er solle die Leitung des Konzerns vollständig an Abramowitschs Leute abtreten – um »die Firma zu retten«. Abramowitsch habe vorgeschlagen, den Vorsitz des *Yukos*-Aufsichtsrats solle der Kremlstabschef Alexandr Woloschin übernehmen und den Vorstandsvorsitz – also die Gesamtleitung des Unternehmens – anstelle Chodorkowskis ein klarer Abramowitsch-Favorit. Soweit ich weiß, verlangte Leonid Newslin daraufhin eine Garantie, daß Chodorkowski aus dem Gefängnis entlassen würde – nur im Fall einer solchen Garantie sei er zu weiteren Geschäftsverhandlungen bereit.

Roman Abramowitsch entgegnete meinen Quellen zufolge, er könne keine Garantien geben. Die Verhandlungen wurden abgebrochen.

Doch war Abramowitsch tatsächlich das »Mastermind«, das diese Operation geplant und Putin provoziert hatte? Oder hatten Abramowitsch und Putin gemeinsam beschlossen, »das Angenehme mit dem Nützlichen zu verbinden«, Chodorkowski als möglichen Kritiker einer von Putin geschaffenen Diktatur aus dem Weg zu räumen und ihm im selben Zug seinen Ölkonzern abzunehmen? Wer hat wen benutzt in dieser Situation – Abramowitsch Putin oder Putin Abramowitsch?

Chodorkowski selbst hat schon aus der Haft heraus erklärt, er glaube nicht an eine tragende Rolle Abramowitschs bei der Übernahme von *Yukos*: »Roman Abramowitsch ist kein Heiliger. Aber hinter dem Fall *Yukos* steht nicht er, sondern Igor Setschin, der mit Abramowitsch um den größten Einfluß auf Putin konkurriert. Sicher, Abramowitsch hat nichts getan, um mir und meinen Partnern zu helfen. Aber schließlich ist Abramowitsch auch Putins Freund, nicht meiner. Wir hatten keine Veranlassung, mit ihm zu rechnen.«

In jedem Fall ist es sehr bezeichnend, daß dem russischen Finanzamt, das *Yukos* noch kurz zuvor als besten Steuerzahler im Land bezeichnet hatte, nach den Intrigen hinter den Kremlkulissen plötzlich wie auf Kommando die Augen aufgingen, woraufhin *Yukos* Forderungen in Höhe von fast dreißig Milliarden Dollar vorgelegt wurden. Ohnehin war allen Beteiligten klar, daß es hier keineswegs darum ging »aufzuräumen«, und schon gar nicht um einen angeblichen Kampf Putins gegen Steuerhinterzieher. Dennoch erklärte die Firma *Yukos* auch in dieser Lage noch, sie sei bereit, alle Steuerforderungen zu begleichen – über einen Zeitraum von einigen Jahren. »Sei's drum, dann arbeiten wir eben ein paar Jahre ›für die Apotheke‹ (russischer Business-Slang, gleichbedeutend mit ›für den Staat‹ – E.T.). Wir werden ein paar

Jahre lang so gut wie alle Einnahmen aus dem Ölexport an den Staat abgeben müssen«, erklärten meine Informanten bei *Yukos* mir damals.

Doch die Behörden unterbanden jeden Versuch des Unternehmens, zu überleben, ohne den Besitzer zu wechseln: Sie beschlagnahmten die Firmenkonten, so daß *Yukos* nicht mit der Tilgung seiner Schulden beginnen konnte, und verhinderten den Ölexport der Firma. Bald saß das gesamte leitende Management entweder im Gefängnis oder im Exil. Bei den gewöhnlichen Mitarbeitern wurden nächtliche Hausdurchsuchungen durchgeführt – ganz in stalinistischer Tradition. Die Arbeit des Unternehmens wurde gezielt zum Erliegen gebracht.

Wenig später ereignete sich eine noch symptomatischere Geschichte: Die Behörden setzten die Zerschlagung von *Yukos* durch und verkauften den mit der Ölförderung beschäftigten Teil des Konzerns *Jugansknefiegas* an eine völlig unbekannte Firma namens *Baikalfinansgrup*. Bald stellte sich heraus, daß die Firma, die dieses Milliardengeschäft getätigt hatte, ihren offiziellen Sitz in der russischen Provinzstadt Twer hatte, unter der Adresse des *London* – einer allseits beliebten Kneipe. Präsident Putin beeilte sich, die über diese Farce empörte weltweite Business-Community und die Presse zu beschwichtigen: Er erklärte, hinter *Baikalfinansgrup* stünden »Personen, die schon lange im Energiegeschäft tätig sind«.

Einige Tage nach dem skandalträchtigen Abschluß wurde dann klar, was Putin gemeint hatte: Die Firma *Baikalfinansgrup* wurde von dem Staatsbetrieb *Rosneft* übernommen, an dessen Spitze kein anderer stand als Igor Setschin, der stellvertretende Kremlstabschef, ein ehemaliger Geheimdienstmann, der am Beginn seiner Karriere als Militärdolmetscher gearbeitet hatte und sich noch in Leningrad Putin angeschlossen hatte. Putin hatte Setschin die letzten Jahre über immer von einem Posten zum nächsten mitgenommen – beim FSB war er, wie Sie wissen, als Pressesprecher für ihn tätig gewesen. Sie ahnen bereits, daß Setschin keinerlei spezielle Ausbildung hat, die ihn zur Leitung eines Ölkonzerns qualifiziert hätte, aber dafür brachte er eine andere Eigenschaft mit: persönliche Loyalität gegenüber Putin.

Abramowitsch dagegen hat Kremlquellen zufolge »nur eine kleine Abfindung erhalten« – beim Verkauf seiner Firma *Sibneft* an den staatlichen Konzern *Gazprom*. Dort ist der Präsidentenposten mit dem Putin-Mann Alexei Miller besetzt und der des Aufsichtsratsvorsitzenden mit dem ehemaligen stellvertretenden Kremlstabschef Dmitri Medwedjew. Auf Einladung Putins arbeitet im *Gazprom*-Projekt *North European Gas Pipeline Company* nach seiner Wahlniederlage jetzt auch der deutsche Exbundeskanzler Gerhard Schröder mit, dessen Regierung eine milliardenschwere Bürgschaft für einen Kredit an *Gazprom* bewilligt hatte.

Der Verkauf von *Sibneft* an *Gazprom* brachte Abramowitsch über dreizehn Milliarden Dollar ein. Und das, obwohl Abramowitsch seine Firma schon zum zweiten Mal verkaufte: Chodorkowskis *Yukos* hatte *Sibneft* bereits Anfang 2003 übernommen, wofür Abramowitsch drei Milliarden Dollar »flüssiges Geld« kassiert hatte. Trotzdem brachte Abramowitsch bei der *Yukos*-Aktion nicht in erster Linie seine eigenen Schäfchen ins trockene. Wußte er das bereits, als er die Fusion seiner *Sibneft* mit *Yukos* einleitete? Oder wurde der »Bonus«, auf den er gehofft hatte, erst im Lauf der Aktion von stärkeren und »hungrigeren« Akteuren aus dem Machtkreis um Putin herum aufgezehrt? Wie dem auch sei, als Ergebnis ist der erfolgreichste und transparenteste aller Ölkonzerne zerschlagen, und der erfolgreichste russische Unternehmer

Chodorkowski, der ein Maximum an Steuern in den russischen Staatshaushalt eingezahlt hat, verbüßt eine achtjährige Gefängnisstrafe in einer Strafkolonie in Krasnokamensk, wo die Temperaturen Anfang dieses Jahres bis auf minus fünfundvierzig Grad gesunken sind.

Im Zusammenhang mit dieser Geschichte habe ich mich an ein Gespräch über Abramowitsch erinnert, das Putin in der Anfangsphase der Repressionen bei einem seiner »internen« Briefings mit Journalisten geführt hat. Im Gefängnis war zu dem Zeitpunkt nur der »entkulakisierte« Medienmogul Gussinski, an dem Verfahren gegen Beresowski wurde erst noch gestrickt. Die Journalisten fragten Putin, wie sich sein Prinzip der »Äquidistanz« zwischen dem Staat und den Oligarchen (mit dem Putin damals all diese repressiven Maßnahmen rechtfertigte) mit der offensichtlichen Annäherung Roman Abramowitschs an den Präsidenten vertrage. Putin antwortete auf die Frage mit einem Witz: »Wissen Sie, das ist wie in der Geschichte von dem Mann, der zum Arzt kommt und über Zahnschmerzen klagt. Der Arzt zieht ihm einen Zahn, aber wie sich herausstellt, ist es der falsche. Also zieht er noch einen Zahn, dann noch einen und noch einen – und jedesmal ist es der falsche. Der Mann schimpft, aber der Zahnarzt sagt: ›Regen Sie sich nicht auf, früher oder später kommen wir schon noch bei dem faulen Zahn an!‹ Auch wir werden früher oder später schon bei dem faulen Zahn ankommen«, versprach er symbolisch.

War das eine Lüge? Versuchte Putin nur, seine Verbindungen zu Abramowitsch zu vertuschen? Schließlich ist Abramowitsch im Unterschied zu den von Putin gefressenen Oligarchen bis heute nicht nur auf freiem Fuß und in Rußland, sondern er steht auch immer noch in engem Kontakt zu Putin. Oder hat Putin bei jenem Briefing tatsächlich seine Strategie offengelegt? Heißt das, daß Putin in Abramowitsch wirklich einen »faulen Zahn« sieht? Und bedeutet es, daß auch Abramowitsch in Gefahr ist und sich nicht von ungefähr mit dem Kauf des englischen Fußballvereins *Chelsea* »abgesichert« hat?

Hinsichtlich ihrer Zweckmäßigkeit läßt sich an der von Putin gewählten Taktik der »schrittweisen Abrechnung« mit denjenigen, die ihn an die Macht gebracht haben, nichts aussetzen – er hat sie direkt aus dem alten Stalinschen Lehrbuch der autoritären Herrschaft abgekupfert. Putins Wahl zum Präsidenten war mit dem Geld der Oligarchen finanziert worden – das weiß in Rußland jeder. Sich auf einen Schlag mit allen Oligarchen zu überwerfen, wagte er nicht. Wer weiß, womöglich würden sie ihn einfach wieder in der Versenkung verschwinden lassen? Den ehemaligen Verbündeten dagegen einem nach dem anderen den Kopf abzubeißen war – zumal bei deren hartnäckiger Abneigung gegen das öffentliche Waschen von schmutziger Kremlwäsche sowie ihrer ebenso hartnäckigen Vorliebe für ein Leben auf Kosten anderer – erstens sicherer, und zweitens konnte er so das Vergnügen am Verdauungsprozeß erheblich in die Länge ziehen.

Als erstes murmelte die gesamte Oligarchengemeinde nur feige ein paar Journalisten etwas ins Ohr, als Putin sich über Gussinski hermachte. Schließlich war »Guss einfach zu weit gegangen, und gegen Putin war er auch …«

Danach erlaubte sie ihm – diesmal schon ohne mißbilligendes Gemurmel, sondern unter lebhaftem Beifall –, Beresowski zu verspeisen. Weil »Beresa wirklich allen langsam zuviel wurde …«

Nur wenige Jahre zuvor hatte Roman Abramowitsch noch als Beresowskis »Geldbeutel« gegolten. Der Vorsitzende der russischen Demokraten Boris Nemzow hat mir erzählt, daß er Roman Abramowitsch einmal versehentlich für einen »Koch« gehalten hatte, als er ihn in der Datscha von Kremlstabschef Jumaschow (der seinerseits von Beresowski kontrolliert wurde) schweigend Schaschlik für Jelzins Tochter Tatjana grillen sah. Doch nachdem die alte Jelzin-»Familie« Putin an die Macht gebracht hatte, gaben die jungen Raubtiere wie Abramowitsch, Surkow und Woloschin, die ihren Aufstieg und ihre Position im Kreml alle dem alten Intriganten Beresowski verdankten, Putin auch für die Abrechnung mit Beresowski grünes Licht – denn sie wollten selbst im Kreml ans Ruder und das Wirtschafts- und Schattenpolitik-Segment, das unter Jelzin ihr »Pate« beherrscht hatte, unter sich aufteilen. Es war Abramowitsch, dem Beresowski auf Putins Geheiß seine Aktien des Fernsehsenders *ORT* überlassen mußte. Und Abramowitsch war es auch, der dem in Ungnade gefallenen Oligarchen vor dessen erzwungener Emigration aus Rußland seinen Anteil an *Sibneft* abkaufte.

Spätestens seit der *Yukos*-Affäre ist vollends klar, daß Roman Abramowitsch seinen »Paten« in Sachen verdeckte Intrigen und ausgetüftelte Manipulationen mittlerweile in die Tasche steckt. Doch auf einem verborgenen Schlachtfeld haben die übriggebliebenen Oligarchen inzwischen noch viel gefährlichere Konkurrenten: die Silowiki und Geheimdienstleute aus Putins Umgebung. Verglichen mit der brillanten Lobbyarbeit der Oligarchen, sind die repressiven Waffen, deren sich die Putinschen Silowiki im Kampf ums Eigentum bedienen, zwar grob und primitiv, aber wirksam – sie haben die Kontrolle über Geheimdienste, Gerichte und Staatsanwaltschaft. Diese Konkurrenz ist um so stärker, als die Fraktion der Silowiki um Putin (in der Moskauer Wirtschaftswelt werden sie treffend als »die Hungrigsten von allen« bezeichnet, weil sie es in all den Jahren der Reformen nicht geschafft haben, Kapital anzusammeln und wirtschaftlich arbeitende, gewinnbringende Firmen zu gründen, wie etwa Chodorkowski es getan hat) dem Präsidenten immer neue Rechnungen für ihre Unterstützung seiner brachialen Sondereinsätze in Politik und Wirtschaft präsentieren wird. Und um den Appetit seiner Geheimdienstkollegen zu stillen, wird dem Staatsoberhaupt nichts anderes übrigbleiben, als immer von neuem »russisches Roulette« zu spielen – bis die Kugel einen weiteren der verbliebenen Oligarchen trifft. Es ist dasselbe Spiel, das die Oligarchen Putin all die Jahre seiner Präsidentschaft über haben spielen lassen, solange sie im voraus wußten, daß der Kremlcroupier das Spiel manipuliert hatte und daß mit Sicherheit feststand, daß die Kugel nicht sie, sondern ihre Konkurrenten treffen würde.

Zuletzt ist Chodorkowski im Gefängnis gelandet – und wieder haben alle anderen Oligarchen geschwiegen. Wer wird Putins nächstes Opfer? Schon jetzt ist klar, daß er sich bei seinen Repressionen auch weiterhin auf den Effekt des »korporativen«, egoistischen und feigen Schweigens der »überlebenden«, also bislang weder inhaftierten noch exilierten Unternehmer und Politiker verlassen kann.

Anfang 2006 erging ein Fahndungsbefehl wegen illegaler Banktransaktionen gegen einen weiteren Unternehmer – den Präsidenten des *Neftjanoj*-Konzerns Igor Linschiz. Ich rief Boris Nemzow an, den Vorsitzenden der russischen demokratischen Partei *Union der rechten Kräfte*, um herauszufinden, was los war (er hatte bis kurz vorher für Linschiz' Bank gearbeitet, dann aber gekündigt und erklärt, er wolle nicht »mit seiner politischen Tätigkeit seinem Freund schaden«).

»Ich verstehe selbst nicht ganz, was passiert ist«, sagte

Nemzow mir. »Sobald klar war, daß sich gegen Linschiz etwas zusammenbraut, bin ich sofort in den Kreml gegangen und habe geradeheraus gefragt, was man der Bank zur Last legt. Die Antwort war genauso direkt: ›*Dich* legt man ihr zur Last – deine Kritik an Putin und die Tatsache, daß ihr mit Kassjanow befreundet seid und ihn im Wahlkampf finanziell unterstützen wollt (der Expremierminister Michail Kassjanow positioniert sich derzeit als »gemäßigte Opposition« gegen Putin – E.T.). Also, wenn du Linschiz' Laden retten willst, dann solltest du besser aus seiner Bank ausscheiden‹, hat man mir gesagt. Das habe ich geglaubt und habe gekündigt – um Linschiz nicht zu ruinieren. Aber was machen sie? Sie leiten trotzdem ein Verfahren gegen ihn ein. Ich verstehe das nicht – haben die mich im Kreml vielleicht einfach reingelegt?« fragte Nemzow naiv.

Einmal, es war noch vor Chodorkowskis Verhaftung, zu Beginn der Repressionen gegen die Oligarchen, kam Roman Abramowitsch zu einem inoffiziellen Treffen mit Journalisten in einen privaten Club im Moskauer Zentrum, am Stary Arbat. Die Journalisten fragten Abramowitsch, was er tun würde, wenn eines Tages plötzlich er selbst oder jemand aus seiner nächsten Umgebung verhaftet würde. Abramowitsch antwortete sinngemäß, er würde sich auch in so einer Situation unter keinen Umständen an die Presse und die Öffentlichkeit wenden, sondern »die Fragen« mit dem Kreml lieber hinter verschlossenen Türen »klären«, innerhalb des Machtsystems.

Bis jetzt hat diese ostentative »Systemimmanenz« Roman Abramowitsch tatsächlich die erwarteten Früchte gebracht. Diesen Schluß legt zumindest die sofort nach Putins Wahl zum Präsidenten durchgeführte Neuaufteilung des Aluminiummarktes zu Abramowitschs Gunsten nahe (eine entsprechende Absprache hat es angeblich bereits vor den Wahlen gegeben – als Gegenleistung für seine großzügige finanzielle Unterstützung des Wahlkampfes) oder die im Dezember 2002 abgehaltene skandalträchtige Versteigerung der Ölgesellschaft *Slawneft*, die gleichfalls einer Umverteilung von fremdem Eigentum in die Taschen Abramowitschs gleichkam – nach Meinung vieler Wirtschaftsanalysten nicht ohne Putins Segen.

In jedem Fall ist das »systemkonforme« Verhaltensmuster, das Abramowitsch repräsentiert – Stillschweigen zu bewahren, wenn der Staat, sei es aus politischen Gründen oder um sich zu bereichern, mit repressiven Methoden die Konkurrenz oder beliebige andere Unternehmer vernichtet –, für die Oligarchen inzwischen zu einer Zeitbombe geworden. Denn unter Putins Regime kann jeder zum »Volksfeind« erklärt werden, dessen Unternehmen für einen von Putins Freunden attraktiv ist.

Um die Situation im heutigen Rußland richtig zu verstehen, muß man eines wissen: Wenn ich sage, daß Putin inoffiziell die Staatsanwaltschaft anweist, Gerichtsverfahren gegen unliebsame Geschäftsleute einzuleiten, dann meine ich damit keineswegs, daß die Betroffenen sich in ihrer Laufbahn keinerlei Verstoß gegen die Gesetze hätten zuschulden kommen lassen. Ich will Ihnen ein großes Geheimnis verraten: In Rußland gibt es keinen Geschäftsmann, der nie gegen die Gesetze verstoßen hat. *Keinen einzigen*. Genausowenig wie es ihn an irgendeinem anderen Ort der Welt in der Phase der »ursprünglichen Kapitalakkumulation« je gegeben hat. In meinem Land wird überhaupt erst seit zehn Jahren ein Markt aufgebaut. Zuvor gab es nur die Wüste der Planwirtschaft, aus der hier und da eine Atomrakete aufragte. Und ich sage

Ihnen noch etwas: Nach der alten sowjetischen Gesetzgebung waren ausnahmslos alle Geschäftsleute Verbrecher. Noch vor zwanzig Jahren brachten die sowjetischen Behörden nicht nur den »Oligarchen« und den »Bisnesmen« hinter Gitter, sondern auch die einfache alte Frau, die auf dem Markt einen Bund Dill aus ihrem Garten verkaufen wollte. Und nun stellen Sie sich vor, was man nach dem alten Strafrecht mit den Leuten hätte anstellen müssen, die innerhalb der vergangenen fünfzehn Jahre das gesamte ehemalige sowjetische Staatseigentum unter sich aufgeteilt und dabei ein Milliardenvermögen gescheffelt haben. Und doch gibt es gerade dank dieser Leute in meinem Land jetzt wieder ein Angebot an Waren, während man vor fünfzehn Jahren in den Läden keine Lebensmittel kaufen konnte und in vielen Regionen schlicht gehungert wurde. Nur ein Produkt war stets vorhanden: der billige Wodka, der das kommunistische Regime vor Hungerunruhen unter der Bevölkerung bewahrt hat. Wir verdanken es also gerade den Oligarchen und den Initiatoren der (zugegebenermaßen räuberischen) Privatisierung, daß in Rußland ein Markt entstanden ist. Ob dieser Markt ein guter oder schlechter ist, ist eine andere, eher theoretische Frage. Auch das Wirtschaftsrecht in Rußland hat sich in den letzten fünfzehn Jahren auf spontane, revolutionäre Weise entwickelt, das heißt, zuerst gab es reale praktische Veränderungen – im Leben –, und erst danach versuchte man, sie juristisch zu fixieren – im Gesetz. Doch das russische Strafgesetzbuch ist bis heute stark vom sowjetischen Züchtigungssystem geprägt. Deshalb kann man jeden russischen Geschäftsmann ins Gefängnis bringen, wenn man nur will. Und ich betone, daß dies keine Übertreibung ist – fragen Sie einen beliebigen Experten für russische Wirtschaft. Welcher Geschäftsmann im Gefängnis landet und welcher bei Hofe bleibt, liegt somit ausschließlich im Ermessen des Kreml. Wenn Putins Staatsanwälte Michail Chodorkowski ins Gefängnis stecken und Roman Abramowitsch nicht, dann weiß in der russischen Wirtschaftswelt und Politik jeder, warum: einerseits, weil Abramowitsch bislang politisch extrem loyal gegenüber Putin war, und andererseits, weil einer von den eng mit Putin befreundeten Unternehmern unbedingt Chodorkowskis erfolgreicheren Konzern zu seinem eigenen Vorteil neu aufteilen wollte. Darin besteht die sogenannte »selektive« – also ihrem Wesen nach kriminelle – »Rechtspflege« des Kreml.

Ein mir bekannter Oligarch hat mir vor kurzem in einem privaten Gespräch gesagt: »Ich bin kein Held. Ich bin nicht Chodorkowski. Wenn der Kreml mich aufs Korn nimmt, gehe ich nicht ins Gefängnis, sondern steige in ein Flugzeug.« Doch wie die Erfahrung des stalinistischen Terrors in meinem Land gezeigt hat, wendet sich diese Haltung des »Egal, wenn ich morgen sterbe, dafür stirbt mein Konkurrent schon heute« letztlich nur gegen den, der sie einnimmt.

Es heißt, auch Chodorkowski habe bis zuletzt nicht geglaubt, daß Putin ihn wirklich verhaften lassen würde. Jetzt aber haben die Unternehmer am Beispiel des zu acht Jahren Gefängnis verurteilten Chodorkowski gesehen, daß es unter Putin auch einmal zu spät sein kann, um in ein Flugzeug zu steigen.

Putin weiß genau, daß er inzwischen selbst zur Geisel seiner autoritären Methoden geworden ist. Er muß um jeden Preis versuchen, die »hungrigen« Silowiki in seinem Umfeld zufriedenzustellen – denn wenn er ihren Appetit eines Tages nicht mehr stillen kann, dann ist er der nächste Kandidat, der gefressen wird.

Das Ende des Kremlpools

Ein Jahr nachdem Putin an die Macht gekommen war, stimmte der Chefredakteur des *Kommersant* zu, mir die Akkreditierung im Kremlpool endgültig zu entziehen. Ich wußte, daß ich alles Mögliche und Unmögliche getan hatte: Ein ganzes Jahr lang hatte ich dem Kreuzfeuer zwischen der Pressestelle des Präsidenten und den Kremlbeamten standgehalten, ohne jeden Rückhalt bei der Leitung meiner Zeitung. Schon allein dadurch hatte ich dem neuen Präsidenten Putin gezeigt, daß nicht alle Journalisten im Land sich einfach kaufen oder gefügig machen lassen würden. Der Chefredakteur des *Kommersant* erklärte mir seine Entscheidung, sich den repressiven Forderungen des Kreml zu beugen, wie folgt: »Ich bin schließlich nicht nur Journalist, sondern auch Manager! Ich muß doch irgendwie ein gutes Verhältnis zum Kreml unterhalten! Die rufen nach jedem Artikel von dir an und machen eine Szene und verlangen, daß ich dich entlasse. Ich sage ihnen: Das ist ganz richtig so, daß ihr dort alle kopfsteht ihretwegen, weil sie einfach eine erstklassige politische Journalistin ist und erstklassige politische Texte schreibt! Aber ... Na ja, sie wollen zur Zeit einfach lieber gar nichts Politisches über sich lesen!«

Der Chefredakteur teilte mir mit, er wolle nun Frau Arutjunowa aus der Kulturredaktion, die vorher Fernsehkritiken geschrieben hatte, in den Kreml schicken. »Verstehst du, ich will trotzdem, daß wenigstens irgendwer vom *Kommersant* im Kremlpool bleibt. Diese rein repräsentativen Funktionen erfüllt Arutjunowa – sie kann den Präsidenten auf Reisen begleiten und darüber Reportagen schreiben, so was wie Gesellschaftskolumnen – ›Putin nahm Platz, Putin stand auf, Putin pupste …‹ Im Gegensatz zu dir wird sie einfach keine politischen Themen recherchieren, und dementsprechend wird es auch keinen Ärger mehr geben …«

In Journalistenkreisen hatte Arutjunowa den hartnäckigen Ruf eines »Schoßhündchens« des Putinschen Presse- und Informationsministers Lessin (der auf Putins Betreiben dem Medienmogul Gussinski seine *NTW*-Aktien abgepreßt hatte, im Tausch gegen dessen persönliche Freiheit und Entlassung aus dem Gefängnis), deshalb zweifelte ich nicht daran, daß man so eine Journalistin im Kreml sicher wesentlich lieber sehen würde als mich. Doch Arutjunowa beschloß nach einigen Monaten, in denen sie als Korrespondentin des *Kommersant* mit Putin unterwegs gewesen war, ganz in den Staatsdienst zu wechseln – sie wurde Pressesprecherin des staatlichen Fernsehsenders *RTR*. Für den *Kommersant* ist jetzt Andrei Kolesnikow im Kremlpool – einer der Autoren von Putins im Wahlkampf veröffentlichtem Interviewbuch.

Der Charakter des Arbeitsverhältnisses zwischen Andrei Kolesnikow und Wladimir Putin wird besonders deutlich anhand eines Vorfalls bei einer gemeinsamen Pressekonferenz von Putin und Präsident Bush im Februar 2005 in Bratislava. Kaum versuchte der US-Präsident, ein für Putin heikles Thema anzusprechen – die Abschaffung der Meinungs- und Pressefreiheit in Rußland –, da stürzte sich wie auf Kommando Andrei Kolesnikow auf Bush, um Putin durch einen Gegenangriff zu verteidigen: Kolesnikow erklärte, daß auch in Amerika »die CIA enorm viel Macht hat« und daß auch in den USA »das Privatleben von der Regierung kontrolliert wird«.

Unterstützt wurde der *Kommersant*-Journalist dabei von einem Vertreter der halbamtlichen Nachrichtenagentur *Inter-*

fax, die, wie jeder Journalist im Kremlpool weiß, ausschließlich vom Kreml sanktionierte und inszenierte Fragen stellt. Diesmal allerdings fragte der »patriotische« *Interfax*-Journalist nichts, sondern beeilte sich, Putin auch seinerseits »Feuerschutz zu geben« und Bush daran zu hindern, sich für die Freiheit der Medien in Rußland einzusetzen.

»Was heißt hier, ›es gibt keine Pressefreiheit in Rußland‹?« schrie der *Interfax*-Mann Bush an. »Unsere regionalen und nationalen Medien üben oft Kritik an den Regierungsbehörden!« Damit nicht genug, um die Kritik von seinem Präsidenten abzuwenden, warf Putins Verteidiger Bush sogleich vor, auch in den USA würden »Journalisten entlassen«.

»In der amerikanischen Presse kommt es vor, daß Leute entlassen werden«, entgegnete Bush ernst, »aber es ist nicht die Regierung, die sie entläßt.«

»Wenn Präsident Bush geglaubt hat, er würde mit seiner Frage nach der Pressefreiheit bei den russischen Journalisten auf Unterstützung stoßen, dann war er über den Kremlpool nicht ausreichend informiert«, kommentierte Peter Baker von der *Washington Post* diesen Eklat. Sein Artikel trug die Überschrift »In den russischen Medien gilt die Pressefreiheit nur für Auserwählte«.

Baker merkte an, daß die Szene bei der Pressekonferenz von Putin und Bush in Bratislava »mehr über den Zustand der Pressefreiheit in Rußland aussagt, als es auf den ersten Blick scheinen mag. Der Kremlpool, der Putin auf seinen Reisen begleitet, besteht aus handverlesenen Reportern, die in ihrer Mehrzahl für den Staat arbeiten und im übrigen danach ausgesucht werden, daß sie sich brav an die Spielregeln des Kreml halten. Opportune Fragen werden oft ›bestellt‹. Unbequeme Fragen sind nicht erlaubt. Und wer aus der Reihe tanzt, riskiert, aus dem Pool zu fliegen.« Kolesnikow, betonte Baker in der *Washington Post*, arbeite zwar für den *Kommersant*, der dem Putin-Kritiker Beresowski gehöre, habe aber andererseits »soeben zwei dem Kreml genehme Bände seiner gesammelten Artikel über Putin veröffentlicht«.

Zum Abschluß schrieb Peter Baker, wenn Bush wissen wolle, ob die russische Presse seine gemeinsame Pressekonferenz mit Putin wahrheitsgetreu wiedergegeben habe, solle er einen Blick auf die offizielle Internet-Seite des Kreml werfen, auf der man den Wortlaut der Konferenz nachlesen könne. »Allerdings sind alle Statements und Antworten Bushs daraus gelöscht«, warnte Baker.

Tatsache bleibt: Heutzutage sind im Kremlpool nur noch Leute vertreten, die bereit sind, als Imagemaker für Putin zu arbeiten und seine Reisen nicht als Journalisten, sondern eher als Dienstboten zu begleiten – und die es zudem akzeptieren können, daß unabhängige Journalisten vor ihren Augen fertiggemacht werden. Es spielt gar keine Rolle, aus welchen Gründen diese sogenannten Journalisten sich bereit erklären, unter solchen Bedingungen zu arbeiten – ob wegen des Geldes oder aus Überzeugung oder weil sie selbst bei Putins geliebten »Diensten« beschäftigt sind.

Wie das *Time Magazine* später berichtete, hatte Putin Bush bei einem Gespräch unter vier Augen gefragt, warum bei *CBS* Journalisten entlassen worden seien, wenn doch angeblich Pressefreiheit herrsche in den USA. »Bush war verblüfft«, schreibt *Time*. »›Putin glaubte, daß wir es waren, die Dan Rather gefeuert hatten‹, so ein hoher Regierungsbeamter. ›Das klang wie eine Idee aus *1984*.‹«

Infolge der Zensur, die er selbst im Land eingeführt hat, entwickelt Putin immer deutlichere Symptome des für die Psyche so zerstörerischen paranoiden Belagerungssyndroms. Er hat sich zu sehr daran gewöhnt, daß im Kremlpool über ihn schon seit langem wie über einen Toten geschrieben wird: entweder gut oder gar nicht. Erinnern Sie sich, wie entrüstet die europäischen Journalisten waren, als der russische Präsident bei einem Besuch in Rom auf die Frage französischer Korrespondenten nach den wahren politischen Gründen von Chodorkowskis Verhaftung faktisch mit der Unterstellung antwortete, Chodorkowski hätte die Journalisten bestochen, damit sie diese Frage stellten? Putin erklärte damals, große Ölkonzerne wie Chodorkowskis *Yukos* hätten so viele Milliarden Dollar verdient, daß sie auch Millionen für Öffentlichkeitsarbeit ausgeben könnten, unter anderem, um »Fragen wie diese« zu kaufen.

Meinen Kollegen aus dem Westen, die sich darüber empört haben, daß der russische Präsident mir nichts, dir nichts einen unabhängigen Journalisten der Käuflichkeit und Korruption bezichtigt, kann ich sagen, daß daran absolut nichts Verwunderliches ist. Putin hat im Kreml ausschließlich Journalisten um sich geschart, die die »richtigen« Fragen stellen. Und die Regeln, die im Kreml gelten, überträgt Putin irrtümlicherweise auf die ganze Welt. Deshalb ist er anscheinend tatsächlich nicht mehr imstande zu glauben, daß Journalisten in normalen, zivilisierten Ländern unabhängig sind und daß sie keineswegs nur die Fragen stellen, die ihnen der Kremlpressesprecher vorher aufgeschrieben hat.

Der kleine Diktator

Eines begreife ich nicht, wenn ich an Putin denke: Liegt dem Mann denn wirklich nichts daran, daß seine Präsidentschaft noch durch etwas anderes in Erinnerung bleibt als durch das Abschießen von Journalisten und die Wiedereinführung von politischen Repressionen, politischen Morden und politischer Emigration? Macht es ihm wirklich nichts aus, sein Leben mit dem Knebeln und Unschädlichmachen der russischen Intelligenz und Wirtschaftselite zu verbringen?

Schon jetzt gibt es in Rußland keine unabhängigen Fernsehsender mehr, und praktisch alle Printmedien stehen unter staatlicher Kontrolle. Im neuen Putinschen Parlament, bei dessen Bildung *alle* der Präsidialadministration zur Verfügung stehenden Mittel zum Einsatz kamen, ist nicht eine einzige oppositionelle, ja nicht einmal eine annähernd liberale oder demokratische Partei vertreten. Während Putins erster Amtszeit wurden in Moskau nacheinander zwei Vorsitzende von *Liberalnaja Rossija* erschossen – der einzigen Partei, die Putin scharf kritisiert hatte –, und ein dritter Vorsitzender derselben Partei, dem man einen der Morde untergeschoben hatte, landete im Gefängnis. Dem Mann, der Putin an die Macht gebracht hatte – Beresowski –, mußte Großbritannien politisches Asyl gewähren, weil Putin ihn in Rußland aus politischen Gründen unverhohlen und mit kriminellen Methoden verfolgte. Wladimir Gussinski konnte gerade noch aus dem Land entkommen. Unlängst hat sogar der Straßburger Gerichtshof für Menschenrechte Gussinski in der Angelegenheit der Nötigung zur Abgabe von Aktien seines Fernsehsenders *NTW* an den Staat recht gegeben. Michail Chodorkowski schließlich sitzt im Gefängnis – und jeder in Moskau weiß, warum: einfach deshalb, weil Putin in ihm einen Rivalen sah, da er die Opposition finanziell unterstützt hat – was in keinem zivilisierten Land verboten ist. Im Grunde hat man Chodorkowski dafür ins Gefängnis gesteckt, daß er mehr Verstand und Talent hatte als Putins Freunde und deshalb in den Jahren der Reformen ein wirtschaftlich arbeitendes, einträgliches Unternehmen aufbauen konnte, das nach der Übernahme wiederum den Putinfreunden gratis in den Schoß fiel.

Das vor kurzem zu Ende gegangene 20. Jahrhundert hat eindeutig gezeigt, daß sich die Geschichte nicht betrügen läßt. Betrügen lassen sich nur die Zeitgenossen – und auch das nicht lange. Schon eine Generation später weiß jedermann, daß ein »Großer Diktator« wie Hitler, Lenin oder Stalin nichts weiter als ein Diktator ist, und ein »Großer Mörder« einfach nur ein Mörder, und ein »Großes Nichts« nicht mehr als ein Nichts.

Manchmal möchte man vor Ärger sagen: »Na gut, Putin, hast du eben alle mundtot gemacht, was soll's! Aber dann mach doch wenigstens etwas daraus, vollbringe große Dinge in der Wirtschaft!« Für die harten marktwirtschaftlichen Reformer vom Typ Tschubais' wäre das wahrscheinlich die größte Verlockung gewesen – ein »russischer Pinochet«, der den Weg in die zivilisierte Welt erbarmungslos von allen verrotteten Überresten der sozialistischen Wirtschaft freigeräumt und Rußland mit eiserner Hand ins wirtschaftliche Paradies geführt hätte. Doch Putins eigener Wirtschaftsberater Andrei Illarionow, der Ende 2005 im Unfrieden aus dem Kreml ausgeschieden ist und erklärt hat, nicht mehr für diese Art von politischem Regime arbeiten zu wollen, äußert sich über die wirtschaftliche Strategie des Präsidenten folgendermaßen: »Was im heutigen Rußland entstanden ist, sich gefestigt und voll entwickelt hat, ist ein neues Staatsmodell. Der Staat ist korporativ geworden. Die leitenden Prinzipien des Korporatismus sind Selektivität, Ungleichheit und Diskriminierung. Der Schlüsselfaktor, der den Status eines Mitglieds der Korporation definiert, ist nicht seine Erfahrung, nicht seine Professionalität und auch nicht seine Verdienste um das Vaterland oder den Staat, sondern seine Loyalität gegenüber der Korporation. Die staatlichen Unternehmen selbst sind zu schlagkräftigen Instrumenten des korporativen Staates geworden. Sobald sie das Grundprinzip des Staatskorporatismus – ›Privatisierung der Gewinne, Verstaatlichung der Verluste‹ – in der Praxis beherrschten, gingen sie zu massiven Interventionen im privaten Sektor über. Zu den Opfern der korporativen Expansion gehörten *Yuganskneftegas*, *Sibneft*, *Silovye mashiny*, *Kamov*, *OMZ*, *AvtoVAZ* und *East Line*. Inzwischen erfüllt man der Korporation jeden Wunsch – von Zuschüssen zu diesem oder jenem ›notwendigen‹ Projekt bis hin zum Verkauf einer ganzen Firma an die ›richtigen‹ Käufer. Ablehnen empfiehlt sich nicht: Das Schicksal von *Yukos* steht allen vor Augen. Der Exkanzler eines fremden Landes fügt sich in die Korporation ein und wird ›unser Mann in Europa‹. Ein russischer Geschäftsmann dagegen, der Milliarden von Dollar in den Staatshaushalt eingebracht hat, ›gehört nicht dazu‹ und wandert ins Gefängnis.«

Der zum Zeichen seines Protests aus dem Kreml ausgeschiedene Putin-Berater sieht die zentrale Veränderung der letzten Zeit in Rußland darin, »daß es politisch unfrei geworden ist. Nach dem von der internationalen Organisation *Freedom House* ermittelten Grad der politischen Freiheit ist Rußland im Jahr 2005 aus der Kategorie der ›teilweise freien‹ in die der ›unfreien‹ Länder zurückgefallen. Das ist nicht mehr die individuelle Meinung dieses oder jenes Analytikers, sondern eine objektive Feststellung. In Europa gibt es heute nur noch zwei gänzlich unfreie Länder: Weißrußland und Rußland. Auf der Skala der politischen Freiheit ist Rußland unter 194 Ländern der Welt auf den 166.–167. Platz herabgesunken – auf das Niveau von Ländern wie Oman, Pakistan, Ruanda, Togo, Tschad, Kirgisistan, Aserbaidschan, Tadschikistan, Vietnam, Kongo, Iran,

Kamerun, Elfenbeinküste, Vereinigte Arabische Emirate, Swasiland, Kasachstan, Haiti und Simbabwe. Es ist nicht verwunderlich, daß die Ereignisse in Rußland als ›Simbabwe-Krankheit‹ bezeichnet werden – darunter versteht man die flächendeckende Vernichtung grundlegender politischer Institutionen, die der Welt aus der Regierungstätigkeit Robert Mugabes wohlbekannt ist.«

Ich frage mich immer wieder: Will Putin denn wirklich nicht als jemand in die Geschichte eingehen, der etwas Großes und Schönes für das Land vollbracht hat? Boris Jelzin hat seine großartige Mission zumindest zum Teil erfüllt: Er hat das Land wenigstens für kurze Zeit frei atmen lassen – nach siebzig Jahren kommunistischer Diktatur. Dafür verdient er unsere tiefe Dankbarkeit. Alles, was Putin konnte, war dagegen, die Sauerstoffzufuhr wieder zu stoppen. Zu welchem Zweck? Dafür, daß wir in den Fernsehnachrichten wieder dasselbe sehen, was unsere Eltern aus der Sowjetzeit noch in Erinnerung haben: »Das waren die neuesten Nachrichten zum Generalsekretär, und jetzt noch kurz zum Wetter« und anschließend wieder: »In geschlossenen Reihen begrüßen die werktätigen Massen ...«

Unfreiheit ist ja bekanntlich nicht nur amoralisch, sondern auch ineffektiv. Ebendaran ist irgendwann noch jede Diktatur gescheitert. Jelzin konnte seine liberalen, marktwirtschaftlichen Reformen, die zwar unpopulär waren, aber notwendig, um Rußlands Wirtschaft zu rationalisieren, nicht zu Ende führen – eben weil er gleichzeitig allen uneingeschränkte Freiheit gewährte. Kaum hatte er echte Reformen in Gang gebracht, die die korporativen Interessen und die Interessen der Monopole gefährdeten, wurden die Reformer auch schon im Fernsehen mit Schmutz beworfen, und die

Zeitungen veröffentlichten kompromittierendes Material über sie. Die Umfragewerte des Präsidenten wurden schlechter, immer wieder brach die Regierung auseinander – und die Reformgegner und Lobbyisten des alten und korrumpierten Systems nutzten dies sofort für ihre Zwecke aus.

Dagegen hat Putin jetzt freie Hand, möchte man meinen! Putin können seine Umfrageergebnisse längst egal sein. Nachdem er alle Politiker »unterworfen« und die Geschäftsleute mit der Aussicht auf Gefängnisstrafen eingeschüchtert hat, kann er sich seine Umfragen in einem total zensierten Fernsehen selbst auf hundertprozentige Zustimmung frisieren, wie sein Freund Lukaschenko. Putin hat ja im Gegensatz zu Jelzin inzwischen alle Journalisten »auf Vordermann gebracht«, über ihn gibt es im Fernsehen und in der Presse kein »unsankioniertes« Wort!

Warum also nimmt er selbst unter diesen Treibhausbedingungen keine ernsthaften Wirtschaftsreformen in Angriff? Ist es wirklich so interessant, die ganze Zeit mit Freunden den Rahm von den Superprofiten aus Öl- und Gasexporten abzuschöpfen? Er kann dieses Geld schließlich nicht mit ins Grab nehmen. Macht es ihm wirklich nichts aus, den kommenden Generationen so im Gedächtnis zu bleiben? Warum will Putin die russische Wirtschaft nicht ernsthaft reformieren und entmonopolisieren, so daß sie nicht nur für seine Freunde, die neuen Staatskapitalisten, rentabel wird, sondern für die ganze Bevölkerung? Warum?

Die elementarste Antwort auf diese Fragen drängt sich geradezu auf: Putin ist Fleisch vom Fleische des sowjetischen Komitees für Staatssicherheit, für ihn stellt jede Art von Freiheit – in der Wirtschaft wie in der Politik – vor allem eine Gefahr und Bedrohung dar. Und jeder unabhängige

Journalist ist per definitionem seit jeher eine »feindliche Stimme«. Man darf nicht vergessen, daß der Mann, der heute an der Spitze des russischen Staates steht, in seiner Jugend bewußt und aus freien Stücken zum KGB gegangen ist. Zu einem Geheimdienst, der die Andersdenkenden im Land physisch vernichtete, einem Geheimdienst, der Millionen von Menschen umgebracht hat – in meiner Heimat, aber auch im Ausland. Das ganze vergangene Jahrhundert hindurch war dieser Geheimdienst mit nichts anderem beschäftigt. In Rußland jedoch hat es, im Gegensatz zu Deutschland, wo die Naziverbrecher im Nürnberger Prozeß gerichtet wurden, keinen Prozeß gegen die sowjetischen Henker und Spitzel gegeben. Der KBG wurde nie zur kriminellen Vereinigung erklärt, und keiner der sowjetischen Folterknechte ist je vor Gericht zur Verantwortung gezogen worden. Niemand hat sich öffentlich entschuldigt. Es gab keinerlei Lustration, also keine Zugangsbeschränkung zu bestimmten staatlichen Ämtern für Leute, die in die Aktivitäten des KGB verwickelt waren, wie in einigen anderen postsowjetischen Ländern Mittel- und Osteuropas. Ich glaube, genau das ist auch einer der Hauptgründe für das Scheitern der liberalen Reformen in Rußland. Denn, wie Geheimdienstmitarbeiter gerne betonen und wie auch Putin selbst schon »scherzhaft« in der Öffentlichkeit gesagt hat, *ehemalige* Tschekisten »gibt es nicht«. Das heißt, diese Leute bleiben ihr Leben lang Teil einer Mafia, die den Staat, in dem diese Geheimdienste geschaffen worden sind, längst überlebt hat. In jedem Fall sind liberale Reformen in denjenigen osteuropäischen Ländern, in denen ehemalige Mitarbeiter der verbrecherischen sowjetischen Geheimdienste nicht zum Staatsdienst zugelassen sind, wesentlich erfolgreicher als in Rußland.

Heute, unter Putin, genieren sich ehemalige KGB-Mitarbeiter nicht mehr für ihre Beziehungen zu dieser kriminellen Organisation, sondern sind geradezu stolz darauf. Unterstützt von ihrer »Korporation« drängen sie auf Schlüsselpositionen in Staat und Wirtschaft. Wen wundert es da noch, wenn Putin das Land mit denselben Methoden regiert wie seine sowjetischen Vorgänger? Das ist, um mit der Bibel zu sprechen, »wie ein Hund wieder frißt, was er gespien hat«. In dieser Abfolge war Jelzin die überraschende Ausnahme.

Eine andere mögliche Antwort hat mit der unnatürlichen, blitzartigen Karriere des unscheinbaren Beamten Putin zu tun, der völlig zufällig Präsident wurde – aufgrund der internen Intrigen des Jelzin-Kreises, der sich in einer verzweifelten Lage unbedacht und überstürzt für diesen »Thronfolger« entschied. Ich darf daran erinnern, daß zu dem Zeitpunkt, als Jelzin Putin zu seinem Nachfolger erklärte, in Umfragen nur 2% der Befragten Putin ihr Vertrauen aussprachen. Und Putin selbst weiß noch sehr gut, mit welchem bei PR-Leuten in aller Welt altbekannten Trick man ihm dann seine Umfragewerte innerhalb von drei Monaten »hochgeschraubt« hat: ausschließlich durch die Wiederaufnahme des »kurzen, siegreichen Krieges« in Tschetschenien, der der Öffentlichkeit mit Hilfe einer strengen Fernsehzensur und totalen Staatspropaganda für Putin als siegreichen Feldherrn in allen Medien entsprechend effektvoll präsentiert wurde.

Das ist es auch, was ich Journalisten aus dem Westen sage, wenn ich wieder einmal gefragt werde, warum unser Präsident solch panische Angst vor der freien Presse hat: Putin hat nicht vergessen, daß er seine Wahl zum Präsidenten nur der totalen Zensur und Kontrolle über das Fernsehen während des Wahlkampfs zu verdanken hat. Bei einer fairen Wahl hätte er nämlich keine Chance gehabt. Und deshalb machte Putin, als er für eine zweite Amtszeit zum Präsidenten gewählt werden wollte, sämtliche Medien vollends zu Organen des Kreml, damit auch ja nichts »schiefgehen« konnte.

Die russische Realität gleicht daher heute einer mit Zerrspiegeln verkleideten Parallelwelt. Genau das, was man Jelzin vorwarf, nämlich der Tschetschenienkonflikt, heftet Putin sich mit Hilfe der totalen propagandistischen Kontrolle stolz an die Brust. Jelzin hätte sein Präsidentenamt deswegen 1996 beinahe verloren, Putin dagegen hat das seine gerade aufgrund des Krieges gewonnen. Die übrigen Probleme Jelzins (die Streiks in Staatsbetrieben wegen monatelang nicht ausgezahlter Gehälter, die Not der Rentner, der beschämend niedrige Lebensstandard der Bevölkerung, die Armut in den Regionen) hat auch Putin nicht gelöst. Das einzige, was sich geändert hat, ist der Umstand, daß die Journalisten über diese Probleme nicht mehr schreiben dürfen.

Aus heutiger Sicht wirkt Putin, um noch einmal eine historische Parallele zu bemühen, wie eine Mischung aus Stalin und Breschnew: ein giftiger Cocktail aus politischer Diktatur und ökonomischem Stillstand. Während die Oligarchen der Jelzin-Zeit damit beschäftigt waren, ihre alten Rechnungen miteinander zu begleichen, ist Putin praktisch denselben Weg gegangen, den auch Stalin bis zum Beginn der Massenrepressionen zurückgelegt hatte.

Putin hat die Stalinschen drei Schritte zur Tyrannei geradezu lächerlich (oder erschreckend) genau wiederholt. Stalins erster Schritt, nachdem er an die Macht gekommen war, bestand in der Vernichtung seiner alten Feinde. Exakt dasselbe hat auch Putin getan: Als erstes leitete er mit Hilfe seiner Marionettenstaatsanwaltschaft das Verfahren gegen Wladimir Gussinski ein. Stalins zweiter Schritt waren Repressionen gegen seine ehemaligen Freunde, die ihn an die Macht gebracht hatten. Denn der Generalissimus Stalin wollte niemanden in seiner Nähe dulden, dem er zu irgend etwas verpflichtet war und der sich noch erinnerte, daß er vor gar nicht langer Zeit nicht der »Führer« gewesen war, sondern der ganz gewöhnliche aus der Haft entlassene Habenichts und Kriminelle Dschugaschwili mit den – glaubt man der apokryphen Parteiüberlieferung – stinkenden Socken. Auch hier wiederholte Putin lächerlich genau Stalins Vorgehensweise: Als er mit seinen »Feinden« fertig war, ging er daran, seine ehemaligen Freunde aus dem Weg zu räumen. Mit Hilfe derselben Machtinstrumente wie zuvor – Staatsanwaltschaft, Strafverfahren und Erpressung – jagte Putin den Oligarchen Boris Beresowski aus dem Land, der ihn an die Macht gebracht hatte.

Der dritte Schritt Stalins, den Putin ebenso genau reproduzierte, zeigte bereits den Beginn der schweren Paranoia des »Vaters der Völker« an. Nachdem er seine ehemaligen Feinde wie Freunde erledigt hatte, witterte Stalin auf einmal hinter jeder Ecke eine Verschwörung und sah in jedem Menschen einen Feind. Es begannen die berüchtigten »Ärzteprozesse« etc. Nun ging man bereits dazu über, ohne ordentliches Gerichtsverfahren sämtliche Politbüro-Mitglieder und ihre Familien zu verhaften und zu erschießen. Stalin vernichtete einfach manisch jeden in seiner Umgebung, aus Furcht, irgendwer könnte möglicherweise irgendwann zu seinem Rivalen werden.

Leider sieht es ganz so aus, als sei auch Putin bereits in diesem dritten Stadium der krankhaften Paranoia angekommen. Die Verhaftung Michail Chodorkowskis ist dafür ein deutliches Symptom. Der *Yukos*-Chef gehörte weder zur Kategorie der »Feinde« Putins noch zu der seiner »Freunde«. Chodorkowskis größtes »Vergehen« bestand darin, daß er sich als freien Menschen betrachtete und zugleich ein erfolgreicher, reicher Geschäftsmann und ein potentiell einflußreicher, unabhängiger Politiker war.

Putin führt also bereits einen Feldzug gegen Leute, die nicht seine Gegner sind, sondern allenfalls in der Zukunft seine Rivalen werden oder einen seiner hypothetischen Rivalen finanzieren könnten. Es scheint fast, als hätte unser neuer Diktator tatsächlich irgendwo in den staubigen Depots des NKWD-KGB-FSB ein stalinistisches Lehrbuch der Diktatur ausgegraben. Natürlich kann man einwenden, daß Putin diese Lehrbücher stark modernisiert und »kapitalisiert« hat. Russische Geschäftsleute versichern mir in inoffiziellen Gesprächen, hinter allen wichtigen ökonomischen, personellen und machtpolitischen Entscheidungen Putins der letzten Zeit stünden klare geschäftliche Motive: »Sieh mal: Seinen Setschin hat Putin bei *Rosneft* untergebracht. Miller und Medwedjew sitzen bei *Gazprom*. Dann wurde *Yuganskneftegas*, das vorher Chodorkowski gehört hatte, zugunsten von *Rosneft* neu aufgeteilt. Putin schafft sich auf diese Weise einfach seine eigene ›Familie‹, die die Schlüsselpositionen in den staatlich geführten Unternehmen und den von ihnen okkupierten Firmen besetzt – und dann, wenn er sich eines Tages von seinem Präsidentenamt trennen muß, führt er die Neuaufteilung des »big business« zu Ende und wird der größte Energieoligarch des Landes. Und zwar ein Staatsoligarch, der sein Monopol mit Hilfe des repressiven und legislativen Apparats verteidigt.«

Doch kommerzielle Motive haben, wie die Geschichte zeigt, bisher noch keinen Tyrannen vor dem Wahnsinn gerettet. Nach den oben aufgezählten drei frühen Stadien der

Diktatur und der gewaltsamen Abrechnung mit Konkurrenten haben noch bei jedem Diktator unweigerlich die klassischen paranoiden Störungen und ein waschechter Verschwörungswahn eingesetzt. Selbst wenn das brutale Ausschalten von »Verschwörern« rational begründet ist und den eigenen Freunden wirtschaftliche Vorteile bringt – psychisch gesünder wird man davon nicht. Und sehr bald schon erscheint einem wirklich jeder, der unbequeme Fragen stellt, als Feind.

Leider muß ich daran erinnern, daß Stalins nächster Schritt nach den erwähnten dreien bereits die Massenrepressionen waren, die Millionen Menschen das Leben gekostet haben. Putin hat jetzt schon die »Geiselhaft« als Institution im Land eingeführt, ein Instrument seiner Züchtigungspädagogik »für alle, die noch nicht verstanden haben«. Das heißt, die Repressionen wurden inzwischen von den unliebsamen Unternehmern selbst auf deren enge Freunde ausgedehnt. Mehrere Jahre in Moskauer Gefängnissen liegen hinter Gluschkow und Titow – zwei Männern, deren »kriminelle« Vergehen in Politikerkreisen jedem bekannt sind: Der erste hatte sich »Freundschaft mit Beresowski« zuschulden kommen lassen, der zweite »Freundschaft mit Gussinski«. Beide aus dem Land verbannte oppositionelle Medientycoons konnten durch die »Gefangennahme« ihrer Freunde erfolgreich erpreßt werden: zur Aufgabe ihrer Unternehmen.

Ich erinnere auch an die zahllosen nächtlichen Hausdurchsuchungen bei *Yukos*-Mitarbeitern, mit denen das Personal und seine Angehörigen eingeschüchtert und die Arbeit des Konzerns lahmgelegt werden sollte. Sowie daran, daß *Yukos*-Manager unterderhand Warnungen erhielten, morgen würden auch sie verhaftet – womit man sie zwang, ins Ausland zu fliehen, die Geschäfte zu vernachlässigen und das Unternehmen zu ruinieren.

Sie werden einwenden, daß es massenhafte Repressionen bisher in Rußland noch nicht gibt. Doch das Schlüsselwort in diesem Satz ist »noch«. Wenn Putin die Richtung, in die sich das Regime bewegt, schon jetzt so deutlich angezeigt hat, muß man dann warten, bis die Befürchtungen Realität werden? Gerade zum Schutz davor, gerade um das zu verhindern und dafür zu sorgen, daß diese schrecklichen Dinge sich nicht wiederholen, daß es nie mehr Massenrepressionen wie unter Hitler und Stalin gibt, hat man in der modernen, freien Welt doch die Sicherheitsmechanismen der Demokratie erfunden – eine freie Presse, freie Wahlen, eine unabhängige Rechtssprechung, ein demokratisches Parlament, ein föderales System, die Zivilgesellschaft und die NGOs, die soziale Belange und Menschenrechte verteidigen. Und ebendiese Institutionen hat Putin in Rußland eine nach der anderen praktisch völlig zerstört. Wozu? Um sich weiterhin streng an Recht und Gesetz zu halten und die Interessen der Zivilgesellschaft zu berücksichtigen? Worauf warten wir noch? Darauf, daß es wieder einmal zu spät ist?

Tatsächlich sind das gewaltsame Vorgehen der Regierung gegen politische Gegner und die demonstrative Instrumentalisierung der Staatsanwaltschaft zur Enteignung der größten Unternehmer des Landes irreversible Prozesse. Für eine Regierung, die die Instrumente von Justiz und Strafverfolgung einmal zur Erpressung und Bekämpfung ihrer Opponenten mißbraucht hat, gibt es keinen Weg zurück. Putin hat seine Unschuld ein für allemal verloren. Als er diesen Weg einschlug, hat er damit die Spielregeln auf lange Zeit hinaus (genau die Zeit, die er – oder seine Korporation, das spielt keine Rolle – noch an der Macht bleibt) festgelegt beziehungsweise diese Spielregeln von der Sphäre des Rechtes in die der Gangsterlogik verlegt: »Wenn du einer von uns bist, kannst du rauben oder stehlen, soviel du willst, wir rühren dich nicht an. Solange du stillhältst und nicht das Maul aufreißt. Wenn du aber nicht zu uns gehörst, dann bist du so oder so verloren.«

Man muß sich nur einmal Putins Logik vor Augen führen: Chodorkowski zum Beispiel lebte fröhlich vor sich hin, war einer der reichsten Männer der Welt, einer der erfolgreichsten Unternehmer, und dazu war er auch noch jung, gutaussehend, frei und hatte eine glückliche Familie. Und plötzlich nimmt man ihm all das gewaltsam weg: das Geld, die Arbeit und vor allem – die Freiheit. Was meinen Sie: Hält es Putin mit seiner Tschekistenlogik für möglich, daß Chodorkowski sich nicht an ihm rächen wird, wenn er aus dem Gefängnis kommt? Für die gestohlene Freiheit, die gestohlenen acht Jahre seines Lebens? Es ist schrecklich, das zu sagen, und dennoch muß es gesagt werden: Auch wenn Chodorkowski in einem seiner offenen Briefe aus der Haft unlängst jeder Rache abgeschworen hat, fürchte ich ernsthaft, daß Putin ihn lebendig nicht gehen lassen wird. Eben wegen der geschilderten Tschekistenlogik. Derselben Logik wegen hat Stalin seine Opfer seinerzeit gleich im Familienverband umgebracht – damit sich keiner für seine Angehörigen rächt.

Und wie soll Putin im Jahr 2008 abtreten? Wie kann er sich – nach seiner eigenen Logik – erlauben, nach seiner zweiten und verfassungsgemäß letzten Amtszeit in den Ruhestand zu gehen, angesichts der vielen Menschen, die schon unter seinen Repressionen gelitten haben? Wie soll er sich vor diesen Feinden schützen, wenn er nicht mehr Präsident ist? Wer wird ihn dann verteidigen? Der Repressionsapparat muß für immer an ihn gebunden bleiben. Und wenn er doch gezwungen ist, in den Ruhestand zu gehen, dann muß er dafür sorgen, daß seine eigene Clique an der Macht bleibt, die seine Sicherheit und die fortgesetzte Unterdrückung seiner »Feinde« garantiert. Im selben Teufelskreis haben sich im vergangenen Jahrhundert alle sowjetischen Führer bewegt.

Und zur Frage, ab wann solche politisch-ökonomischen Repressionen keine Ausnahmeerscheinung mehr sind: Wissen Sie, was die Leute jetzt in Moskau sagen? »Wenn der FSB oder die Steueraufsicht noch nicht in Ihrer Firma waren, dann heißt das, daß Ihr Betrieb noch nicht rentabel genug ist.« In diesem Sinn verheißt Putins erklärte Absicht, in Rußland wieder eine »straffe Machtvertikale« aufzubauen, der Bevölkerung nur eines: die Übertragung des bereits an *Yukos* erprobten Prinzips der Umverteilung von Eigentum auf die Regionen, bis in die unterste Ebene. Es ist nur noch eine Frage der Zeit, bis sich dieses Kreml-Know-how über die ganze Länge der Vertikale ausbreiten wird.

Was dagegen die »Ruhe und Stabilität« betrifft, mit der Putin alle diese Aktionen vor den Wählern rechtfertigt, so ist dies nicht einfach eine Lüge, sondern ein weiterer Effekt der Kremlzerrspiegel, eine glatte Umkehrung der Tatsachen. In Moskau werden seit neuestem wieder spektakuläre Auftragsmorde verübt – nicht nur an Oppositionspolitikern, sondern auch an Geschäftsleuten und Beamten, die in irgendeiner Weise mit der Verteilung von Besitztümern zu tun haben. Zehn Jahre lang hat es das nicht gegeben – seit unter Jelzin die einflußreichsten Bankiers, die große Teile des ehemaligen Staatseigentums unter sich aufgeteilt hatten, einen geheimen Pakt schlossen, sich gegenseitig nicht umzubringen.

Mit seinem eigenen Verhalten und dem seiner Freunde hat Putin den Startschuß zu einer umfassenden Neuverteilung des Eigentums gegeben. Wie blutig diese Aufteilung Anfang der neunziger Jahre verlief (als fast täglich ein Unternehmer von gedungenen Killern ermordet wurde), ist allen noch lebhaft in Erinnerung. Die »Stabilität« in Rußland wächst demnach in geradezu erschreckendem Tempo.

Putins Unglück besteht darin, daß er keinerlei eigenständiges, klares und schlüssiges Programm hat, keine moderne wirtschaftliche Strategie und keine zeitgemäße Reformidee – nur seinen reflexhaften Staatskapitalismus, die Konzentration aller gewinnbringenden Unternehmen im Besitz des Staates, in den Händen seiner eigenen staatskapitalistischen Korporation. Putin kann nichts dafür – das ist nun einmal das einzige Modell, das er in seiner Jugend kennenlernen durfte. Er hat keine klare Vorstellung davon, welches Rußland er sich für die nahe Zukunft wünscht. Oder doch: Putin möchte, daß Rußland wieder so wird, wie er es in ferner sowjetischer Vergangenheit gekannt hat. Allenfalls ein bißchen wohlhabender und wesentlich einträglicher für die, die im Kreml sitzen, als es das für das Politbüro etwa unter Breschnew war – dank der von den Oligarchen und mit Hilfe westlicher Kredite für Restrukturierung und Wirtschaftsreformen durchgeführten grundlegenden Erneuerung des Energiesektors der russischen Wirtschaft. Putins politische Taktik und Strategie erschöpft sich in einer einzigen Formel: mit allen Mitteln und so lange wie möglich an der Macht bleiben.

Putins größtes psychologisches Problem, der Grund für seine panische Angst vor der freien Presse, ist also, daß er selbst genau weiß, daß er rein zufällig Präsident geworden ist. Er hat einfach nicht das Format eines Präsidenten. Weder besitzt er eine historische Idee noch ein Bewußtsein seiner eigenen Mission, wie Jelzin es hatte. Die Geheimdienste wiederzubeleben und einmal mehr drohend die Muskeln spielen zu lassen, als hätte es nie eine liberale Reform gegeben, ist eine äußerst primitive Idee, finden Sie nicht auch? Putin ist aus Versehen auf dem falschen Stuhl gelandet, und jetzt versucht er mit aller Kraft, sich an diesem Stuhl festzuklammern. Eine eigene Idee hat er nicht, deshalb bedient er sich der »Staatsidee« der Geheimdienste. Einer Idee, hinter deren hübschem Klang, wenn man ehrlich ist, nichts weiter steckt als die politische und wirtschaftliche Allmacht ebendieser Geheimdienste: Primitiver geht es nicht. Und deshalb positioniert sich Putin im Kreml als Geheimagent, der endlich seine Tarnung aufgegeben hat. Mehr als alles fürchtet er, daß nicht nur ihm, sondern auch seinem Umfeld eines Tages klar wird, daß er der Präsidentenrolle nicht gewachsen ist.

Aus einer solchen Situation gibt es nur zwei Auswege: Entweder man macht sich schleunigst daran, sich zu entwikkeln, an sich zu arbeiten und sein Bewußtsein zu erweitern, oder aber man wird verschlossen, bläst die Backen auf und fängt an, alle ringsum bange zu machen. Putin hat bisher unübersehbar die zweite Möglichkeit gewählt. Seine größte Angst besteht darin, alle Welt könnte entdecken, daß er kein furchteinflößendes Bronzedenkmal und noch nicht einmal ein »Großer Diktator« ist, sondern ein gewöhnlicher, durchschnittlicher Mensch. Allerdings sind gerade solche Menschen in der Rolle des Diktators besonders gefährlich, weil sie aus Schwäche und mangelndem Selbstbewußtsein aller Welt ihre Macht beweisen wollen – nicht, indem sie ihren Intellekt spielen lassen oder kluge wirtschaftliche Strategien entwerfen, sondern durch Repressionen. Wer wundert sich angesichts solcher Neurosen noch, daß es kein unabhängiges Fernsehen gibt? Derlei dumme Fragen kann man sich sparen. Ein unabhängiges Fernsehen und eine freie Presse fürchtet Putin vor allem deshalb wie das Feuer, weil er selbst genau weiß, daß er kein öffentlichkeitswirksamer Politiker ist.

Anders als Jelzin, der eine charismatische Führungsfigur war – offen, impulsiv und mitfühlend –, hat Putin überhaupt kein Talent für Auftritte vor Publikum. Putin ist einer, der im verborgenen arbeitet. Ein Geheimagent. Er kann anwerben, das ja. »Widerspiegeln«. In einem Gespräch unter vier Augen kann er sich anpassen und einen vernünftigen Eindruck machen. Aber er ist kein Mann für die Öffentlichkeit. Die Wähler fingen Jelzin zu hassen an, als er wegen seiner Krankheit nicht mehr in der Öffentlichkeit auftrat und an seiner Stelle obskure Hofschranzen das Ruder übernahmen. Aber wenn Jelzin vor das Volk trat – in den seltenen Momenten, die seine Krankheit ihm ließ –, dann wurde er geliebt. Dieses Phänomen konnte ich selbst oft beobachten.

Putin dagegen ist das glatte Gegenteil von Jelzin. Putin ist kalt. Putin ist unfähig zu jedem Mitgefühl. Putin hat keinerlei Gespür für das Leid anderer – was für einen Politiker in der Öffentlichkeit tödlich ist. Putin kann nicht verzeihen. Und statt zu lernen, mit den Menschen zu fühlen, zerschlägt er wütend den Pressespiegel, der ihm sein eigenes Bild mit geballten Fäusten und eiserner Miene zeigt. Das größte psychologische Problem des russischen Präsidenten ist letzten Endes ein meteorologisches: Es ist der Schirokko, der diesen unglücklichen Mann zufällig auf den Kremlolymp geweht hat.

Terror nach Putin-Art, oder Putin o muerte!

Was für ernste Folgen die von Putin durchgesetzte Abschaffung der Presse- und Meinungsfreiheit, die völlige Eliminierung jeder realen politischen Opposition im Land und die Repressionen gegen Unternehmer nach sich ziehen würden, wurde den meisten Bürgern meines Landes natürlich nicht sofort klar. Für sie geht es darum, von Zahltag zu Zahltag zu überleben – für Politik bleibt da kein Platz. In welche globale Katastrophe die unkontrollierte Usurpation der Macht durch Geheimdienste und Silowiki ausarten kann, haben sie wohl erstmals erkannt und gespürt, als in Reaktion auf Putins Krieg in Tschetschenien nacheinander mehrere schwere Terroranschläge Rußland erschütterten.

Am 24. August 2004 sind im Luftraum über Rußland gleich zwei Linienflugzeuge explodiert (oder abgeschossen worden – das ist bis heute nicht hundertprozentig geklärt). Neunzig Menschen kamen ums Leben. Und obwohl die beiden Maschinen vom selben Flughafen gestartet waren und praktisch gleichzeitig, im Zeitraum von wenigen Sekunden, abgestürzt sind, behaupteten die Behörden noch mehrere Tage lang, zwischen den beiden Katastrophen bestehe kein Zusammenhang und es gebe keinen Grund, von einem Anschlag auszugehen. Auch als kurz darauf, am 31. August 2004, vor einer der zentralen Moskauer Metrostationen eine Bombe explodierte, versuchten die Sicherheitsbehörden anfangs, der Öffentlichkeit das Ganze als Unfall darzustellen. Doch es gab zehn Tote, und niemand zweifelte daran, daß es sich um einen Terroranschlag handelte.

Die Tragödie von Beslan im September 2004, als eine Schule besetzt wurde und mehrere hundert Kinder ums Leben kamen, hat endgültig mit dem Kernmythos der Kremlpropaganda aufgeräumt: dem Mythos, daß Putin gleichbedeutend sei mit Stabilität. Und daß es um dieser Stabilität willen geschehen sei, wenn Putin während seiner ersten Amtszeit praktisch alle bürgerlichen Freiheiten, die Jelzin dem Land gewährt hatte, wieder einkassierte.

Von dem Geiseldrama in Beslan aufgeschreckt, wachte Rußland für einen Moment aus seiner Fernsehhypnose auf und fand sich doppelt bestohlen: Putin hatte Stabilität versprochen und den Verzicht auf Freiheit verlangt, doch am Ende hatte er Rußland beides genommen.

Als der russische Präsident unmittelbar nach dem Drama von Beslan in einem Interview mit ausländischen Journalisten erklärte, der Anschlag habe »mit dem Krieg in Tschetschenien überhaupt nichts zu tun«, war das eine glatte Lüge. Wer sollte besser wissen als Putin, daß er in Tschetschenien schon seit über fünf Jahren einen blutigen Krieg führt, der sich inzwischen zu einem Genozid am tschetschenischen Volk entwickelt hat. Und wer sollte besser wissen als der russische Präsident, daß dieser zweite Tschetschenienfeldzug Ende 1999 zu einem einzigen Zweck angezettelt wurde: den von Jelzin favorisierten Apparatschik Putin, den damals keiner mochte und kannte, an die Macht zu bringen, indem man ihm das Image eines »triumphierenden Feldherrn« in dem berühmten »kurzen, siegreichen Krieg« verpaßte. Einem Krieg, der dann aber weder »kurz« noch »siegreich« wurde, sondern im Gegenteil langwierig und blutig. Und ein Ende ist immer noch nicht abzusehen.

Die russische Seite sei in Tschetschenien für Tausende Fälle von Verschleppung, systematischer Folter und Grausamkeiten gegenüber Gefangenen, für Hunderte von außergerichtlichen Hinrichtungen und für massenhafte Plünderungen verantwortlich, so das offizielle Fazit der angesehenen internationalen Organisation *Human Rights Watch*. Putin hat selbstverständlich ein Interesse daran, den Terrorismus in Rußland als Teil der globalen terroristischen Bedrohung und sich selbst als heroischen Kämpfer gegen diesen weltweiten Terrorismus darzustellen. Doch *Human Rights Watch* stellte in einem Bericht nach dem Anschlag von Beslan fest, die Mehrheit der tschetschenischen Kämpfer assoziiere sich nicht mit Al-Qaida. Dem Tschetschenienkonflikt lägen vor allem separatistische Bestrebungen zugrunde.

Putin bringt absichtlich die Begriffe durcheinander. Er selbst war es, der die Welle des Terrors in Rußland heraufbeschworen hat – indem er die brutale Unterdrückung des Befreiungskampfes in Tschetschenien mit dem »weltweiten Krieg gegen den Terror« gerechtfertigt hat, indem er seinen faktisch auf die Auslöschung des tschetschenischen Volkes abzielenden Krieg weitergeführt hat und indem er Friedensverhandlungen mit den echten Führern des tschetschenischen Widerstandes kategorisch verweigert hat.

Sie werden vielleicht fragen, woher ich die Gewißheit nehme, daß Putins Behauptung, der Anschlag von Beslan habe »mit Tschetschenien nichts zu tun«, eine Lüge war. Ich will Ihnen sagen, woher: Anhand mitgeschnittener Gespräche der Geiselnehmer wurde sehr bald klar, daß eine ihrer Forderungen die Beendigung des Krieges in Tschetschenien war. Doch die Regierung betrachtete es als unter ihrer Würde, auf diesen Appell einzugehen. Und sei es, um das Leben der Kinder zu retten.

Jelzin, in dessen Präsidentschaft der erste Tschetschenienkrieg fiel, empfand es seinerzeit nicht als Schande, diesen Krieg zu beenden: Er war bereit, mit den Anführern der Separatisten zu verhandeln, und unterzeichnete das berühmte Friedensabkommen von Chasawjurt. Er setzte sich an den Verhandlungstisch, obwohl es zuvor eine ganze Serie von Terroranschlägen gegeben hatte, bei denen tschetschenische Kämpfer einen Truppenabzug aus Tschetschenien forderten. Die letzten Jahre von Jelzins Präsidentschaft hindurch hielt dieses Friedensabkommen auch.

Putin dagegen läßt sich auf Verhandlungen mit den echten (im Unterschied zu den zwangsweise von Moskau eingesetzten) tschetschenischen Anführern nicht ein – offenbar verbietet ihm das sein krankhafter Stolz und Ehrgeiz. Den blutigen Preis dafür zahlen die russischen Soldaten und die Tschetschenen – und nun auch noch die bei Terroranschlägen getötete russische Zivilbevölkerung. Und die Journalisten.

Ein erschreckendes Beispiel hierfür war die Vergiftung der Journalistin Anna Politkowskajas von der *Nowaja Gaseta*. Sie recherchierte schon seit Jahren zum Tschetschenienkonflikt, hielt sich häufig – unter Einsatz ihres Lebens – in Tschetschenien auf und schrieb die für den Kreml unbequeme Wahrheit auf: über die Vernichtung der tschetschenischen Zivilbevölkerung und die unkontrollierte Gewalt und Gesetzlosigkeit auf seiten der russischen Truppen. Gerade wegen der Autorität, die sie im Kaukasus genoß, wollte die Journalistin während des Geiseldramas in Beslan eine Vermittlerrolle übernehmen.

Doch die Geheimdienste ließen sie nicht bis Beslan kommen. Sie wurde schon im Flugzeug vergiftet. Nach der Landung wurde sie nicht nach Beslan gebracht, sondern in bewußtlosem Zustand ins Krankenhaus eingeliefert. Anna Politkowskaja konnte damals gerade noch gerettet werden. Sie lag mehrere Tage im Krankenhaus, ihr Zustand war kritisch. Als sie zu sich kam, erinnerte sie sich: »Kaum saß ich im Flugzeug, bot man mir etwas zu essen an, aber ich lehnte ab. Dann bot man mir zu trinken an, ich sagte, ich wolle nur Wasser. Sie brachten mir ein Glas Mineralwasser, ich trank es, und gleich danach wurde mir schwindlig, und ich fiel in Ohnmacht.«

Man fragt sich, warum die Regierung die Anwesenheit der Journalistin in Beslan und ihre möglichen Versuche, die Geiseln zu retten, so sehr fürchtete, daß sie den Geheimdienst beauftragte, Politkowskaja schon auf dem Weg dorthin zu beseitigen. Wäre die Obrigkeit tatsächlich an der Rettung der Geiseln interessiert gewesen, dann hätte sie kein Mittel ungenutzt lassen dürfen. Die Lösung des Rätsels ließ nicht lange auf sich warten. Wie sich herausstellte, hatte Politkowskaja auf der Reise nach Beslan ein konkretes Friedensangebot von Aslan Maschadow im Gepäck, einem der Anführer der tschetschenischen Kämpfer, der in der aufständischen Republik echte Autorität genoß, vom Kreml jedoch selbstverständlich nicht anerkannt wurde – denn dort unterhält man sich lieber mit den selbsteingesetzten Strohmännern, die keinen realen Einfluß auf die Lage haben.

Später wurde bekannt, daß der tschetschenische Kommandeur Maschadow zugestimmt hatte, in die Schule in Beslan zu kommen, um zu vermitteln und die Geiseln zu befreien. Maschadow verlangte keinerlei persönliche Garantien. Er teilte den russischen Vertretern lediglich mit, er sei bereit, am Morgen des 3. September als Vermittler in die besetzte Schule zu kommen, und erbat sich zwei Stunden Zeit für den Weg dorthin. Eine Stunde später, also unmittelbar im Anschluß, begannen die russischen Spezialeinheiten überstürzt mit der verhängnisvollen Erstürmung der Schule, bei der über dreihundert unschuldige Menschen ums Leben kamen – die meisten von ihnen Kinder.

Allem Anschein nach befürchtete Putin, daß Maschadow eine Chance gehabt hätte, die Krise friedlich zu lösen und die Geiseln zu retten, was sowohl in Rußland als auch im Westen auf so große politische Resonanz gestoßen wäre, daß er gezwungen gewesen wäre, seinen Stolz zu überwinden und sich entgegen seiner Absicht mit den wirklichen Anführern des separatistischen Volksaufstands an den Verhandlungstisch zu setzen.

Auch ein zweiter russischer Journalist wurde auf dem Weg zu einer Friedensmission in Beslan erfolgreich »neutralisiert«: Andrei Babizki von *Radio Liberty*. Sie erinnern sich, das war jener unglückselige Journalist, der Anfang 2000, kurz nach Putins Amtsantritt, in Tschetschenien vom Geheimdienst verschleppt wurde – und den man im Kreml nur den »Volksfeind« nannte, weil er in seinen Reportagen von den Menschenrechtsverletzungen in Tschetschenien berichtete und den tschetschenischen Widerstand als Befreiungskampf bezeichnete. Ebendieser Journalist Babizki wurde auf dem Weg nach Beslan ebenfalls »ausgeschaltet«. Zunächst wurde er kurz vor dem Einsteigen ins Flugzeug wieder ausgecheckt: Die Zollkontrolle am Flughafen erklärte ihm, ihre Spürhunde hätten in seinem Gepäck Sprengstoff gewittert. Nachdem die Durchsuchung seines Gepäcks jedoch keinerlei Sprengstoff zutage gefördert hatte, ließ man den Journalisten wieder gehen – doch gleich am Ausgang stürzten sich mehrere »Schläger« auf ihn, provozierten eine Prügelei und schlugen ihn zusammen. Dies war für die Polizei Vorwand genug, ihn erneut festzuhalten und aufs Revier zu bringen. Als die Presse von diesem Zwischenfall erfuhr, gestanden die beteiligten »Schläger«, daß sie in Wahrheit zum Flughafenpersonal gehörten – man habe ihnen Babizki gezeigt und sie »gebeten«, ihn um jeden Preis aufzuhalten und nicht ins Flugzeug einsteigen zu lassen.

Sie werden zugeben, daß es eine Sache ist, aus Prinzip »keine Verhandlungen mit Terroristen« zu führen – aber eine ganz andere, einen jahrelangen brutalen Krieg gegen die Bevölkerung einer separatistischen Republik zu führen und jede Initiative zu Friedensverhandlungen mit manischem Starrsinn ein ums andere Mal abzulehnen. Statt dessen werden nach Möglichkeit alle halbwegs vernünftigen Anführer des

Widerstands, die einen gewissen Einfluß auf die Kämpfer haben und sich wenigstens für den Versuch eines Friedensprozesses einsetzen könnten, physisch vernichtet. So schafft man selbst den Nährboden für Terrorismus und »Blutrache«.

Bald darauf tötete der russische Geheimdienst in Putins Auftrag auch Aslan Maschadow selbst – den tolerantesten und verhandlungsbereitesten der tschetschenischen Kommandeure, einen der letzten, der in der Lage war, die Situation zu kontrollieren. Wenn man Frieden schaffen will, tötet man nicht die, die diesen Frieden anbieten. Wäre Putin wirklich an einem Frieden in Tschetschenien interessiert, dann würde er nicht jeden, der ein Friedensangebot macht, von seinen Geheimdiensten umbringen lassen.

Indem er die Befürworter der Unabhängigkeit Tschetscheniens erbarmungslos unterdrückte und alle, die sich für den Beginn von Friedensverhandlungen und ein Ende des Krieges einsetzten, mundtot gemacht hatte, hat Putin eigenhändig die blutige Welle des Terrors in Rußland ausgelöst. Denn obwohl die korrupte russische Armee in den letzten Jahren ungestraft und unkontrolliert die bestialischsten Methoden gegen Tschetschenien einsetzt, ist sie, wie langjährige Erfahrung zeigt, dennoch nicht imstande, diesen Krieg zu gewinnen. Oder nicht willens. Der Tschetschenienkrieg ist längst ein Geschäft geworden: Man handelt mit Waffen, Menschen und Öl, und jährlich fließen Millionen aus dem Staatshaushalt teils in den »Krieg«, teils in den »Wiederaufbau nach dem Krieg«. Auch die korrupten russischen Geheimdienste sind nicht in der Lage oder nicht willens, die Bevölkerung vor dem Terror zu schützen, der als direkte Folge des Krieges in Tschetschenien inzwischen auch Rußland erfaßt hat.

Nach der Tragödie von Beslan mußte die russische Staatsanwaltschaft eingestehen, daß sich unter den Geiselnehmern in der Schule Rebellen befanden, die bereits vorher als Terroristen verhaftet, von den russischen »Sicherheitsbehörden« jedoch ohne ersichtlichen Grund wieder freigelassen worden waren. Stellen Sie sich das vor: Wie will der eine Teil der russischen Geheimdienste »den Terrorismus bekämpfen«, wenn der andere Teil derselben Dienste Terroristen freiläßt, damit sie den nächsten Anschlag verüben?

Schon nach dem vorhergegangenen schweren Terroranschlag – der Geiselnahme im Moskauer Musicaltheater an der Dubrowka während einer Aufführung des Musicals *Nord-Ost* im Herbst 2002, bei der durch den von Putin sanktionierten Einsatz von Giftgas über hundert Geiseln ums Leben kamen und mehrere hundert verletzt wurden – warf die (damals noch vorhandene) demokratische Opposition im Parlament die Frage auf, ob die Geheimdienste und die Polizei, die eine Einheit schwerbewaffneter Kämpfer bis ins Zentrum der Hauptstadt hatten vordringen lassen, nicht völlig korrumpiert seien. Doch Putin ignorierte die Forderungen nach einer Untersuchung der Korruption im Sicherheitsapparat einfach: Seine Tschekistenehre erlaubte es dem Präsidenten nicht einmal, einen der hochrangigen Silowiki zu entlassen, die daran schuld waren, daß das Sondereinsatzkommando bei der »Geiselbefreiung« neben den Terroristen auch eine große Zahl von Geiseln getötet hatte. Unter anderem durch den Einsatz jenes tödlichen Gases, das Putin als »harmlos« bezeichnet hatte. Schon damals war klar, daß Putins Ziel nicht darin bestand, Anschläge zu verhindern und das Leben von Zivilisten und Geiseln zu schützen, sondern, zu zeigen, was für ein knallharter Kerl er war: Er wollte möglichst viele Geiselnehmer »kaltmachen« (um seinen eigenen halb kriminellen Jargonausdruck zu zitieren), wenn nötig auch zusammen mit ihren Geiseln, um dem Rest der

Welt angst zu machen. Jeder sollte sehen: Wir machen vor nichts halt, nicht einmal vor einem Massenmord an unseren eigenen Bürgern. Getreu dem grausigen russischen Sprichwort: »Schlage deine eigenen Leute, dann fürchten dich die anderen«. Die »Feinde« sollten also sehen, daß Putin keine Zahl von Zivilopfern zu hoch war, um Friedensverhandlungen über Tschetschenien zu umgehen. Nur, was macht es für die Bevölkerung für einen Unterschied, von wessen Hand sie stirbt – der der Terroristen oder der der Putinschen Geheimdienste? Soll es den Opfern von Beslan oder der Dubrowka vielleicht nachträglich angenehmer sein, daß nicht die Terroristen sie umgebracht haben, sondern die »eigenen« Geheimdienste? Inzwischen ist nicht mehr klar, wo eigentlich die Terroristen sitzen – außerhalb oder innerhalb der Kremlmauern.

Unabhängige Experten, die versucht haben, die Terroranschläge in Rußland aufzuklären, haben mehrfach ernsthaft die Frage nach der Beteiligung der Geheimdienste an der Organisation dieser Anschläge aufgeworfen. Journalisten von der *Nowaja Gaseta* zum Beispiel wurde vor nicht allzu langer Zeit ein Video zugespielt, das die Erstürmung des Moskauer Musicaltheaters durch ein russisches Spezialeinsatzkommando zeigt. Auf diesen Aufnahmen ist deutlich zu sehen, wie die Mitglieder der Sondereinheit einen schon an den Händen gefesselten Terroristen aus dem Theater führen, ihn hinknien lassen und durch einen Genickschuß töten. Kein einziger der Terroristen hat den Sturm überlebt – alle Zeugen wurden gezielt beseitigt. Wenn der Staat aber hätte ermitteln wollen, wie der Anschlag tatsächlich vorbereitet wurde und wer die wahren Hintermänner waren, dann hätte er die Terroristen, die dazu Aussagen machen konnten, am Leben lassen müssen.

Sie werden mir zustimmen, daß Putin solche Aktionen der Geheimdienste mit keinem noch so virulenten »internationalen Terrorismus« wird rechtfertigen können. Die Rolle jedoch, die die Geheimdienste bei den Terroranschlägen spielen, und die Unangemessenheit ihrer Reaktionen, die zu Hunderten von Todesopfern führt, ist heute für die ausnahmslos kontrollierten russischen Fernsehsender und Printmedien ein bei Strafe verbotenes Thema. Nach dem *Nord-Ost*-Geiseldrama hat Putin übrigens auch den äußerst kremltreuen Leiter des Fernsehsenders *NTW* (der nach der Ausbootung von Gussinski auf diesen Posten gelangt war) entlassen – weil er sogar mit dessen Berichterstattung unzufrieden war.

Im Herbst 2004, nicht lange nach dem Anschlag von Beslan, standen die Moskauer fassungslos vor einem weiteren Willkürakt der »Sicherheitsbehörden«. Die Polizei gab unvermittelt bekannt, sie habe einen weiteren Terroranschlag verhindert: Im Zentrum von Moskau seien in der Nacht zwei Autos mit Sprengstoff gefunden worden. Angeblich hatte man auch den dazugehörigen Terroristen gefaßt, der die Vorbereitung des Anschlags gestanden und ein entsprechendes Protokoll unterschrieben hatte – und daraufhin sogleich verstorben war. Anfangs hieß es in den Verlautbarungen, der »Terrorist« sei an einem Herzinfarkt gestorben: Nachdem er sein Geständnis unterschrieben hatte, habe er eine Herzattacke erlitten, woraufhin er ins Krankenhaus gebracht worden sei, man konnte ihn aber »nicht mehr retten«. Einige Tage später allerdings stellte sich heraus, daß der angebliche »Terrorist« an einem eingeschlagenen Schädel und anderen einem Weiterleben sehr abträglichen Verletzungen gestorben war, die die folternden »Ordnungshüter« ihm zwecks Erpressung eines Geständnisses beigebracht hatten. In der Folge wurde auch der Keller entdeckt, in dem er ermordet worden war, und am Ort der Folterungen stieß man auf ein Stück Gummischlauch und – ein Kondom. Nun, hat danach noch irgendwer von Ihnen Lust, sich den russischen Sicherheitsbehörden anzuvertrauen?

Angesichts der totalen Korruption der Staatsgewalt und der wechselseitigen Solidarität zwischen den Stellvertretern dieser Gewalt und der Spitze des Staates gibt es keine Gewißheit, daß nicht weitere Terroranschläge benutzt werden, um unter der Bevölkerung Panik zu schüren sowie ein noch stärkeres »Anziehen der Schrauben« und die Abschaffung bürgerlicher Freiheiten und verfassungsmäßig garantierter Rechte zu legitimieren.

Putin hat ja bereits gezeigt, wie er den »Terrorismus bekämpfen« will: Er hat die Gouverneurswahlen abgeschafft und wird die Gouverneure in Zukunft selbst ernennen, und nur diese in Absprache mit dem Kreml ernannten Repräsentanten sollen im Oberhaus des Parlaments (dem Föderationsrat) sitzen – wodurch er gleichzeitig den Föderalismus abgeschafft und das Oberhaus des Parlaments als demokratische Institution de facto eliminiert hat. Was das Unterhaus angeht, hat Putin die Wahl von »parteilosen«, unabhängigen Abgeordneten verboten – die Mandate in der Duma werden ausschließlich über Parteilisten vergeben, was angesichts der hierarchisch-bürokratischen Realitäten im Grunde einer Rückkehr zum alten sowjetischen System des Marionettenparlaments gleichkommt. Er hat Gesetzesänderungen sanktioniert, die die Aktivitäten nichtstaatlicher Menschenrechtsorganisationen (NGOs) praktisch unmöglich machen: Ihre Registrierung ist extrem kompliziert geworden, sie dürfen nicht von internationalen Organisationen unterstützt werden und sind restlos der Beamtenwillkür ausgeliefert. Auf diese Weise schafft Putin in Rußland sämtliche demokratischen Institutionen ab und eliminiert den Föderalismus. Putin verstößt offen gegen die Jelzinsche Verfassung, die zu Beginn der liberalen Reformen durch eine Volksabstimmung angenommen wurde. Doch es liegt auf der Hand, daß es in einem Land, wo eine Opposition schlicht nicht mehr existiert und wo Presse und Fernsehen dauerhaft zum Schweigen gebracht wurden, niemanden mehr gibt, der sich über diesen Umstand entrüsten könnte, und daß Putin, wenn er wollte, auch problemlos eine neue Verfassung beschließen könnte – in der seine Einmanndiktatur zur Rechtsnorm würde. Ungefähr nach dem Beispiel des Diktators Lukaschenko, des weißrussischen Präsidenten, den Putin bis heute zu seinen Freunden und politischen Partnern zählt und der seinem russischen Kollegen durchaus beibringen kann, wie man mit ein paar einfachen Tricks die eigene Präsidentschaft auf Lebenszeit gesetzlich verankert.

Ich vermute, es würde Putin schwerfallen, plausibel zu erklären, auf welche Weise die Abschaffung der Gouverneurswahlen und die faktische Eliminierung des Föderalismus, die Behinderung der Arbeit von Menschenrechtsorganisationen und die Auflösung weiterer demokratischer Institutionen im Land ihm konkret im »Kampf gegen den weltweiten Terrorismus« helfen können.

Mein Land verwandelt sich in eine Diktatur mit faschistischen und nazistischen Zügen. Schwarze Locken, dunkle Augen und orientalische Gesichtszüge zu haben ist mittlerweile schon ein Verbrechen, für das einen die russische Polizei (genauso wie die faschistischen Straßengangs) auf offener Straße ohne jedes ordentliche Verfahren schlagen, ausrauben oder sogar töten kann.

2004 wurde in Sankt Petersburg ein neunjähriges tadschikisches Mädchen von Faschisten ermordet. Der Bruder und der Onkel des Mädchens, die knapp mit dem Leben davongekommen waren, haben berichtet, der Überfall sei von »Rußland-den-Russen«-Rufen begleitet gewesen. In Sankt Petersburg hatte es zuvor schon einmal einen Mord von Skinheads an einem fünfjährigen tadschikischen Mädchen gegeben. Ende 2005 wurde in Moskau ein Mann aus Dagestan ermordet. Ein tadschikischer Hauswart erlitt etwa zur selben Zeit in Moskau schwere Stichverletzungen. Das alles ist nicht weiter verwunderlich, wo doch Präsident Putin selbst dazu aufruft, die Tschetschenen »auf dem Klo kaltzumachen« und die Behörden den Haß gegen Tschetschenen und andere »Personen kaukasischer Nationalität« sowie gegen alle ihnen gleichgesetzten »Dunkelhäutigen« propagieren.

Im Jahr 2004 wurden in Rußland nicht weniger als vierundvierzig Menschen von Skinheads umgebracht, 2003 waren es etwa zwanzig. 2005 wurden siebzig Personen bei rassistisch motivierten Übergriffen getötet oder verwundet. Am häufigsten richten sich die Angriffe gegen Personen kaukasischer oder asiatischer Herkunft. Eine genauere Statistik gibt es nicht, da die Ermittlungsbehörden den Begriff der »Volksverhetzung« meiden und die Morde an den »Kaukasiern« oder »Dunkelhäutigen« lieber als gewöhnliche Mordfälle oder »Rowdytum« verharmlosen.

Auch 2006 wurde in Sankt Peterburg wieder ein Farbiger ermordet – ein Student aus dem Senegal. Morde an ausländischen Studenten mit dunkler Hautfarbe sind in Moskau und Sankt Petersburg inzwischen an der Tagesordnung. Nichtsdestoweniger haben die Behörden im November 2005 eine Nazidemonstration im Zentrum Moskaus genehmigt, deren offizielle Losung »Rußland gegen die Okkupanten« lautete und bei der die Teilnehmer »Rußland den Russen!« skandierten. Und die von der inoffiziellen Kreml-PR lancierte Reaktion lautet: »Sehen Sie, und Sie sagen, Putin sei schlimm. Dabei könnte es ohne Putin noch viel schlimmer werden!«

Neben dem russischen Chauvinismus und Faschismus ist in Rußland – nicht ohne Zutun des Kreml – auch der bei vielen ehemaligen Mitarbeitern des sowjetischen Geheimdienstes traditionell verbreitete Antisemitismus wieder sehr lebendig. PR-Leute und Propagandisten aus dem Umfeld der Geheimdienste suggerieren der Bevölkerung: Es ist richtig und gut, daß Putin Chodorkowski eingesperrt hat, weil Chodorkowski ein Jude ist und die Juden schuld sind an allem Unglück in Rußland. Deshalb kann keiner etwas dagegen haben, wenn ein reicher Jude enteignet wird. Und unser Präsident, der ein echter Russe ist, wird endlich aufräumen mit den jüdischen Händlern, die Mütterchen Rußland das Blut ausgesaugt haben. Von manchen russischen Faschisten bekommt man das direkt so zu hören: »Putin ist ›unser Mann‹. Er zeigt es nur noch nicht offen – vorübergehend mußte er sogar ein Bündnis mit dem Juden Abramowitsch schließen.«

Anfang 2006 überfiel in der Nähe meines Hauses, im Zentrum von Moskau, ein russischer Faschist eine Synagoge und verletzte neun Juden mit Messerstichen. Er kam ins Gefängnis. Doch entgegen Forderungen aus der Öffentlichkeit lautete die Anklage nicht auf »Volksverhetzung«. Die eng mit dem Kreis der Silowiki verbundene Generalstaatsanwaltschaft und die Gerichte sabotieren die Anwendung dieses Paragraphen auf die russischen Faschisten noch immer unverhohlen. (Wenn es nämlich erst einmal einen entsprechenden Präzedenzfall gäbe, würde sich derselbe Paragraph auch auf die öffentlichen Äußerungen und Handlungen vieler in Amt und Würden stehender russischer Politiker anwenden lassen.) Das Gericht verurteilte den Angeklagten daher wegen versuchten Mordes »aus religiösem

Haß«, befand ihn aber wiederum nicht der »Volksverhetzung« für schuldig. Und natürlich wurde nie ermittelt, wer hinter dem Überfall steckte.

Einige Tage nach dem Anschlag auf die Moskauer Synagoge gab es einen ähnlichen Überfall auf eine Synagoge in Rostow – der Angreifer war mit einem abgeschlagenen Flaschenhals bewaffnet und drohte Gemeindemitgliedern, sie umzubringen. Er wurde für »unzurechnungsfähig« erklärt.

In meiner Heimatstadt Moskau wurde nach dem Drama von Beslan der berühmte Kosmonaut Magomed Tolbojew, ein *Held Rußlands*, auf offener Straße von Polizisten zusammengeschlagen – einzig und allein wegen seines kaukasischen Aussehens (er stammt aus Dagestan, einer an Tschetschenien grenzenden russischen Teilrepublik). Magomed Tolbojew hatte sich nichts zuschulden kommen lassen und trug alle seine Papiere bei sich: den Paß, die Moskauer Meldebestätigung und sogar eine Bescheinigung über seine Auszeichnung als *Held Rußlands*. »Ach so, du bist ein Held? Das wollen wir sehen, was für ein Held du bist ...« Mit diesen Worten, so Tolbojew, fingen die Polizisten an, auf ihn einzutreten.

Während des Einsatzes in Beslan ging ich eines Tages an einem kleinen Markt in der Nähe meiner Wohnung vorbei – und sah dort ein haarsträubendes Bild, wie nach dem Einschlag einer Neutronenbombe: Alle Waren, Gemüse und Obst waren malerisch zum Verkauf ausgelegt, aber kein einziger Verkäufer war zu sehen. Schließlich fand ich eine einzige lebendige Seele, eine russische Putzfrau, und fragte sie, was passiert sei. »Die Verkäufer? Die haben sie alle auf die Wache geschleppt ... Zur Überprüfung, ob sie keine Terroristen sind ...«

Seit Jahr und Tag standen die Händler auf diesem Markt und verkauften redlich ihr Obst und Gemüse. Ausnahmslos alle festgenommenen Verkäufer hatten gültige Papiere: Paß, Moskauer Registrierung, Handelserlaubnis. Ihr einziges Vergehen bestand darin, daß sie aus den asiatischen oder kaukasischen Republiken stammten – aus Aserbaidschan, Dagestan und so weiter.

Als ich dann auch noch hörte, daß nur ein einziger Verkäufer der »Säuberung« durch die Polizei entgangen war – er hatte es geschafft, sich rechtzeitig in einem Kühlhaus zu verstecken und dort zu warten, bis die Gefahr vorbei war –, hatte ich vollends das Gefühl, in einem schlechten Remake eines Filmes über das Untergrundleben in Nazideutschland zu stecken. Der Unterschied ist nur, daß es in Hitlers Deutschland ein Verbrechen war, Jude zu sein, während es im heutigen Putinschen Rußland als Verbrechen gilt, orientalische Gesichtszüge zu tragen. Oder, um das beleidigende faschistische Stereotyp aus dem Wortschatz Putins und des russischen Machtapparats zu verwenden, eine »Person kaukasischer Nationalität« zu sein.

Ich selbst habe rote Haare. Ich bin russischer Abstammung. Und ich sehe ganz und gar »slawisch« aus. Ich bin also »unverdächtig«. Doch ich schäme mich, in solch einem Land zu leben.

Früher habe ich nie an Demonstrationen teilgenommen, sondern immer nur darüber berichtet. Vor kurzem habe ich eine Ausnahme von dieser Regel gemacht. Mein Vater rief mich an und sagte: »Ich bin krank, ich habe 38 Grad Fieber, aber ich wollte dich bitten, mit mir zu dieser Demonstration gegen den Krieg in Tschetschenien zu gehen. Ich weiß schon, das Fernsehen wird die Demonstration mit keinem Wort erwähnen – aber wenn wir nicht hingehen, dann gibt es ganze zwei Teilnehmer weniger …« Draußen regnete es in Strömen, es herrschte eine durchdringende Kälte – doch die Selbstlosigkeit meines kranken Vaters beeindruckte mich so, daß ich bereit war, mitzukommen.

Die Demonstration fand im Zentrum von Moskau statt, auf der Puschkinskaja ploschtschad. Trotz des Regens kamen überraschend viele Leute – um die zweitausend. Für das heutige Moskau (wo alle sich längst damit abgefunden haben, daß Putin ihnen noch bis ins Alter erhalten bleibt) ist das eine regelrechte Revolution. Die Teilnehmer trugen Schilder mit der Aufschrift »Tschetschenien, vergib uns!« und skandierten: »Putin, verschwinde!« Natürlich hatten die Zensoren allen Fernsehsendern Anweisungen erteilt – auf keinem Programm, in keiner einzigen Nachrichtensendung wurde diese Demonstration auch nur mit einem Wort erwähnt. Genauso, wie schon lange kein Wort mehr über irgendwelche Aktionen der Opposition oder über Kritik an Putin gesendet wird. Dafür ließ die Reaktion der Kreml-PR auf die Demonstration nicht lange auf sich warten: Sie schickten zwei Leute mit einem riesigen, wunderschön gemalten Transparent von geradezu industrieller Perfektion auf die gegenüberliegende Seite der Puschkinskaja. Auf dem Transparent stand in gigantischen Lettern: »WER GEGEN PUTIN IST, HILFT DEN TERRORISTEN.«

Ich kam erst nicht darauf, woran mich dieser Schriftzug erinnerte. Dann fiel es mir ein. Natürlich! Es war eine frühe Kindheitserinnerung: an riesige Transparente mit Losungen wie »DIE UDSSR IST DER HORT DES FRIEDENS!« und »ES LEBE DIE KOMMUNISTISCHE PARTEI DER SOWJETUNION!«, die die sowjetischen Werktätigen genau hier, an dieser Stelle, alljährlich bei Zwangsdemonstrationen zu den sowjetischen Feiertagen umhergetragen hatten. Und ich erinnerte mich auch, daß mein Vater, der als Ingenieur häufig zur »technischen Unterstützung des Bruderlandes«

auf Kuba gewesen war, mir damals von der Hauptkampfparole des kubanischen Diktators auf Lebenszeit erzählt hatte: »Socialismo o muerte!« (»Sozialismus oder Tod!«) Mittlerweile war ich erwachsen geworden. Aber Fidel Castro war immer noch an der Macht – und hatte sich nicht weiterentwickelt. Und sein unglückliches Land auch nicht.

Dem Stil nach ähnelt die staatliche Propaganda in Rußland heute tatsächlich immer mehr den alten Zeiten. Als der stellvertretende Kremlstabschef Wladislaw Surkow vor einiger Zeit in einem Interview alle Kritiker Putins und die gesamte demokratische Opposition als »Volksfeinde« bezeichnete, rief mich meine Freundin Mascha Slonim an, die die Stalin-Zeit noch erlebt hatte, und fragte: »Hör mal, eines verstehe ich nicht – dieser Surkow ist doch ein junger Typ, er ist doch noch keine vierzig. Wieso führt er dann diesen ganzen verschimmelten stalinistischen Wortschatz im Mund? Vielleicht gibt es bei denen im Kreml ja irgendeinen uralten Bazillus, so eine mentale Infektion, die von Generation zu Generation weitergegeben wird?!«

Der Kreml hat die Losung »Putin oder Terrorismus« auf sein Kampfbanner geschrieben. Und nun sagen Sie mir, wer es Ihrer Meinung nach ist, der mein Land in Geiselhaft hält!

Eine Bombe für mich

Nachdem ich mein Buch in Rußland veröffentlicht und darin das erzählt hatte, was Sie in den vorangegangenen Kapiteln lesen konnten, bekam ich alle Vorzüge der Pressefreiheit à la Putin am eigenen Leib zu spüren. Erst verlor ich meine Arbeit, und dann wäre ich beinahe einem Anschlag zum Opfer gefallen. Dieses Kapitel handelt davon, wie nach dem Erscheinen meines Buches in Rußland eine Bombe vor meiner Tür explodiert ist.

Die Another Day

Am 2. Februar 2004, dem Tag, als Wladimir Putins Kandidatur für eine zweite Amtszeit bei der russischen Präsidentschaftswahl zugelassen wurde, hatte ich vor, zu einer Geburtstagsfeier für meine liebe Grundschullehrerin Frida Samuilowna zu fahren. Sie war mir von allen Lehrern die liebste gewesen, weil sie mich die ganzen ersten Schuljahre hindurch vor der sowjetischen Strafpädagogik beschützt hatte wie eine Glucke ihr Küken.

Als ich in der zweiten Klasse von einem Auto angefahren wurde, mußte ich einen Monat lang in der Haltung eines präparierten Frosches zu Hause liegen, gekreuzigt auf einer von meinem Vater ausgehängten Zimmertür. Nur mittels einer Unterschrift, daß sie für meinen Tod selbst verantwortlich wären, hatten meine Eltern mich aus der Intensivstation eines typisch sowjetischen Krankenhauses freikaufen können – einem Ort, den ich als bösen Traum in Erinnerung habe und den ich angesichts der unhygienischen Verhältnisse und vor allem der Unverschämtheit des Personals unter Garantie nicht lebend verlassen hätte. Frida kam regelmäßig zu mir nach Hause und unterrichtete mich im Aufsatzschreiben. Sie war breit, krumm, alt und dick, sie hatte falsche Zähne und einen Buckel, und es hätte wohl kaum jemand die siebzehnjährige Schönheit Frida in ihr wiedererkannt, die Jüdin mit dem Gesicht einer Ikone und der makellosen Figur, die ich von ihren Fotos her kannte – Frida, deren Eltern nicht wagten, offen zu beten und am Samstag die Kerzen anzuzünden, und die mit ihrer Mutter zusammen von den sowjetischen Sicherheitsorganen aus Moskau verbannt worden war, nur weil der Parteisekretär der Fabrik, in der Fridas Vater arbeitete, sich ihre schöne Wohnung unter den Nagel reißen wollte und zu diesem Zweck den Vater ins Gefängnis brachte. Unter dem Sowjetregime war das eine gängige Praxis. Sie war recht- und besitzlos, die Tochter eines Häftlings und »Volksfeindes« und bei all ihrer Schönheit, ihrem Verstand und ihrer Herzensgüte zeitlebens froh und dankbar, daß man ihr immerhin »erlaubt« hatte, mit Kindern zu arbeiten – wenn auch nur in den unteren Klassen –, und nach der Tauwetterperiode sogar »erlaubt« hatte, nach Moskau zurückzukehren. Und genauso froh und dankbar ist sie heute, daß sie etwa hundert Dollar im Monat verdient und »sich selbst ernähren« kann.

Die Feier zu Fridas achtzigstem Geburtstag sollte um zwei Uhr nachmittags beginnen. Ich hatte ein Taxi für 13 Uhr 30 bestellt. Punkt halb zwei klingelte das Telefon: Die Taxizentrale teilte mir mit, der Wagen sei schon da. Meiner unausrottbaren Gewohnheit entsprechend war ich spät dran. Ich sagte dem Mädchen in der Zentrale, der Fahrer solle bitte warten.

Ich war ein wenig nervös: Schließlich war das nicht irgendein Geburtstag, sondern ein runder. Und gefeiert wurde er in der Schule, die ich seit meinem Abschluß nicht mehr betreten hatte. Es war klar, daß alle meine früheren Lehrer meine »Geschichten eines Kreml-Diggers«, die in Rußland gerade zum aufsehenerregendsten Bestseller des Jahres aufgestiegen waren, gelesen hatten. Es ist ziemlich schwierig, eine Schule als junges Mädchen zu verlassen, das das Sowjetregime gehaßt, die Komsomolorganisation mit aufgelöst und den Unterricht geschwänzt hat, um im Park Nabokov zu lesen oder zu einer Jelzin-Kundgebung zu laufen, und dann als bekannte Journalistin und dazu noch »skandalumwitterte« Autorin wieder zurückzukommen. Wie sollte ich mit meinen alt gewordenen, einst sowjetischen Lehrern reden? Und wie würden sie, die vergeblich versucht hatten, mir den historischen Materialismus und Marxismus-Leninismus beizubringen, eine gemeinsame Sprache mit mir finden? Für mich ging es ja nur um eine Schule, nichts weiter – einen Karzer, aus dem ich glücklich entkommen war. Für sie dagegen war ich jetzt eine Berühmtheit, ein Gegenstand des Stolzes.

»Wieso habe ich mir das alles bloß nicht früher überlegt? Wieso habe ich nicht gestern schon meine Haare in Ordnung gebracht und mir irgendwas Schönes zum Anziehen rausgesucht, um Frida eine Freude zu machen? Hätte ich nicht wenigstens ein bißchen früher aufstehen und mir ein Kostüm bügeln können?!« verfluchte ich mich, während ich in aller Eile duschte und mich anzog. »Und jetzt komme ich auch noch zu spät ... So eine Schande ... Warum muß das immer so sein? Jedesmal schwöre ich mir, von jetzt an nie mehr zu spät zu kommen, und jedesmal fällt mir das genau dann wieder ein, wenn bis zu meiner Verabredung noch eine Viertelstunde bleibt und ich noch keine Hose anhabe … Es ist einfach eine Krankheit …« Der einzige Trost war, daß mich meine Lehrer, die mich zehn Jahre nicht gesehen hatten, so zumindest leicht wiedererkennen würden – in der Schule hatten sie mich ja auch immer ins Klassenbuch eingetragen: »… kommt wieder zu spät zum Unterricht.«

Um 13 Uhr 45 klingelte mein Telefon, es war die Taxizentrale (aus irgendeinem Grund fiel mir auf, daß es diesmal eine andere Stimme war, nicht die Frau, die beim ersten Mal angerufen hatte).

»Junge Frau, unser Fahrer wird schon unruhig! Wann kommen Sie denn runter?«

»Sofort, sofort! Ich flehe Sie an, er soll bitte warten! Ich komme sofort, in einer Minute bin ich unten!« schnatterte ich in den Hörer, den ich akrobatisch mit Schulter und Kinn gegen das Ohr drückte, während meine eine Hand hastig einen Stiefel zumachte und die andere gewaltsam versuchte, in eine ohnehin schon überquellende Tasche noch mein Buch hineinzustopfen, das ich kaltblütig als Geburtstagsgeschenk für meine Lehrerin zu mißbrauchen gedachte – hoffnungslos chaotisch, wie ich war, hatte ich es nicht geschafft, rechtzeitig ein richtiges Geschenk zu besorgen.

Ich wollte schon aus der Wohnung rennen, bremste jedoch noch einmal vor dem Spiegel. »Nein, also mit so einer wilden Mähne auf dem Kopf kann ich dort unmöglich hingehen … Der typische Tregubova-Stil ist das: ›Eben aus dem Bett gesprungen‹ …«

Ich feuchtete meine Hände an und versuchte schnell, meine Frisur wenigstens ein bißchen zu glätten. Und blieb eine Sekunde länger vor dem Spiegel stehen. Diese Sekunde hat mir das Leben gerettet. Denn genau in diesem Augenblick gab es vor meiner Tür eine Explosion.

Ich hörte die Explosion weniger, als ich sie sah: Mein ungekämmtes Spiegelbild sprang plötzlich etwas hoch und fiel dann wieder auf seinen Platz. Die Wohnung schwankte wie bei einem Erdbeben. Im ersten Moment dachte ich an eine starke Gasexplosion. Als ich klein war, habe ich einmal gehört, wie ein Haus in der Nähe der Wohnung meiner Eltern in die Luft flog, und später habe ich mir die Überbleibsel angesehen. Das war keine sonderlich erfreuliche Perspektive. Am meisten Angst hatte ich um meine beiden Katzen: Wie würde ich sie nach draußen bringen, falls ein Feuer ausbrach? Unter den Armen? Das sollte erst mal jemand versuchen, bei ihrem widerspenstigen Temperament ... Vorsichtig ging ich zur Tür und schaute durch den Spion. Ich sah gar nichts. Der Flur war voller Rauch, und der Spion war gesprenkelt mit irgendwelchen kleinen weißlichen Partikeln. Meine Katzen, die zu Friedenszeiten heldenhaft knurrten wie Wachhunde, sobald ein Fremder sich der Tür näherte, waren auf einmal ganz still und sanft und standen mit riesigen, schreckgeweiteten Augen neben mir wie zwei verängstigte Schülerinnen.

Ich spürte, wie mir selbst von der Stärke der Druckwelle leicht übel wurde. Erst einige Sekunden später begriff ich, daß die Explosion ohrenbetäubend laut gewesen war. Immer noch im Glauben, es handle sich um eine Gasexplosion und man müsse so schnell wie möglich das Gebäude verlassen, machte ich die Tür einen Spaltbreit auf, um die Lage auszukundschaften. Doch ich hörte sofort jemanden schreien: »Zurück! Alle zurück! Türen zu!«

Ich hatte nur gesehen, daß auch draußen alles mit weißen Splittern übersät war, wie mein Türspion, und daß die Luft von einem milchigen Nebel erfüllt war. Leute rannten über den Flur. Wer, konnte ich durch den Spion nicht erkennen, ich sah nur eine verschwommene Gestalt rechts von meiner Tür. Jemand schrie (vermutlich in ein Funkgerät): »Schickt sofort ein Einsatzkommando!« Da wurde mir klar, daß es hier nicht um Gas ging.

Die erste, die ich anrief, war meine Freundin Mascha Slonim.

»Mascha, du wirst lachen, aber vor meiner Tür hat es gerade eine Explosion gegeben. Ich dachte erst an Gas, aber da draußen rennt ein Polizist über den Flur und schreit irgendwen an, er soll ein Einsatzkommando schicken …«

»Tja, meine Liebe, es sieht ganz so aus, als wäre dein Päckchen aus Amerika angekommen …«, scherzte Mascha grimmig.

Sie spielte auf einen merkwürdigen Anruf auf meinem Mobiltelefon fünf Tage zuvor an: Ein Mann, der sich als »Zustelldienst am Flughafen Scheremetjewo« ausgab (von dem ich weder vorher noch nachher je etwas gehört habe), wollte, daß ich ihm meine Adresse durchgebe.

»Elena Viktorovna? Bei uns liegt ein Paket für Sie, aber wir haben hier nur Ihre Mobilnummer, der Adreßaufkleber ist abgerissen …«

»Von wem ist denn das Paket?« fragte ich nach; die Sache kam mir gleich nicht ganz koscher vor.

»Von einer amerikanischen Firma … Der Absendername ist auch abgerissen …«

Mir war sofort klar, daß das gelogen war: Einem privaten Zustelldienst, der auf diese Weise zufällig alles »abreißen« ließ, hätte man selbst längst sonstwas abgerissen. Außerdem gab es bei jedem Zustelldienst Frachtscheine, mit denen man die Adresse leicht hätte finden können. Ich verlangte, der Anrufer solle mir die Nummer dieses geheimnisvollen Dienstes geben. Er sagte: »Jaja, sofort«, doch danach brach das Gespräch aus irgendeinem Grund ab.

Der Zufall wollte es, daß Mascha Zeugin dieses seltsamen Telefonats wurde – wir waren gerade unterwegs in ihr Haus auf dem Land. Auch sie hatte kein gutes Gefühl bei dem Anruf. »Lena, schreib dir für alle Fälle die Nummer auf, von der der Anruf kam – zeigt dein Telefon sie an?«

Als erfahrene Journalistinnen hatten wir natürlich beide weder ein Notizbuch noch ein leeres Blatt dabei, also riß ich einen kleinen Fetzen von Maschas Stundenplan ab – sie hielt damals gerade Vorlesungen für Journalisten an der *Internews*-Schule. Die Nummer auf dem Display meines Telefons sah seltsam aus: Die ersten Ziffern waren 824 – und weder Mascha noch ich kannten einen Bezirk in Moskau, dessen Telefonnummern so anfingen. Wie eine Funknummer sah sie auch nicht aus – keiner der bekannten Moskauer Mobilfunkbetreiber hat solche Nummern.

Zwei Stunden vergingen. Wir saßen schon friedlich beim Abendessen in Maschas Haus. Der Tag ging zu Ende, aber kein »Zustelldienst« hatte mich mehr angerufen. Mir war etwas unbehaglich zumute. Um die Situation irgendwie zu entspannen, witzelte ich: »Weißt du, Mascha, eines ist doch beruhigend: Unter all den Leuten, die mir Scherereien machen wollen, gibt es immer noch welche, die meine Adresse nicht haben …« Aber fünf Tage später sollte sich zeigen, daß diejenigen, denen wirklich daran liegt, uns Scherereien zu machen, unsere Adresse allemal herausfinden.

Ein komisches Detail habe ich vergessen zu erwähnen: Sie werden es nicht glauben, aber in dem Haus, in dem ich wohne, ist im Erdgeschoß eine Polizeidienststelle untergebracht. Und ich wohne im ersten Stock. Der Mann, der eine halbe Minute nach der Explosion durch den dichten Rauch vor meiner Tür lief und irgendwen anschrie, er solle ein Einsatzkommando schicken, entpuppte sich dementsprechend als Polizist. Mascha gab mir die Nummer des *Moskauer Rettungsdienstes* und sagte, ich solle sofort dort anrufen und die Explosion melden. Das tat ich. Ein paar Minuten später hatte sich vor meiner Tür bereits ein ganzes Expertenteam eingefunden. Jemand erörterte laut die Stärke der Detonation und die Richtung der Druckwelle: »Siehst du, so hat sie sich ausgebreitet ...«

Wie sie sich ausgebreitet hatte (also was der Mann dabei zeigte), konnte ich nicht sehen, soviel gab mein Türspion nicht her. Ich hatte zwar ein sogenanntes »Fischauge« mit Rundumsicht, aber ein Fischauge ist eben immer noch kein Periskop in einem U-Boot, zumal, wenn es infolge einer Explosion ganz und gar mit Staub bedeckt ist. Deshalb nahm ich alles, was draußen vorging, nur durch die Tür wahr, wie ein Hörspiel.

Mein Telefon lief unterdessen heiß. Besser gesagt, meine beiden Telefone, Mobil- und Festnetz. Die Nachricht von der Explosion hatte blitzschnell in der Stadt die Runde gemacht – einfach weil meine engsten Freunde, denen ich sofort am Telefon erzählt hatte, was passiert war, Journalisten sind. Als erstes wurde die Nachricht von der Explosion auf *Echo Moskwy* gesendet, dem beliebtesten Moskauer Radiosender – und sie schlug unter den Journalisten der Stadt ein »wie eine Bombe«. Wie sie mir später gestanden, hatten alle meine Kollegen schon lange, im Grunde seit dem Erscheinen meines Buches, etwas Derartiges erwartet und ernsthaft um mein Leben gefürchtet. Ich dagegen, naiv wie ich war, hoffte auch jetzt noch mit letzter Kraft, all das wäre nur ein böser Traum, gleich würde der Rauch verfliegen und es würde sich herausstellen, daß lediglich eine harmlose Gasflasche bei irgendeinem Nachbarn in die Luft geflogen war. Ich beschwor die Korrespondenten, die mich anriefen und einen Kommentar von mir hören wollten, keine voreiligen Schlüsse zu ziehen. »Ich bitte euch, wartet ein bißchen, kommentiert noch nichts – ich versuche gleich mal, vor die Tür zu gehen und zu fragen, was passiert ist! Vielleicht ist das alles ein Mißverständnis!« rief ich in den Hörer.

Doch auch mein nächster Vorstoß blieb kurz und ergebnislos. Ich öffnete die Tür einen schmalen Spalt und stieß direkt davor auf einen Mann, der still auf dem Boden hockte und mit einer Pinzette sorgfältig kleine Splitter und irgendein helles Pulver aufsammelte und in winzig kleine Plastiktüten steckte. Leise, um nicht die Aufmerksamkeit der in der Nähe stehenden Polizisten auf mich zu ziehen, fragte ich ihn: »Sagen Sie, was ist denn passiert?«

Der stille Mann schaute zu mir auf und antwortete ebenso leise: »Nichts.«

In dem Moment hatten die Polizisten mich entdeckt, sie brüllten los: »Junge Frau, machen Sie sofort die Tür zu!«

Ich bettelte: »Aber sagen Sie mir doch wenigstens, was eigentlich explodiert ist! Verstehen Sie, hier rufen Journalisten an und fragen nach. Was soll ich denen denn erzählen?«

»Gar nichts sollen Sie erzählen«, schnitten die Ordnungshüter mir streng das Wort ab. »Machen Sie die Tür zu.«

Mir fiel auf, daß auf dem Boden der abgerissene, völlig verzogene Schirm der Deckenlampe herumlag. Unser Flur hat sehr hohe Decken, an die fünf Meter hoch, es ist ein altes

Haus – wenn die Detonation auch die Decke erreicht hatte, mußte sie wohl ziemlich stark gewesen sein, schloß ich. Ich folgte den Anordnungen der Polizei und machte die Tür wieder zu, aber im letzten Augenblick steckte ich den Kopf noch einmal hinaus und warf einen Blick auf die Tür der Wohnung gegenüber (in ungefähr eineinhalb Metern Entfernung von meiner) – und erstarrte: Die obere Hälfte fehlte einfach, zwischen Wohnung und Flur gähnte ein gewaltiges Loch. Jetzt erst wurde mir klar, daß meine Tür nur standgehalten hatte, weil sie zufällig aus Stahl war, während die Nachbarwohnung bloß eine aus Holz hatte. Ich ging zurück in meine Wohnung und erzählte dem am Telefon wartenden Korrespondenten von *Echo Moskwy*, was ich gesehen hatte.

Das Schlimme war, daß *Echo Moskwy*, in der Befürchtung, mein Leben sei immer noch in Gefahr, sämtliche Informationen sofort live sendete. Das heißt, für den Sender war daran gar nichts Schlimmes, es war vielmehr einfach ein Zeichen von Professionalität – doch meiner Mutter hätte das beinahe einen Herzinfarkt beschert. Bevor ich dazu kam, ihre Nummer zu wählen, hatte sie schon im Radio von der Explosion gehört. Und ehe ich die Gute beruhigen und ihr sagen konnte, daß ich heil und lebendig war, war sie schon aus dem Haus gestürzt, ohne sich auch nur umzuziehen – sie hatte nur noch eine Packung Validol eingesteckt –, und saß in der U-Bahn, auf dem Weg zu mir. Und in der U-Bahn hatte ihr Telefon keinen Empfang. Und … Kurzum, es ist leicht vorstellbar, aber schwer zu beschreiben, was sie in diesen fünfundzwanzig Minuten durchgemacht hat, die sie zu mir unterwegs war. Genauer gesagt nicht zu mir, sondern nur bis zu meiner Haustür. Ins Haus ließ die Polizei sie nämlich nicht. Sämtliche Ein- und Ausgänge waren schon abgesperrt, niemand durfte hinein oder heraus. Mein Vater (den ich auch nicht mehr erreicht hatte und der genau zur selben Zeit, nur an einem anderen Ort, die Nachricht im Radio hörte, von der Arbeit davonstürmte und sich mit der U-Bahn auf den Weg zu mir machte) erzählte mir später, als er vor meinem Haus ankam, sei meine heldenhafte Mutter schon kurz davor gewesen, die Haustür im Sturm zu nehmen, und wenn er sie nicht zurückgehalten und beruhigt hätte, »dann wäre es den Polizisten, die sie nicht durchlassen wollten, schlecht ergangen …« Offenbar war sie (eine bescheidene Rentnerin, die ihr Leben lang als Pädagogin mit Kindern und Studenten gearbeitet hatte) frontal auf die Polizisten losgegangen und hatte gerufen, wenn man sie nicht zu ihrer Tochter ließe, würde sie »sie alle auf der Stelle entlassen«!

Es war eine irrwitzige Situation. Über eine Stunde lang stand ich praktisch unter Hausarrest. Das heißt, es hatte zwar keiner meine Tür von außen abgesperrt, doch sobald ich versuchte hinauszugehen, brüllte jemand: »Zurück!« und schlug die Tür wieder zu. Ohne jede Erklärung. Seltsamerweise rief mich nach einer Weile unter meiner Festnetznummer der *Moskauer Rettungsdienst* zurück (den ich, Sie erinnern sich, auf Maschas Anraten gleich nach der Explosion alarmiert hatte) und fragte, ob ich nicht wüßte, was eigentlich passiert sei und was zu der Explosion geführt habe. Woraus ich schloß, daß auch ihre Mannschaft nicht sofort zum Ort des Geschehens durchgelassen wurde. Anscheinend arbeiteten dort zunächst nur das Einsatzkommando und der Geheimdienst.

Ich schaffte es nicht mehr, alle Anrufe entgegenzunehmen. Mein heißgelaufenes Telefon, das automatisch auf Anrufbeantworter schaltete, wenn die Leitung besetzt war, sagte mir ein paar Minuten später, ich hätte »35 neue Nachrichten«. Zum Abhören blieb mir keine Zeit, denn ich mußte am anderen Telefon Dutzenden von Freunden beteuern, daß ich in Sicherheit war, mußte versuchen, meine Eltern zu beruhigen, die nur noch hundert Meter von mir entfernt waren, wegen der Kontrollposten jedoch nicht zu mir durchkamen, und vor allem mußte ich Tausende russische und ausländische Paparazzi abwimmeln, die nicht schnell genug erfahren konnten, ob die Explosion mir womöglich den Kopf abgerissen hatte. Einer von ihnen hatte allerdings mehr Talent und Glück als die anderen. Wladimir Kara-Mursa, ein Korrespondent des Fernsehsenders *RTWi*, hatte auf unerfindlichen Wegen meine private Telefonnummer herausgefunden, rief mich an, kam zu mir durch und bat herzlich, ich solle versuchen, durch den Polizeikordon zu ihnen herauszukommen, weil sie in einer Stunde Nachrichten brächten.

»Wir wollen Sie nicht quälen, wir wollen der Welt nur zeigen, daß Sie noch leben ...«, versprach er fürsorglich.

Den Sender *RTWi* kannte ich gut: Sie hatten mehrmals Interviews mit mir gebracht – zum Beispiel, als es so aussah, als würde mein Buch konfisziert werden und gar nicht erst aus der Druckerei in die Buchläden kommen, oder als die Reportage über mein Buch aus dem Programm des Fernsehsenders *NTW* genommen wurde. Mit anderen Worten, *RTWi* war mir sympathisch, denn er war im Grunde der letzte unzensierte russischsprachige Fernsehsender – den man allerdings dank der Bemühungen des russischen Presseministeriums in Rußland nicht sehen konnte: *RTWi* sendet nur für die russische Diaspora in Israel und den USA.

»Wir sind doch Ihre Freunde, Lena«, redete Wladimir Kara-Mursa mir am Telefon ernsthaft ins Gewissen. »Lassen Sie uns bitte nicht im Stich!«

Ich erklärte ihm dasselbe wie den paar hundert anderen Korrespondenten, die vor ihm angerufen hatten: daß ich selbst nichts über die Explosion wußte und daß man mich nicht aus der Wohnung ließ.

Aber Kara-Mursa ließ nicht locker. Eine Minute später rief er wieder an und sagte: »Ich habe hier mit dem wachhabenden Polizisten geredet, der sagt, man würde Sie rauslassen, wenn Sie angeben, daß Ihre Eltern da sind.«

»Tut mir leid, ich habe es schon ein paar Mal versucht, die lassen mich nicht durch.«

»Versuchen Sie es noch mal, ich bitte Sie inständig ...«

Nach dem zehnten dieser höflichen, herzergreifenden Anrufe Kara-Mursas gab ich meinen Widerstand auf.

»Also gut, kommen Sie gleich zum Hauseingang – ich versuche noch mal, die Blockade zu durchbrechen ...«

Doch am Ende war nicht ich es, die die Blockade durchbrach, und auch nicht der hartnäckige *RTWi*-Korrespondent, sondern meine Katze, und das ging so: Ich mache die Tür auf. Stecke den Kopf hinaus. Und sehe – welch ein Glück! –, es steht gerade einmal niemand vor meiner Tür. Ich trete einen Schritt nach draußen, schaue nach rechts (meine Wohnung liegt genau in der Mitte eines langen Flurs, der an seinen beiden Enden, in jeweils etwa fünfzehn Metern Entfernung, eine Biegung macht) und sehe, daß hinter der rechten Ecke Männer in Polizeiuniform hervorkommen, die mit den Armen fuchteln und schreien: »Hierher dürfen Sie nicht, bleiben Sie in der Wohnung, das kann gefährlich sein hier ...« Ich schaue mich kurz um, sehe nur den verdreckten Flur voller Trümmer und Splitter und verstehe nicht, was daran so gefährlich sein soll. Doch mir ist klar, daß ich nicht nach rechts gehen kann, weil ich da nur von den Polizisten aufgehalten würde. Also drehe ich mich um und mache einen Schritt nach links – und dort tauchen hinter der anderen Ecke des Flurs (von wo aus man weiter zu einem zweiten

Treppenaufgang mit separatem Ausgang gelangt) wieder andere Männer in hellblauer Uniform auf. Ich ahne, daß das wohl der von mir gerufene *Moskauer Rettungsdienst* ist, der endlich eingetroffen ist. Ich rufe ihnen zu: »Sagen Sie, ist das wirklich gefährlich hier? Kann ich zu Ihnen kommen?«, doch sie haben keine Zeit mehr zu antworten. Denn in dem Moment schießt hinter meinen Füßen wie der Blitz meine ältere Katze hervor und rast, so schnell sie kann – nein, nicht zu den Polizisten, das kluge Tier, sondern zur anderen Seite, auf den *Moskauer Rettungsdienst* zu. Und gleich darauf stürze ich hinter ihr her und schreie: »Ljusja, Ljusja! Komm zurück! Die jagen dich in die Luft!« Normalerweise verlassen meine Katzen nie die Wohnung, doch jetzt war meine Ljusja anscheinend so entnervt – erst durch die Explosion, dann durch das Geschrei vor der Tür und überhaupt durch diesen für den Katzenstolz einfach empörenden Hausarrest –, daß sie sich zu einer Protestaktion entschlossen hatte.

Ich holte sie erst am Ende des Flurs ein. Sie saß zu Füßen eines gutmütigen Burschen in der hellblauen Montur der Rettungskräfte, der sich schon herunterbeugte, um sie zu streicheln. Ich packte erst Ljusja und drückte sie gegen meine Brust, dann fragte ich: »Haben Sie herausgefunden, was hier passiert ist? Was ist denn explodiert? Ich wohne hier, aber mir sagt die Polizei überhaupt nichts!« Und der Retter, der von seinen übereifrigen »Kollegen« von der Polizei offenbar auch schon genug hatte, antwortete einfach: »Ein Sprengsatz. Selbstgebastelte Bombe. War an der Türklinke befestigt.«

In dem Augenblick wurde mir bewußt, daß keine Macht der Welt mich mehr davon abhalten konnte, das Haus zu verlassen. Ich rief sofort Kara-Mursa an und erzählte, was ich eben gehört hatte. Und was der Korrespondent mir daraufhin seinerseits berichtete, machte endgültig klar, warum die Polizei mich so lange in meiner Wohnung eingesperrt hielt und mich nicht zur Presse hinausließ: »Stellen Sie sich vor, Lena, gerade eben ist ein Beamter von der Abteilung Inneres der Stadtverwaltung aus Ihrem Hauseingang auf die Straße gekommen und hat vor den Journalisten eine offizielle Erklärung abgegeben, die Explosion vor Ihrer Wohnung habe nichts mit Ihnen zu tun und er schließe politische Gründe von vornherein aus! Obendrein hat die Abteilung Inneres auch schon eine Erklärung verbreiten lassen, Sie seien zum Zeitpunkt der Explosion nicht in der Wohnung gewesen. Wie gefällt Ihnen das?! Wir machen uns ernsthafte Sorgen um Sie. Sie müssen schnellstens da raus.«

Völlig schockiert, ohne recht wahrhaben zu wollen, daß dieser ganze Alptraum wirklich passierte, und zwar ausgerechnet mir, achtete ich nicht mehr auf die Zurufe der Polizisten, die schon wieder auf mich zukamen, setzte schnell Ljusja in der Wohnung ab, schloß die Tür ab und rannte denselben rettenden Weg zurück, den die Katze mir eben gezeigt hatte: zum zweiten Hauseingang, dessen Treppe, wie ich hoffte, nicht von den Ordnungshütern »okkupiert« war.

Nachdem ich ungehindert an den Mitarbeitern des Rettungsdienstes vorbei und ins Erdgeschoß gelangt war, entdeckte ich jedoch, daß auch dieser Ausgang abgeriegelt war und von drei Polizeibeamten bewacht wurde. Ich versuchte zunächst, von Mensch zu Mensch mit ihnen zu reden, um aus meiner Gefangenschaft zu entkommen: »Meine Eltern stehen da draußen und frieren …«

»Ihre Eltern stehen vor dem ersten Eingang, wie alle anderen Leute auch.«

»Ja, aber dort lassen sie überhaupt niemanden rein oder raus!«

»Da können wir Ihnen auch nicht helfen. Am ersten Eingang steht unser Chef – gehen Sie zurück und fragen Sie dort um Erlaubnis.«

Da verstand ich, daß nur die unglaubliche Sturheit und Schläue des *RTWi*-Reporters mich befreien konnte. Ich rief ihn noch einmal von meinem Mobiltelefon aus an: »Können Sie jetzt sofort zum zweiten Eingang kommen? Die lassen mich nicht raus.«

Buchstäblich eine Sekunde später tauchte sein Gesicht hinter der verglasten Haustür auf. Und eine weitere Sekunde später war auch ein Kameramann da. Die Polizisten protestierten: »Wir dürfen keine Journalisten reinlassen!«

Endgültig erschöpft und entnervt, entschloß ich mich zu einer typischen Journalistenerpressung: »Sie möchten also, daß ich gleich durch dieses Gitter hier gefilmt werde? (In der Eingangstür ist ein Ziergitter eingelassen. – E.T.) Sie möchten, daß im Fernsehen gezeigt wird, wie Sie mich aus meinem eigenen Haus nicht herauslassen? Bitte, das können Sie haben ...«, sagte ich schroff und wählte wieder Kara-Mursas Nummer. Die Polizisten warfen noch einmal einen abschätzenden Blick auf mich, dann auf Kara-Mursa und die Kamera, dann auf das Gitter zwischen uns – und nachdem sie sich anscheinend kurz vorgestellt hatten, wie unvorteilhaft sich dieses »Gefängnisambiente« in den Abendnachrichten ausnehmen würde, schlossen sie mir widerwillig die Tür auf. Ich schoß wie ein Korken aus der Flasche nach draußen, und dort versuchte ich undankbares Ding natürlich sofort, Kara-Mursa davonzulaufen und meine Eltern zu suchen.

»Mama, wo seid ihr? Ich hab's geschafft, ich bin draußen ... Ich komme gleich zu euch! Macht euch keine Sorgen ...«, rief ich meiner Mutter am Telefon zu.

»Mama! Papa!« schrie ich dann schon nicht mehr ins

Telefon, sondern über die Köpfe hinweg, im vergeblichen Versuch, in dem Gedränge und Durcheinander vor meinem Haus meine Eltern zu finden. Doch schon stürzten an ihrer Stelle die Kollegen auf mich zu wie Wespen auf ein Marmeladenglas. »Die Kollegen« klingt nach gar nichts – es war ein ganzer Schwarm von einigen hundert »Kollegen«, manche kannte ich, andere nicht, es waren Korrespondenten von den internationalen Agenturen dabei, Fotografen, Radio- und Fernsehjournalisten. Ich war benommen, überreizt und in entsetzlicher Sorge um meine Eltern, die mich seit der Explosion noch nicht lebendig gesehen hatten, doch die »Kollegen« klebten von allen Seiten an mir und schalteten ohne Vorwarnung ihre Kameras und Mikrophone ein. Meine ersten Worte, das haben mir später Freunde erzählt, waren: »Oje, Kinder, ist das kalt hier ... Haltet mich bitte nicht auf, ja?« (Ich war ohne Mantel nach draußen gelaufen, nur in einem dünnen Pullover.) Und mein erster Gedanke im Scheinwerferlicht war ausgerechnet: »Wie furchtbar, ich habe mir immer noch nicht richtig die Haare gekämmt ...«

»Knallharte Promotion«

»Elena, was glauben Sie, wer hat dieses Attentat auf Sie organisiert, und was sollte damit erreicht werden?«

»Elena, wir erfahren eben, daß Putins Kandidatur zur Präsidentschaftswahl zugelassen wurde. Halten Sie einen Zusammenhang zwischen dem Attentat auf Sie und den Wahlen für möglich?«

»Sehen Sie den Anschlag als Rache für Ihr Putin-kritisches Buch ›Geschichten eines Kreml-Diggers‹? Glauben Sie, daß der Kreml dahintersteckt?«

»Wollen Sie trotz dieses Attentats in Rußland bleiben?«

Alles, was ich wollte, war, so schnell wie möglich meine Eltern zu finden und sie zu beruhigen – wie sollte ich da gleichzeitig all die Fragen beantworten? Ich konnte vor den Kollegen, die mich umringten, nur verstört einräumen, daß ich eine falsche Prognose abgegeben hatte: »Wissen Sie, vor kurzem hat man mich in verschiedenen Interviews gefragt, ob ich nach dem Erscheinen meines kritischen Buches über das Putin-Regime nicht um mein Leben fürchte, und ich habe gesagt, ich sei hundertprozentig überzeugt, daß mir vor den Präsidentschaftswahlen niemand auch nur ein Haar krümmen werde ... Ich müßte erst nach einem Wahlsieg Putins anfangen, mir ernsthaft Gedanken um meine Sicherheit zu machen ... Leider war meine Prognose nicht viel wert ...«

Alle weiteren Fragen, sagte ich den Journalisten, sollten sie nicht mir stellen, sondern dem Mann, der an diesem Tag als Kandidat zur Präsidentschaftswahl zugelassen worden war: Was er davon halte, daß vor seiner Nase, anderthalb Kilometer vom Kreml, im Zentrum von Moskau, an der Puschkinskaja ploschtschad, in einem Haus mit einer Polizeidienststelle jemand am hellichten Tag in aller Seelenruhe eine Bombe gezündet hatte?

Später erfuhr ich, daß die vor meinem Haus aufgenommenen Bilder von allen großen internationalen Fernsehsendern gezeigt worden waren. Sogar ein paar russische Sender hatten es gewagt, in ihren Nachrichten von dem Attentat zu berichten – obwohl die Kremlzensur schon vor zwei Monaten jede Erwähnung meines Namens und meines Buches strengstens untersagt hatte. Zwar hatten die russischen Fernsehleute angeblich nur die Bilder ohne Ton ausgestrahlt – doch auch das war in ihrer unfreien Position schon ein Akt der Zivilcourage.

Meine Freunde zeigten mir später einige vom Bildschirm abfotografierte Fernsehbilder – na ja, also vorsichtig ausgedrückt: Ich habe in meinem Leben schon besser ausgesehen … Doch am Tag des Anschlags selbst hatte ich, wie man sich leicht vorstellen kann, anderes im Kopf, als gemütlich vor dem Fernseher zu sitzen und zuzusehen, wie sich die einzelnen Sender über meine bleiche, häßliche Visage mit den riesigen, wie bei meinen verängstigten Katzen weitaufgerissenen Augen lustig machten. Ehrlich gesagt, hatte ich in jenen Augenblicken eigentlich gar keine Angst. Eher war ich erstaunt. Und mir graute vor der Frage, was ich jetzt tun sollte. Mit meinen Eltern. Mit meinem Leben. Mit meinem Land. Emigrieren? Fliehen? Meine Eltern aus dieser Hölle herausholen? Ich hatte ein Gefühl, als würde das alles nicht mir passieren, sondern jemand anderem. Als *könnte das nicht sein.* Ich weiß nicht, ob es Zufall war oder nicht, aber genau in dem Moment, als ich mir endlich einen Weg nach draußen freigekämpft hatte und anfing, auf die Fragen der Journalisten zu antworten, löste die Polizei den Kordon auf und ließ auf einmal jeden, der wollte, ins Haus hinein und aus dem Haus heraus.

Ich lief zum ersten Aufgang und fand meine armen Eltern, die schon die Treppe hinaufrannten. Wir umarmten und küßten uns wortlos, dann gingen wir zusammen in meine Wohnung. Als wir zu meiner Tür kamen, war ich etwas überrascht, daß keiner der Polizisten, die sich am Tatort drängten, auch nur das geringste Interesse an mir zeigte und mich vernehmen wollte. Ich ging auf sie zu, sagte, wie ich hieß und wer ich war, und berichtete kurz, wie ich ein Taxi bestellt und der Taxizentrale am Telefon gesagt hatte, ich käme herunter, und wie genau in dem Moment die Bombe detoniert war. Sie hörten mir zu, doch keiner machte sich auch nur die kleinste Notiz. Dann fragten mich zwei von ihnen (mir schien, es waren die »Chefs«) scheinbar beiläufig, als wären wir uns zufällig auf einer netten Party bei Freunden begegnet: »Es heißt, Sie haben ein Buch geschrieben? Dürfen wir das denn mal lesen?«

Ich ging in meine Wohnung, holte zwei Belegexemplare meines Buches und schenkte sie ihnen. Bei dieser Gelegenheit fragte ich: »Würden Sie mir vielleicht Ihre Telefonnummern und Namen dalassen? Ich möchte gern über den weiteren Verlauf der Ermittlungen informiert bleiben.«

Einer der beiden stellte sich als Mitarbeiter der Stadtverwaltung für Inneres vor, der andere war von der Moskauer Kriminalpolizei. Zum Schluß drückte ich ihnen noch fast gewaltsam meine Mobilnummer in die Hand – ich konnte gar nicht glauben, daß niemand mich zwang, langweilige Protokolle aufzunehmen, sondern alle im Gegenteil scheinbar absichtlich so taten, als bemerkten sie mich gar nicht.

Wegen meiner Eltern mußte ich jedoch dringend etwas unternehmen. Ihre Reaktion auf den Anschlag kam für mich völlig überraschend. Ich war darauf vorbereitet, daß meine Mutter weinen würde, aber daß sie lachen würde, hatte ich absolut nicht erwartet.

»Witja, was darf ich dir geben – eine kleine Validol oder lieber eine Anaprelin?« Grundlos lachend, bot sie meinem Vater Medikamente an. Er lachte ebenfalls, worüber auch immer, und antwortete, er habe seine Dosis Pillen heute schon »eingeworfen«. Nach einigen Minuten dämmerte mir, daß dieses nervöse, fast hysterische Gelächter wohl eine Folge des plötzlichen Adrenalinausstoßes war: erst durch den furchtbaren Schreck und die Angst um mich und dann durch die Freude darüber, daß ich heil und lebendig war. Ich begriff, daß sie schleunigst eine andere Umgebung brauchten, und ging mit ihnen ins *Schafran* Tee trinken, ein gemütliches libanesisches Restaurant fünf Minuten von meinem Haus. Die Kellnerinnen empfingen mich so freudig, als wäre ich ein Familienmitglied – in den letzten Monaten, seit mein Buch herausgekommen war, war ich fast täglich mit irgendeinem Fernsehteam oder einem Journalisten, der mich interviewte, bei ihnen aufgetaucht. Meine Eltern und ich bekamen den gemütlichsten Tisch in einem Nebenzimmer, mit einem weichen Sofa und Kissen. Doch noch bevor das Humus serviert wurde, hatte das nervöse Gekicher auch mich angesteckt, und eine halbe Stunde später war ich schon im selben Zustand wie meine Eltern und fragte sie, Tränen lachend: »Wieso lacht ihr eigentlich?! Gerade eben wäre um ein Haar eure Tochter in die Luft gejagt worden, und ihr lacht …«

Von außen betrachtet, müssen wir einen ziemlich erschreckenden Anblick geboten haben. Noch heute werde ich unruhig, wann immer ich ins *Schafran* gehe – es ist ziemlich unheimlich, sich an all das zu erinnern. Am meisten fürchtete ich, das Herz meines Vaters oder meiner Mutter könnte nicht mehr mitmachen.

Zum Reden kamen wir kaum: Wenn ich behaupten würde, mein Mobiltelefon hätte in Sekundenabständen geklingelt, dann wäre das untertrieben. Es klingelte mehrmals pro Sekunde. Nur war der technische Fortschritt zum Glück noch nicht so weit, daß ich all die Anrufe gleichzeitig annehmen konnte. An diesem Tag rief mich wirklich ganz Moskau an und dazu die halbe Welt. Ausschalten konnte ich mein Telefon nicht – es war leicht vorzustellen, wie meinen Freunden zumute gewesen wäre, wenn sie auf die Nachricht von der Explosion hin versucht hätten, mich anzurufen, und nur erfahren hätten, der Teilnehmer sei »vorübergehend nicht erreichbar«.

Bald meldeten sich jedoch auch diejenigen, denen am allerwenigsten an meinem Wohlergehen lag, obwohl sie von Amts wegen verpflichtet waren, für meine Sicherheit zu sorgen. »Elena Viktorovna, hier spricht die Moskauer Stadtverwaltung, Abteilung Inneres – Sie erinnern sich, Sie hatten uns Ihre Nummer gegeben. Also wirklich, Elena Viktorovna … Was sollen denn die vielen Interviews? Uns sagen Sie, Sie wollen zu Ihren Eltern, aber in Wirklichkeit stellen Sie sich vor die Kameras und geben Interviews … Das ist doch keine Art! Unsere Chefs hier sind sehr verärgert …«

Ich war empört. »Was soll das heißen – wollen Sie mich vielleicht zwingen, über das Attentat auf mich Stillschweigen zu bewahren?«

»Aber Elena, was heißt denn hier ›Attentat‹? Es ist doch niemand zu Tode gekommen …«

Das brachte mich schon wieder zum Lachen. »Ach, deswegen sind Sie verärgert. Aber, mit Verlaub, wenn das Attentat gelungen wäre, dann gäbe es ja auch niemanden mehr, der darüber sprechen könnte, habe ich nicht recht?«

Inzwischen konnte ich kaum mehr reden, vor Müdigkeit und nervöser Anspannung versprach ich mich dauernd. Ich versuchte, mich mit einem erprobten Teenagertrick wieder auf die Beine zu bringen. »Bringen Sie mir bitte noch ein großes, das allergrößte Glas Cola light mit Eis! Und mit Zitrone«, bat ich die Bedienung kraftlos flüsternd.

Bald darauf starb der Akku meines Telefons den Heldentod. Danach saß ich buchstäblich mit dem Rücken zur Wand – rechts von dem Sofa gab es nämlich eine Steckdose, in die ich mein Ladegerät steckte. In dieser ziemlich seltsamen Position, ganz am Rand des Sofas und leicht nach rechts gebeugt, zum Kabel des Ladegeräts, mußte ich live auf *Echo Moskwy* und *BBC* sprechen und mehreren Dutzend anderen russischen und westlichen Medien Interviews geben. Ich wurde gar nicht mehr vorher gefragt, ob ich einverstanden sei, ein paar Fragen zu beantworten, sie riefen mich einfach an und sagten: »Guten Abend, Elena, Sie sind auf Sendung!«

»Aber, Entschuldigung, ich war doch schon vor einer Stunde bei Ihnen auf *BBC* ...«

»Das war eine andere Sendung ...«

Irgendwann konnte ich einfach keine Interviews mehr geben, ich fing an, Witze zu reißen, um die Anrufer loszuwerden.

»Elena, hat der Anschlag Ihnen angst gemacht? Ihr Verleger hat vor zehn Tagen in einem Interview erklärt, Sie säßen an einem neuen Buch. Wollen Sie jetzt noch daran weiterschreiben? Worum wird es in diesem neuen Buch gehen?«

»Dreimal dürfen Sie raten – worüber kann eine junge Frau nach einem Attentat schon schreiben?« antwortete ich einem der vielen neugierigen Journalisten in möglichst ernsthaftem Ton. »Über die Liebe natürlich, was sonst!«

Diese scherzhafte Antwort hat dann irgend jemand im Internet verbreitet, woraufhin mehrere Artikel unter der »sensationellen« Überschrift »Tregubova verspricht: Nach Anschlag nur noch Bücher über Liebe« erschienen. Nur meine Eltern, die neben mir saßen und annähernd im selben emotionalen Zustand waren wie ich, hatten den Witz verstanden. »Tja, Lena, nach solchen Antworten wird es nicht lange dauern, bis das nächste tickende kleine ›Päckchen‹ vor deiner Tür liegt. Putin wird glauben, daß du irgendwelche intimen Details über ihn ausplaudern willst ...«

In dem Moment ging mir ein Licht auf. Der Journalist am Telefon hatte recht gehabt: Mein Verleger hatte tatsächlich erst neulich in einem Gespräch mit *Echo Moskwy* gesagt, daß

»Tregubova an einem neuen Buch sitzt«. Und auf alle Fragen, worum es darin ging, hatte er geantwortet, das sei noch ein Geheimnis. Meine Güte, wieso wurde mir das jetzt erst klar? Bestimmt hatte irgendein Idiot gedacht: »Wie?! Jetzt will sie vor den Wahlen auch noch ein neues Buch herausbringen?!« Es war nur logisch: Einen Sprengsatz herzustellen ist sicher wesentlich billiger, als vor den Wahlen schnell noch ein Buch aus dem Handel zu nehmen …

Ich rief Alexandr Iwanow an, den Leiter meines Verlags *Ad Marginem*: »Besten Dank, Sascha …«

Sascha verstand nicht, er fragte, wofür.

»Na, wofür schon? Dafür, daß du auf *Echo Moskwy* erklärt hast, daß ich anfange, ein neues Buch zu schreiben!«

»Lena, wovon redest du? Das ist doch schon lange her, wir haben seither schon miteinander gesprochen. Blockieren deine Fans deine Telefonleitung, oder was ist los?«

Erst jetzt wurde mir klar, daß Sascha wundersamerweise noch nichts von dem Anschlag wußte.

»Nicht ganz, Sascha«, klärte ich ihn auf. »Meine Fans rufen mich nicht an, sie schicken mir lieber Bomben …«

Es war sechs Uhr abends. Mein Verleger hatte keinen Fernseher eingeschaltet. Und nicht Radio gehört. Er ging ruhig seinen Geschäften nach.

Während mein Verleger das komische Schauspiel eines Menschen bot, der am Abend noch keine Ahnung hatte von einer Neuigkeit, die scheinbar schon die ganze Welt wußte, so hat ein anderer mir nahestehender Mensch mich dadurch verblüfft, daß er gegen Abend sehr wohl von dem Attentat erfuhr. Ich spreche von meinem großen Bruder.

Ich wehrte mehrere Stunden lang mit wechselndem Erfolg die Angriffe der Paparazzi-Horde ab und hatte mir um meinen Bruder überhaupt keine Sorgen gemacht. Das heißt, ich war vollkommen sicher, daß er sich keine Sorgen um mich machte – aus einem einfachen Grund: Solange ich ihn nicht selbst anrief, *konnte er nichts von der Explosion wissen*. Und zwar nicht wegen der Zensur im russischen Fernsehen. Selbst wenn man sich im Fernsehen vor Informationen über den Anschlag nicht hätte retten können, mein Bruder hätte trotzdem nichts davon erfahren, einfach weil er keinen Fernseher besitzt. Mein liebster und einziger Bruder Grigori ist nämlich ein städtischer »Eremit«, wie es ihn wohl nur einmal gibt. Er hat aus Ekel vor der Außenwelt das Fernsehen als solches bei sich zu Hause radikal ausgemerzt.

Grischa fuhr früher als Seemann in fremde Länder, wurde dann mit Beginn der Marktreform in Rußland ein erfolgreicher Geschäftsmann, ging anschließend als Novize ins Kloster und dann noch weiter fort. Lange Zeit wohnte er mutterseelenallein in einer Einsiedelei hoch in den georgischen Bergen, kehrte dann aber doch wieder in unsere Welt zurück und lebt heute in seiner Moskauer Wohnung fast wie in einer Klosterzelle, allerdings mit seiner Liebsten zusammen. Er schreibt Erzählungen für die Schublade, nur für sich, und ist zutiefst überzeugt, daß Fernsehen seiner inneren Ruhe schadet. Und Radiohören im Prinzip auch. Im allgemeinen – Sie ahnen es bereits – *haßt* mein Bruder Journalisten. Mit Ausnahme meiner Person vielleicht.

Ich war somit hundertprozentig sicher, daß ihm die Nachricht von den Problemen seiner kleinen Schwester allenfalls von dieser Schwester selbst überbracht werden könnte. Um so erstaunter war ich, als mein Telefon gegen Abend, nachdem ich meine Eltern im Taxi nach Hause gebracht hatte (diesmal hielt ich auf der Straße vor dem Restaurant eines an, anstatt es telefonisch zu bestellen – eine Explosion am

Tag war genug, fand ich), einen Anruf meines Bruders anzeigte. Grischas Stimme überschlug sich vor Aufregung: »Lenka, Schwesterherz, lebst du noch? Was ist mit dir?«

Selbst als er meine Stimme hörte, war mein Bruder anscheinend noch lange nicht überzeugt, daß ich wirklich am Leben war, denn er fragte immer wieder: »Ist *wirklich* alles in Ordnung mit dir?«

Schuld an allem war das Radio. Mein Bruder hatte ganz recht gehabt mit seiner früheren Radioabstinenz, denn an dem Tag wurde seine vielgerühmte »innere Ruhe« gründlich gestört. Dank schicksalhafter Umstände bekamen Grischa und seine Freundin Marina beim Abendessen plötzlich Lust, »ein bißchen Musik zu hören«. Sie stellten das Radio an, den einzigen russischen Sender, den sie manchmal hörten, weil er nichts über Politik, dafür aber öfters etwas über Kultur und Kunst brachte. Das hätten sie besser nicht getan. Das erste, was sie hörten, war die Stimme des Präsidentschaftskandidaten Iwan Rybkin (das ist der Bursche, der erst mit Beresowski gegen Putin im Bunde war und dann, nachdem er sich öffentlich zu dessen Opponenten erklärt hatte, plötzlich verschollen war, etwas später jedoch in unzurechnungsfähigem Zustand in Kiew wiedergefunden wurde und angab, er sei entführt und unter Drogen gesetzt worden, wonach er bald auch seine Präsidentschaftskandidatur zurückzog): »Sie können sich vorstellen, nachdem Elena Tregubova einem Anschlag zum Opfer gefallen ist …«

Marina erzählte, mein Bruder sei fast in Ohnmacht gefallen. Er hörte nicht weiter zu – nach der idiotischen Erklärung des schreckhaften Rybkin war er ganz sicher, ich sei tot oder läge zumindest schwerverletzt im Krankenhaus –, sondern fing an, mit zitternden Händen, atemlos vor Aufregung, meine Nummer zu wählen. Ich war zwar eine Journalistin, aber trotzdem hing er offensichtlich sehr an mir. Nach dem Anruf meines Bruders war klar, daß ich nun auch noch zu ihm fahren mußte, um ihn zu trösten. Meine Eltern hatten, als das Telefon klingelte, neben mir gesessen, doch als ich auflegte, war ich allein in der Küche. Leise ging ich sie suchen und fand meinen Vater ausgestreckt auf dem Bett in seinem Zimmer, er hatte die Augen geschlossen und lutschte eine Validol. Meine Mutter lag im anderen Zimmer reglos auf dem Sofa und lächelte mich sanft an, eine Hand auf das Herz gepreßt. Auf einem Tischchen neben ihr standen mehrere offene Fläschchen mit Blutdruckpräparaten. Den ganzen Tag hatten die beiden heldenhaft durchgestanden, hatten mich unterstützt, hatten Witze gemacht und gelacht und mit keinem Ton, mit keinem Blick auch nur andeutungsweise erkennen lassen, wie sehr sie das alles belastete, doch jetzt, als sie endlich zu Hause waren und sich entspannen konnten, spürten sie mit einem Mal, wie unsagbar müde sie waren. Ich gab ihnen einen Kuß und rief – da ich auch diesmal den Déjà-vu-Effekt des Taxibestellens vermeiden wollte – einen Bekannten meines Vaters an, der als Fahrer ein bißchen Geld dazuverdient, und bat ihn, mich abzuholen und zu meinem Bruder zu bringen.

Grischa schloß, kaum daß ich in seiner Wohnung war, die Tür hinter mir ab und erklärte in strengem Ton, er würde mich heute auf keinen Fall mehr nach Hause gehen lassen, zurück an den Ort der Explosion. Mein rigoroser Einsiedler und Asket und seine Freundin setzten mich an ihren Tisch und kochten mir einen Riesentopf Kartoffeln – ich glaube, etwas Köstlicheres habe ich in meinem ganzen Leben nicht gegessen. Danach gaben sie mir Honig – »damit du gut schlafen kannst« –, brachten mich fast gewaltsam ins Bett – »damit du nicht ausreißt« –, und mein Bruder spielte mir auf seiner Flöte statt eines Wiegenlieds ganz leise meditative Melodien vor. Ich lag eingerollt unter einer warmen Decke und schlief mit den Klängen der Musik, die zu den Erlebnissen des Tages in so starkem Kontrast stand, langsam ein. Schon im Halbschlaf, im weichen, diffusen Licht des eigentümlichen Lampenschirms, den mein Bruder aus einem Stück Leinwand, bunten Stoffresten und Glöckchen gebastelt hatte, sah ich die phantastischen Schatten der an den Wänden aufgehängten getrockneten Feldblumensträuße und fühlte mich wie in der Waldhütte eines guten Zauberers, dem alle Wechselfälle meines Lebens, die Politik, die Konflikte mit dem Kreml wie ein Hirngespinst, eine Illusion, ein Trugbild erschienen wären. Wir waren nur wenige Kilometer vom Kreml entfernt, doch die Bewohner dieser verzauberten, unwirklichen »Klause« im Zentrum der Megacity waren sicher hundertprozentig überzeugt, daß sowohl der Kreml als auch Putin und all die anderen merkwürdigen, mit lauter Nichtigkeiten beschäftigten Wesen da draußen nicht wirklich existierten. Und nur einem einzigen dieser Wesen aus der Außenwelt gewährten sie bereitwillig Asyl. So ging dieser furchtbare Tag zu Ende. Ich schlief ein. So absurd das klingt: Ich schlief glücklich ein. Ich lebte noch, dafür dankte ich Gott. Und ich war umgeben von Menschen, die mich liebten.

Am nächsten Tag hatte meine Mutter eine hypertensive Krise, und die Ärzte brauchten zwei Wochen, um ihren plötzlich gestiegenen Blutdruck wieder zu stabilisieren. Wahrscheinlich verstehen Sie jetzt, warum ich den Journalisten, die mich nach dem Attentat anriefen und sich fröhlich erkundigten, ob ich zufrieden sei mit der gelungenen »PR-Aktion« für mein Buch, am liebsten eins auf die Nase gegeben hätte. Später wurde mir klar, daß es nur eine Antwort auf diese idiotische Frage gab: Wenn sie mich umgebracht hätten, wäre das eine noch coolere Promotion gewesen. Aber ich weiß nicht, irgend etwas gefällt mir an der Idee nicht.

Das Verhör

Am nächsten Morgen weckte mich der schallende Klang von Dvořáks »Ungarischen Tänzen«. Beim Einschlafen war die Musik doch eine andere gewesen! Stöhnend rieb ich mir die Augen, wobei mir der ganze Alptraum des vergangenen Tages sofort wieder einfiel, und streckte die Hand nach meinem Mobiltelefon aus – von dort kam die grelle, immer lauter werdende Melodie. Die Uhr zeigte neun Uhr morgens, und ich war erst um fünf eingeschlafen – wem fiel es ein, mich um diese Zeit anzurufen? Meine Freunde wußten alle, daß ich nie so früh aufstand. Oder gab es noch jemanden, der alles verschlafen und gerade eben erst von dem Anschlag erfahren hatte? Es sah ganz so aus, als sollte der gestrige Alptraum nie ein Ende finden …

»Elena Viktorovna? Guten Morgen! Ich habe Sie doch nicht geweckt?«

»Natürlich haben Sie mich geweckt«, gab ich ehrlich zu. »Wer ist da?«

»Hier ist Wladimir Romanow von der Moskauer Kriminalpolizei. Sie haben uns gestern vor Ihrer Wohnung Ihre Telefonnummer gegeben, Sie erinnern sich?«

»Und ob ich mich erinnere. Ihr Kollege von der Innenverwaltung hat mich gestern abend schon angerufen – er hat sich darüber beschwert, daß ich mit Journalisten über das Attentat gesprochen habe.«

»Aber nein … Das heißt, ja … Also, kurz gesagt, die Sache ist die … Unser Chef hier ist verärgert über die vielen Fernsehreportagen über den Anschlag gestern und über all die Zeitungsartikel heute ... Das heißt, er ist verärgert über die gesellschaftliche Resonanz, die das Ganze gefunden hat. Aber da dieser Zwischenfall nun mal soviel Aufmerksamkeit erregt hat, hat man uns angewiesen, Ihre Aussage zu Protokoll zu nehmen ... Können Sie bei uns vorbeikommen?«

Ich war einfach sprachlos über soviel Aufrichtigkeit. Das hieß also, ohne »gesellschaftliche Resonanz« hätte überhaupt niemand in dieser Sache ermittelt?

»Selbstverständlich kann ich ›vorbeikommen‹. Sagen Sie mir, wann und wo?«

»Ach, könnten Sie vielleicht gleich jetzt oder möglichst bald? Unser Chef schimpft nämlich, wir sollen uns beeilen ...«

Während ich eilig duschte und mich anzog, grübelte ich, warum die »Chefs« der Sicherheitsbehörde so früh am Morgen schon in solche Hektik verfallen waren. Gestern hatten sie doch alle noch so getan, als sähen sie mich nicht. Sie hatten sogar vor Journalisten erklärt, der Bombenanschlag vor der Tür der Journalistin Tregubova sei nicht politisch motiviert gewesen und habe mit ihr selbst überhaupt nichts zu tun. Da fiel mir wieder ein, daß ich gestern nach dem unverschämten Anruf der Polizei, als man von mir verlangt hatte, ich solle nicht mit Journalisten über den Anschlag reden, im Interview einer russischen Zeitung gesagt hatte, man müsse die Antwort auf die Frage nach den Drahtziehern des Attentats wohl in dem Umstand suchen, daß die Polizei mich nach dem Anschlag nicht einmal vernehmen wollte. Offenbar hatte die Zeitung diesen Satz veröffentlicht, und die Führung des Landes hatte erkannt, daß es nicht gut aussehen würde, keine offiziellen Ermittlungen einzuleiten, dachte ich naiv. Einige Minuten später rief mich ein Vertreter der internationalen Organisation *Reporter ohne Grenzen* an.

»Elena, der Generalsekretär unserer Organisation, Robert Ménard, hat soeben eine Erklärung zu dem Anschlag auf Sie verfaßt. Sein Brief mit der Forderung nach einer ordnungsgemäßen, gründlichen Aufklärung des Anschlags wurde offiziell dem russischen Generalstaatsanwalt überreicht.«

Offenbar hatte in der Zeit, während ich schlief, die Nachricht von der Explosion in meinem Hausflur tatsächlich wie eine Bombe in der weltweiten Journalistenzunft eingeschlagen. Obwohl ich am Vorabend meinem Bruder versprochen hatte, nicht ohne ihn die Wohnung zu verlassen, lief ich los und kaufte am nächsten Kiosk ein paar neue russische Zeitungen: *Alle* berichteten über den Anschlag – und das trotz der im Vorfeld der Wahlen vom Kreml eingeführten inoffiziellen, aber totalen Zensur. Der Anrufer von der Kriminalpolizei hatte mir nichts vorgemacht: Das weltweite Echo auf den Anschlag hatte die Spitze des Sicherheitsapparats tatsächlich in die Enge getrieben. Direkt vor den Wahlen mußte der Kreml zumindest so tun, als hätte er die Silowiki mit der Suche nach den Hintermännern und Organisatoren des Attentats beauftragt. Ich hielt ein Taxi an, sagte dem Fahrer: »In Richtung Puschkinskaja!« und vertiefte mich in den erstbesten Artikel über den Anschlag. Beim Umblättern konnte ich ein Stöhnen nicht unterdrücken: »Wie furchtbar …« Auf einem Foto von gestern prangte mein zerraufter Kopf.

Der Taxifahrer sah mich mißtrauisch an. »Junge Frau! Ich überlege schon die ganze Zeit, wo ich Sie schon mal gesehen habe – das war doch gestern in den Fernsehnachrichten! Bei Ihnen wurde das Haus in die Luft gesprengt! Wollen Sie etwa dahin, wo die Bombe explodiert ist? Zur Puschkinskaja? Zu Ihnen nach Hause?«

Ich mußte lachen. »Nein, nicht zu mir nach Hause, aber ganz in die Nähe, zur Petrowka. Tut mir leid …«

Im stillen sagte ich mir, daß die Lage noch schlimmer war, als ich dachte: Es erkannte mich jetzt nicht nur jeder auf der Straße, sondern es wußte auch jeder, wo ich wohnte.

Schon allein die Adresse der Moskauer Kriminalpolizei, des MUR (*Moskowski Ugolowny Rosysk*) in der Petrowka 38, klingt für russische Ohren wie eine Legende. Etwa wie »Baker Street« für einen Londoner. Diese Adresse kam in jedem sowjetischen Krimi oder Film vor, der die heldenhaften Sowjetdetektive besang. Ich selbst hatte im Lauf meiner journalistischen Karriere zwar schon so gut wie alle, auch die unzugänglichsten Kultstätten der russischen Staatsmacht von innen gesehen (angefangen mit dem Kreml bis hin zur Lubjanka), doch in der Petrowka 38 war ich noch nie gewesen. Wer hätte geahnt, daß mein erster Besuch dort unter so dramatischen Umständen stattfinden würde und daß kein Interview, sondern eine Vernehmung der Anlaß sein würde! Ich blieb vor der imposanten, militärisch aufgerüsteten Pförtnerloge stehen, hinter der sich das Hauptquartier der russischen Ermittlungsbeamten verbarg. »Legende hin oder her«, dachte ich, »sicher ist sicher«, und rief einen guten Freund an, der Chefredakteur bei einer Internet-Zeitung war.

»Hör mal, ich bin hier zu einer Vernehmung bei der Kriminalpolizei vorgeladen worden. Schreibst du dir für alle Fälle den Namen und die Telefonnummer dieses Menschen auf, zu dem ich gehe? Wer weiß, was nach der Geschichte gestern noch alles passiert. Ich gehe jetzt gleich rein. Wie lang kann das dauern, eine Aussage aufzunehmen? Zwei Stunden vielleicht? Wenn ich dich in zwei Stunden nicht wieder angerufen habe, weißt du, was zu tun ist.«

Erst danach trat ich über die Schwelle des legendären Gebäudes. Mein Bekannter von gestern, der Ermittlungsbeamte Wladimir Romanow, kam mich an der Pforte abholen. Obwohl draußen minus zwanzig Grad herrschten, trug er aus irgendeinem Grund eine betont saloppe sommerliche Baseballmütze. Ich bereitete mich auf ein langes und zähes Gespräch vor, deshalb fiel mir auf dem Weg zu seinem Büro die stete Ermahnung meiner Mutter wieder ein: »Vor einer langen Reise soll man immer noch mal pinkeln gehen, damit man sich unterwegs wohl fühlt«, und ich fragte den Genossen Romanow, wo sich die Damentoiletten befänden. Er wurde etwas verlegen, zeigte mir aber den Weg. Das Polizistinnenklo war frisch renoviert, nach »Eurostandard«, wie man in Moskau sagt, und stand damit in gewissem Kontrast zum Rest des Gebäudes, dessen zerkratzte, mit irgendwelchem Gerümpel und alten Möbeln verstellte Wände einen erheblich weniger luxuriösen Eindruck machten als etwa die Diensträume des FSB-Direktors an der Lubjanka. »Bei uns wird gerade renoviert«, sagte Romanow entschuldigend und führte mich in sein Büro – ebenfalls ein mehr als bescheidenes Zimmer, das er mit einem weiteren, mir unbekannten Mitarbeiter teilte. Überall herrschte der mir von Begegnungen mit anderen Beamten her schmerzlich vertraute Geruch vermodernder, überflüssiger Papiere, der sich aus den früheren sowjetischen Behörden auf Jahrzehnte hinaus nicht vertreiben ließ.

Der Ermittler bat mich sogleich, neben seinem Schreibtisch Platz zu nehmen, und holte ein Formular mit der Überschrift »Erklärung« hervor.

»Elena Viktorovna, hat Sie vor dem Anschlag irgend jemand bedroht?

»Also, nachdem mein Buch ›Geschichten eines Kreml-Diggers‹ erschienen war, hat mir Michail Lessin, der Presse- und Informationsminister, ausrichten lassen, ich hätte mich mit diesem Buch selbst ›zum Abschuß freigegeben‹. Aber damit hat er hoffentlich nicht gemeint, daß man mich in die Luft jagen wird, sondern nur, daß ich entlassen werde und nirgends eine neue Stelle finde.«

Der Ermittler hüstelte, schrieb jedoch nichts auf.

»Nein, was ich meinte, war, ob Sie Grund zur Annahme haben, daß Sie Feinde haben, Leute, die Ihnen nicht wohl gesonnen sind?«

»Na ja, man hat mir erzählt, Putin hätte getobt vor Wut, nachdem er mein Buch gelesen hat ... Und einige andere Leute aus Putins nächster Umgebung im Kreml auch ... Aber für meine Feinde halte ich diese Leute nicht. Ob sie sich dafür halten, müssen Sie sie schon selbst fragen.«

Der Ermittler gab wieder einen undefinierbaren Laut von sich, doch das Blatt, auf dem meine Aussage festgehalten werden sollte, blieb weiterhin jungfräulich weiß.

»Nein, was ich wissen will, ist, ob irgend jemand von diesen Leuten Sie bedroht hat? Ihnen Rache angedroht hat?«

Ich lachte. »Meinen Sie etwa, ein Attentat wird dem Opfer normalerweise im voraus in der Zeitung angekündigt?«

Wir kamen nicht recht ins Gespräch. Der Ordnung halber, um wenigstens irgend etwas auf sein Papier zu schreiben, fragte er mich nach meinem Geburtsdatum. Dann fiel ihm zu seiner Freude plötzlich noch eine harmlose Frage ein: »Und mit den Nachbarn, im alltäglichen Zusammenleben, hatten Sie keine Konflikte? Überlegen Sie gut!«

Ich fand, es war Zeit, daß ich die Lücken im Protokoll selbst füllte. Ich erzählte ihm ausführlich, wie ich am Vorabend ein Taxi bestellt hatte, wie ich der Frau in der Zentrale am Telefon gesagt hatte, ich käme »sofort nach unten«, und wie ich zum Glück doch nicht sofort losgegangen war und daß genau in dem Augenblick die Bombe explodiert war.

»Offensichtlich wurde das Telefon abgehört«, erklärte ich dem Ermittler. »Schon in der Woche zuvor kam ein merkwürdiger Anruf ...« Und ich erzählte ihm, wie der Unbekannte am Telefon meine Adresse verlangt und mir versichert hatte, sie wollten mir ein Päckchen aus Amerika liefern. Ich wühlte in meiner Tasche und fand – o Wunder! – in dem ewigen Chaos dort den Zettel, den ich vom Stundenplan meiner Freundin abgerissen hatte, um darauf die Nummer des angeblichen Paketdienstes zu notieren.

In den Ermittler kam Leben. »Und, haben Sie Ihre Adresse durchgegeben?«

»Sehe ich aus wie eine Idiotin? Ich habe den starken Verdacht, daß auch die Leute, die mich angerufen haben, wußten, daß ich keine Idiotin bin und Ihnen ganz sicher nicht meine Adresse geben würde. Ich vermute inzwischen sogar, daß sie meine Adresse längst hatten, sie wollten mir wohl nur angst machen – gerade weil sie wußten, daß ich sofort merken würde, daß an ihrer Geschichte etwas nicht stimmt. Damit ich weiß, daß jemand mich im Visier hat.«

Mein Gesprächspartner warf einen Blick auf den Zettel mit der seltsamen Nummer (Sie erinnern sich, meine Freundin und ich hatten gerätselt, von wo der Anruf kam, da keiner der Moskauer Stadtteile oder Mobilfunkanbieter solche Nummern hat) und rief sofort freudig: »Ah! Aber natürlich! Der Anruf kam von einem Münzfernsprecher! Von der Straße, aus einer Telefonzelle. Der Nummer nach zu schließen irgendwo in der Gegend der Krasnaja Presnja ...« (Das ist einer der zentralen Moskauer Bezirke, nicht weit vom Sitz der russischen Regierung.)

An dieser Stelle wurde unser Gespräch unterbrochen – das Telefon klingelte, und Romanow fing an, dem Anrufer seine vorangegangene Unterhaltung mit mir zu referieren:

»Ja, sie hat vor kurzem ein Buch über den Kreml veröffentlicht … Sie war beim *Kommersant* …«

»Sehen Sie, die da oben fragen nach Ihnen …«, berichtete er mir eine Minute später und deutete in Richtung der schmuddeligen Zimmerdecke, von der die Farbe abblätterte.

Kurz darauf kam ohne Anklopfen der Mann herein, dessen Bekanntschaft ich unmittelbar nach der Explosion vor meiner Wohnungstür gemacht hatte, der sich als Mitarbeiter der Stadtverwaltung für Inneres vorgestellt und mich um mein Buch gebeten hatte. Und der dann, was für mich weit unangenehmer war, am Abend bei mir angerufen und mir die Empörung irgendwelcher anonymer »Chefs« übermittelt hatte, weil ich der Presse von dem Attentat erzählt hatte. Er kam flott auf Romanows Schreibtisch zu, begrüßte mich, blieb in einer scheinbar ungezwungenen, »außerdienstlichen« Pose stehen und versuchte, mir einzureden, daß ich bei der Explosion selbst dann nicht ums Leben gekommen wäre, wenn ich sofort aus der Tür gegangen wäre, wie ich es der Taxizentrale versprochen hatte: »Also *allerhöchstens* hätten Sie einen Hör- und Sehschaden erlitten!«

Auch Romanow sprang auf, quasi um zu unterstreichen, daß dieser Teil des Gesprächs nicht fürs Protokoll bestimmt war, und pflichtete seinem Kollegen lebhaft bei: »Das stimmt! Nur die Ruhe! Höchstens einen Hör- und Sehschaden hätten Sie erlitten, und auch das wahrscheinlich nur vorübergehend! In den meisten Fällen kehren der Gesichts- und Gehörsinn nach der Detonation solcher Sprengkörper später wieder zurück … Wir kennen diese Sprengkörper sehr gut!«

Mir verschlug es schier die Sprache. »Was soll das heißen, Sie ›kennen sie sehr gut‹?«

»Ganz recht!« bestätigte Romanow fröhlich. »Es handelt sich um eine Knallbombe, wie die Geheimdienste sie normalerweise zur Auflösung friedlicher Demonstrationen benutzen! Wenn so eine Bombe in der Nähe eines Menschen explodiert, verliert er einfach kurzzeitig die Orientierung … Das ist ein Standardsprengkörper, hergestellt vom Innenministerium, Seriennummer …« (er nannte eine Zahl).

Ich war fassungslos: Man erzählte mir hier ganz nebenbei, daß vor meiner Tür ein »vom Innenministerium hergestellter« Sprengsatz detoniert war, also eine von der Polizei gebastelte Bombe. Die »normalerweise« von den Geheimdiensten eingesetzt wurde … Doch als Nachschlag erwartete mich noch eine interessante Wendung des Gesprächs. Nachdem der Gast aus der Innenverwaltung gegangen war und ich das kurze Protokoll (das natürlich keine der spannenden Einzelheiten über den vom Innenministerium patentierten »Hör- und Sehschaden« enthielt) unterschrieben hatte, fragte mich der Ermittler in vertraulichem Ton, scheinbar beiläufig und freundschaftlich: »Kennen Sie zufällig einen gewissen Litwinenko?«

Den Namen des ehemaligen FSB-Obersten Litwinenko kennt in Rußland jeder – mit Ausnahme vielleicht meines geradezu manisch apolitischen Bruders. Nach Putins Amtsantritt als Präsident war dieser ehemalige FSB-Mitarbeiter nach Großbritannien geflohen und mit der sensationellen Meldung an die Öffentlichkeit getreten, die russischen Geheimdienste seien mitverantwortlich gewesen für die Sprengstoffanschläge auf Moskauer Wohnhäuser im Jahr 1999 – jene Anschläge, die Putin letztlich an die Macht gebracht hatten.

»Nein, persönlich kenne ich ihn nicht«, antwortete ich ehrlich. »Warum fragen Sie? Was hat das mit unserem Thema zu tun?«

»Na ja, das ist doch klar … Ich frage deshalb, weil Sie in Ihrem Buch ungefähr dasselbe schreiben, was auch Litwinenko immer sagt: daß Putin und der FSB an den Sprengstoffanschlägen auf die Wohnhäuser beteiligt waren.«

»Das ist Ihre Interpretation der von mir dargelegten Fakten«, korrigierte ich ihn. »Ich habe so etwas nie geschrieben.«

»Ach so … Ja, na gut … Ich dachte nur, vielleicht kennen Sie ihn …«, murmelte Romanow und schickte sich an, mich zu verabschieden. Und erst auf dem Weg zurück zur Pförtnerloge gestand er mir: »Ich bin übrigens Spezialist für Sprengungen, wissen Sie … Ich war auch bei der Untersuchung der Ereignisse an der Dubrowka beteiligt … (Bei dem Geiseldrama Ende 2002 hatte Präsident Putin den Geheimdiensten den Befehl zum Einsatz von Giftgas erteilt, wonach ein Großteil der Geiseln an Atemlähmung starb. Als Motiv für diese Maßnahme gab die Kremlpropaganda an, die Terroristen hätten über ausreichend Sprengstoff verfügt, um das ganze Theater in die Luft zu sprengen. Bei der Erstürmung des Theaters kam es jedoch zu keiner Explosion, wonach in den Medien vielfach die Vermutung geäußert wurde, die Terroristen hätten keine echten Sprengkörper, sondern nur Attrappen bei sich gehabt und den Geheimdiensten sei das auch bekannt gewesen.)

Offen gestanden wurde mir doch etwas mulmig bei dem Gedanken, daß ich mich beinahe in die schreckliche Serie unaufgeklärter Gewaltakte der Putin-Ära eingereiht hätte, auf die der Ermittler der Kriminalpolizei angespielt hatte.

Solange ich verhört wurde, wußte ich, was ich zu tun hatte: Fragen beantworten. Als ich aber danach auf die Straße trat, wußte ich es nicht mehr. Es herrschte strahlender Sonnenschein, das hob meine Laune. Doch gleichzeitig war es so kalt, daß man das Gefühl hatte, es könnten einem jeden Augenblick Nase und Ohren abfallen und scheppernd auf dem Boden landen, und der Frost verstärkte das Gefühl der Heimatlosigkeit. Schließlich hatte ich meiner Familie geschworen, nicht allein nach Hause zu gehen.

»Bist du verrückt geworden!« hatte mein Bruder mich am Vorabend angeschrien. »Diese Irren machen unter Garantie weiter! Jetzt können sie dir doch jederzeit auflauern! Diesmal haben sie es nicht geschafft, dich in die Luft zu jagen – aber morgen klappt es vielleicht! Ich sage dir, alleine gehst du überhaupt nirgends hin! Ich fahre selber hin und hole deine Sachen, du wohnst erst mal bei uns, und dann mietest du dir eine Wohnung in einem Außenbezirk. Oder noch besser, wir verstecken dich gleich irgendwo auf dem Land.«

Rein logisch gesehen, hatte mein Bruder natürlich recht. Aber in meiner Wohnung saßen meine verängstigten Katzen (an die mich die Abkürzung »MUR« rein lautlich immer erinnerte), die die Nacht nach der Explosion im Unterschied zu mir allein verbracht hatten, die keiner fütterte und tröstete. Außerdem war in der Wohnung mein Computer, mein Internet-Anschluß ... Und schließlich war ich kein Feigling! Die Versuchung war um so größer, als zwischen dem MUR und meiner Wohnung nur drei Minuten Fußweg lagen.

Also entschloß ich mich zu einer Kriegslist. Ich ging schnurstracks nach Hause, doch nicht in den ersten Stock zu meiner Wohnung, sondern ins Erdgeschoß – auf die Polizeiwache. Dort saß ein ängstlicher, verschreckter Mensch, dem offensichtlich just in dem Moment sein Chef am Telefon »den Arsch aufriß«.

»Ja. Eine Liste der Mieter haben wir erstellt ... Wir gleichen ab ... Wir überprüfen ... Wir sind dabei ...«, erstattete er Bericht.

Als ich vor ihm stand, fiel der Polizist fast vom Stuhl. »Oh, auf Sie warte ich schon seit heute früh um neun!!! Ich habe

Ihnen auch einen Zettel an der Tür hinterlassen, damit Sie wissen, daß ich da war, daß ich zu Ihnen wollte!« begrüßte er mich übertrieben liebenswürdig. Der Grund dieses für einen Polizisten so untypischen Benehmens war leicht zu erraten: Bei ihm hatte das Telefon heute noch früher geklingelt als bei mir, und nun bemühte er sich dem Befehl seiner Vorgesetzten entsprechend, rege Tätigkeit zu simulieren. Ich lächelte sanft. »Verzeihung, ich komme eben von einer Vernehmung beim MUR, wegen des Bombenanschlags. Wären Sie vielleicht so freundlich, mich in meine Wohnung zu begleiten? Alleine ist mir das, Sie verstehen ...«

Die geschickt eingeflochtene Erwähnung des MUR tat auf den Polizisten genau die magische Wirkung, auf die ich gehofft hatte. »Aber natürlich! Selbstverständlich! Das wollte ich Ihnen sowieso anbieten! Stets zu Ihren Diensten!«

Als wir vor meiner Tür standen, sah ich den Zettel, der im Schlüsselloch steckte – der arme Abschnittsbevollmächtigte hatte mir tatsächlich eine Nachricht hinterlassen, auf der akribisch die genaue Uhrzeit seines ersten Erscheinens vor meiner Wohnung vermerkt war: 9h15. Für alle Fälle. Um dem »Chef« Rechenschaft ablegen zu können. Im Türspalt daneben steckte auch noch seine Visitenkarte. Soviel Service hatte mir die gute alte russische Polizei noch nie geboten.

Auf diese Weise war dank dem zuvorkommenden Polizisten allen gedient: Ich kam in meine Wohnung, konnte aber andererseits meinem Bruder, der, nachdem er aufgewacht war, sofort ein großes »Wo-bist-du«-Geschrei erhob, berichten, daß ich »nicht allein« in meine Wohnung gegangen war. Sondern sogar in Polizeibegleitung. Ich hatte mein Versprechen also geradezu übererfüllt, konnte man sagen.

Beim Aufschließen der Wohnungstür dachte ich daran, was meine bergtourerfahrenen Freunde immer sagten: Wenn man in eine Gletscherspalte fällt und von der Bergwacht befreit wird, soll man sich sofort danach wieder auf die Skier stellen und weiterfahren. Denn wenn man das nicht sofort tut, dann tut man es nie mehr. So war auch mir klar: Wenn ich an diesem Tag meine Wohnung nicht betreten würde, dann würde ich sie nie mehr betreten.

Ein kleiner Irrtum

Kaum war ich dank der beschriebenen Kriegslist mit dem Polizisten wieder in meine Wohnung zurückgekehrt, versuchte mich meine Freundin Mascha Slonim, die sich furchtbare Sorgen um mich machte, in ihr Haus auf dem Land zu locken. Sie kam vorbei und schlug mir vor, mit ihr in ihrem neuen roten Peugeot »eine Runde zu drehen« – sie hätte verschiedenes zu erledigen, und unterwegs könnten wir über alles, was passiert war, reden. Wir saßen kaum im Auto, da klingelte mein Telefon. Diesmal war es kein anonymer Mörder, der mir in einem Päckchen »aus Amerika« eine Bombe bringen wollte, sondern ein ehemaliger Kollege aus dem Ressort Kriminalfälle in der Redaktion des *Kommersant*. Er kam sofort zur Sache. »Elena, mein Name ist Scheglow. Ich möchte Ihnen ein Geschäft vorschlagen!«

Bevor ich erzähle, worum es sich bei diesem Geschäft handelte, muß ich ein spaßiges Detail erklären. Es gibt nämlich eine charmante Tradition in allen großen Moskauer Zeitungen, nach der praktisch alle »Journalisten«, die über Morde, Bombenanschläge und sonstige aufsehenerregende Verbrechen berichten, Mitarbeiter entweder des FSB oder der Polizei sind (oder *waren* – was letztlich auf dasselbe hinausläuft, denn, wie unser Tschekistenpräsident Putin einmal so treffend gescherzt hat: »›Ehemalige‹ Mitarbeiter gibt es beim KGB nicht!«).

Da es sowohl innerhalb des FSB als auch innerhalb der Polizei eine Menge untereinander konkurrierender Gruppierungen gibt, kann eine Zeitung durch das, was diese rivalisierenden »influence agents« aus den Sicherheitsbehörden und Geheimdiensten durchsickern lassen, an besonders zuverlässige aktuelle Informationen herankommen.

Auch der »Journalist« vom *Kommersant*, der mich anrief, gab sofort offen zu: »Ich habe sieben Jahre in der 9. Hauptverwaltung des FSB gearbeitet!« (Das ist die berühmte Abteilung, die für die Sicherheit der höchsten Staatsorgane Rußlands zuständig ist.)

Er erklärte, worin sein »Geschäft« bestand: »Ich erfahre von Ihnen etwas über Ihr heutiges Gespräch mit der Kriminalpolizei, und dafür erzähle ich Ihnen, was ich über meine Geheimdienstkanäle über den Sprengsatz erfahren habe, der gestern vor Ihrer Tür detoniert ist ...«

Ich erriet, daß Scheglow als »ehemaliger« FSB-Mitarbeiter traditionsgemäß in einem gewissen Konkurrenzverhältnis zur Kriminalpolizei stand und dort anscheinend über weniger Informanten verfügte als bei den Geheimdiensten. Ironischerweise trug er denselben Namen wie der legendäre Held eines bekannten sowjetischen Filmes über die Kriminalpolizei, »Die schwarze Katze«, den damals der wunderbare russische Schauspieler und Liedermacher Wladimir Wyssozki spielte. Der Scheglow im Film, ein gnadenloser Ermittler, war so abgebrüht, daß er sogar Beweisstücke fälschte, nur um einen Feind des sowjetischen Staates ins Gefängnis zu bringen. Gleichzeitig war der Filmheld Scheglow eine furchtlose, charismatische Figur – und er arbeitete just bei jener Kriminalpolizei, von der ich gerade vernommen worden war und über die der echte Scheglow, der Ex-FSB-Mann, am Telefon bei mir Informationen »abschöpfen« wollte.

Ich unterbrach den Anrufer sofort und sagte ihm, die Information, die er mir anbiete, sei nicht mehr ganz frisch. »Ich muß Sie enttäuschen. Der Ermittler der Kriminalpolizei hat mir schon gesagt, um welchen Typ Sprengkörper es sich handelt. Er hat mich sogar beruhigt, ich hätte ›höchstens‹ einen Hör- und Sehschaden erlitten, wenn ich wie geplant aus der Tür gekommen wäre.«

»Das ist es ja, Elena – da hat sich ein kleiner Irrtum eingeschlichen, was den Sprengkörper angeht ...«, korrigierte mich mein Anrufer. »In Wirklichkeit war das ein waschechter Sprengsatz, der bei Ihnen detoniert ist, mit einer Sprengkraft von 60–70 Gramm TNT. Also, um es anschaulich zu sagen: mit der Sprengkraft einer normalen Handgranate ...«

»Ich verstehe nicht ... Das heißt ... Sie wollen sagen, wenn ich rausgegangen wäre ...« Während ich redete, versuchte ich noch, diese neue Information abzuschütteln wie einen schlechten Traum.

»Was ich sagen will, ist, daß Sie sich das leicht selber ausmalen können: Wenn eine Handgranate Sie *verfehlt* – dann muß man sich keine Sorgen um Sie machen. Aber wenn sie Sie *trifft*, also wenn Sie im Zentrum der Explosion stehen, dann – ja, dann muß man sich letztlich auch keine Sorgen mehr um Sie machen ...«

Ich muß gestehen, in dem Moment lief mir ein kalter Schauer über den Rücken.

»Aber der Ermittler hat mir gesagt ... Man hat mir versichert, daß ich am Leben geblieben wäre ...«

»Das ›mindeste‹, was Sie gehabt hätten, wären schwerste Verbrennungen und ein Barotrauma gewesen. Sie würden jetzt auf der Intensivstation liegen, am Tropf. Im allergünstigsten Fall. Also, nehmen Sie mein Angebot an? Wollen Sie die Einzelheiten wissen?«

Einen Augenblick lang war ich wie betäubt. Ich mußte mich zwingen, mit diesem Alptraum umzugehen wie eine Journalistin mit wertvollen Informationen – und nicht wie ein Opfer, das gute Chancen gehabt hätte, nicht in einem komfortablen Peugeot zu sitzen, sondern im Leichenschauhaus zu liegen.

»Sprechen Sie! Natürlich bekommen Sie auch alle Informationen über das Gespräch in der Petrowka von mir.«

An den Einzelheiten, die ich von Scheglow erfuhr, hätte meine Familie keine große Freude gehabt ...

»Also, wie gesagt, die Sprengkraft der Bombe lag bei etwa 60–70 Gramm TNT. Am Ort der Explosion hat man ein zwanzig Meter langes Kabel und eine Batterie gefunden – das heißt, es wurde ein elektrischer Zünder verwendet und derjenige, der den Sprengsatz gezündet hat, hatte sich offenbar zwanzig Meter weiter hinter der Ecke des Flurs versteckt, um sich selbst vor der Explosion zu schützen.«

Erst in dem Moment bekam die Person meines verhinderten Mörders reale Konturen. Und auch das war, offen gestanden, kein angenehmes Gefühl. Es ist eine Sache, wenn man denkt: »Na ja, ist eben irgendwo auf einem Baum eine Granate gewachsen, und dann ist sie vor meiner Tür explodiert«, und eine andere, sich vorzustellen, daß in dem Augenblick, als ich vor dem Spiegel stand und gerade losgehen wollte, ein realer, lebendiger Mensch sein tödliches Geschenk vor meiner Tür anbrachte – daß er herumging, das Kabel abrollte, sich hinter der Ecke versteckte ... Bei dem Gedanken bekam ich eine Gänsehaut. Und am unangenehmsten war das Bewußtsein, daß dieser Mensch oder diese Leute, die mich hatten umbringen wollen, gerade irgendwo in der Stadt unterwegs waren, vielleicht sogar ganz in meiner Nähe. Wahrscheinlich würden sie wie in einem amerikanischen Thriller bei der ersten Gelegenheit den Fernseher einschalten und sich an den vielen Berichten über das Attentat weiden: »Seht ihr, das waren wir, und darüber redet jetzt die ganze Welt.«

»Moment mal, aber woher wußten die denn, daß ich gerade herauskommen würde? Haben sie das Telefon abgehört?«

»Ach, Abhören ist heute überhaupt kein Problem mehr. Da sind die technischen Möglichkeiten praktisch unbegrenzt. Das ist nebensächlich. Aber meine Informationen über den Sprengsatz sind absolut zuverlässig, glauben Sie mir.«

Es entstand eine kurze Pause, dann entschloß ich mich, ihm die Frage zu stellen, die mir schon eine Weile auf der Zunge lag. »Entschuldigung, aber wenn Sie über Ihre Geheimdienstquellen diese Information über den Typ des Sprengsatzes bekommen haben, warum haben mir die Ermittler bei der Kriminalpolizei dann heute das glatte Gegenteil erzählt? Woher hatten die überhaupt ihre Version von der ›Knallbombe‹?«

»Ganz einfach! Das haben sie heute früh in meinem Artikel im *Kommersant* gelesen.«

Natürlich glaubte ich ihm nicht. »Ich bitte Sie, machen Sie sich über mich lustig?«

»Ich schwöre, genau so war es!« versicherte mein Gegenüber. »Die bei der Kriminalpolizei wußten ganz einfach selber nichts! Die haben nur die Informationen, die man ihnen zuspielt! Nach dem Anschlag gestern hat irgendwer das Gerücht von der ›Knallbombe‹ verbreitet. Asche auf mein Haupt: Auch ich bin zunächst darauf hereingefallen und habe die Angaben in meinem Artikel veröffentlicht. Erst heute habe ich anhand meiner *absolut zuverlässigen* Quellen alles noch einmal überprüft ... Die Herren von der Kriminalpolizei haben Ihnen einfach Quatsch erzählt. Ich verspreche Ihnen, morgen erscheint eine Berichtigung in der Zeitung!«

Ich hatte sehr bald Gelegenheit, mich davon zu überzeugen, daß Scheglow die Wahrheit gesagt hatte. Bei meinem nächsten Treffen mit dem Ermittlungsbeamten Romanow fragte ich ihn sofort ohne Umschweife: »Warum haben Sie mir eigentlich diese Lügengeschichte von der ›harmlosen Knallbombe‹ erzählt? Ich habe inzwischen erfahren, daß es eine Bombe mit der Sprengkraft einer Handgranate war.«

Mir war klar, daß ich den Ermittler mit meiner Frage in eine Zwickmühle brachte: Er konnte weder zugeben, daß er gelogen hatte, noch, daß er keine zuverlässigen Informationen gehabt hatte.

Aber der Beamte wußte sich zu helfen. Er wählte einen dritten Weg. »Verstehen Sie, Elena, wir wollten Sie einfach nur beruhigen …«

Doch das waren noch nicht alle interessanten Einzelheiten, die der Journalist in Uniform mir eröffnete. Nach seinen Worten hatte das von Sergei Jastrschembski geleitete Presseamt des Präsidenten, das für mediale »Sondereinsätze« (etwa die propagandistische Deckung erfolgloser Operationen der russischen Armee und der Geheimdienste in Tschetschenien) zuständig war, soeben einer halbamtlichen Nachrichtenagentur die Desinformation »zugespielt«, daß das Attentat nicht mir gegolten habe, sondern meinem Nachbarn.

Das haute mich schier um. »Was für einem Nachbarn denn? Im Zentrum der Explosion lagen drei Wohnungen: erstens meine, zweitens die gegenüber – da wohnt eine ganz stille, harmlose Oma mit einem kastrierten Kater – und drittens eine leerstehende Wohnung schräg gegenüber – da wohnt schon seit Jahren niemand mehr. Nach dem, was die Ermittler mir gesagt haben, war der Sprengsatz dort am

Türgriff befestigt, und genau dort wäre ich auch gewesen, wenn ich die Tür aufgemacht hätte.«

»Richtig. Genau gegen den ›Bewohner‹ dieser unbewohnten Wohnung soll sich nach der von Jastrschembski lancierten Fehlinformation der Anschlag gerichtet haben. Angeblich wohnt dort irgendein kleiner Betrüger namens Skljar, an dem sich seine Komplizen für irgend etwas rächen wollten«, erzählte er.

Ich war schon so erschöpft, daß ich weder lachen noch weinen konnte. »Was soll dieser Unsinn? Bei uns gibt es keinen Skljar! Da können Sie jeden Nachbarn fragen!«

»Regen Sie sich nicht auf! Diese ›Ente‹ hat sich ohnehin schon erledigt ... Wir haben über unsere eigenen Kanäle die Eigentumspapiere für diese Wohnung gefunden: Daraus geht absolut eindeutig hervor, daß der »Bewohner« Skljar dort schon lange nicht mehr lebt – er hat die Wohnung vor fünf Jahren verkauft. Obendrein ist sie für unbewohnbar erklärt und als reine Gewerbefläche ausgewiesen worden, dort befindet sich ein leerstehender Lagerraum. Und das lustigste ist, daß dieser Herr Skljar, auf den nach der Version der offiziellen Nachrichtenagentur gestern das Attentat verübt wurde, im Gefängnis sitzt! Das wird morgen auch in meinem Artikel stehen!«

»Erstaunlich«, schoß es mir durch den Kopf, »als ich noch beim *Kommersant* war, wußte ich gar nicht, daß im selben Haus so *überaus* gut informierte Mitarbeiter tätig sind ...«

Ich hielt mein Versprechen und erzählte ihm meinerseits, was die Ermittler ein paar Stunden zuvor von mir hatten wissen wollen. Dann fragte ich: »Wie ich sehe, sind Sie ein wirklich erfahrener Geheimdienstmitarbeiter ... pardon, ein ehemaliger natürlich. Was würden Sie mir raten: Hat es Sinn, jetzt schnellstens umzuziehen, eine Wohnung in einem anderen Stadtbezirk zu mieten, irgendwie abzutauchen?«

Scheglow schwieg geheimnisvoll, dann sagte er: »Also, wenn Sie den Anschlag wirklich nicht mit Ihrem Verleger zusammen selbst organisiert haben, als PR-Aktion in eigener Sache …«

An dieser Stelle mußte ich laut lachen. »Hören Sie, Sie müssen sich schon für eine Version entscheiden: entweder die PR-Aktion oder die Rache an dem Betrüger Skljar! Finden Sie nicht?«

»Also, wenn Sie das Attentat wirklich nicht selbst organisiert haben«, dozierte Scheglow ruhig weiter, »dann gibt es meiner Ansicht nach zwei Möglichkeiten: Entweder steckt das *Büro* dahinter (ein traditioneller russischer Slangausdruck für den Geheimdienst – E.T.) oder irgendwelche geistig verwirrten Putin-Fans, die sich für Ihr kritisches Buch über den Präsidenten an Ihnen rächen wollten. Wenn es einfach irgendwelche schwachsinnigen Extremisten sind, dann sollten Sie unbedingt umziehen, je schneller, desto besser. Denn selbst wenn sie inoffiziell unter dem Schutz der Geheimdienste stehen, wie das bei den meisten extremistischen Organisationen der Fall ist, dann gilt dieser Schutz trotzdem nicht für alles und jeden, und deshalb sind ihre Informations- und Suchmöglichkeiten begrenzt. Sie würden einige Zeit brauchen, um Sie wiederzufinden. Wenn dagegen die erste Variante zutrifft, dann …« An dieser Stelle machte mein Gesprächspartner erneut eine effektvolle Pause.

»Dann? Was ist dann? So reden Sie doch weiter! Stellen Sie sich vor, jemand aus Ihrer Familie hätte Sie um einen Rat gebeten!« bestürmte ich ihn.

»Wenn diese Variante zutrifft«, sagte er gedehnt, »dann brauchen Sie nicht umzuziehen. Es nützt nichts. Wenn es nämlich das *Büro* war, dann finden die sie überall. Wenn die Sie ausschalten wollen, dann tun sie das auch im Ausland. Sie können verstärkte Sicherheitsvorkehrungen treffen, soviel Sie wollen – wenn die es für nötig halten, räumen sie Sie aus dem Weg, vielleicht auch erst Jahre später. Denken Sie an Trotzkis Eispickel ...« (Lew Trotzki, Mitstreiter Lenins, der den russischen Staatsstreich von 1917 organisiert hatte, floh ins Ausland, als Stalin an die Macht kam, und wurde einige Jahre später in Mexiko mit einem Eispickel erschlagen.)

Ich will nicht näher beschreiben, wie Mascha (die als unfreiwillige Zeugin dieses Gesprächs anhand meiner Reaktionen verstanden hatte, daß die Lage viel ernster war, als wir gedacht hatten) mit aller Gewalt versuchte, mich zu sich aufs Land zu bringen und dort zu »verstecken«.

»Sei nicht naiv, Mascha!« lachte ich. »Deine Adresse finden sie doch als allererste heraus! Denk an deine sieben Hunde! Ich will nicht, daß sie als Waisen zurückbleiben!«

Ich erspare Ihnen auch die Beschreibung, wie idiotisch wir ausgesehen haben müssen, als sich Mascha, beim Versuch, einen kernigen Leibwächter zu mimen, panisch nach allen Seiten umsah und bei jedem kleinen Geräusch im Treppenhaus zusammenfuhr. Sie begleitete mich bis zu meiner Wohnung, blieb vor der Tür stehen und verlangte: »Schließ sofort die Tür von innen ab! Solange ich nicht höre, wie du abschließt, rühre ich mich nicht vom Fleck!« Und ich will auch nicht im einzelnen beschreiben, wie reizend es war, bei jedem Gang zum Müllschlucker von dem Bodyguard begleitet zu werden, den ein befreundeter, zutiefst um mich besorgter Geschäftsmann mir am nächsten Tag aufdrängte. Den Müll rausbringen – das war ja noch gar nichts! Können Sie sich vorstellen, wie ich mich fühlte, wenn ich mit meinem

Leibwächter (also einem wildfremden Mann) Unterwäsche, Strumpfhosen und Tampons kaufen ging? Meinen Leserinnen brauche ich wohl nicht zu schildern, was für ein Alptraum so ein Leben unter permanenter Bewachung ist.

Ein anderer Freund, Boris Nemzow (der Vorsitzende der *Union der rechten Kräfte*, die soeben die Wahlen verloren hatte), erklärte mir allen Ernstes: »Tregubova, wir organisieren jetzt eine parallele, unabhängige Untersuchung des Anschlags auf dich. Ich schalte die Sicherheitsdienste meiner Freunde ein, die sollen die Drahtzieher suchen!«

In Rußland hat nämlich jeder große Bank-Trust und jeder »Oligarch« seinen Mini-FSB, gewaltige, weitverzweigte eigene Sicherheitsapparate, die sich im wesentlichen aus in den Privatsektor übergewechselten ehemaligen FSB-Mitarbeitern rekrutieren. An diese Leute wollte Nemzow sich wenden. Doch wie man ahnen konnte, rief er mich bald wieder an und gestand zerknirscht, die drei Sicherheitsdienste seiner Banker-Freunde, die er um Hilfe gebeten habe, hätten es abgelehnt, das Attentat aufzuklären. Das war schon sehr bezeichnend.

Ein anderer befreundeter Oligarch (ein »aktiver«, das heißt einer von denen, die Putin bislang weder aus Rußland verjagt noch ins Gefängnis gebracht hatte), der selbst einen der mächtigsten Bank-Sicherheitsapparate im Land unterhielt, antwortete auf meine direkte Frage, ob es eine Chance gebe, daß das Attentat jemals aufgeklärt würde, so philosophisch wie aufrichtig: »Natürlich gibt es eine Chance! Irgendwo, irgendwann, in einem anderen Leben ...«

Ich muß gestehen, wenn man mich zu dem Zeitpunkt gefragt hätte, wäre selbst mir keine rechte Erklärung für den Anschlag eingefallen. Ich wußte nicht, wer mich umbringen wollte. Und ob man mich wirklich umbringen oder mir nur angst machen wollte, damit ich auf Dauer aus den Medien verschwand und Putins triumphale Wiederwahl zum Präsidenten nicht behinderte, damit ich mein zweites Buch nicht zu Ende schrieb, sondern statt dessen eine neue Wohnung suchte und mich um meine eigene Sicherheit und die meiner Familie kümmerte.

Meine Kollegin Nika Kuzyllo, die stellvertretende Chefredakteurin des Wochenmagazins *Wlast*, die den Mut hatte, mich wenige Tage nach dem Anschlag in meiner Wohnung zu besuchen, faßte die bei den meisten unserer Kollegen vorherrschende Meinung jedenfalls so zusammen: »Keiner zweifelt im geringsten daran, daß der FSB dahintersteckt.«

»Aber Nika, warum hätten sie das denn *vor* den Wahlen tun sollen?« fragte ich. »Und warum so offensichtlich? Jeder weiß doch, daß ich gerade ein kritisches Buch über Putin veröffentlicht habe!«

»Hör mir bloß mit diesem Intelligenzija-Schnickschnack auf«, widersprach mir Nika. »Die Tschekisten, die jetzt an der Macht sind, haben eine ganz andere Logik. Sie pfeifen auf die internationale Meinung, und auf die öffentliche Meinung in Rußland pfeifen sie erst recht. Du hast es doch gesehen – neulich, als Jandarbijew umgebracht wurde (der tschetschenische Expräsident Selimchan Jandarbijew – E.T.) und diese FSB-Leute in Katar wegen Mordverdachts festgenommen wurden, hat der russische Apparat nicht einmal ernsthaft so getan, als hätte er damit nichts zu tun. Im Gegenteil: Das Ganze wirkte geradezu demonstrativ, wie ein Schaumord vor den Wahlen. Wenn Putin es schon nicht schafft, den Krieg in Tschetschenien zu gewinnen, dann muß er zumindest zeigen, daß er irgendwen vor der Wahl noch ›auf dem Klo kaltmachen‹ kann, wie er es vor vier Jahren versprochen hat ... So denken die mittlerweile. Insofern kann man die Bombe vor deiner Tür ganz logisch als offenes Signal an alle übrigen Journalisten sehen: ›Seid brav und haltet still, oder ihr werdet es bereuen.‹«

Was die offiziellen Ermittlungen angeht, so hat mich bis heute niemand auch nur ein einziges Mal über ihren Stand unterrichtet. Mit Wladimir Romanow, dem Ermittlungsleiter der Kriminalpolizei, der meine Aussage aufgenommen hatte, habe ich mich in der ganzen Zeit nur einmal getroffen – und auch dieses Treffen ging von mir aus. Als ich ihn anrief, um zu fragen, wie die Ermittlungen vorankämen, tat er so, als bestünde das Haupthindernis für die Untersuchung darin, daß mein Mobilfunkanbieter ihnen keine offizielle Auflistung aller Anrufe zur Verfügung gestellt hatte, die am Tag des merkwürdigen Telefonats wegen des »Päckchens aus Amerika« bei mir eingegangen waren. Diesen formalen Vorwand, um die Sache unter den Teppich zu kehren, wollte ich den Ermittlern nicht lassen, also holte ich die Liste selbst bei der Telefonfirma ab und fuhr damit zur Kriminalpolizei. Etwas Neues enthielt diese Liste nicht – nur die Nummer des anonymen Anrufers, die ich dem Ermittler bereits mitgeteilt hatte und die er einer Telefonzelle in der Nähe des Regierungssitzes zugeordnet hatte.

Mein Treffen mit dem Ermittler, bei dem ich ihm dieses Papier übergab, fand neun Tage nach dem Anschlag statt, auf der Straße vor dem mir bereits wohlbekannten Gebäude der Kriminalpolizei in der Petrowka 38, und es dauerte ungefähr eine Minute. Im Auto neben mir wartete mein Leibwächter.

Als der Ermittler mir gestand, daß er mich über die »Harmlosigkeit« der gezündeten Bombe belogen hatte – pardon, nicht belogen, sondern »beruhigt« –, sagte ich vorwurfsvoll: »Statt mich zu ›beruhigen‹, sollten Sie lieber ernsthaft nach den Tätern suchen!«

Worauf er wie aus der Pistole geschossen antwortete: »Wir wissen ja schon, wer es war!«

Sosehr ich mich auch in den letzten Tagen an alle möglichen Ungereimtheiten und Provokationen im Umfeld der Ermittlungen gewöhnt hatte, diese Volte brachte mich wieder einmal aus der Fassung. »Sie wissen es?! Warum sagen Sie es dann nicht? Wer war es denn?!«

»Das können wir Ihnen nicht sagen«, grinste der Kriminalbeamte. »Im Interesse der Ermittlungen ...«

Eine Woche nach dem Anschlag schickten mir meine glücklosen Sprengmeister einen weiteren »Gruß«. Es war wieder ein Anruf – diesmal allerdings nicht bei mir, sondern bei meiner Nachbarin. Mein Leibwächter begleitete mich von einer Verabredung nach Hause. Als wir im ersten Stock an einer ziemlich weit vom Ort der Explosion entfernten Wohnung vorbeikamen, ging leise die Tür auf, und eine verschreckte Frau, die offensichtlich durch den Türspion meine Rückkehr abgepaßt hatte, schaute heraus.

»Entschuldigen Sie, Lena, daß ich Sie anspreche ... Wissen Sie, gestern hat so ein komischer Mann bei mir angerufen – er hat sich als Ihr ›Freund in Amerika‹ vorgestellt, der Ihre Internet-Seite macht, und er wollte, daß ich ihm Ihre private Telefonnummer gebe ...«

Der Leibwächter und ich wechselten einen Blick: schon wieder ein »heißer Gruß aus Amerika« ... Nur zur Information: Ich *habe* keine Internet-Seite. Und ich *habe* keinen Freund in Amerika. Neuerdings aber anscheinend doch – und nicht nur einen ...

Es war völlig klar: Jemand wollte mir zeigen, daß er mich weiterhin im Visier hatte. Offensichtlich versuchten sie mich einzuschüchtern und auch meine Nachbarn nervös zu machen.

»Das nächste Mal«, riet ich der mitfühlenden Nachbarin, »geben Sie denen einfach gleich die Nummer unserer Polizeiwache. Sollen die dort mal mein Sekretariat spielen ...«

Ich war zwar nicht eingeschüchtert, doch mir war klar, daß ich für die verbleibenden Wochen bis zur Präsidentschaftswahl eine wandelnde Zielscheibe darstellte und daß jeder, der ein Opfer für irgendwelche Übergriffe suchte, wußte, wohin er gehen mußte. Das schlimmste für mich aber war der Satz, den ich einige Tage nach dem Anschlag von meiner unter starken Bluthochdruckmedikamenten stehenden 64jährigen Mutter hörte: »Lena, wenn dir irgend etwas passiert, das überlebe ich nicht. Wenn sie dich umbringen, dann habe ich keinen Grund mehr zu leben.«

Meine Mutter ist ein gläubiger Mensch. Ich sagte ihr, was ich sicher wußte: Kein Haar würde mir ausfallen ohne Gottes Willen. Doch sie hörte nicht auf zu weinen. Ich versprach ihr, vorübergehend – wenigstens bis zu den Wahlen – aus Rußland wegzufahren. An einen sichereren Ort.

Am 12. Februar, genau zehn Tage nach dem Anschlag und einen Tag nach meinem Gespräch mit dem Ermittler, der mir fröhlich verkündet hatte, daß er wußte, aber nicht verraten würde, wer hinter dem Attentat steckte, kaufte ich ein Flugticket und verließ Moskau.

Bei der Grenzkontrolle am Flughafen musterte der dicke russische Zöllner mich mißtrauisch. »Junge Frau, sind Sie vielleicht gerade eben schon mal hier durchgekommen? Ihr Gesicht kommt mir so bekannt vor. Ah ... Jetzt weiß ich ... Sie sind das ›Bombenopfer‹ ... Na gut, gehen Sie durch ...«

Als ich ins Flugzeug stieg, fürchtete ich, ehrlich gesagt, vor allem eines: daß man mich nach den Wahlen unter irgendeinem beliebigen Vorwand, mit Hilfe irgendeines fiesen Tricks nicht ins Land zurücklassen würde. Seit Putin an der

Macht war, gab es schon mehr als genug »unerwünschte Personen« und Emigranten wider Willen.

Emotional war das für mich die Generalprobe für die Verbannung aus meinem Land – ich habe damals gehofft, daß ich das nie erleben würde. Der Ort, an den ich flog, war nicht unbedingt ruhig zu nennen … Sagen Sie das bloß nicht meiner Mutter … Obwohl sie es jetzt ja ohnehin lesen wird. Ich hatte mir die Stadt ausgesucht, wo der frischgepreßte Saft schneller serviert wird als irgendwo sonst auf der Welt – eine Stadt, in der jeden Tag die Sonne scheint und jeden Abend über dem Meer ihr immer gleiches, märchenhaft schönes Kunststück vorführt, während das Publikum auf der steinernen Mole begeistert Beifall klatscht. Ich flog nach Tel Aviv. Erstens war ich sicher, daß Israel, wo ständig Bomben explodierten, der einzige Ort auf der Welt war, an dem eine in Moskau knapp einem Bombenattentat entgangene Journalistin garantiert nicht in die Luft fliegen würde. Einfach deshalb, weil das Schicksal sich derart geschmacklose Tautologien gewöhnlich nicht erlaubt. Und zweitens hoffte ich, daß meine Schriftstellerabenteuer genau an dem Ort enden würden, wo der Krimi um die Publikation meines Buches begonnen hatte.

Eine »Bombe« von mir

In diesem Kapitel geht es darum, wie ich das Unmögliche vollbracht habe: einen Verleger für mein Buch zu finden – in einem Land, in dem alle Verleger Angst vor Putin haben. Und darum, wie die Kremlzensoren eine Reportage über mein Buch aus dem Fernsehprogramm genommen haben. Sowie um die »Bombenwirkung«, die mein Buch bei der gesamten politischen Elite in Rußland hatte.

Im Prinzip kann ich verstehen, daß sie auf meine »Buch-Bombe« mit einer echten Bombe geantwortet haben. Ich finde, jetzt sind wir quitt. Das einzige Problem dabei ist, daß die Gegenseite möglicherweise anderer Meinung ist.

Tel Aviv Connection

Am 21. Januar 2003 beendete ich mein Buch »Geschichten eines Kreml-Diggers«. Zum Schreiben hatte ich genau drei Wochen gebraucht. Ich hatte mit meinen Eltern Silvester gefeiert, und vom 1. Januar an schloß ich mich in meiner Wohnung ein und schaltete alle Telefone aus. Mit dem Propheten Esra, der in vierzig Tagen zweihundert Bücher schrieb, kann ich natürlich nicht mithalten. Doch die uralte schriftstellerische Methode »Vierzig Tage sollt ihr mich nicht suchen in der Wüste« erwies sich immer noch als wirksam. 382 Seiten in 21 Tagen – wenn Sie nachrechnen, werden Sie sehen, daß ich nicht einmal zum Essen Zeit hatte. Ich stand mit Sonnenaufgang auf, betete, preßte mir ein paar Liter frischen Orangensaft und – legte mich wieder hin. Ich schreibe nämlich, ähnlich wie mein verstorbener Freund Marcel Proust, ausschließlich im Bett. Um keine Energie auf die richtige Haltung und den ganzen übrigen physiologischen Unfug zu verschwenden.

Als ich aus meiner freiwilligen Gefangenschaft wieder in die Welt zurückkehrte, behauptete meine Freundin Mascha Slonim, ich sähe aus wie ein Lagerhäftling. Doch ich war ein befreiter Häftling. Mit eingefallenen Wangen, aber vollkommen glücklichen Augen, strahlend vor Vertrauen in meine unbegrenzten Möglichkeiten.

In die Möglichkeiten der Verleger in meinem Heimatland hatte ich erheblich weniger Vertrauen. Mir war von vornherein bewußt, daß das, was ich geschrieben hatte, in Rußland höchstwahrscheinlich nicht veröffentlicht werden könnte. Ein befreundeter russischer Literaturkritiker stellte auf meine Bitte hin eine verdeckte »Marktanalyse« in Moskau und Sankt Petersburg an und kam zu dem Ergebnis, daß kein einziger Verleger es wagen würde, ein so kritisches Buch über Putin zu veröffentlichen. Dabei nannte er weder meinen Namen noch gab er Einblick in mein Buch (ich legte den größten Wert darauf, bis zum Schluß absolute Geheimhaltung zu wahren, damit keiner der Verleger mich beim Kreml denunzieren konnte), sondern erzählte nur kurz, worum es ging – das reichte schon aus, um allen angst zu machen.

Eine List blieb mir noch: Ich könnte das Buch auf russisch, aber nicht in Rußland, sondern im Ausland herausbringen und dann nach Moskau importieren lassen. Dieser

Weg war mit großen Schwierigkeiten verbunden, denn sobald der Kreml vom Inhalt des Buches erführe, würde selbstverständlich Befehl erteilt werden, die gesamte Fracht unter einem beliebigen formalen Vorwand an der Grenze zu konfiszieren. Und ich wünschte mir so sehr, mein Buch in meiner Muttersprache veröffentlicht zu sehen! Dafür war ich bereit, Berge zu versetzen oder bis ans Ende der Welt zu gehen oder – vier Stunden im Flugzeug zu sitzen.

Ich rief den emigrierten Oligarchen Wladimir Gussinski in Tel Aviv an. Ich war sicher, daß der zwangsenteignete *NTW*-Gründer und ehemalige Medienmogul sich für mein Buch über das Ende der Pressefreiheit in Rußland interessieren würde. Und obwohl auch Gussinski in meinem Buch keineswegs als Engel dargestellt wird, hoffte ich, er würde sich angesichts der Zensur in Rußland einverstanden erklären, das Buch im russischen Original in seinem israelischen Verlag *Maariv* zu veröffentlichen.

»Lena, ich bin ungeheuer interessiert an Ihrem Buch! Allerdings werde ich es nicht bei *Maariv* herausbringen – warum, erkläre ich Ihnen ein andermal«, war Gussinskis geheimnisvolle Antwort am Telefon. »Aber mit den anderen Verlagen hier in Israel kann ich Ihnen helfen. Kommen Sie doch her.«

Ich kaufte also ein Flugticket nach Tel Aviv, für Freitag, den 24. Januar. Ich flog aus dem kalten, verschneiten Moskau in mein geliebtes, sonniges und warmes Tel Aviv. Am Flughafen *Ben Gurion* nahm ich ein Taxi, fuhr in die rehov Bialik, setzte mich in mein Lieblingscafé mit den frischgepreßten Säften an einen Tisch auf der Straße und bestellte einen Khaki-Saft. Stellen Sie sich vor, wie sich das anfühlt: eine Umstellung von minus fünfzehn auf plus vierundzwanzig Grad und von der Galeerenarbeit am Buch auf das wunderbare Gefühl, diesen Riesenberg abgeschüttelt zu haben. Ich war auf einen Schlag in meinem ganz persönlichen Paradies auf Erden gelandet. Ich räkelte mich wie eine Eidechse in der Sonne und vergaß alles andere auf der Welt.

Ich muß dazusagen, daß dieses Café auf der rehov Bialik zwei sympathischen, sehr herzlichen Brüdern gehörte, die zwar keine Zwillinge waren, sich jedoch sehr ähnlich sahen. Beide hatten dunkle, glatte Köpfe: Der eine war vollständig kahl, der andere vollständig rasiert. Ich konnte die beiden nie auseinanderhalten. Ich hatte bestimmt schon hundertmal bei ihnen Saft getrunken – vor allem zu der Zeit, als ich alle zwei bis drei Monate zum Aufwärmen nach Tel Aviv flog wie in mein zweites Zuhause.

Wenn ich zu ihnen kam, wechselten wir immer ein paar Worte – für sie war ich längst ein Stammgast, der gewöhnlich einen Liter Khaki-Saft trank und zwei weitere Liter mit nach Hause nahm. Und manchmal obendrein noch ein paar Riesenportionen Bananen-Erdbeer-Shake.

Kaum war ich an dem Tag in meinem Zimmer angekommen, da fiel ich auch schon entkräftet ins Bett und schlief ein. Doch schon eine Stunde später weckten mich die »Posaunen von Jericho«, die den Beginn des Sabbat verkündeten. Und für mich zugleich den Weltuntergang, denn ich entdeckte plötzlich, daß mein Laptop weg war. »Natürlich habe ich ihn im Café gelassen«, dachte ich und rannte in die rehov Bialik, in der Hoffnung, den Besitzer des Cafés vielleicht noch anzutreffen. Doch am Sabbat sind in Tel Aviv absolut alle Geschäfte und Cafés geschlossen, und der Sabbat beginnt am Freitagnachmittag. Die Türen zu meinem persönlichen »Paradies« waren schon verschlossen. Ich warf einen Blick durch die Glastür in das Café, und dabei fiel mir schlagartig wieder ein, daß ich meinen Laptop das letzte Mal gesehen hatte, als ich die Computertasche über die Stuhllehne gehängt hatte.

Es war eine Katastrophe. Natürlich tat es mir leid um den Laptop, einen nagelneuen winzigen *Fujitsu* mit dem symbolischen Namen *Lifebook*, der im Lauf der letzten drei Wochen mein engster Freund geworden war. Aber das war nicht das schlimmste. Die letzte Fassung meines Buches existierte nämlich *nur* auf dem Laptop. Und die CDs mit den Kopien des Textes, die ich den Verlagen hatte geben wollen, hatte ich wohin gesteckt? Richtig, in die Seitentaschen der Computertasche. Idiotin! Um nichts in der Welt könnte ich das ganze Buch noch einmal schreiben! Wenn die kahlköpfigen Brüder den Laptop gefunden hatten, dann würden sie ihn mir selbstverständlich zurückgeben, daran hatte ich keinen Zweifel. Doch wenn ihn irgendein anderer Gast mitgenommen hatte, dann war die Situation hoffnungslos. Ich konnte mich natürlich ans Fundbüro und an die Polizei wenden, aber wer würde schon freiwillig auf ein paar Tausend Dollar verzichten, wenn er sie zufällig auf der Straße fände? Wenn der Finder die Tasche nicht sofort beim Besitzer des Cafés abgegeben hatte, dann hieß das, daß er sie gestohlen hatte.

Die schlimmste Variante, die mir einfiel, war, daß der Dieb auch ein Russe sein könnte, das heißt ein russischer Jude, wie sie in Israel hinter jedem Busch hocken. Meine Textdateien waren nicht verschlüsselt. Das bedeutete, daß der Dieb womöglich jetzt schon vor dem eingeschalteten Laptop saß und die Kapitelüberschriften las: »Wie Putin mich anwarb«, »Wie Putin mich zum Sushi-Essen einlud« … Jetzt streckte er wahrscheinlich die Hand nach dem Telefon aus und wählte (je nachdem, wie intelligent und entscheidungsfreudig er war) entweder die Nummer der russischen Botschaft oder die einer beliebigen internationalen Nachrichtenagentur.

Das einzige, was mich in dieser Situation retten konnte, war der Respekt, den die Israelis vor Bomben haben. Selbst wenn man ein Dieb ist, Terroranschläge muß man trotzdem bekämpfen. Berühmt ist der Fall des obdachlosen Trinkers, der am Strand von Tel Aviv eine Tasche geklaut hatte, damit bis zum nächsten Hauseingang lief, die Tasche aufmachte und eine Bombe darin fand. Was hätte ein russischer Dieb und Säufer in derselben Situation wohl getan? Er hätte die Tasche schleunigst weggeworfen und wäre weggerannt. Der Israeli dagegen ging zur Polizei und erklärte: »Ich habe eben eine Tasche geklaut, und in der Tasche war eine Bombe.« Natürlich wurde der Dieb daraufhin fast so etwas wie ein Nationalheld, man gab ihm Geld für eine Entziehungskur und besorgte ihm Arbeit.

»Was meinst du, sieht meine Tasche so aus wie die Sprengsätze, die bei euch in der Regel in den Cafés gefunden werden?« fragte ich einen israelischen Freund hoffnungsvoll.

»Ich will dir keinen Kummer machen, aber deine Tasche ähnelt nur einem Gegenstand auf der Welt: einer Laptop-Tasche«, lautete das herzlose Urteil dieses Pedanten.

Das quälende Warten zog sich über vierundzwanzig Stunden hin. Bis zum Ende des Sabbat. Am Sonntag, dem ersten Tag der Woche, stand ich überzeugte Nachteule wie eine Lerche um sieben Uhr morgens auf, ohne mir einen Wecker zu stellen, und stürzte zu dem Café – ich war bereit, dort wenn nötig zwei Stunden Wache zu halten, um nur ja als erste die Besitzer abzupassen. Als endlich einer der Brüder auftauchte, sah ich sofort, daß es nicht der vom letzten Freitag war, obwohl ich ihre kahlen Köpfe sonst ständig verwechselte. Ich stürzte auf ihn zu. »Sagen Sie mir bitte, hat Ihr Bruder Ihnen eine Tasche mit einem Computer übergeben? Ich bin am Freitag angekommen und mit meinem Gepäck gleich hierher, und dann habe ich meinen Laptop liegengelassen, hier drüben …«

An der abwesenden Miene des Bruders ließ sich ablesen, daß jede weitere Erklärung nutzlos war: Er hatte keinen Computer.

»Bitte, rufen Sie doch Ihren Bruder an!« bettelte ich.

Er erklärte mir, sein Bruder sei zu Hause und schlafe noch. Doch dann rief er ihn trotzdem an, widerwillig, aber mit höflichem Lächeln.

Was er am Telefon auf hebräisch sagte, verstand ich nicht, doch als er nach einer kurzen Pause zurückfragte: »Lo?« (Nein?), wußte ich, daß mein Urteil gesprochen war. Er nahm den Hörer vom Ohr und sagte mit aufrichtiger Trauer in den Augen: »Es tut mir sehr leid. Er sagt, er hat nichts gefunden.«

Ich zweifelte keine Sekunde daran, daß die beiden die Wahrheit sagten. Trotzdem klammerte ich mich an den letzten Strohhalm. »Geben Sie mir bitte das Telefon, ich spreche selbst mit ihm …«, bat ich.

Ich hoffte, der Bruder Nummer zwei, der am Freitag hinter der Theke gestanden hatte, hätte vielleicht gesehen, wie jemand die kleine schwarze Tasche von der Rückenlehne des hohen Barhockers genommen hatte, neben dem ich saß, er hatte mich doch gesehen mit meinem Koffer, er kannte doch sicher jeden hier. Könnte er nicht irgendwen anrufen und fragen? … Nachdem ich all das am Telefon hervorgesprudelt hatte, machte der Cafébesitzer am anderen Ende der Leitung einen fatalen Fehler. Er, der mich im Lauf des vorangegangenen Jahres regelmäßig, manchmal sogar mehrmals am Tag gesehen und ein paar Worte mit mir gewechselt hatte – auf englisch, denn hebräisch kann ich nicht – behauptete am Telefon auf einmal, er spreche kein Englisch und verstehe überhaupt nicht, was ich von ihm wolle. Ich hielt kurz inne und sagte dann laut und deutlich ein Wort: »Computer.« Worauf er nachfragte: »Was heißt das? Ich verstehe nicht!«

Das war zuviel. So ungebildete Leute gibt es in Israel nicht. In dem Moment wiederholte ich im Geist die Worte des großen russischen Regisseurs und Theatertheoretikers Stanislawski: »Ich glaube Ihnen nicht!«

Ich legte auf und wandte mich wieder dem Bruder Nummer eins zu, der wenigstens nicht so tat, als hätte er plötzlich sein Englisch verlernt.

»Verstehen Sie, auf dem Computer befinden sich sehr wichtige Informationen. Ich bin Journalistin. Ich bin bereit, für den Computer zu bezahlen. Ich bin sogar bereit, Ihnen das Gerät zu schenken – ich brauche nur die Textdateien! Erklären Sie das Ihrem Bruder!«

Doch mein Gegenüber breitete ratlos die Arme aus und bot mir an, mich im Hinterzimmer des Cafés umzusehen – wo natürlich nur ein Kühlschrank mit Khaki-Früchten, Datteln, Melonen, Litschis, Papayas, Erdbeeren und Bananen stand. Wäre nicht der seltsame sprachliche Gedächtnisschwund des Bruders Nummer zwei gewesen, hätte ich wohl keinerlei Verdacht geschöpft. »So ist das also«, resümierte ich auf dem Heimweg, »wenn es darum geht, das Geld für fünf Gläser Saft zu kassieren, dann kann er Englisch, aber wenn ich meinen Computer zurückwill, versteht er auf einmal nichts mehr.«

In Tel Aviv hatte ich (anders als in Moskau) weder innerhalb des Machtapparats noch unter den Bankiers, die über ihre eigenen Sicherheitsdienste verfügen, irgendwelche Freunde, die mir hätten raten können, wie ich mich in dieser Situation verhalten sollte. Mir blieb nur eines: Ich mußte Gussinski anrufen und ihm alles gestehen. Schließlich hatte ich ihm den Text, der mir mitsamt dem Computer gestohlen worden war, auch mitbringen wollen. Die Sache war mir entsetzlich peinlich. Zu dem Zeitpunkt kannten Gussinski und ich uns noch nicht persönlich, und ich konnte mir lebhaft vorstellen, was für ein Bild der Oligarch von mir bekommen mußte: eine »Journalistin«, die es fertigbringt, ihren Computer mitsamt einem gerade fertiggeschriebenen politischen Enthüllungsbuch zu verlieren – eine Vollidiotin! Aber es gab keinen anderen Ausweg. In meiner Verzweiflung rief ich ihn an und erzählte ihm ehrlich die ganze Geschichte.

»Alles klar, Lenotschka. Machen Sie sich keine Sorgen. Wir werden Ihr Problem gleich lösen. Sie sollen Ihren Laptop haben«, antwortete Gussinski vollkommen ruhig und unbeeindruckt.

Offen gestanden dachte ich bei diesen Worten im ersten Moment gereizt: Na klar, reiche Leute kommen auf die komischsten Ideen. Du hast ein Problem mit deinem Laptop, Mädchen? Weine nicht! Hier ist ein neuer!

»Aber nein, Sie verstehen mich falsch: Ich brauche keinen *neuen* Laptop! Ich brauche mein Buch! Und das existiert nur auf meinem Laptop!« erklärte ich noch einmal.

»Ja, ja, das habe ich schon verstanden! Regen Sie sich nicht auf! Tel Aviv ist eine kleine Stadt, hier kennt jeder jeden …«

Ich schöpfte Hoffnung. »Das heißt, Sie glauben, daß Sie meinen Rechner über Ihre Kanäle irgendwie wiederfinden können?«

»Aber nein, das ist gar nicht nötig! Ich schicke Ihnen einfach gleich ein paar Leute vorbei, die diesen ›Brüdern‹ alles erklären werden …«

»Herrje, wollen Sie mir etwa Ihre ›Jungs‹ herschicken?« (»Jungs« oder »Brüder« sind russische Slangausdrücke für Gangster.)

»Nicht doch! Es kommt einfach jemand vorbei, der gut hebräisch spricht«, beruhigte mich der Oligarch.

»Also ein Dolmetscher?« ließ ich nicht locker.

Gussinski lachte herzhaft. »Ein ›Dolmetscher‹! ... Nun ja, so kann man es sagen, ein Dolmetscher. Jedenfalls kommt gleich jemand zu Ihnen.«

Nach diesem Gespräch bereitete ich mich geistig schon darauf vor, daß Gussinski mir gleich ein jüdisches Rachekommando mit dicken Muskeln und Uzis unterm Arm schicken würde. Kurz darauf erschien jedoch ein netter, schwarzhaariger junger Mann mit ausdrucksvoller Sonnenbrille, nicht sonderlich groß, eher schlank und geschmeidig. Zum Ausgleich fuhr er in einer gewaltigen, völlig überdimensionierten schicken Limousine vor, einem Modell, dessen Marke ich nicht einmal identifizieren konnte. Kurz, er hätte perfekt in einen aufwendig produzierten Hollywood-Gangsterfilm gepaßt.

»Guten Tag, ich heiße Danja«, stellte der Jüngling sich bescheiden und in akzentfreiem Russisch vor. »Können Sie mir erklären, wo dieses Café ist?«

Wir standen auf der rehov ha Maagal, genau fünfzig Schritte von dem unseligen Café in der Bialik entfernt.

»Kommen Sie, ich zeige es Ihnen!« schlug ich vor.

»Nein, nein, das ist nicht nötig. Sie brauchen nicht mitzukommen«, wehrte Danja ruhig ab. »Gehen Sie nach Hause und machen Sie sich keine Sorgen. Sie hören von mir.«

Mit diesen Worten setzte sich der junge Mann, anstatt die paar Meter zu Fuß zu gehen, ins Auto, und ich konnte den Anblick der schicken Limousine genießen, die auf der schmalen rehov ha Maagal mühsam wendete wie ein riesiges Krokodil in einem kleinen Bach, um dann nach einem ordentlichen Haken auf der anderen Seite stolz vor dem Café in der Bialik vorzufahren, was wahrscheinlich einen umwerfenden Eindruck machte.

Während ich die Treppe zu meiner Wohnung nach oben ging, grübelte ich darüber nach, daß es für das Gespräch des Gussinski-»Jungen« Danja mit den kahlköpfigen Brüdern aus dem Café nur zwei Möglichkeiten gab: einen *schnellen* und einen *langsamen* Verlauf. Die schnelle Variante verhieß für mich nichts Gutes, denn sie hätte bedeutet, daß Danja sich unter Anwendung sämtlicher im Hebräischen verfügbarer suggestiver Verfahren davon überzeugt hätte, daß die Brüder unschuldig waren und meinen Laptop nicht hatten. Günstig für mich konnte nur die *langsame* Variante sein, überlegte ich, denn wenn es Danja gelang, die Brüder einzuschüchtern und dazu zu bringen, den Diebstahl meines Rechners zu gestehen, dann mußte er anschließend entweder warten, bis der Bruder Nummer zwei den Laptop brachte, oder selbst zu ihm nach Hause fahren.

Danjas Anruf kam nach exakt viereinhalb Minuten. Ich war gerade erst die Treppe hochgestiegen und in meiner Wohnung angekommen.

»Hallo, Lena? Sie können herunterkommen. Ich stehe vor Ihrer Tür.«

Mir sank das Herz. Daß Danja so schnell anrief, konnte nur eines bedeuten: Die Brüder hatten den Laptop wirklich nicht. In viereinhalb Minuten konnte ein normalsterblicher Mensch nach meiner Vorstellung allenfalls die Karosserie des Hollywoodautos mühsam in die Nachbargasse zwängen, auf die rehov Bialik einbiegen, vor dem Café halten und seine Actionfilm-Requisiten kurz ihre Wirkung entfalten lassen, dann mit durchdringendem, flammendem, unerbittlichem Blick dem Bruder Nummer eins in die Augen schauen und erkennen, daß sie unschuldig wie die eines Kindes waren. Und sofort wieder wegfahren. Ohne auch nur einen Saft zu trinken.

Während der Sekunden, in denen ich die Treppe hinunterlief, sah ich deutlich die Hölle der kommenden Wochen vor mir: eiliger Rückflug nach Moskau, erneutes Durchsuchen aller Archive und – nein!!! Jeder Journalist oder Schriftsteller weiß genau, daß es *unmöglich* ist, dasselbe Buch zweimal zu schreiben! Man kann höchstens etwas anderes schreiben, ein neues Buch. Aber das würde ich weder physisch noch emotional durchstehen …

Danja stand direkt vor meiner Haustür, lässig an die Fahrertür der Limousine gelehnt.

»War es *das*, was Sie gesucht haben?« fragte er in absolut filmreifem coolen Ton, griff mit eleganter Geste durch das geöffnete Wagenfenster hinter seinem Rücken und holte wie bei einem Kartentrick blitzschnell meinen Laptop hervor. Und ich, die ich mein Glück gar nicht fassen konnte, fiel ihm wie eine Irre um den Hals und küßte ihn …

»Das gibt's doch nicht!!! So schnell! Wo war er denn??? Sind Sie etwa zu dem anderen Bruder nach Hause gefahren?«

»Das war gar nicht nötig. Der Laptop war in einem Schrank unter der Theke versteckt …«, berichtete mein Held unverändert gelassen.

Mit welchen Überredungstechniken er die kahlköpfigen Brüder dazu gebracht hatte, meinen Computer herauszurükken, weiß ich bis heute nicht. Ich weiß nur, daß Danja mir zum Abschied riet: »Also, in dieses Café sollten Sie, glaube ich, besser nicht mehr gehen …«

Diesem Rat bin ich gefolgt. Es hat sich so ergeben, daß ich seit jenem Tag überhaupt nicht mehr in der Bialik war und auch nicht in der Gegend – bei keinem meiner späteren Besuche in Tel Aviv. Und bis heute hoffe ich, daß mich, hätte ich nicht auf Danjas Rat gehört, in meinem einstigen Lieblingscafé nicht Ströme von Blut statt frischgepreßter Saft erwartet hätten.

Mein Buch hat Gussinski dann allerdings doch nicht herausgebracht. Als ich am nächsten Tag beim Frühstück in seiner riesigen Wohnung in einem Hochhaus direkt an der prächtigen Uferpromenade von Tel Aviv saß, von wo aus man einen der schönsten Ausblicke auf das Mittelmeer genießt, gestand er mir: »Ich will nicht, daß es hinterher heißt, Gussinski hätte Tregubovas Buch gegen Putin verlegt.«

»Aber was interessiert Sie denn Putin jetzt noch?« wunderte ich mich. »Er hat Ihnen doch ohnehin schon Ihr ganzes russisches Mediengeschäft weggenommen und Sie aus dem Land gejagt.«

»Wissen Sie, ich bin auch für das Leben von Leuten verantwortlich, die in Rußland zu leiden haben, nur weil sie meine Freunde sind«, antwortete der Oligarch im Exil.

Mir war klar, daß er vor allem von seinem Freund und Geschäftspartner Anton Titow sprach. Dieser war einige Wochen vor meinem Gespräch mit Gussinski auf freien Fuß gesetzt worden. Etwas Genaueres wußte niemand, doch Gussinski gab mir deutlich zu verstehen, daß es sich dabei um ein Tauschgeschäft gehandelt hatte. Unter Moskauer Geschäftsleuten kursierten bereits hartnäckige Gerüchte, wonach Titow »freigekauft« worden war – angeblich hatten Gussinskis Leute für Titows Freilassung »Millionensummen über die ganze Machtvertikale verteilt – angefangen beim Kreml bis hin zur Generalstaatsanwaltschaft«.

Außerdem gestand mir Gussinski unumwunden ein internes Detail, das mich wirklich umhaute: »Ich habe Wolodja versprochen, ihm nicht ›in die Quere zu kommen‹ und keine oppositionellen politischen Projekte zu lancieren. Im Gegenzug hat man mir versprochen, daß jede strafrechtliche Verfolgung gegen mich und meine Leute eingestellt würde.«

Ich machte Gussinski wegen seiner Zugeständnisse an Putin im Tausch gegen die Rettung wenigstens einer »Geisel« keinen Vorwurf – ich sagte ihm, daß ich, wenn ein Menschenleben auf dem Spiel stehe, seine Entscheidung, mein Buch nicht zu verlegen, verstehen und respektieren würde. Ich vermute, daß Gussinski sein Versprechen, Putin »nicht in die Quere zu kommen«, bereits einige Monate nach unserem Gespräch heftig bedauert hat, denn es zeigte sich, daß Putin sein eigenes Versprechen, die strafrechtliche Verfolgung Gussinskis einzustellen, nicht hielt: Während einer Griechenlandreise wurde Gussinski in Athen verhaftet und wäre beinahe an Rußland ausgeliefert worden – auf Betreiben der russischen Staatsanwaltschaft. Allerdings erklärte man kurz darauf, es habe sich um einen »Irrtum« gehandelt. Gussinski wurde wieder freigelassen. Von der Politik hielt er sich jedoch weiterhin fern. Ich denke, Putin hielt Gussinski auf diese Weise – wie einen Esel, mit Möhren und Peitsche – einfach davon ab, irgendwelche oppositionellen Projekte zu finanzieren.

Wer weiß, ob mein Laptop auch gestohlen worden wäre, wenn ich an diesem Tag, dem 24. Januar 2003, nicht ausgerechnet zu Gussinski unterwegs gewesen wäre, sondern einfach nur nach Tel Aviv, um mich in der Sonne zu wärmen und frischgepreßten Saft zu trinken? Im Moment jedenfalls schreibe ich auf dem dank Gussinski und seinem Ritter Danja geretteten Computer.

Wissen Sie, wenn man ein Buch auf einem Laptop namens *Lifebook* schreibt, hat man manchmal seltsame, mystische Eingebungen. Ich tippe zum Beispiel den Namen »Putin« oder »Gussinski«, und mein Computer erklärt mir plötzlich, dieser Name sei ihm »unbekannt«. Und er fragt: »Hinzufügen?« Diese Frage stellt mich jedesmal vor ein Dilemma: Wie soll ich das entscheiden? Soll ich einen der beiden in das »Buch des Lebens« eintragen, und wen?

Überhaupt empfinde ich seit der Geschichte in Israel (dem ersten, letztlich glücklich verlaufenen Abenteuer auf dem Weg zum Erscheinen meines Buches) jedesmal eine Art Schauer, wenn ich meinen Computer einschalte. Inzwischen weiß ich, daß diese kleine Maschine (auch wenn sie nach Meinung der Israelis nicht wie ein Sprengkörper aussieht) in Wahrheit die reinste Büchse der Pandora ist. Kaum hatte ich sie geöffnet, passierten mir die unwahrscheinlichsten Dinge – ihretwegen haben sich so viele gestandene Männer im Kreml die Haare gerauft, ihretwegen bin ich in der ganzen Welt berühmt geworden, ihretwegen wäre ich beinahe einem Bombenanschlag zum Opfer gefallen, ihretwegen ist mein alltägliches Leben in Moskau unerträglich geworden – und wer weiß, was noch alles passieren wird!

Der Befreier-Zar

Nach meiner Rückkehr nach Moskau beschloß ich nun doch, die Geheimhaltung aufzugeben und das Manuskript meines Buches einem russischen Verleger zu zeigen. Obwohl das, wie schon gesagt, äußerst riskant war. Ich wußte zum Beispiel, daß *Vagrius* als mächtigster und reichster Verlag auf dem russischen Markt galt. *Vagrius* war es, dem der Kreml die Herausgabe von Wladimir Putins Wahlkampfbuch anvertraut hatte, nachdem Boris Jelzin seine präsidialen Vollmachten niedergelegt und auf Putin übertragen hatte. An der Spitze des Verlagshauses stand ein Mann, der zugleich der beste Freund und offizielle Stellvertreter des russischen Presse- und Informationsministers war (unter den Bedingungen der in Rußland de facto eingeführten staatlichen Zensur hieß das: die rechte Hand des Propagandaministers). Wenn ich mein Manuskript diesem Verleger zeigen würde, war völlig klar, wo es höchstens eine Viertelstunde später landen würde: auf Putins Schreibtisch. Und ich selbst würde wenige Stunden später im besten Fall ungefähr da sein, wo auch Gussinski und Beresowski sich aufhielten. Ich könnte noch von Glück reden, wenn man mich auf schnellstem Weg ins Exil schickte – ohne Zwischenstop im Gefängnis *Matrosskaja tischina*. Das zweitgrößte Ansehen genoß in Moskau der nach seinem Besitzer Igor Sacharow benannte *Sacharow*-Verlag. Sacharow galt unter der Moskauer Intelligenzija als »Liberaler«: Er hatte kurz zuvor das Buch eines russischen Humoristen über die Schließung des oppositionellen Fernsehsenders *NTW* veröffentlicht, und auch Anna Politkowskajas Buch über Tschetschenien war bei ihm erschienen. An ihn wollte ich mich wenden.

»Wenn Sacharow sich nicht traut, dich zu verlegen, dann traut sich niemand in Rußland«, hatten meine Freunde mir gesagt.

Mich erwartete eine Überraschung. Kaum hatte ich dem Verleger (den ich nicht persönlich kannte) am Telefon meinen Namen genannt, rief er: »Na endlich! Wo bleiben Sie denn so lange! Mir klingen schon die Ohren, soviel hat man mir von Ihnen erzählt, und Sie rufen und rufen nicht an!«

»Wer hat Ihnen denn von mir erzählt?« fragte ich verblüfft.

»Das spielt doch keine Rolle. Was ich gehört habe, ist, daß Ihr Buch sehr interessant sein soll und *völlig unpublizier-*

bar. Bringen Sie mir möglichst schnell das Manuskript – ich platze schon vor Neugier!«

Offensichtlich hatte jemand von meinen Freunden sein Schweigegelübde gebrochen.

»Das Manuskript bringe ich Ihnen, Igor, aber ich habe eine riesige Bitte: Erzählen Sie niemandem davon – nicht vom Inhalt und nicht einmal von der Existenz des Textes. Sie wissen ja, Autoren haben manchmal so ihre Launen – ich zum Beispiel möchte das Erscheinen meines Buches gern noch erleben …«

Die Räume des *Sacharow*-Verlags lagen nur ein paar Schritte von meinem Haus entfernt, mitten im Zentrum von Moskau, in einer noblen alten Villa auf dem Nikitski bulwar. Der Verleger Sacharow selbst ähnelte am ehesten einem altmodischen Gymnasiallehrer vom Ende des 19. Jahrhunderts: Er war groß, hager, hatte eine lange, schmale Nase und einen stechenden Blick hinter einer Brille, deren Form an einen altertümlichen Kneifer erinnerte. Er riß mir mein Manuskript geradezu aus der Hand, verabschiedete sich artig und versprach, das Buch »baldmöglichst« zu lesen.

Kaum hatte ich den Verlag verlassen, passierte mir eine lustige Sache, die ich als Omen deutete: Es knackte, und mein Stiefelabsatz brach ab.

Und was ist daran so Besonderes? werden Sie fragen. Doch die Ironie lag darin, daß das ausgerechnet an der Ecke zur Spiridonowka passierte, in der auch das japanische Restaurant lag, wo ich mit Putin Sushi gegessen hatte – und auch dort war ich auf nur einem Absatz angekommen. Unwillkürlich hatte ich also eine der zentralen Szenen meines Buches sozusagen nachgespielt. Ich mußte lachen, steckte den Absatz mit einer vertrauten Bewegung in die Manteltasche und hoppelte nach Hause wie ein unbeschlagenes Pferd.

Als ich eine Woche später wieder anrief, gestand Sacharow: »Ganz ehrlich, ich habe Ihr Buch sofort gelesen, in einer Nacht. Ich konnte mich nicht losreißen!«

Ich schmolz dahin – und wartete darauf, den Satz zu hören, der auf dieses große Kompliment des Verlegers logischerweise folgen mußte: »Wir verlegen es!«

Doch was ich zu hören bekam, war etwas ganz anderes: »Aber Sie verstehen selbst: Das *kann* man nicht veröffentlichen! Lena, Sie sind doch kein Kind mehr! Sie wissen besser als ich, daß man so etwas in Rußland *unmöglich* herausbringen kann! Ich würde das lieber persönlich mit Ihnen besprechen, nicht am Telefon ...«

Als ich wieder zu Sacharow kam, zeigte er mir als erstes die Bronzestatuette eines russischen Zaren, die auf dem Schreibtisch in seinem Büro stand: »Das ist Alexander II. Wissen Sie, was er den Verlegern zu sagen pflegte? ›In den Büchern, die ihr herausgebt, soll gar nichts über mich stehen. Weder Schlechtes noch Gutes.‹ In diesem Sinne habe ich auch beschlossen, über Putin besser gar nichts zu veröffentlichen, ›weder Schlechtes noch Gutes‹.«

»Sie meinen, es wird sich kein Verleger finden, der den Mut hat, es herauszubringen?« fragte ich niedergeschlagen.

»Es geht nicht um ›Mut‹. Aber warum sollte ich *Ihre* Risiken auf mich nehmen?« gab der Verleger offen zu. »Zu welchem Zweck? Sie sehen doch, was im Land vorgeht: Gerade erst ist Juschenkow umgebracht worden, für *nichts*! (Kurz vor diesem Gespräch war Sergei Juschenkow vor seinem Haus in Moskau erschossen worden, der Führer der Oppositionspartei *Liberalnaja Rossija*, im Grunde der einzigen Partei im Land, die Putin öffentlich kritisierte, unter anderem dafür, daß er die Meinungsfreiheit im Land abgeschafft hatte. – E.T.) Und Sie wollen, daß ich *so etwas* veröffentliche!«

An dieser Stelle schob Sacharow wie ein strenger Schulinspektor ruckartig die Brille auf seiner Nase hoch und sah mir eindringlich in die Augen: »Lena, eigentlich habe ich Sie hergebeten, weil ich herausfinden will, warum *Sie* das eigentlich alles tun? Mit welchem Ziel? Ist Ihnen wenigstens selber klar, wofür Sie dieses Risiko auf sich nehmen? Und ist Ihnen dieses Buch wirklich soviel wert?«

»Wissen Sie, Igor, gerade deshalb, weil in meinem Land alle solche Angst haben, dieses Buch zu veröffentlichen, komme ich immer mehr zu der Überzeugung, daß man es veröffentlichen *muß*«, erklärte ich wahrheitsgemäß. »Ich spüre einfach mit jeder Pore, wenn um mich herum diese Grabesstille herrscht, dann muß ich genau diesen verbotenen Ton anschlagen, um die Stille zu zerreißen. Wenn die Menschen in meinem Land sich jetzt schon wieder wie in der Stalin-Zeit fürchten, den Namen des ›Führers‹ unnütz im Munde zu führen, dann heißt das, es ist höchste Zeit, diesen Namen auszusprechen. Und zwar so, daß die Leute begreifen, daß er ein gewöhnlicher Mensch ist, keine Bronzestatue – bevor es zu spät ist.«

»Und genau das, Lena«, fiel Sacharow ein, »wird Putin an Ihrem Buch am meisten kränken. Sie beschimpfen ihn ja nicht einmal! Beim Lesen war mir ganz klar, daß das für Putin das schlimmste an Ihrem Buch sein würde: Er ist nicht der Held Ihres Romans. Nicht in dem Sinn, daß Sie nicht seine Geliebte geworden sind, sondern daß es in Ihrem Buch – in Ihrem Roman – wesentlich interessantere, gehaltvollere Figuren und wesentlich stärkere Charaktere gibt als ihn.«

»Aber das ist doch nicht meine Schuld!« parierte ich.

»Genau das wird den Präsidenten tödlich kränken. Das verzeiht er Ihnen nie«, schloß der Verleger. »Und daß ich Ihr Buch einen Roman genannt habe, war kein Versprecher.

Sie haben tatsächlich einen Roman geschrieben, in dem Sinn, daß das Buch eine romantische Heldin in der Entwicklung zeigt – nämlich Sie selbst. Und es ist gut, daß Sie sich nicht gescheut haben, sich an manchen Stellen als dummes junges Ding darzustellen, das von nichts eine Ahnung hatte. Das Interessante ist nämlich gerade, zu verfolgen, wie Sie sich im Lauf des Romans verändern, und damit verändert sich auch Ihr Verhältnis zu den anderen Personen. Kurzum, mein Glückwunsch: Ihr Buch ist sehr fesselnd geschrieben.«

Sie können sich vorstellen, wie angenehm es für mich war, ein so überaus positives Urteil von einem der führenden Verleger im Land zu hören – der es allerdings zuvor der »Risiken« wegen abgelehnt hatte, mein Buch zu publizieren.

Sacharow fügte mit einem listigen Lächeln hinzu: »Und wissen Sie, was für mich das Spannendste an Ihrem Buch war? Am spannendsten war für mich, herauszufinden, welche von den Figuren Ihnen den Auftrag dazu gegeben hatte! Diese Frage hat mich das ganze Buch über nicht losgelassen. Am Anfang dachte ich natürlich, Beresowski würde dahinterstekken, einfach weil Sie für den *Kommersant* arbeiten. Aber dann habe ich gesehen, daß Sie Beresowski den ›bösen Geist der russischen Politik‹ nennen. Schließlich mußte ich mich wohl oder übel mit dem Gedanken abfinden, daß Sie keinen Auftrag hatten, sondern einfach Ihre eigene Meinung sagen ...«

Das war die erste Rezension meines Buches, die ich aus dem Mund eines Profis hörte. Ich weiß nicht, was ich in dem Moment vorgezogen hätte, wenn ich die Wahl gehabt hätte: daß Sacharow mich so mit Komplimenten überschüttete, mein Buch jedoch nicht drucken wollte oder daß er es in der Luft zerrissen, aber trotzdem publiziert hätte.

Zum Abschied sagte mein verhinderter Verleger väterlich: »Ich will Ihnen einen Rat geben, Lena. Wenn Sie dieses Buch wirklich unbedingt veröffentlichen wollen, dann lassen Sie es auf eigene Kosten bei irgendeinem kleinen Verlag drucken, in einer Auflage von ein paar Hundert Exemplaren, und verteilen es einfach an Ihre Freunde. Das würde ich Ihnen ganz ehrlich raten: Begnügen Sie sich damit …«

Zum Schluß verrate ich Ihnen noch ein interessantes Detail: Wissen Sie, wie jener Zar Alexander II., der das Zensurprinzip »Über mich weder Gutes noch Schlechtes« formuliert hatte, in Rußland genannt wurde? Man nannte ihn den »Befreier-Zar«. Was im Prinzip auch seine Logik hat: Für das heutige Rußland, wo in allen Medien täglich erzwungene Lobeshymnen auf den Präsidenten gesungen werden, klänge ein solches Zensurprinzip wie der Gipfel des Liberalismus.

Eine Jet-set-Schnepfe zu Besuch bei Robespierre

Gefunden habe ich meinen Verleger schließlich in einem für mich völlig unerwarteten politischen Lager. Man könnte sogar sagen, genau im entgegengesetzten Schützengraben. Nach dem Mißerfolg mit dem allzu »moderaten« Liberalen Sacharow rieten mir Freunde, die sich auf dem Buchmarkt auskannten: »Dann kannst du höchstens noch etwas ganz Extremes probieren: *Ad Marginem*. Aber du mußt wissen, daß du mit dem Verlagsleiter dort ernsthafte Probleme kriegen wirst …«

»Wieso? Hat er auch Angst vorm Kreml?« fragte ich, vor dem Hintergrund meiner letzten Erfahrung.

»Nein, das nicht, wenn ihm das Buch gefällt, dann fürchtet er garantiert weder Putin noch den Kreml … Aber er ist … Wie soll man das am besten sagen, ohne beleidigend zu werden? … Es kann sein, daß ihr euch nicht so gut verstehen werdet … Also, krieg keinen Schreck, aber er ist – ein Kommunist, verstehst du. Und nicht nur ein Kommunist, sondern auch ein Revolutionär. Im Herzen natürlich nur …«

Als ich mein Manuskript zum Verlag *Ad Marginem* brachte, war ich demnach innerlich darauf vorbereitet, daß der Verlagsleiter mit dem urrussischen Nachnamen Iwanow in mir schon von weitem den verhaßten Klassenfeind wittern würde. Und so kam es auch …

Ich muß dazusagen, daß ich in meiner Studentenzeit von den *Ad Marginem*-Büchern gar nicht genug kriegen konnte. Damals war es ein raffinierter, intellektueller Verlag gewesen – dort erschienen zum Beispiel die Studien des Philosophen Mamardaschwili über meinen geliebten Marcel Proust, die Monographien des Kulturwissenschaftlers Michail Jampolski und was es an politisch nutzloser und gerade deshalb unsagbar schöner Literatur sonst noch gab. Aufgrund dieser nostalgischen Erinnerungen brachte der Gedanke an die Auszeichnung, bei *Ad Marginem* publizieren zu dürfen, bei mir sofort die sentimentalsten Saiten zum Klingen. Doch es gab auch ein »Aber«. Meine Freunde hatten recht: In den letzten Jahren hatte *Ad Marginem* sich einen äußerst merkwürdigen Ruf erworben.

Der skandalträchtige Ruhm des Verlags setzte unmittelbar nach Putins Machtübernahme ein, als *Ad Marginem* einen Roman über einen – selbstverständlich fiktiven – homosexuellen Beischlaf zwischen Stalin und Chruschtschow veröffentlichte. Geschildert wurde das in einem Buch des russischen Autors Wladimir Sorokin mit dem Titel »Der himmelblaue Speck«. Genau in dem Moment wechselte der Verlag in die Kategorie der »Oppositionellen« und Verfolgten. Der Kreml hetzte *Ad Marginem* sofort den Putinschen Komsomol der

Gemeinsam Gehenden auf den Hals: Sie verbrannten öffentlich Sorokins Bücher und zogen gegen ihn vor Gericht, mit der Forderung, der Schriftsteller sollte wegen seiner »nicht zensurfähigen« Ausdrücke ins Gefängnis kommen und seine Bücher aus dem Handel genommen werden. Ich sage es ganz ehrlich, ich habe diesen Roman nicht gelesen und werde ihn aller Wahrscheinlichkeit nach auch nicht lesen. Doch Sie werden unschwer erraten können, auf wessen Seite ich in diesem Konflikt zwischen dem Verlag und dem Kreml stand, der versuchte, über eine von ihm kontrollierte Jugendorganisation nun auch noch auf dem Buchmarkt die Zensur einzuführen. Damit begnügte sich der »Revolutionär« Iwanow jedoch nicht, sondern publizierte als nächstes den Roman »Gospodin Gexogen« des Ästheten und Kommunisten Alexandr Prochanow, ein noch skandalträchtigeres und deliranteres Buch – in dem Putin sich ganz nebenbei in einen Regenbogen verwandelt und ein anderer respektabler russischer Politiker in einen Pilz im Einmachglas auf einer Fensterbank. Danach bereitete *Ad Marginem* die Publikation des »Reiseführers durch die Gefängnisse« von Eduard Limonow vor, einem weiteren »Revolutionär«, dem Führer der Nationalbolschewistischen Partei, der die Gefängnisse nicht nur vom Hörensagen kannte – er war selbst in Haft gewesen wegen des Verdachts auf Vorbereitung eines bewaffneten Umsturzes (die Anklage wurde allerdings später wieder fallengelassen).

Im Prinzip lag mir der Wunsch des Leiters von *Ad Marginem*, die steif-offizielle Atmosphäre der Putin-Zeit, die sich ringsum verhärtete wie Zement, durch Provokationen aufzusprengen, sehr nahe. Doch mit dem Kommunisten Prochanow und dem Führer der russischen Nationalbolschewiken Limonow unter einem Dach zu landen … Andererseits würde ich sie ja nicht heiraten, sondern nur im gleichen Verlag wie sie veröffentlichen. Nachdem ich das Für und Wider abgewogen hatte, faßte ich einen Entschluß: Wenn der Revolutionär Iwanow tatsächlich der einzige mutige Mensch im Land war, der sich traute, mein Buch zu veröffentlichen – gut, dann sollten die Lorbeeren für den Verleger, der diesen Bestseller herausbringt, eben ihm zufallen. Und die »liberalen« Feiglinge sollten sich hinterher meinetwegen in die Stirn beißen und sich schämen, daß sie selbst diesen Mut nicht aufgebracht hatten.

Ich war also bereit, mich mit *Ad Marginem* einzulassen. Jetzt fehlte nur noch eine Kleinigkeit: daß auch *Ad Marginem* sich mit mir einlassen wollte. Sascha Iwanow sah überhaupt nicht aus wie ein Revolutionär, sondern eher wie ein in die Jahre gekommener Hippie: lange Haare, ein unkontrolliert wachsender Bart und allerlei anderer Haarwuchs im Gesicht, ein schlichter Pulli – es war nicht zu übersehen, daß er nicht auf sein Äußeres achtete. Auch er trug eine Brille, doch bei ihm war sie im Gegensatz zu dem letzten Verleger, den ich besucht hatte, keineswegs ein stilvolles Accessoire, sondern lediglich die direkte medizinische Folge der runden Million Bücher, die er gelesen hatte. Seinem Aussehen und Benehmen nach, das ganz dem Typus des »leidenschaftlichen Philosophen« entsprach, hätte ich ihn auf fünfunddreißig Jahre geschätzt. Etwas später erfuhr ich, daß Sascha schon fünfzig war. Die Tatsache, daß alle Verlage, an die ich mich vorher gewandt hatte, Angst bekommen hatten, war für *Ad Marginem* die beste Empfehlung. Sascha stürzte sich auf das Manuskript wie ein Hungernder, dem man zu essen gibt.

Doch nach Ablauf der Woche, die er sich für die Lektüre auserbeten hatte, rief er nicht wie versprochen an. Dafür hörte ich aus dritter Hand (von meinem schon erwähnten

Freund, dem Literaturkritiker), daß Iwanow auf einer Moskauer Literaturparty eine mündliche Rezension meines Buches zum besten gegeben hatte: »Jede Zeile darin stinkt nach teurem Parfum. Man merkt sofort, daß diese Tregubova den Jet-set liebt. Das ist nichts für uns, nichts Russisches, nichts fürs Volk ...«

Einige Tage später rief mich Sascha trotzdem an und sagte, er wolle sich gern mit mir treffen und »einige Fragen zum Bild des Erzählers und der Protagonistin besprechen«. Ich rüstete mich zum Kampf.

Das Duell der Ideologien fand in dem im Souterrain gelegenen *Ad Marginem*-Büro statt, das perfekt zu Iwanow paßte: es war karg, verraucht und vollgestopft mit Büchern. Schon an der Tür wies Sascha mich im Ton eines entrüsteten Klassenkämpfers zurecht: »Sie reichen einem ja sogar die Hand mit der Handfläche nach unten, Lena! Als würden Sie einen Handkuß erwarten ...«

Ohne es zu wollen, fand ich mich plötzlich in einer Situation wieder, die jedem Russen noch aus der Sowjetzeit vertraut ist: dem typischen Streitgespräch über den Sinn des Lebens und die Politik bei einer Tasse Tee in der Küche.

Meine Freunde im Ausland haben mich oft gefragt, warum gerade in der Küche. Nun, es war eben wie damals bei meinen Eltern, die private Küche war in der Sowjetzeit der einzige Platz für solche Gespräche! In unserem Fall war die »Küche« ein kleiner, schmuddeliger Tisch mitten in den Verlagsräumen von *Ad Marginem*.

»Lena«, fragte Iwanow, »in Ihrem Buch beschweren Sie sich darüber, daß Sie auf Ihren Reisen durchs Land mit Putin nirgendwo in der russischen Provinz Ihren gewohnten frischgepreßten Orangensaft zum Frühstück trinken konnten ... Wie wäre es denn mal mit einem Glas Wodka mit Hering zum Frühstück? Wissen Sie nicht, wie das Volk lebt? Nach diesem Buch werden die Leute alle Kremljournalisten hassen. ›Zum Henker mit diesen bourgeoisen Fettwänsten!‹ werden sie sagen. Und zu Recht!«

»Also wissen Sie, Sascha, nur weil Ihre geliebten Kommunisten meinem Volk jahrzehntelang beigebracht haben zu saufen, statt zu arbeiten ... Lieber würde ich die Leute dazu bringen, frischgepreßten Saft zum Frühstück zu trinken, als selber auf Wodka umzusteigen!« stichelte ich zurück.

»Und was haben Ihre geliebten Demokraten dem Volk beigebracht?« fuhr der Verleger mit seiner Anklagerede fort. »Sie haben versucht, dem russischen Volk gewaltsam westliche Ideale einzuimpfen, die uns von Natur aus fremd sind. Man will uns weismachen, unsere Zukunft in zehn Jahren sei identisch mit der Vergangenheit, die in Europa und Amerika schon fünfzig Jahre zurückliegt. Das ist doch eine Demütigung für das Volk! Und derweil regieren die Oligarchen ihre Heimat im Schichtdienst! Sie selbst leben schon längst alle im Westen, ihre Kinder genauso, und in die Heimat kommen sie nur einmal im Monat, um das Geld abzuholen, das sie aus den Ölquellen gepumpt haben! Dem Volk ist es einerlei, ob Putin regiert oder Jelzin, das sind doch alles nur Marionetten, die dieses Ausbeuterregime decken! Aus Ihrem Buch ergibt sich der zwingende Schluß, daß das Regime am Ende ist! Der Kreml ist am Ende, verrottet! Die Oligarchenklasse ist verrottet! Wir müssen einen neuen, parallelen Kreml schaffen! Das ist die Rettung! Und in Ihrem Buch, wo ist da die Rettung? Sie zeigen den Leuten keinen Weg zur Rettung!«

»Sehen Sie, Sascha, ich bin im Unterschied zu Ihnen keine Anhängerin von Klassenkampftheorien, und ich bin überzeugt, daß es nur eine individuelle ›Rettung‹ gibt, keine kollektive ...«, verteidigte ich mich mit letzter Kraft.

Ich hatte das Gefühl, daß Iwanow mich in einen surrealistischen Alptraum hineinzog: Einen so kindischen Disput »über den Sinn des Lebens« hatte ich zum letzten Mal wahrscheinlich mit vierzehn oder fünfzehn geführt. Anstatt mir ganz sachlich seinen Entschluß mitzuteilen, ob er mein Buch veröffentlichen wollte oder nicht, kehrte der kommunistische Verleger mein ganzes Seelenleben von innen nach außen.

»In Wirklichkeit merkt man Ihrem Buch an, daß Sie die Ideale der sowjetischen ›Dissidenten‹ teilen. Aber wissen Sie, wie diese Leute damals gelebt haben? Sie saßen auf Koffern, zwischen ihrer Wohnung und dem Flughafen *Scheremetjewo-2*! Sie warteten nur darauf, daß man sie endlich in die Emigration schickt, in ihren geliebten sogenannten ›demokratischen Westen‹! Genauso hat auch Ihre liebe Freundin Mascha Slonim gelebt, über die Sie in Ihrem Buch schreiben!«

»Wagen Sie es nicht, über Mascha zu sprechen! Und auch nicht über die, die Sie Dissidenten nennen!« schrie ich ihn fast an. »Sie haben ja keine Ahnung, wie das ist, wenn nachts der KGB zu Ihnen kommt und Ihre Wohnung durchsucht und Ihrem kleinen Kind Angst einjagt!«

Wir stritten zwei Stunden lang, gegen Ende wurden wir immer lauter, und ich hatte schon Tränen in den Augen, weil mir klar war, daß dieser soziale Triebtäter, dieser Robespierre mein Buch *nie* herausgeben würde, und überhaupt kam es mir inmitten der Rauchschwaden dieses seltsamen, irrealen bolschewistischen Untergrunds allmählich so vor, als würde die Welt einstürzen. Am liebsten hätte ich die Tür hinter mir zugeschlagen und wäre weggelaufen, da sagte Sascha plötzlich: »Na gut. Es ist ein starkes Buch. Man spürt, daß es mit viel Herzblut geschrieben ist. Zwar nicht mit unserem, russischen Blut, dem des Volkes – aber mit Ihrem, dem der Autorin. Ich spüre, daß Sie gelitten haben dafür. Wir bringen es.«

So kam es zu meiner seltsamen Symbiose mit einem kommunistischen Verleger. Später, als Iwanow sich schon, wie es sich für einen richtigen Verleger gehört, leidenschaftlich in mein Buch verliebt hatte, gestand er mir allen Ernstes, daß er es ohne unseren Disput im Keller bei *Ad Marginem* nicht publiziert hätte: »Ich dachte erst, da kommt so eine junge Jet-set-Schnepfe dahergeflogen und will uns beibringen, wie man richtig lebt!«

Ich glaube, dem Leiter von *Ad Marginem* ist es genauso schwer gefallen, entgegen all seinen Klischees und Klassenkampftheorien einer »Jet-set-Schnepfe« eine Plattform in seinem Verlag zu bieten, wie mir, mit meinem ersten Buch ausgerechnet bei diesem russischen Robespierre zu debütieren.

Wie ich Harry Potter übertrumpft habe

Die Suche nach einem Verlag hatte so lange gedauert, daß das Erscheinen meines Buches auf den Herbst verschoben werden mußte. *Ad Marginem* sicherte mir zu, es würde im September oder Oktober gedruckt werden. Beim Gedanken an diesen Termin wurde mir ein bißchen bang: Die Nähe zu den Parlamentswahlen (im Dezember) würde nicht nur die Sensation verstärken, zu der mein für die gesamte politische Elite Rußlands ohnehin schon »explosives« Buch werden würde, sondern auch das Risiko verschärfen, dem ich mich aussetzte. Ich entschied bewußt, meinen Eltern im voraus nichts zu sagen – ich wollte ihnen noch ein paar ruhige Monate gönnen. Und meine Vorahnung war ganz richtig …

In der Zwischenzeit bereitete mir die redaktionelle Arbeit an meinem Buch geradezu physischen Genuß. Sascha entpuppte sich als der ideale Verleger: Er schlug mir keine einzige Änderung vor, sondern meinte, ich solle den Text einfach selbst noch einmal durchlesen und nur dort etwas ändern, wo ich es für nötig hielte.

Nach den Jahren, in denen ich mich mit der Putinschen Zensur herumschlagen mußte – als im *Kommersant* jeder Artikel über den Kreml zensiert wurde und meine politischen Kommentare unter wechselndem Vorwand nicht erscheinen durften –, war das für mich die beste Entschädigung. Irgendwann wurde mir klar, daß mein Buch im Grunde einfach meine eigene Zeitung war. Wenn keine der russischen Zeitungen zu drucken bereit war, was ich über Putin, den Kreml und die aktuelle Politik schreiben wollte – gut, dann würde ich eben meine eigene, ganz persönliche 382 Seiten dicke Zeitung herausbringen. »Und dann wollen wir sehen, meine Herren Redakteure und Zensoren, was beliebter ist – meine Zeitung oder eure faden, zensierten Blätter!« dachte ich.

Ich zweifelte nicht daran, daß mein Buch ein Bestseller werden würde. Und ich hoffte nur, daß es mir gelingen würde, sein Erscheinen so lange geheimzuhalten, bis es in Moskau in den Handel kam. Ich machte mir keine Illusionen, mir war völlig klar, daß die Staatsmacht im Vorfeld der Wahlen zu allerlei Überreaktionen fähig war – von der Konfiszierung der Auflage bis hin zur physischen Auslöschung der Autorin.

Ein paar Wochen, bevor mein Buch in Druck ging, wartete noch eine Prüfung auf mich. Ich kam eines Nachts, es war schon gegen zwei Uhr, mit einer Freundin aus dem Kino. Das Kino lag ganz in der Nähe ihres Hauses, wir verabschiedeten uns, ich hielt ein Taxi an, um zu mir nach Hause zu fahren, zur Puschkinskaja. Doch eine Minute später merkte ich, daß wir in eine ganz andere Richtung fuhren – aus irgendeinem Grund war der Fahrer vom direkten Weg in eine dunkle, schmale, menschenleere Gasse abgebogen. Ich schöpfte Verdacht und verlangte, er solle anhalten und mich aussteigen lassen. Da drückte mir auf einmal jemand von hinten ein Messer gegen die Kehle und schrie: »Stillhalten!« Offenbar hatte ich wegen der abgedunkelten Scheiben beim Einsteigen nicht bemerkt, daß sich hinter dem Beifahrersitz, auf dem ich saß, noch jemand versteckte. Wahrscheinlich hatte er sich hinter der Lehne auf dem Boden zusammengekauert.

Es ist nicht schwer zu erraten, was mir in der ersten Sekunde durch den Kopf schoß: »Eine Entführung!« Was soll man auch sonst in so einer Situation denken, wenn man gerade kurz davor ist, ein Enthüllungsbuch über Putin in Druck zu geben.

Wie froh war ich, als sich herausstellte, daß sie nur mein Geld wollten! Ich gab ihnen die fünfhundert Euro, die ich glücklicherweise dabeihatte, und die Gangster waren über soviel Bargeld derart verblüfft, daß sie mich aussteigen ließen. Bei der Polizei erfuhr ich später, daß am Abend zuvor in der Nähe des Kursker Bahnhofs (das war die Richtung, in die sie auch mit mir fuhren) die Leiche einer Frau gefunden worden war. Offensichtlich hatte mich der Umstand gerettet, daß ich beim Einsteigen ins Taxi telefonierte: Irgendeiner intuitiven Regung folgend, rief ich meine Freundin an, von der ich mich eben erst verabschiedet hatte – ich machte mir Sorgen, ob sie gut nach Hause kommen würde. Bei dem Überfall hatte ich gerade noch Zeit, »Hol die Polizei!« in den Hörer zu rufen, bevor die Gangster mir das Telefon aus der Hand rissen. Später stellte sich heraus, daß meine Freundin das nicht mehr gehört hatte, doch das wußten die Kerle zum Glück nicht. Offenbar hatten sie Angst, verfolgt zu werden, denn wir hatten uns von der Stelle, wo ich eingestiegen war, noch nicht weit entfernt. Außerdem schienen sie mit ihrer fetten Beute zufrieden zu sein, so daß sie beschlossen, mich nicht umzubringen, sondern mich nur schleunigst aus dem Auto zu werfen und mit voller Geschwindigkeit davonzurasen. Ich habe später noch oft an diesen erschreckenden und zugleich wunderbaren Zwischenfall zurückgedacht – besonders, als ich einige Monate später bei dem Bombenanschlag vor meiner Wohnungstür ein zweites Mal wie durch ein Wunder überlebte. Im Lauf eines halben Jahres hatte mein Schutzengel mir zweimal das Leben gerettet. Heute erscheint mir dieser Zwischenfall kurz vor dem Erscheinen meines Buches wie ein unheimliches, aber glückliches Vorzeichen – dafür, daß das Schicksal mich auch bei zukünftigen Prüfungen beschützen würde.

Danach überschlugen sich die Ereignisse wie Bilder in einem Kaleidoskop. Am 8. Oktober fuhr mein Verleger Alexandr Iwanow zur Internationalen Buchmesse nach Frankfurt. Zu dem Zeitpunkt besaßen wir nur sieben fertige Exemplare meines Buches. Die Druckerei hatte uns mitgeteilt, es sei noch nicht die ganze Auflage gedruckt, sie würde aber »sehr bald« fertig sein. Mein Robespierre teilte »brüderlich« mit mir: Zwei Exemplare gab er mir, fünf nahm er zu Präsentationszwecken mit auf die Buchmesse nach Frankfurt. Ich blieb in Moskau und wartete auf die Auslieferung. Gedruckt wurde das Buch unter strenger Geheimhaltung, nicht in Moskau, sondern in Jekaterinburg am Ural. Mit Lastwagen (dem in Rußland üblichen Transportmittel für Bücher) dauert der Weg von Jekaterinburg nach Moskau ungefähr einen Tag. Doch es verging ein Tag nach dem versprochenen Termin, es vergingen zwei, und die Laster mit der Fracht aus Sibirien waren immer noch nicht da.

Am Tag der Eröffnung der Frankfurter Buchmesse lüfteten wir endlich den Schleier des Geheimnisses: Der Verlag *Ad Marginem* präsentierte mein Buch offiziell an seinem Messestand. Noch am selben Tag nannte der Moskauer Radiosender *Echo Moskwy* das Buch »die größte Sensation, die die russischen Verlage nach Frankfurt mitgebracht haben«. Meinen Verleger zitierend, sprachen die Journalisten von »dem ersten inoffiziellen Porträt Präsident Putins, aus der Perspektive einer Frau, die alles andere als verliebt in ihn ist«.

In der russischen Hauptstadt verbreitete sich die Nachricht blitzschnell. Mein Telefon stand nicht mehr still: Politiker, Journalisten, Imageberater – alle wollten mein Buch auf der Stelle lesen. Doch die Lastwagen aus Jekaterinburg ließen immer noch auf sich warten. Ich versuchte, über meinen Verlag Kontakt zur Druckerei aufzunehmen, erfuhr aber nur, daß man sich dort auf »technische Gründe« berief und um einige Tage Geduld bat. Wenig später verschwand dann auch noch auf geheimnisvolle Weise der Chef der Druckerei – er ließ über seinen Sekretär ausrichten, er sei im Urlaub.

Die Situation war paradox: Ganz Moskau wußte von meinem Buch und kochte vor Spannung, doch es war nirgends erhältlich. Auch nicht für mich selbst. Die beiden Exemplare, die mein Verleger mir bei seiner Abreise nach Frankfurt dagelassen hatte, hatte ich sofort an zwei Freunde verschenkt: Das erste an Alexei Wenediktow, den Chefredakteur von *Echo Moskwy*, zum Jubiläum seines Senders, das zweite an den Vorsitzenden der *Union der rechten Kräfte* Boris Nemzow, zu seinem Geburtstag (den er am Tag nach der Eröffnung der Buchmesse feierte). Ich weiß nicht, von welchem dieser beiden Exemplare die erste Kopie gezogen wurde, aber bald danach liefen sämtliche Kopierer im russischen Parlament auf Hochtouren. Ein paar Tage darauf rief mich ein mir unbekannter Korrespondent der russischen Wirtschaftszeitung *Wedomosti* an und sagte in verschwörerischem Ton: »Elena, wir haben eben Ihr Buch gelesen! Stimmt es, daß die Auflage konfisziert wurde?«

Ich fiel fast vom Stuhl.

»Woher haben Sie denn mein Buch?! Es ist doch noch gar nicht im Handel!«

»Woher ich es habe, kann ich Ihnen leider nicht sagen … Jemand hat mir eine Kopie zu lesen gegeben …«

Ich rief sofort meine Freundin Jelena Dikun (die mittlerweile als Pressesprecherin von Nemzows Partei arbeitete) in der Duma an und sagte streng: »Lena, sei ehrlich! Das Buch, das ich Nemzow zum Geburtstag geschenkt habe, habt Ihr das irgendwem zum Kopieren gegeben?«

»Aber sicher«, antwortete Dikun stolz. »Um die zwanzig Kopien haben wir schon gemacht. Was glaubst du, die haben uns hier einen Superkopierer hingestellt vor den Wahlen, das reinste Fabrikmodell! Dein Text ist komplett gespeichert. Zwei Minuten, und fertig sind vierhundert Seiten …«

»Bist du wahnsinnig?« schrie ich sie an. »Hör sofort damit auf! Du kippst mir noch die Auslieferung! Überleg doch selbst, wenn jetzt irgendwer im Kreml die Kopie auf den Schreibtisch kriegt, dann wird das Buch wirklich beschlagnahmt und kommt nie bis nach Moskau!«

»Zu spät, Tregubova«, sagte Dikun besänftigend. »Gerade war eine Korrespondentin von einer Nachrichtenagentur hier und hat erzählt, sie hätte von jemandem in der kommunistischen Fraktion eine Kopie bekommen …«

Die Kopien vermehrten sich mit astronomischer Geschwindigkeit: Nach einer Woche waren nach Dikuns und meinen vorsichtigen Schätzungen schon mindestens fünfhundert Kopien in Moskau im Umlauf. Unbemerkt von der

Obrigkeit wurde in den Büros der Regierung, der Duma und der übrigen Staatsorgane still und leise an der massenhaften Verbreitung einer *Samisdat*-Publikation gearbeitet.

Alexei Wolin, der wichtigste Spin Doctor erst des Präsidenten und später der russischen Regierung, der sich auch eine Kopie bei Dikun abgeholt hatte, sagte mir: »Weißt du, Tregubova, das letzte Mal habe ich in meiner Komsomolzeit ein Buch auf diese Art gelesen, und das war der »Archipel GULAG« von Alexandr Solschenizyn! Damals haben wir auch kopierte *Samisdat*-Exemplare ausgeliehen und in einer Nacht gelesen ...«

So wurde ich zu Beginn des neuen Jahrtausends, ohne es zu wollen, zu einer Heldin des *Samisdat* – auf den Spuren der sowjetischen Dissidenten der sechziger und siebziger Jahre, deren Bücher unter der sowjetischen Zensur verboten waren und deshalb heimlich abgetippt und von Hand zu Hand weitergegeben wurden.

Ich raufte mir die Haare. Solange mein Buch noch nicht in allen Buchhandlungen lag, konnte der Kreml es schließlich ohne großes Aufsehen einstampfen lassen, wenn er erst erkannte, welchen Aufruhr es verursachen würde. Wie die Geschäftsleute unter meinen Freunden mir erklärten, brauchten die Behörden dafür nicht einmal unbedingt rechtliche Schritte zu unternehmen – es genügte, in aller Stille direkt in der Druckerei die gesamte Auflage aufzukaufen. Im Kreml gab es genug reiche Männer, die sich so einen harmlosen Luxus leisten konnten. In diesem Licht sah der überstürzte »Urlaub« des Chefs der Jekaterinburger Druckerei nun schon vollends verdächtig aus. »Glaubst du nicht, daß sie ihm einfach ein paar Tausend Dollar hingeknallt und gesagt haben: ›Du brauchst Erholung, Kumpel!‹?« fragten mich die Kollegen. Nicht weniger verdächtig war, daß mir die

Druckerei auch meine Bitte abschlug, mir mit einem Kurier, der von Jekaterinburg nach Moskau flog, wenigstens eine kleine Tasche voll Bücher zu schicken – den Flug hätte ich bezahlt.

Als knapp zwei Wochen vergangen waren und die Auslieferung immer noch auf sich warten ließ, rief mich Boris Nemzow an und fragte ernst: »Tregubova, wie kann ich dir helfen mit deinem Buch? Paß auf, wenn die Auflage nicht in ein paar Tagen nach Moskau geliefert wird, stelle ich eine offizielle Anfrage und verlese sie in der Duma.«

Zur selben Zeit spielte sich in Frankfurt eine noch abenteuerlichere Geschichte ab. Da das Interesse an meinem Buch gewaltig war und Sascha Iwanow nur fünf gedruckte Exemplare dabeihatte, verschenkte er sie nicht, sondern benutzte sie allein zu Präsentationszwecken – sie waren am Stand des Verlags ausgestellt. »Ich wollte sie nur den Literaturagenten und Verlagsleuten geben, die ich kenne«, erzählte mir Sascha am Telefon. Doch schon einen Tag nach der Präsentation waren zwei der fünf ausgestellten Exemplare gestohlen worden. »Mir ist gleich so ein kleiner grauer Mann aufgefallen, der ganz offensichtlich kein Verleger oder Agent war. Er ist erst lange um das Buch herumgeschlichen und wollte es unbedingt kaufen, und als wir nein sagten, fing er an, darin zu blättern und quasi den ganzen Text in ein Notizbuch zu exzerpieren. Bestimmt hat er die Bücher geklaut!« beschrieb mein Verleger die Frankfurter Kriminal-Tragikomödie.

Das merkwürdigste jedoch war, daß einige Tage später eines der in Frankfurt gestohlenen Exemplare bei Putins Pressesprecher im Kreml wieder auftauchte. Das erzählte mir ein im Kreml akkreditierter Korrespondent einer Moskauer Zeitung. Seinem Bericht zufolge war das Buch mit von der

Partie auf einer langen Reise Präsident Putins zu einem Treffen des Asiatisch-Pazifischen Wirtschaftsforums in Kuala Lumpur, und dort wurde es von Putins Pressesprecher, von seinem stellvertretenden außenpolitischen Berater Sergei Prichodko und von Mitgliedern des Präsidentengefolges gelesen, bis es auseinanderfiel. Daran, daß sie eines der gestohlenen Exemplare im Gepäck hatten, bestand kein Zweifel – die einzigen anderen in Moskau vorhandenen Exemplare hatte ich nämlich für meine Freunde Wenediktow und Nemzow *eigenhändig signiert*. Weitere Exemplare gab es in Moskau schlichtweg nicht. Es sei denn, das Buch wurde in Sibirien gestohlen, aus ebenjener Auflage, die »aus technischen Gründen« nicht ausgeliefert werden konnte.

In der dritten Woche des Wartens hielt ich es nicht mehr aus und bat Jelena Dikun, mir auch eine Kopie zu machen – meine Eltern waren kurz davor, mich zu lynchen, weil ganz Moskau schon von meinem Buch redete und sie immer noch kein eigenes Exemplar hatten. Irgendwann schließlich hatte mein Freund Alexei Wenediktow genug von dieser absurden Situation – er beschloß, die Angelegenheit unter »öffentliche Kontrolle« zu stellen: Von da an war ich beinahe täglich live auf *Echo Moskwy* zu hören, es gab regelmäßig Lesungen der brisantesten Abschnitte meines Buches und Diskussionen dazu. »Solange das Buch nicht ausgeliefert wird, ist das Thema bei mir jeden Tag auf Sendung!« verkündete Wenediktow heroisch. Immer wieder riefen die Reporter von *Echo Moskwy* mich an: »Wenediktow hat uns beauftragt, Sie zu fragen, wie es mit dem Buch aussieht, und Sie um einen Kommentar zu bitten!«

»Nichts Neues, leider …«

»Ausgezeichnet, das ist auch ein Kommentar! Das wird sofort gesendet!«

Das alles führte dazu, daß es auf *Echo Moskwy* bald halbstündlich Live-Anrufe von aufgeregten Hörern gab, die kurz davor waren, für die Freigabe von Tregubovas Buch auf die Barrikaden zu gehen. Mir wurde das von meiner Mutter berichtet, die in diesen Tagen praktisch rund um die Uhr *Echo Moskwy* hörte, um nur ja keine Nachricht über mich zu verpassen. So wurde mein Buch in Rußland noch vor seinem Erscheinen zum Sensationstitel des Jahres.

Ich weiß nicht, was der entscheidende Auslöser war, die Präsentation auf der Frankfurter Buchmesse, die von niemandem mehr aufzuhaltende oder zu kontrollierende Verbreitung der *Samisdat*-Kopien meines Buches, oder ebendiese Form der konzertierten Unterstützung seitens meiner Journalistenfreunde, aber am 30. Oktober, über drei Wochen nach dem versprochenen Termin, kamen die ersten Bücherpakete aus Jekaterinburg in Moskau an.

Alexei Wolin, der nicht nur die schwierige Schule der sowjetischen Propaganda durchlaufen hat, sondern auch bestens über das informiert ist, was sich heutzutage hinter den Kremlkulissen abspielt, hat mir klar gesagt: »Ehrlich gesagt hatten wir hier alle keine Sekunde daran geglaubt, daß dein Buch je bis nach Moskau kommen würde. Jetzt staunen alle: Wie hat man so etwas nur durchgehen lassen können? Ein Wunder ...«

Auch ich staunte – obwohl ich mich längst daran gewöhnt hatte, daß mein Leben nicht von Regeln bestimmt wird, sondern nur von Wundern.

Noch mehr staunte ich darüber, wie viele Journalisten in meinem Land den Mut hatten, mich offen zu unterstützen. Nachdem ich das Buch fertiggeschrieben hatte, rechnete ich damit, daß keine der Moskauer Zeitungen darüber berichten würde – der Zensur wegen und aus Angst vor den Vergeltungsmaßnahmen des Kreml. »Nur der *Kommersant* wird etwas bringen«, dachte ich, »sonst niemand. Allen übrigen wird man den Mund verbieten.«

Doch es kam genau umgekehrt. Sobald ich die ersten beiden Exemplare des Buches in der Hand hatte, drängte mich Nika Kuzyllo, die stellvertretende Chefredakteurin des zum Verlagshaus *Kommersant* gehörenden Politmagazins *Wlast*, ihr eines davon über Nacht zum Lesen zu geben.

»Du mußt uns das Recht der ersten Nacht für den Abdruck von Auszügen aus dem Buch einräumen! Immerhin sind wir deine angestammte Redaktion! Gib mir das Buch wenigstens über Nacht, ich bereite eine Publikation gleich für die nächste Nummer vor und gebe es dir sofort wieder zurück!« bestürmte mich Nika.

Ich willigte ein. Aber am Tag darauf rief Nika mich an und gestand zutiefst betrübt: »Wassiljew (der damalige Chef des Verlagshauses *Kommersant* – E.T.) hat die Publikation verboten ...«

Auf meine verständnislosen Fragen antwortete Nika nur, Wassiljew wolle ihrem Eindruck nach »lieber gar nichts mit dem Buch zu tun haben«.

»Verstehst du, er muß ja seine freundschaftlichen Beziehungen zum Kreml und zum Presseminister aufrechterhalten. Wenn auch nur ein Wort über dein Buch in unserer Zeitung steht, wie soll Wassja dann hinterher seinen Freunden im Kreml glaubhaft machen, daß er nicht der Auftraggeber war?«

Das war ein Schlag in die Magengrube. Meine angestammte Redaktion, mein Zuhause gewissermaßen, sagte sich los von mir. Ich war geknickt. Wenn nicht einmal der von Beresowski finanzierte *Kommersant* sich traute, Informationen über mein Buch zu veröffentlichen, was sollte man dann von den servilen anderen Zeitungen erwarten, die den Kremlzensoren schon längst den Treueid geschworen hatten?

Doch dann entwickelten sich die Ereignisse in der phantastischsten, unwahrscheinlichsten Weise. Die ersten, die Ausschnitte aus meinem Buch veröffentlichten, waren meine Freunde bei *grani.ru*, der letzten absolut zensurfreien Zeitung in Rußland. Ihre Freiheit verdankt sie dem Umstand, daß sie nur im Internet erscheint – und den virtuellen Raum haben die Putinschen Zensoren bis jetzt zum Glück noch nicht unter ihre Fuchtel bringen können. Obwohl vom Kreml angeregte Gesetzesvorhaben zur Einführung einer totalen Zensur selbst des Internet im russischen Parlament bereits heftig diskutiert werden. Als nächstes kam Dmitri Muratow auf mich zu, der Chefredakteur der *Nowaja Gaseta*, des letzten russischen Printmediums, das sich nicht um die Zurechtweisungen der Zensur schert (und dafür mit dem Entzug jeder Akkreditierung und anderen Repressalien bestraft wurde). Muratow bat mich um die Erlaubnis zum regelmäßigen Abdruck von Auszügen aus meinem Buch. Ich stimmte sofort zu. Das nächste Organ, das sich entschloß, Auszüge aus meinem Buch zu veröffentlichen, war die Wochenzeitung *Eschenedelny schurnal*, die von dem in Ungnade gefallenen Oligarchen Gussinski finanziert wurde (und bald darauf ebenfalls geschlossen wurde).

Die Aufregung um das Buch wuchs wie ein Schneeball. Und jetzt geschah etwas Wunderbares: Bei den Journalisten und Chefredakteuren, die zwar unter dem Druck der Putinschen Zensur standen, die jedoch unter Jelzin mit der freien Konkurrenz auf dem Markt groß geworden waren, siegte im entscheidenden Augenblick die Professionalität über die Angst. Kaum hatten die großen russischen Zeitungen kapiert, daß mein Buch auf einmal die wichtigste Nachricht auf der politischen Bühne war, bekamen die Chefredakteure schlicht Angst, daß ihnen die Konkurrenz zuvorkäme, wenn sie nicht schleunigst Auszüge aus dem Buch drucken würden. In dem Moment brachen alle Dämme.

Als mich der Chefredakteur der *Komsomolskaja prawda*, des Massenblatts des äußerst kremlloyalen Oligarchen Potanin mit dem beredt beibehaltenen sowjetischen »Komsomol« im Titel, anrief und bat, ihnen die Rechte zum Abdruck von ein bis zwei Kapiteln zu verkaufen, traute ich zunächst meinen Ohren nicht. »Was ist denn auf einmal los? Seid ihr alle verrückt geworden? Dafür werden Sie den Job verlieren, und Ihre Zeitung wird zugemacht!« sagte ich entgeistert.

Doch wie ich hörte, wollte die Redaktion der *Komsomolskaja prawda* »es ausnützen, daß der Kreml jetzt vollauf mit dem Rücktritt Woloschins beschäftigt ist« (Putin hatte den schon unter Jelzin amtierenden Chef des Kremlstabs, der ihn mit an die Macht gebracht hatte, kurz nach dem Erscheinen meines Buches entlassen), und »im Windschatten« dieser Geschichte »unbemerkt« Ausschnitte aus meinem Buch veröffentlichen, »weil von Gromow und seiner Zensur allmählich alle genug haben«.

Das hieß: Rebellion. Es war ein veritabler Aufstand der Journalisten, der schon wenige Wochen nach dem Erscheinen meines Buches niemanden mehr unberührt ließ. Es schien, als hätten sich bis dahin alle wie Partisanen in ihren Stellungen eingegraben und nur auf jemanden gewartet, dessen Namen sie auf das Banner ihres Kampfes gegen die Zensur schreiben konnten. Und ich war glücklich, daß gerade mein Buch ihnen das Signal zum Aufstand gegeben hatte.

Jeden Tag, vom frühen Morgen bis spät in die Nacht, riefen völlig euphorische Kollegen aus den verschiedensten Redaktionen bei mir an. »Du hast in deinem Buch genau das gesagt, was wir alle sagen wollten, aber nicht konnten! Du weißt ja, wir dürfen unsere Akkreditierung nicht aufs Spiel setzen, aber von diesen Kremlhöllenhunden haben inzwischen alle so die Nase voll, es ist nicht mehr auszuhalten! Aber du machst es richtig! Du hast ihnen für uns alle eins auf den Deckel gegeben! Danke! Wenigstens für kurze Zeit können wir alle mal aufatmen!«

Ich war glücklich und gerührt. Genau das – bei den anderen Journalisten wenigstens Reste von Selbstachtung und kollegialer Solidarität wachzurufen – war bei der Veröffentlichung meines Buches mein wichtigstes Ziel gewesen. Bald gab es in Moskau keine Zeitung mehr, die nicht eine Rezension meines Buches oder Auszüge daraus veröffentlicht hatte. Das heißt, so ganz stimmt das nicht – eine Zeitung gab es doch, die weiterhin schwieg wie ein Grab und so tat, als existierte mein Buch gar nicht: meine eigene Zeitung, der *Kommersant*. Und damit nicht genug: Bald darauf bekam meine Großmutter, bei der ich offiziell gemeldet bin, ein Telegramm, in dem die Leitung des *Kommersant* mich förmlich über meine Entlassung zum 1. November in Kenntnis setzte.

Meine achtzigjährige Großmutter, die noch aus der Stalin-Zeit wußte, daß derlei Telegramme nichts Gutes bedeuten, rief völlig verschreckt und panisch bei mir an. »Du wirst entlassen? Kommst du ins Gefängnis?«

Ich hätte es ohne weiteres verstanden, wenn der Chefredakteur mich angerufen und ganz normal darum gebeten hätte zu kündigen, mit der ehrlichen Begründung, daß es ihm aus politischen Gründen unangenehm wäre, wenn ich nach dem Erscheinen meines Buches beim *Kommersant* weiterarbeitete. Aber mußte er deshalb meiner Großmutter einen Schreck einjagen? Daß er über mein Buch nicht berichten wollte, diesen Verrat konnte man noch irgendwie erklären – mit gewöhnlicher menschlicher Feigheit und damit, daß er unter den veränderten politischen Bedingungen noch lavierte und sich bei der Kremlführung lieb Kind machen wollte – aber daß er meine arme Großmutter verrückt machte … Das zu verstehen und zu verzeihen fiel mir schwer.

Die offizielle Begründung für meine Entlassung lautete, wie mir Kollegen erzählten, »wegen unentschuldigter Fehlzeiten«. Ich dachte, ich höre nicht richtig: Was für unentschuldigte Fehlzeiten, wenn ich mir doch ganz regulär ein paar Monate freigenommen hatte, um mein Buch zu schreiben? Es war der Chefredakteur Wassiljew selbst, der mir diese Auszeit gewährt hatte. Aus Wut wegen meiner Großmutter beschloß ich, dasselbe Spiel zu spielen wie der *Kommersant*: Ich schickte Wassiljew auch meinerseits ein offizielles Telegramm, in dem ich höflich daran erinnerte, daß ich laut einer Vereinbarung mit der Verlagsleitung derzeit zwecks Fertigstellung meines Buches »Geschichten eines Kreml-Diggers« vom Dienst freigestellt sei. Darauf fiel dem *Kommersant* keine Antwort mehr ein, und der Briefwechsel brach ab.

Wie Nika Kuzyllo mir sagte, hatte sie den Verlagschef Wassiljew ein paar Wochen vor dem Erscheinen des Buches beim Mittagessen in der Redaktionskantine getroffen, und als das Gespräch auf mich kam, hatte Wassja gesagt, er rechne damit, daß ich demnächst wieder zur Arbeit käme. »Es ist alles in Ordnung, wir haben das abgesprochen, bald erscheint das Buch, und wenn die ganze Sache über die Bühne ist, kommt sie wieder.«

Ein paar Wochen später jedoch verbot Wassiljew plötzlich jede Erwähnung meines Buches in den Blättern des Hauses *Kommersant*. Nun sprach er laut Nika Kuzyllo schon in ganz anderem Ton über mich: »Wozu sollte sie in die Redaktion zurückkommen? Um zu kündigen?«

Was diesen abrupten Wechsel der Tonlage bei der Leitung des *Kommersant* hervorgerufen hatte, ihre eigene schnelle Auffassungsgabe oder ein »wohlmeinender« Ratschlag von außen, darüber konnten Nika und ich nur rätseln. Etwas später erfuhr ich aus meinen alten Kremlquellen, daß Putins Pressesprecher Alexei Gromow Wassiljew wegen meines Buches angerufen hatte …

So fiel mir die Zeitung, deren Auflagensteigerung schon seit vielen Jahren unmittelbar mit meinem Namen und meinen Exklusivberichten verbunden war, gleich zweifach in den Rücken. Deshalb beschloß ich, auf die Sache zu pfeifen und auch nicht mehr in die Redaktion zu gehen, um mich mit dem neuerdings zum »Doppelagenten« gewordenen Verlagsleiter herumzustreiten. Zumal es inzwischen schon eine Flut von Informationen über mein Buch gab, und in dieser Flut wirkte der *Kommersant* wie eine von der Zivilisation unberührte Insel, deren Ureinwohnern man noch keine Telefonleitung gelegt hatte. Für meinen nunmehrigen Ex-Chef war das nicht nur eine eklatante moralische Niederlage, sondern vor allem ein Zeichen frappierender Unprofessionalität: Er verzichtete aus freien Stücken auf eine Sensation, die er als erster exklusiv hätte haben können. In einer solchen Zeitung hätte ich unter keinen Umständen weiterarbeiten wollen.

Nach wie vor kam ich nicht an das überregionale Fernsehen heran. Die Kremlpropagandisten waren völlig zu Recht der Meinung, daß Zeitungen, selbst mit einer Massenauflage, vor einer Wahl einen ungleich geringeren Einfluß auf die Wählerschaft haben als das Fernsehen, nach guter sowjetischer Tradition das Hauptinstrument zur Manipulation der öffentlichen Meinung.

Als mein Buch ohne jede Erklärung in der Druckerei zurückgehalten und nicht nach Moskau geliefert wurde, entschloß sich nur der Fernsehsender *REN-TW*, darüber eine Reportage zu bringen. Und selbst in diesem Fall kamen die Journalisten zwar zu mir und interviewten mich, wagten jedoch fast eine Woche lang nicht, das Interview auszustrahlen. Die »Blockade« wurde erst am Tag der Entlassung des Kremlstabschefs Woloschin aufgehoben, und dafür gab es einen einfachen Grund: *REN-TW* wurde zu dem Zeitpunkt von dem Präsidenten des staatlichen Stromkonzerns *RAO EES Rossii* Anatoli Tschubais finanziert (einem jetzt in Putins Diensten stehenden ehemaligen »jungen Reformer« der Jelzin-Zeit), der fürchtete, Putins nächstes Opfer könnte er selbst werden, da im Kreml ein starker Machtüberhang zugunsten der Tschekisten und Silowiki entstanden war. Ebendeshalb, so gestanden die Fernsehjournalisten mir später, gaben die Besitzer des Senders plötzlich grünes Licht für die Ausstrahlung des auf irgendeinem Regal vor sich hin staubenden Beitrags über mein Buch, in dem Putins Geheimdienstmethoden im Umgang mit der Presse kritisiert wurden. Ohnehin konnten den Beitrag nur sehr wenige Menschen sehen: Der Sender ist nur in einigen Moskauer Bezirken mit speziellem Decoder zu empfangen. Doch bald fand sich auch im zentralen, föderationsweiten Fernsehen ein Kamikaze-Journalist, der die Informationsblockade um mein Buch durchbrechen wollte.

Am Freitag, dem 14. November, rief mich Leonid Parfjonow an, der Moderator des wöchentlichen Nachrichtenmagazins *Namedni*, das sonntags auf *NTW* lief: »Lena, Ihr Buch ist ein Bestseller. Bei den Verkaufszahlen der größten Moskauer Buchhandlungen steht es ganz oben. So ein Ereignis können wir nicht übergehen. Wären Sie einverstanden, ins

Studio zu kommen, wenn wir die Sendung aufzeichnen, und uns ein Interview zu geben?«

Leonid Parfjonows Sendung hat sich nie durch seriösen Journalismus ausgezeichnet. Er genießt seit langem den Ruf eines raffinierten Ästheten und Snobs, der sich zu allem, was in der Politik, im Land, im Kreml und überhaupt auf der Welt vorgeht, mit kaum merklichem Spott äußert. Und die Zensoren tolerieren das – weil Parfjonow weder von Politik noch von den internen Intrigen im Kreml wirklich etwas versteht und verstehen will. Früher, bevor das unabhängige, kremlkritische Journalistenteam des Fernsehsenders *NTW* auf Putins Befehl zwangsweise aufgelöst wurde, hatte Parfjonow nur eine Sendung mit Kulturnachrichten und anderen unpolitischen Themen. Doch nach der Schließung von *NTW* gehörte er zu den Streikbrechern, die bereit waren, mit den neuen Besitzern des Senders zusammenzuarbeiten, und ausgerechnet ihm wurde ein Wochenmagazin mit Hintergrundberichten unter anderem auch zu politischen Themen anvertraut. Doch da es keine anderen ernsthaften Politiksendungen gibt (nachdem der Kreml nacheinander drei Fernsehsender geschlossen hat, die dem Präsidenten unliebsame politische Kommentare gesendet hatten), sieht jetzt das ganze Land Parfjonows Sendung. Ich war natürlich einverstanden – ich wollte nur wissen, in welchem Rahmen er das Interview mit mir führen wollte.

»Wir haben vor, die Atmosphäre Ihres Essens mit Wladimir Wladimirowitsch Putin im Studio nachzuempfinden …«, erklärte Parfjonow nebulös. »Kommen Sie doch einfach vorbei und überzeugen Sie sich selbst …«

Also überzeugte ich mich selbst … Der Ästhet Parfjonow hatte ganze Arbeit geleistet: Er hatte das Ambiente meines im Buch beschriebenen Essens mit dem jetzigen russischen

Präsidenten mit größtmöglicher Texttreue im Studio rekonstruieren lassen. Vor den Kameras standen niedrige japanische Zwergmöbel, an denen er mich Platz nehmen ließ. Der Tisch vor mir war mit dekorativen japanischen Tassen und Besteck gedeckt. Parfjonow setzte sich hinter den Kameras ebenfalls auf den Boden und fing an, mir Fragen zu stellen. Wir sprachen über die Rolle, die der »Großvater« Jelzin für die russische Presse gespielt hatte, und darüber, daß Putin der Totengräber aller bürgerlichen Freiheiten war, die Jelzin Rußland gegeben hatte. Darüber, daß Putin im Gegensatz zu Jelzin in der Öffentlichkeit nicht gut wirkte, daß er keinerlei Ausstrahlung und nicht einmal die einfache Fähigkeit zum Mitgefühl besaß. Und daß er anscheinend gerade deswegen die freien Medien so fürchtete, Fernsehsender liquidierte und allen Journalisten den Mund verbat. Aus Angst, daß ihn keiner mehr wählen würde, wenn ein unzensiertes Fernsehen ihn dem Volk so zeigen würde, wie er wirklich war. Parfjonow entlockte mir einige komische Details über mein Essen mit Putin. Wir witzelten darüber, daß nach seiner Sendung das Spiel »Putin geht mit Tregubova essen« in jedes Haus Einzug halten würde: In den Läden würde es Bausätze und Bastelanleitungen zu kaufen geben, mit Sushi-Geschirr, Sakefläschchen und japanischen Möbeln zum Zusammenstecken. Es wurde ein langes Interview, fast eine Stunde.

»Aber Sie müssen entschuldigen, Lena, für die Sendung werden wir nur ein kleines Stück verwenden, acht Minuten etwa. Sie verstehen … Das geht nicht gegen Sie …«, warnte Parfjonow mich gleich.

»Aber ich bitte Sie!« lachte ich. »Wenn man Ihnen überhaupt erlaubt, in Ihrer Sendung meinen Namen und den Titel meines Buches auszusprechen, dann ist selbst das in meinen Augen schon ein Akt der Zivilcourage!«

»Mir kann keiner etwas ›erlauben‹ oder ›verbieten‹«, sagte Parfjonow beleidigt. »In meiner Sendung sage ich, was ich will.«

Damit gaben wir uns die Hand und verabschiedeten uns. Ich wartete mit einem gewissen Übermut auf den Sonntagabend, an dem Parfjonows Sendung ausgestrahlt werden sollte. Offen gestanden glaubte ich keine Sekunde daran, daß man Parfjonow erlauben würde, sein Vorhaben umzusetzen.

Doch schon am Samstag liefen auf *NTW* die ersten Ankündigungen der Sendung mit meinem Interview. Und am Sonntag, dem 16. November, wurden diese Clips beinahe stündlich wiederholt. Alle meine Journalistenfreunde warteten genauso gespannt wie ich, bis es neun Uhr abends war, ungläubig und fast schon triumphierend: Hatten wir es wirklich geschafft, die Blockade der Putinschen Zensur zu durchbrechen? Doch um sechs Uhr abends rief mich ein zutiefst niedergeschlagener Parfjonow auf meinem Mobiltelefon an und platzte heraus: »Lena, der Beitrag ist gestrichen. Ich hatte eben ein einstündiges Gespräch unter vier Augen mit Ssenkewitsch, dem Generaldirektor des Senders, und er hat die Ausstrahlung des Beitrags kategorisch verboten … Ich habe ihm gleich gesagt, daß ich nicht die Absicht habe, wie ein Stück Dreck auszusehen und Ihnen irgendeinen Quatsch zu erzählen, von wegen ich hätte aus Versehen eine Cola über dem Band ausgekippt und der Beitrag müßte ›aus technischen Gründen‹ ausfallen. Deshalb rufe ich Sie an, um Ihnen ehrlich zu sagen: Es handelt sich um einen Akt offener Zensur …«

Ich war innerlich wesentlich besser auf diese Entwicklung der Ereignisse vorbereitet als Parfjonow, deshalb mußte ich ihn jetzt auch noch trösten. »Nehmen Sie es sich nicht so zu Herzen! Sie sehen doch nicht erst seit heute, was vorgeht im

Land! In jedem Fall weiß ich Ihre Ehrlichkeit sehr zu schätzen. Ihr Verhalten verdient jeden Respekt.«

Doch Parfjonow war den Tränen nahe, als er sich von mir verabschiedete. Ich verstand seinen Zustand nur zu gut: Wenn man ihn vorher in dem Glauben gewiegt hatte, er sei eine heilige Kuh und für ihn würden im Kreml besondere Regeln gelten, so hatte man ihn jetzt gedemütigt und ihm gezeigt, daß seiner vermeintlichen persönlichen Meinungsfreiheit sehr enge Grenzen gesetzt waren. Das schlimmste für Parfjonow war, daß diese Demütigung öffentlich geschah, vor den Augen des ganzen Landes, denn der Beitrag war schon über die Satelliten gelaufen, das heißt, im halben Land, angefangen mit dem Fernen Osten und Sibirien, war er schon komplett gesendet worden. Moskau und die zentralen Regionen hatten, wie gesagt, immerhin kleine Ausschnitte gesehen – doch dann hatte man Parfjonow gezwungen, die Sendung schleunigst umzuschneiden und jede Erwähnung meiner Person und meines Buches daraus zu entfernen. Laut Parfjonow begründete die Leitung des Senders das mit »politischen, ethischen und allen möglichen anderen Gründen«. Und so lief die Sendung *Namedni* um neun Uhr abends Moskauer Zeit bereits in einer zensierten Fassung.

Das war ein beispielloser Skandal – und zudem eine unglaubliche Demonstration der Geringschätzung, die die Zensoren der eigenen Bevölkerung entgegenbrachten: Die Menschen im Fernen Osten waren für sie also nur eine Viehherde, der man zeigen konnte, was man wollte, sie würden sowieso richtig wählen. Die Moskauer dagegen durften so etwas nicht sehen, sonst war die Obrigkeit ungehalten. Die Fernsehzuschauer, die wegen der Ankündigungen schon den ganzen Tag auf die Sendung mit meinem Interview gewartet hatten und nun enttäuscht wurden, ließen nicht nur bei *NTW* selbst, sondern auch bei allen bekannten Radiosendern die Telefonleitungen heißlaufen.

Dank der Ehrlichkeit Parfjonows, der sofort von Zensur gesprochen hatte, gelang es den Reportern, den *NTW*-Generaldirektor Ssenkewitsch zu überrumpeln. Als *Echo Moskwy* ihn anrief und direkt fragte, ob er tatsächlich gerade einen Akt der Zensur vollzogen und befohlen habe, das Tregubova-Interview aus der Sendung zu nehmen, war Ssenkewitsch so perplex, daß er alles zugab. Der russische Journalistenverband nutzte diese idiotische Offenheit des Zensors und schrieb unverzüglich einen Brief an den Generalstaatsanwalt, mit der Forderung, den *NTW*-Generaldirektor wegen »Behinderung der freien Berufsausübung von Journalisten« gemäß dem entsprechenden Paragraphen des Strafgesetzbuches zu belangen (der für den Zensor, nebenbei bemerkt, sogar Freiheitsentzug vorsieht). Doch was sollte man schon von einem Generalstaatsanwalt erwarten, unter dem auf Weisung des Kreml ein oppositioneller Medienmogul nach dem anderen des Landes verwiesen worden war und der erst kurz zuvor Michail Chodorkowski ins Gefängnis gebracht hatte, weil Putin wollte, daß dieser die Finanzierung der politischen Opposition einstellte. Das russische Internet war überschwemmt von einer einzigen Nachricht: Erstmals in der postsowjetischen Geschichte Rußlands habe es einen unerhörten Akt von offener, unverhüllter politischer Zensur gegeben.

Wie der Zufall es wollte, entdeckte ein Paparazzo beim Wühlen in der Biographie des *NTW*-Zensors, daß dieser von Haus aus gar kein Journalist war, sondern Facharzt für Proktologie (also ein Spezialist für Hämorrhoiden). Dieses »belastende Material« wurde sogleich im Netz veröffentlicht. Die spitzzüngigsten Journalisten schrieben, ich sollte Ssenkewitsch zum Dank für die Gratisreklame für mein Buch einen »Strauß Rosen« schicken.

Das lustigste war, daß Ssenkewitsch, als ihm klar wurde, was für einen gewaltigen Bock er geschossen hatte, sofort einen zweiten, noch größeren schoß: Er fing an, sich auf Schritt und Tritt in Interviews zu rechtfertigen, er hätte den Beitrag wegen angeblich darin enthaltener »Geschmacklosigkeiten« aus der Sendung genommen. Inzwischen lachte ganz Moskau über den armen Ssenkewitsch: »Der Facharzt für Proktologie will den Moralisten spielen und dem landauf, landab für seinen erlesenen Geschmack bekannten Ästheten Parfjonow beibringen, was ordinär ist und was nicht!«

Und dann nahm sich jemand die Zeit, das Sonntagsprogramm bei *NTW* unter die Lupe zu nehmen, und entdeckte, daß unmittelbar nach Parfjonows Sendung mit mir ein »Film für Erwachsene« von Tinto Brass angekündigt war. Damit war Ssenkewitsch endgültig dem Gelächter preisgegeben: »Eine Sendung über Putin ist in den Augen des Zensors und Proktologen also eine größere ›Geschmacklosigkeit‹ als die Soft-Pornos von Tinto Brass!«

Spätnachts noch rief mich Anton Nosik an, einer der wichtigsten russischen Webmanager, und sagte mir, die Zugriffe auf die Nachricht von der Zensur des Beitrags hätten beim Nachrichtenportal *yandex.news.ru* sogar die Information übertroffen, daß Al-Qaida die Verantwortung für den jüngsten Bombenanschlag in Istanbul übernommen hatte.

»Passen Sie nur auf, Lena, daß Al-Qaida nicht vor lauter Neid einen Anschlag auf Sie ›in Auftrag gibt‹, wenn Sie jetzt populärer sind«, lachte Nosik. (Allerdings vermute ich, daß die Explosion vor meiner Wohnungstür drei Monate später eher nicht auf das Konto dieser Organisation ging.)

Ironischerweise kam selbst mein ehemaliger Chefredakteur vom *Kommersant* nicht umhin, einen Artikel über den Skandal um den verbotenen Beitrag zu veröffentlichen. Um zehn Uhr abends an jenem verrückten Tag rief mich die Medienredakteurin vom *Kommersant* an und bat mich höflich, als spräche sie mit einer Unbekannten, um einen Kommentar zu den Vorgängen. »Na gut«, dachte ich bei mir, »wenn der *Kommersant* nun einmal keine Artikel *von mir* mehr drukken will, dann soll er jetzt eben Artikel *über mich* drucken.«

Es stellte sich heraus, daß auf dem Höhepunkt des Skandals die ersten Anrufe von *Radio Liberty* beim Chef der Politikredaktion eingegangen waren, mit der Bitte um einen Kommentar – und natürlich wollte *Radio Liberty* auch wissen, ob die Zeitung über die Zensur bei *NTW* berichten würde. Dem Chefredakteur blieb nichts anderes übrig, als einen Eilartikel für die morgige Ausgabe in Auftrag zu geben, um nicht in einer Reihe mit dem Zensor Ssenkewitsch zu stehen. Einmal mehr konnte ich nur Mitleid empfinden mit der undankbaren Rolle eines »Dieners zweier Herren«, die mein Exchefredakteur sich ausgesucht hatte: sich einerseits beim Kreml lieb Kind zu machen und jedes Wort über mein Buch in seiner Zeitung zu verbieten und andererseits zu wissen, daß er sich wohl kaum auf seinem Chefredakteursposten würde halten können, wenn der *Kommersant* am Tag darauf wieder einmal das einzige Blatt wäre, das die Nachricht des Tages »nicht mitbekommen« hatte – denn finanziert wurde die Zeitung ja immer noch von dem »kremlkritischen Oppositionellen« Beresowski.

Währenddessen wurde der Verlag gar nicht mehr fertig mit der gewaltigen Menge von Bestellungen für mein Buch. Nach nur einer Woche war der Titel in allen großen Moskauer Buchhandlungen restlos ausverkauft. Auch in den Lagern herrschte gähnende Leere, es mußte nachgedruckt werden. Gerade in dem Moment, als der Skandal um die Absetzung des Beitrags über mich auf *NTW* losbrach, wurde mein Buch in der Hauptstadt zur Mangelware. Die Leute strömten in die Läden, um zu sehen, »was Ssenkewitsch denn da aus dem Programm genommen hat«, und die Spekulanten fingen an, die Preise für das Buch auf das Zehn- und Zwanzigfache des Ladenpreises hochzutreiben.

Am Montagmorgen nach dem *NTW*-Skandal rief mich meine Freundin Mascha Slonim an: »Ich stehe hier am Nowy Arbat vor dem *Dom Knigi* (einer der größten Moskauer Buchhandlungen – E.T.) und versuche, dein Buch zu kaufen – meine Mutter hat mich gebeten, es ihr nach England zu schicken ...«

»Maschka, was ist los, spinnst du?« schrie ich sie an. »Wage es ja nicht, das Buch zu kaufen! Du kriegst von mir eins, ich habe noch ungefähr fünf Belegexemplare zu Hause!«

»Warte, laß mich ausreden!« sprach Mascha weiter. »Laß mich doch erst mal erzählen! Es ist unglaublich, was hier los ist! Im *Dom Knigi* selbst gibt es kein einziges Exemplar von deinem Buch mehr – es ist restlos ausverkauft! Ich gehe also zu den Straßenhändlern, die vor dem Laden illegal Bücher verkaufen, und die sagen mir: ›Na, wenn Sie wollen, warten Sie bis morgen – vielleicht wird das Buch nachgeliefert, vielleicht auch nicht. Aber wenn Sie es heute wollen, kostet es dreitausend Rubel!‹ (Das ist ungefähr soviel wie hundert US-Dollar, wobei der normale Preis für Bücher in Rußland sehr niedrig ist, in der Regel nicht über zweihundert Rubel. – E.T.) So einen Ansturm habe ich im Leben noch nicht gesehen!«

Gleich nach Mascha rief mich der Korrespondent eines japanischen Fernsehsenders mit dem für russische Ohren vertraut klingenden Namen *NTV* an und flehte mich an:

»Lena, haben Sie nicht noch ein Exemplar Ihres Buches übrig? Eben hat man es uns nämlich auf dem Schwarzmarkt für zweihundert Dollar angeboten!«

»Moment mal«, lachte ich. »Meine Freundin hat mir doch gerade gesagt, auf dem Nowy Arbat würde das Buch für hundert Dollar verkauft. Wieso auf einmal zweihundert?«

»Für hundert Dollar hätten wir es gern gekauft, aber bei *Moskwa* (der zweitgrößten Moskauer Buchhandlung auf der zentralen uliza Twerskaja, just gegenüber meinem Haus – E.T.) hat man uns gesagt, die Leute, die das Buch für hundert Dollar kaufen wollten, hätten sich schon seit gestern in eine Liste eingetragen ...«

Ich mußte eine zusätzliche Partie Belegexemplare aus den Verlagsreserven holen, nur um sie den Journalisten zu schenken, die mich interviewten. Doch der »Pilgerpfad« russischer und ausländischer Journalisten, die zu mir strömten, war inzwischen länger als die Schlange vor dem Lenin-Mausoleum zur Sowjetzeit: *Reuters*, *ARD*, *BBC*, *Sunday Times*, *Le Monde*, *Washington Post*, *Newsweek*, *Stern*, *Focus*, *Frankfurter Allgemeine*, *Süddeutsche Zeitung* und wie sie alle hießen. Erst gingen mir die Bücher zum Verschenken aus, und bald darauf blieb mir auch kaum mehr Zeit und Kraft zum Essen, Schlafen, Leben – den ganzen Tag tat ich nichts anderes, als Interviews zu geben oder erschöpft abzusagen, und abends schleppte ich mich nach Hause und fiel wie tot ins Bett.

Gut, was das Essen angeht, ist das geschwindelt: Nicht nur hatte ich dafür sehr wohl Zeit, nein, das Essen quoll mir sozusagen schon aus den Ohren! Die Phantasie der Kameraleute sämtlicher Fernsehsender der Welt reichte nämlich in der Regel exakt so weit, genau dieselbe Szene noch einmal nachspielen zu wollen, die vor ihnen schon Parfjonow mit mir gespielt hatte. Und noch davor Putin. Alle drängten mich, zum Interview in ein japanisches Restaurant zu kommen, und zwar nach Möglichkeit ins *Izumi*, wo ich auch mit Putin essen gewesen war. Oh, wie recht hatten Parfjonow und ich gehabt mit unseren prophetischen Witzen über die landesweite Verbreitung des Rollenspiels »Putin geht mit Tregubova japanisch essen« im Anschluß an seine Sendung …

Allmählich wurde mir schon beim bloßen Anblick von Essen und Restaurants übel. Doch all die leidgeprüften Journalisten bei mir zu Hause zu empfangen, in meiner bescheidenen kleinen Mietwohnung mit den zwei Katzen, war unmöglich. Und da ich mich zu dem Zeitpunkt schon hundertprozentig vegetarisch ernährte und weder Fisch noch Fleisch aß, empfingen mich die Kellner in sämtlichen umliegenden Restaurants schon mit einem ironischen Lächeln, wenn ich wieder einmal mit einem Kamerateam bei ihnen auftauchte: »Für Sie dasselbe wie immer? Eine Tasse Earl Grey und einen frischgepreßten Orangensaft, sonst nichts?« So brachte ich einige »Frühstücke«, etwa ein Dutzend »Mittagessen« und eine beschämende, gar nicht mehr zählbare Menge endloser »Abendessen« hinter mich. Am Tag darauf erschien dann beispielsweise bei *Reuters* eine lebhaft geschilderte Alltagsszene: »›I wanted to write a book in a style that ordinary people would understand‹, said Tregubova, chic with long blonde curls, at a downtown restaurant, her account being interrupted by half a dozen telephone calls.«

Oder der *Corriere della Sera* teilte seinen Lesern aufgeregt mit: »Elena selbst hat ebensoviel Tempo wie ihr ganzes Leben, langes lockiges Haar umrahmt ihr schönes Gesicht. ›Für mich nur ein Mineralwasser, danke. Ich muß fit sein, ich habe noch Termine!‹ …«

Es gab allerdings auch andere Rezensionen zu meiner äußeren Erscheinung. Sie können sich vorstellen, wie erfreut mein Vater beispielsweise war, als er in der *Berliner Zeitung* las, meine Haare hätten mir »im wilden Durcheinander um den Kopf« gestanden, als wäre ich eben erst aufgewacht! Aber klar, liebe Kollegen, sicher war ich eben erst aufgewacht! Ihr könnt froh sein, daß ich überhaupt zu eurem Interview gegangen bin! Mich hingeschleppt habe, besser gesagt – denn in den Tagen damals konnte ich vor Müdigkeit kaum mehr einen Fuß vor den anderen setzen. Doch solange ich nicht tot umfiel, verweigerte ich keinem Kollegen ein Interview. Mir schien es ungeheuer wichtig, daß es mir gelungen war, die Mauer des Schweigens zu durchbrechen, die das von Putin errichtete Regime der politischen Zensur durch die Staatsgewalt – nicht zuletzt auch in den westlichen Medien – umgab.

Zugegeben, es war ziemlich seltsam und ein bißchen peinlich, Beschreibungen meiner Person als einer Art »Freiheitsstatue« zu lesen …

»›I never intended it to be like this‹, said Tregubova, when asked how she felt about becoming – overnight – a symbol of press freedom in Russia«, schrieb *Reuters*.

Das war wirklich ein merkwürdiges Gefühl. Während ich das Buch schrieb, zweifelte ich nicht daran, daß es bekannt werden würde. Aber ich hatte nicht erwartet, daß das so unverschämt schnell passieren würde. Unverschämt deshalb, weil mein Buch schon populär war, bevor es irgend jemand gelesen hatte. Ich hatte immerhin die vermessene Hoffnung gehegt, es würde erst in mindestens eine der europäischen Sprachen übersetzt und dann erst berühmt werden …

Und dann schickte ein Freund mir eines Tages die historische ICQ-Nachricht: »Merke dir das heutige Datum. Du hast ›Harry Potter‹ in die Pfanne gehauen!«

Mein Buch hatte beim Internet-Buchhändler *ozon.ru* alle Verkaufsrekorde geschlagen und den ersten Platz eingenommen, weit vor dem neuen »Harry Potter«, Murakami, Coelho und allen anderen russischen Bestsellern. Zum Jahresende hatten wir schon 150 000 Exemplare verkauft, und damit war noch nicht einmal der Markt in Moskau und Sankt Petersburg gesättigt. Ununterbrochen trafen weitere Bestellungen aus anderen Regionen und aus dem Ausland ein. *Ad Marginem* kam mit dem Nachdrucken gar nicht mehr hinterher, und mein Verleger dachte ernsthaft daran, gleichzeitig zwei oder drei Druckereien zusätzlich zu beauftragen.

Zehn Tage vor der russischen Parlamentswahl verschwand das Buch ein zweites Mal auf geheimnisvolle Weise aus dem Handel, nicht nur in allen großen Moskauer Buchhandlungen, sondern auch in den kleinen Läden und Kiosken und bei den Buchhändlern in den U-Bahn-Unterführungen. In den großen Geschäften versicherte man uns, das Buch sei ausverkauft und die neue Lieferung aus dem Lager noch nicht eingetroffen. Doch in einigen kleineren Verkaufsstellen sagten die Verkäufer, das Buch sei »aus dem Handel genommen worden«. Als wir sie allerdings aufforderten, eine offizielle Beschwerde einzureichen und genau anzugeben, welche Organe und welche Mitarbeiter für die Sache verantwortlich waren, fürchteten sie um ihr Geschäft und machten einen Rückzieher. Exakt einen Tag nach den Parlamentswahlen tauchte das Buch dann wie durch einen Wink mit dem Zauberstab überall im Moskauer Buchhandel wieder auf. Der Markt, wie kontrolliert auch immer, war dennoch stärker als die Diktatur. Zumindest für kurze Zeit.

Genau eine Woche vor Silvester bat mich der Gründer der Website *Extremalnaja schurnalistika* um die Erlaubnis, den Text meines Buches ins Netz zu stellen. Am 31. Dezember rief er an, um mir zu gratulieren: »Herzlichen Glückwunsch: Heute haben wir den millionsten Besucher auf deinen Seiten gezählt. Und das in einer einzigen Woche! Unser Server wäre fast zusammengebrochen unter dem Ansturm der Leser ...«

So hatten die russischen Zensoren der Putin-Ära einmal mehr anschaulich demonstriert, daß sie aus den Fehlern ihrer sowjetischen Vorgänger nichts gelernt hatten. Die einfache Lektion, daß ein Verbot die beste Werbung ist, hatten sie nicht begriffen. Parfjonow übrigens, der den Beitrag über mich aus seiner Sendung hatte nehmen müssen, entließen die Kremlzensoren einige Monate später doch noch – wegen eines Interviews mit der Witwe Jandarbijews, des in Katar vom russischen Geheimdienst ermordeten tschetschenischen Expräsidenten.

Überhitzte Reaktionen

Wenn Sie annehmen, daß Putin mich anrief und mir für mein Buch dankte, dann liegen Sie falsch. Als ich in der Zeit nach dem Anschlag vor meiner Wohnungstür einmal bei Mark Franchetti eingeladen war, dem italienischstämmigen Moskauer Korrespondenten der *Sunday Times*, der anläßlich meiner wundersamen Rettung phantastische vegetarische Fettuccine gekocht hatte, hörte ich von einem der Gäste die Frage: »Lena, stimmt es, daß Putin den Befehl erteilt hat, *Echo Moskwy* zu schließen, weil er auf dem Weg von der Datscha zum Kreml das Autoradio eingeschaltet hat und auf dem Sender zufällig gerade eine Lesung aus Ihrem Buch lief?«

Ich hätte mich fast an meinen Nudeln verschluckt. Doch dann zog ich es vor, diese Geschichte der »Heldenfolklore« zuzurechnen, die allmählich um mein Buch zu ranken begann. Im Kern wurde diese Erzählung jedoch auch von einer durchaus hochrangigen Quelle bestätigt, deren Namen, das müssen Sie entschuldigen, ich nicht nennen werde – der Mann soll noch ein bißchen weiterleben. Mein Informant sagte, Putin sei nach der Lektüre meiner »Geschichten« wütend gewesen und habe einem der Stellvertreter seines Stabschefs aufgetragen, »aufzuräumen« mit *Echo Moskwy*, dessen Journalisten über mein Buch berichtet hatten.

Putins Presseminister Lessin verhielt sich um einiges offener als sein Präsident. Nachdem der Minister die »Geschichten eines Kreml-Diggers« gelesen hatte, beschloß er, mir eine Drohung von höchster Stelle zukommen zu lassen. Der Chefredakteur des *Kommersant* Wassiljew, der mit Lessin befreundet war, ließ mir über einen ehemaligen Kollegen ausrichten, der Presseminister frage sich, »ob Tregubova klar ist, daß sie sich mit diesem Buch selbst ›zum Abschuß freigegeben hat‹«.

Lessin fluchte zwar wie ein Bierkutscher über mein Buch, aber in einem privaten Gespräch mit dem Journalisten Leonid Parfjonow gestand er: »Ausnahmslos alles, was die Tregubova über mich schreibt, ist wahr. Woraus ich schließe, daß auch alles, was sie über andere Politiker schreibt, zu hundert Prozent wahr ist.« Den letzten Satz sprach der (heute schon nicht mehr amtierende) Minister seinen Gesprächspartnern zufolge mit unverhohlener Befriedigung aus, er rieb sich fast die Hände. Diese Reaktion war auch für andere russische Funktionäre durchaus typisch: »Daß ich durch den Dreck gezogen werde, ist natürlich ärgerlich, aber wie erfreulich, daß auch mein Chef durch den Dreck gezogen wird!«

Putins emotionale Reaktion auf mein Buch wurde in phantasievoller Ausführlichkeit nur auf der beliebten russischen Internet-Seite *vladimir.vladimirovich.ru* geschildert. Eines schönen Tages fing plötzlich mein Telefon wieder an, heißzulaufen. Die Frage, mit der mich Fernseh- und Zeitungsjournalisten überfielen, war ziemlich überraschend: »Lena, sagen Sie, sind Sie verheiratet?«

»Warum wollen Sie das denn wissen?!« wunderte ich mich. »Wollen Sie mir einen Heiratsantrag machen?«

»Nein, es ist nur eine Information aufgetaucht, Sie wollten heiraten … Und zwar Herrn Woloschin, den ehemaligen Kremlstabschef unter Jelzin und Putin … Entschuldigen Sie, aber nachdem Sie inzwischen eine gewisse Rolle in der Öffentlichkeit spielen, müssen wir uns auch für Ihr Privatleben interessieren …«

Ich mußte lachen. »Woher kommt diese Information denn?«

»Wenn Sie auf die Website *vladimir.vladimirovich.ru* gehen, können Sie sich selbst davon überzeugen …«

Es stellte sich heraus, daß die Seite dem beliebten Netzautor *Parker* gehörte, der es irgendwann geschafft hatte, Vor- und Vatersnamen des russischen Präsidenten als Marke anzumelden und nun auf seiner Website Reportagen aus dem Kreml veröffentlichte, über die das ganze Netz lachte, und jedermann rätselte, was an ihnen wahr war und was erfunden.

Neben einem ganz realen Ereignis – dem Rücktritt eines der Referenten des Präsidenten – beschrieb der Netzautor ein Gespräch zwischen Präsident Putin und seinem neuen Stabschef ungefähr so: »Nimm es dir bloß nicht zu sehr zu Herzen …«, sagte der neue Kremlstabschef zu Putin. »Weißt du, die Tregubova heiratet …«

»Wen denn!?« rief Putin verzweifelt.

»Na ihn. Deinen ehemaligen Stabschef Woloschin«, antwortete der neue Stabschef.

Wladimir Wladimirowitsch legte langsam den Hörer auf. Er kam hinter seinem Schreibtisch hervor, ging zu der mächtigen Tür seines Kremlbüros und schloß sie ab. Dann trat er vor sein Porträt, zog den präsidialen Parker-Füller aus der Jackentasche, zielte und traf ins rechte Auge. Danach nahm Wladimir Wladimirowitsch einen Ordner mit bereits unterzeichneten Erlassen vom Schreibtisch, leerte ihn auf dem Boden aus und trampelte auf den Papieren herum, als wollte er sich die Füße abwischen. Er rannte zum Schreibtisch zurück, griff nach einem gußeisernen Aschenbecher in Form einer Beresowski-Büste und warf ihn mit aller Kraft gegen die mächtigen Türen seines Büros. Von draußen wurde vorsichtig geklopft. Wladimir Wladimirowitsch ließ seine Fäuste auf das Präsidenten-Atomschaltpult niedersausen und trommelte wahllos auf alle Knöpfe. Bunte Lämpchen leuchteten auf, und irgendwo in Sibirien flog vom Schacht einer Interkontinentalrakete mit Atomsprengköpfen der Deckel ab. Daraufhin ließ Wladimir Wladimirowitsch wieder von dem Schaltpult ab, lief um den Tisch herum, zog mit einem Ruck eine Schublade heraus und kippte ihren Inhalt auf den Boden. Er beugte sich herab, fischte aus dem Haufen Papier Tregubovas »Geschichten eines Kreml-Diggers« heraus und fing an, genüßlich Seiten daraus auszureißen, zu zerknüllen, in kleine Stückchen zu zerfetzen und im ganzen Zimmer zu verstreuen. Dann warf Wladimir Wladimirowitsch das Buch auf den Boden, lief in die Abstellkammer, holte aus einem Schrank ein Bein von Schamil Bassajew und einen Arm von Ruslan Gelajew hervor (die beiden tschetschenischen Kämpfer wurden bei Sondereinsätzen der russischen Geheimdienste verstümmelt), rannte ins Zimmer zurück und prügelte mit dem Bein und dem Arm auf das halbzerrissene Tregubova-Buch ein. Danach warf Wladimir Wladimirowitsch

Schamil Bassajews Bein und Ruslan Gelajews Arm weg, lief wieder in den Abstellraum und öffnete den Deckel einer Holztruhe mit Erde, die himalayische Mahatmas einst an Lenin geschickt hatten. Wladimir Wladimirowitsch griff mit beiden Händen in die Erde und begann, sie auf sein Präsidentenhaupt zu streuen. Völlig außer sich trat Wladimir Wladimirowitsch mit den Füßen gegen die Truhe. Das Klopfen an der mächtigen Tür seines Arbeitszimmers wurde immer lauter. Wladimir Wladimirowitsch knallte den Truhendeckel zu, lehnte sich in eine Ecke der Abstellkammer und sank langsam auf den kalten Boden herab. Die Bürotüren gingen auf, er hörte Stimmen. Wladimir Wladimirowitsch saß in der Ecke der Abstellkammer und ballte die Fäuste. Über seine Präsidentenwangen liefen einige spärliche Männertränen.

Spärliche Männertränen hatte bald darauf auch der russische Premierminister Michail Kassjanow zu trocknen. Wie man mir erzählte, war er nach der Lektüre meines Buches unangenehm überrascht, daß ich ihn nicht ein einziges Mal erwähnte.

»Sei froh. Du solltest dich aufrichtig bei ihr bedanken«, widersprach ihm der demokratische Parteichef Boris Nemzow – selbst eine der Figuren meines Buches –, der ihm zufällig in einem bei den reichen neuen Russen beliebten Skiort begegnet war. Premierminister Kassjanow gestand, das Buch habe ihm und seiner Frau »im Grunde sehr gut gefallen«.

Einige Wochen nach diesem Geständnis wurde er von Putin aus dem Amt entlassen.

Die treffendste Beschreibung der Reaktionen auf mein Buch stammt von meiner Freundin Jelena Dikun: »Wenn Politiker so etwas über andere Politiker lesen, die sie kennen, dann schütten sie sich aus vor Lachen. Aber sobald es um sie selbst geht, werden sie finster wie Gewitterwolken und verlieren auf der Stelle jeden Sinn für Humor.«

Ein Beispiel für eine solche Reaktion wäre um ein Haar mein Freund Boris Nemzow geworden, der das erste Belegexemplar als Geburtstagsgeschenk bekommen hatte. Er war furchtbar stolz, daß in ganz Moskau noch niemand außer ihm das Buch besaß. Und ich hatte natürlich erwartet, daß er sich sofort darauf stürzen und es in einer Nacht verschlingen würde, um mich am nächsten Tag telefonisch zu beglückwünschen. Doch da hatte ich mich geirrt. Es verging ein Tag, zwei Tage, eine Woche – Nemzow rief nicht an. »Na gut«, dachte ich, »sicher ist er zu beschäftigt mit dem Wahlkampf.« Von mir aus wollte ich ihn nicht wieder anrufen – schließlich mag man als Autorin auch nicht um Lob betteln. Ich beschloß zu warten. Aber es verging noch eine weitere Woche, und Nemzow schwieg immer noch wie ein Fisch.

Ich verlor die Geduld und rief Jelena Dikun an, die damals als Pressesprecherin für Nemzow arbeitete: »Sag mal, was ist denn los?! Ich kann nicht glauben, daß Borja mein Buch immer noch nicht gelesen hat. Wieso ruft er denn nicht an? Hat er wirklich soviel zu tun?«

Dikun lachte nervös. »Weißt du, es ist ganz gut so, daß er nicht anruft. Laß ihn sich erst mal ein bißchen abkühlen ...«

»Soll das etwa heißen, er ist beleidigt?« fragte ich verblüfft.

»Beleidigt ist gar kein Ausdruck!« berichtete Dikun. »Du hättest Borja nur hören sollen: ›Diese Schlampe Tregubova! Und so was nennt sich Freundin! Einen Arsch mit Ohren hat sie aus mir gemacht in ihrem Buch!‹«

Ich wußte, daß Nemzow durchaus zur Selbstironie fähig war. Deshalb beschloß ich, tatsächlich einfach zu warten, bis sein Zorn verflog – und das war die richtige Entscheidung: Sobald Nemzow erfuhr, daß die Auslieferung meines Buches verzögert wurde, vergaß er großmütig seine Kränkung und bot mir, wie gesagt, an, als Fraktionsführer in der Duma eine offizielle Anfrage zu dem Vorgang zu formulieren.

»Um ehrlich zu sein, dein Buch ist sehr lustig, Tregubova!« sagte mein Freund Borja. »Ich habe laut gelacht beim Lesen! Aber was hast du da bloß über mich geschrieben? Biest!«

Eines Tages, es war bereits nach meiner Entlassung beim *Kommersant*, klingelte mein Telefon, und die Stimme am anderen Ende der Leitung sagte: »Lena, hier spricht Beresowski. Ich wollte Ihnen sagen, daß ich entzückt bin von Ihrem Buch!«

Beresowski behauptete, »Geschichten eines Kreml-Diggers« sei seit langem das erste Buch gewesen, das er »von Anfang bis Ende in einem Zug gelesen« habe.

»Das letzte Buch, das ich auf diese Art in einem Rutsch durchgelesen habe, war Kunderas ›Unerträgliche Leichtigkeit des Seins‹!«

»Sieh mal an, er kann sogar lesen!« dachte ich boshaft.

Beresowski versicherte, es sei mir gelungen, »das spezielle Aroma der Zeit« und das »Gefühl der Verantwortung für das Land oder vielmehr das Gefühl, daß die wichtigsten politischen Akteure diese Verantwortung nicht übernehmen wollten«, absolut wahrheitsgetreu wiederzugeben.

Aus dem Mund eines der Hauptakteure des politischen »inner circle« der letzten Jahre, der in meinem Buch zudem als »böser Geist der russischen Politik« bezeichnet wurde, war so ein Urteil wahrhaftig ein Kompliment. Ich will es nicht leugnen, ich war geschmeichelt. Obwohl mir klar war, daß dem Literaturliebhaber Beresowski so kurz vor den Wahlen wohl vor allem die Tatsache gefiel, das sein Feind Putin in dem Buch noch schlechter wegkam als er. Allerdings ging Beresowski zum Beweis seiner aufrichtigen freundschaftlichen Gefühle noch weiter: Kurz darauf, Ende Januar, bekam ich eine Einladung zu seinem Geburtstag.

So negativ mein Verhältnis zu diesem Mann auch gewesen war, solange er in der Gunst des Kreml gestanden hatte, jetzt, da die gesamte politische Elite in Rußland Putins Hetzkampagne gegen Beresowski guthieß, gefiel mir die Vorstellung, ihn in seinem »Exil« zu besuchen. So fand ich mich unversehens in einem sehr engen Kreis von Freunden und Angehörigen Beresowskis wieder – erst bei der Party in seinem Büro in der Londoner City, danach in seinem Haus, einem luxuriösen Landsitz in der Nähe von London. Als ich mit dem auf Betreiben des Kreml verfolgten Oligarchen in seiner schönen, stilvollen englischen Villa mit den eleganten alten Möbeln herumspazierte, durch die er mich mit sichtlichem Vergnügen führte (besonders stolz war er auf die geräumige Schwimmhalle mit der dezenten Unterwasserbeleuchtung), entschlüpfte mir ein Kompliment, das eher einer Beleidigung glich: »Wissen Sie, Boris, ich bin wirklich überrascht, wie geschmackvoll und schön es hier bei Ihnen ist. Das hätte ich nicht erwartet ...«

Er verstand meine Spitze und reagierte überraschend humorvoll: »Danke, Lenotschka! Das ist sicher nur, weil ich das Ganze hier nicht selber gemacht habe! Sonst hätte ich garantiert alles verdorben, da haben Sie recht.«

Während ich durch die endlosen Zimmerfluchten von Beresowskis Londoner Haus wanderte, mußte ich unwillkürlich daran denken, daß das Exil des Magnaten – eines der reichsten Männer der Welt, der in seinem eigenen Land nach dem Scheitern der samtenen Jelzinschen Revolution, die er selbst mit initiiert und aktiv gestaltet hatte, plötzlich zum politischen Paria geworden war – um einiges komfortabler war als das Exil jener Hunderttausenden von Emigranten, die das ganze letzte Jahrhundert über vor Mord, Repression und Diktatur aus meinem unglücklichen Rußland geflohen waren und dabei Geld und Vermögen zurücklassen mußten: erst nach dem bolschewistischen Umsturz 1917, dann unter Lenins Terror, dann unter Stalins Repressionen, dann unter denen der frühen und der ausgehenden Breschnew-Ära. Und nun kam die fünfte Welle der Emigration, ausgelöst von Putins Repressionen. Nur, daß die fünfte Welle von Flüchtlingen (mit der das alte Jahrhundert endete und das neue begann) die Oligarchen betraf, die finanziell immerhin besser gestellt waren. Ihre Paläste an der französischen Côte d'Azur und der Mittelmeerküste in Tel Aviv, in New York und in London hatten wenig gemein mit den verlassenen, »verwüsteten Adelsnestern« des frühen 20. Jahrhunderts in Rußland. Doch am Grundmuster hatte sich leider nichts verändert: Wieder reiste die aktivste, tatkräftigste Elite, die das Land verändern wollte, überstürzt aus Rußland aus, wieder folgten Diktatur, politische Repressionen, Flucht, Exil und das erzwungene Leben in der Fremde aufeinander. In dieser Hinsicht hat das neue Jahrhundert genauso begonnen wie das vergangene. Und die, die noch am Leben sind, können sich glücklich schätzen, solange sie am Leben sind, solange sie noch nicht wie Chodorkowski im Gefängnis sitzen und solange die russischen Geheimdienste sie nicht im Ausland liquidiert haben wie seinerzeit Trotzki. Beresowski und ich aber redeten den halben Abend – was denken Sie, über Putin? Ganz und gar nicht! Sie werden es nicht glauben, aber wir redeten über Márquez und seine »Hundert Jahre Einsamkeit« und über Kundera mit seiner »Unerträglichen Leichtigkeit des Seins«, über das Ende der Liebe, über den Verrat und über das Ende der samtenen Revolutionen.

Ich muß sagen, daß das Schwerste für mich die Wahl des Geburtstagsgeschenks für den Oligarchen gewesen war. »Was schenkt man einem Menschen, der zu den hundert reichsten Leuten der Welt gehört?« überlegte ich. »Einen Rolls-Royce? Den kann er sich auch selber kaufen …« Ich wollte ihm etwas schenken, was er von all seinen reichen Freunden garantiert nie bekommen würde – also beschloß ich, ihm selbstgebackene jüdische Kekse mitzubringen, mit Zimt, Rosinen, Walnüssen, Marmelade und geriebener Zitronenschale.

Diese Kekse von mir sind natürlich genial. Aber was genial ist, ist bekanntlich auch selten. Das gibt es nicht alle Tage. Man erinnert sich sein Leben lang daran. Kurzum, das letzte Mal hatte ich diese Sorte Kekse gebacken, als ich siebzehn Jahre alt war. Nun ja, und während ich meine Reise nach London vorbereitete und mein schönstes Kleid einpackte, waren die Kekse … nein, nicht verbrannt, aber – angebrannt … also nicht völlig verkohlt natürlich, aber … Wie soll man das elegant ausdrücken? Ihre Zartheit war einer robusten Reife gewichen.

Als Beresowski mich daher am 2. Februar, unmittelbar nach der Explosion der Bombe vor meiner Wohnungstür, anrief, um zu fragen, ob ich noch lebte, und mir seine Unterstützung auszusprechen, erkundigte ich mich für alle Fälle: »Boris, sagen Sie ehrlich: Haben Sie sich auch keinen Zahn ausgebissen an meinen Keksen?«

Er mußte lachen und versicherte mir, die Kekse hätten ihm geschmeckt. Dem Journalisten vom *Kommersant*, der mich in einem Interview kurz nach dem Anschlag fragte, ob ich nicht glaubte, daß Beresowski das Attentat »in Auftrag gegeben«

habe, mußte ich daher erklären: »Wissen Sie, ich war vor ein paar Tagen bei diesem Mann zum Geburtstag eingeladen. Ich habe ihm Kekse geschenkt. Und ich gebe zwar zu, daß sie ein bißchen angebrannt waren, aber ich glaube nicht, daß er sich dafür auf diese Weise rächen würde.«

Nun wissen Sie, wie das Kremlpublikum auf mein Buch reagiert hat. Und Sie können selbst urteilen, wer von meinen »Freunden« mir wohl drei Monate nach der Veröffentlichung in Rußland einen allzu heißen Gruß in Form einer Bombe vor die Tür geschickt hat.

Schweigen ist Mittäterschaft

Geben Sie es zu: Sie hatten nicht erwartet, daß am Beginn des 21. Jahrhunderts alle Welt auf einmal wieder von einem »neuen Kalten Krieg« mit Rußland sprechen würde. Die derzeitigen Nachrichten aus Rußland erinnern eher an Meldungen aus China zur Zeit der Niederschlagung der Demonstrationen auf dem Tiananmen-Platz, oder aus Weißrußland: Demonstrationen werden gewaltsam aufgelöst, Demonstranten verprügelt, Journalisten und Oppositionsführer verhaftet, Regierungsgegner werden unverhohlen verfolgt und zuweilen auch getötet. Die Furcht vor Spionen grassiert, im Moskauer Büro der nichtstaatlichen Organisation *Internews* werden die Computerfestplatten beschlagnahmt. Und schließlich die Inszenierung von blutigen Unruhen und Provokationen in unabhängigen Nachbarstaaten – den ehemaligen sowjetischen Kolonien, denen der Kreml nun erneut das Recht auf eine selbstständige, ungestörte Entwicklung abspricht – sowie der einseitige Austritt Rußlands aus Abrüstungsverträgen.

Wenige Tage vor dem tragischen Tod Anna Politkowskajas interviewte mich ein Journalist einer der öffentlich-rechtlichen deutschen Fernsehsender. Er hatte mein Buch gelesen und fragte mich als erstes ganz offen: »Übertreiben Sie nicht ein bißchen, Lena? Ist das nicht etwas überspitzt, von der Gefahr eines autoritären Regimes und der Abschaffung der Demokratie in Rußland zu sprechen? Ich bin ja zum ersten Mal in Moskau – aber es wirkt alles so hell und friedlich hier, die Stadt ist so schön!«

Putins neue tschekistische Elite hat sich auf Staatskosten eine gemütliche kleine Welt geschaffen, ihren ganz persönlichen Kapitalismus, sie hat Öl- und Gasressourcen aus dem Land gepumpt und Moskau in eine der reichsten, teuersten und schicksten Städte der Welt verwandelt, während die überwiegende Mehrheit der Bevölkerung am Rande der Armut lebt. Es ist schwer, hinter den glitzernden Fassaden das Leid der Menschen zu sehen. Erst recht, wenn jemand einen für diese »Sehschwäche« gut bezahlt (wie Putin, der seine westlichen Kollegen zu Lobbyisten im Dienst der Öl- und Gasgeschäfte seines Kremlclans degradiert).

George Soros' Vater Tivadar Soros, der die Nazi-Besatzung Ungarns knapp überlebte, hat das einmal treffend formuliert: »Es ist erstaunlich, wieviel *fremdes* Leid der Mensch ertragen kann.«

Die letzten Jahre über haben wir russischen Journalisten regelrecht geschrien vor Schmerz und Entsetzen, weil wir von innen heraus sahen, in welche Richtung Rußland ging, und genau wußten, womit das enden würde – nämlich mit Todesopfern. Wir haben Sie um Hilfe gebeten, aber Sie haben geschwiegen. Sie haben lieber an das Bild geglaubt, das die Kremlpropaganda Ihnen vorsetzt: das Bild eines lächelnden Putin, der Ihren Politikern die Hände schüttelt und milliardenschweren Energiegeschäften den Weg ebnet.

Sie wissen inzwischen, daß dieser Kerl jeden aus dem Weg räumt, der seine uneingeschränkte Macht und seine egoistischen Interessen gefährdet – aber man bezahlt Sie dafür, daß Sie schweigen. Oder zu milde reagieren, was unter den gegebenen Umständen praktisch dasselbe ist. Eben das aber – alles wissen und nichts dagegen tun – nennt man Mittäterschaft.

Hätte der Westen auf die verzweifelten Hilferufe der russischen Journalisten, Menschenrechtler und Oppositionspolitiker gehört, dann wäre Anna Politkowskaja jetzt noch am Leben, davon bin ich überzeugt. Und ich zweifle nicht daran, daß auch Litwinenko noch am Leben wäre, wenn die westlichen Staats- und Regierungschefs nach dem Mord an Politkowskaja gemeinsam scharf protestiert und Putin gewarnt hätten. Sie hätten ihm klarmachen müssen, daß er die Morde an seinen politischen Gegnern auf der Stelle stoppen, die demokratischen Institutionen in Rußland wiederherstellen und grundlegende Menschenrechte garantieren muß, weil andernfalls die russischen Unternehmen auf eine schwarze Liste gesetzt und westliche Firmen von Verträgen mit diesen Unternehmen Abstand nehmen würden.

Ich zweifle ebenso keine Sekunde daran, daß es von Ihrem Schweigen oder dem Grad Ihrer Einmischung abhängen wird, ob das Regime in Rußland noch mehr Menschenleben fordern wird oder nicht. Gerade Ihr Schweigen hat es möglich gemacht, daß aus dem kleinen, unauffälligen, farblosen Schatten, der Putin einmal war, über die Jahre der menschenfressende Kremldrache von heute geworden ist.

Seien Sie ehrlich: Sie haben den Öl- und Erdgasköder geschluckt, den er Ihnen hingehalten hat, und jetzt hängen Sie am Haken. Sie sind der Versuchung erlegen. Sie haben sich Ihre Unterstützung für die russische Demokratie abkaufen lassen – gegen Energielieferungen. Dabei war die Demokratie in Rußland, so schmerzlich diese Feststellung für mich ist, auch in der Jelzin-Zeit abhängig von der Unterstützung des Westens. Schließlich hatte das ganze Land kurze Zeit vorher noch wie im Gefängnis gelebt, und jeder wußte, daß eine abweichende Meinung lebensgefährlich sein konnte, nur wenige hatten den Mut, zu rebellieren. Doch Sie haben geschwiegen, selbst dann noch, als Putin ein Gesetz unterzeichnet hat, das zur Jagd der Geheimdienste auf jeden bläst, den der Präsident zum »Feind Rußlands« erklärt – auch auf diejenigen, die sich vor seinem verbrecherischen Regime ins Ausland geflüchtet haben. Jetzt ernten Sie die Früchte.

Inzwischen genügen Ihre Worte nicht mehr. Putin schert sich nicht mehr um Sie und das, was Sie sagen. Das einzige, was ihn kümmert, ist Ihr Geld, mit dem er in fieberhafter Hast Besitzwerte, Vermögen und Firmen im Ausland aufkaufen will, um so mit der Geschwindigkeit von Krebszellen seinen Einfluß auf die ganze Welt auszudehnen und auch ausländische Firmen mit den Normen und Moralvorstellungen des KGB-Business zu infizieren.

Die putinsche Korporation verhält sich immer mehr wie eine Bande, die das ganze Land als Geisel genommen hat. Um die russischen Bürger vor dieser international immer einflußreicheren, immer unverfrorener agierenden Gang zu schützen, reichen heute keine Worte mehr, sondern es sind Maßnahmen nötig. Wahrscheinlich bedarf es konzertierter wirtschaftlicher Sanktionen seitens der führenden westlichen Länder, und vielleicht muß man Rußland auch aus der G8-Runde und anderen hochrangigen internationalen Organisationen ausschließen, falls Putin sich nicht bereit erklärt, die Bürgerrechte und die Normen einer zivilisierten Demokratie in Rußland wiederherzustellen.

Noch vor fünf bis sieben Jahren, als das autoritäre Regime weniger fest im Sattel saß, hätte eine entschiedene Verurteilung von Menschenrechtsverletzungen in Rußland aus dem Mund des deutschen Bundeskanzlers oder des amerikanischen Außenministers für Aufruhr gesorgt und womöglich auch Wirkung gezeigt – sie hätte den Kreml dazu gebracht, zu zivilisierten Spielregeln zurückzukehren. Heute dagegen ist der Westen zwar aufgewacht und schickt eine Protestnote nach der anderen, aber Putin pfeift darauf. Der Protest muß von konkreten, harten Schritten flankiert sein. Und er muß vom klaren politischen Willen der Regierenden getragen sein. Der Kreml und die russischen Geheimdienste sind heute wie ein Vampir, der nach der langen erzwungenen Diät der Jelzin-Zeit wieder Blut geleckt hat – er wird nicht von sich aus stehenbleiben, er wird weitermorden.

Ich fürchte, uns allen werden in den kommenden Monaten noch die Haare zu Berge stehen angesichts dessen, was im Vorfeld der Wahlen in Rußland passieren wird. Putins einziges Ziel ist der Machterhalt seines Clans, und er wird kein Mittel scheuen, um dieses Ziel zu erreichen. Mit der Inszenierung von Unruhen in Estland und den Übergriffen auf die estnische Botschaft in Moskau hat der Kreml bereits gezeigt, welche Wahlkampfmethode er bevorzugt: die Wiederbelebung und verstärkte Propaganda der noch in der Sowjetzeit eingeübten hysterisch-paranoiden Vorstellung eines »gemeinsamen Feindes«. Dieser Feind kann sowohl ein innerer wie auch ein äußerer sein. Zu Feinden werden bald auch Sie, verlassen Sie sich darauf.

Ich vermute, die Unruhen in Tallinn, zu denen russische Schlägertrupps entsandt wurden, waren eine Generalprobe für das, was das Putin-Team vor den Wahlen in Moskau vorhat. Ich würde nicht ausschließen, daß auch in Demonstrationen auf den Straßen Moskaus Schläger und Provokateure eingeschleust werden, die das Feuer eröffnen – entweder, damit man unter diesem Vorwand den Ausnahmezustand verhängen, die Wahl verschieben und Putin zu einer verfassungswidrigen dritten Amtszeit verhelfen kann, oder aber um auf einer Welle primitiver Pogromstimmung irgendeinem seiner Nachfolger zur nötigen Popularität zu verhelfen. Beide Varianten laufen auf die Wiedererrichtung einer Diktatur durch ein neues »Politbüro« hinaus, nach altem sowjetischem Vorbild: Die *talking heads* im Kreml wechseln sich ab, aber der Rumpf bleibt derselbe – ein mafiöser Clan, eine Korporation, die unter Einsatz von Gewalt an der Macht festhält.

Wir stehen heute wieder einmal an einem Wendepunkt, einem *point of no return*. Der Westen hat die Wahl. Wenn er sich auch diesmal mit rein kosmetischen Protestnoten begnügt (während er mit der anderen Hand weiterhin Verträge mit Putin und seinen Protegés unterschreibt) und keine konkreten Schritte unternimmt, dann bin ich sicher, daß schon in den nächsten Monaten weitere Menschen dem Kremlregime zum Opfer fallen werden.

Natürlich können Sie auch einmal mehr wegschauen und sich mit dem Mythos rechtfertigen, die Russen seien »noch nicht reif für die Demokratie«. Oder Sie können sich auf einen anderen Propagandamythos berufen: auf die »hohen Umfragewerte Putins bei der russischen Bevölkerung«. (Ich möchte wissen, was Sie wohl in Hitlerdeutschland geantwortet hätten, wenn ein von der Reichskanzlei entsandter »Meinungsforscher« Sie auf der Straße gefragt hätte, ob Sie für den Führer sind. Die Russen haben siebzig Jahre lang mit dieser Angst gelebt, und es war ein leichtes für Putin, sie den Bürgern nach der kurzen Pause der liberalen Jelzin-Ära wieder in Erinnerung zu rufen.) Schon jetzt laufen überall in Moskau Gestalten herum, die die Moskauer unter sich nur noch die *Putinjugend* nennen – innerhalb der kremltreuen »politischen« Organisationen gebildete Sturmbrigaden, die speziell für die Teilnahme an Ausschreitungen und handgreiflichen Auseinandersetzungen mit der Opposition trainiert werden. Heute tritt diese *Putinjugend* mit Losungen wie »Die estnische Botschaft ausradieren!« auf. Auf welches Ziel wird der Kreml sie als nächstes ansetzen? Die inoffiziellen Kremlmeinungsmacher geben den Oppositionellen deutlich zu verstehen, die Regierung würde, falls sie sich nicht eines Besseren besinnen und ihre Protestmärsche einstellen, zur Unterdrückung einer »samtenen Revolution« wenn nötig auch brutale Gewalt einsetzen.

Natürlich können Sie einfach wegschauen, wenn ein Häuflein Tapferer es wagt, öffentlich zu protestieren und sich den bewaffneten Truppen des Innenministeriums entgegenzustellen, die auf Putins Befehl die Atmosphäre der Angst auf den Straßen Moskaus wieder aufleben lassen. Selbstverständlich können Sie sie in der so praktischen und beliebten Terminologie des Präsidenten einfach als »unbedeutend« bezeichnen. Und sicher haben Sie jedes Recht, überhaupt alles zu vergessen, was ich Ihnen erzählt habe. Nur wundern Sie sich dann nicht und tun nicht so, als könnten Sie nichts dafür, wenn Putin (oder irgendein Nachfolger, ein beliebiges Mitglied dieses neuen Politbüros) anfängt, den Westen zu erpressen. Denn die Geschichte kennt kein diktatorisches Regime, das nicht früher oder später auch aggressiv gegen seine nahen und fernen Nachbarn geworden wäre.

Sie haben die Wahl. Ich betone: Geschichte ist etwas sehr Persönliches, und jeder von Ihnen hat einen Einfluß auf sie. Davon, ob Sie jetzt stumm bleiben oder nicht, hängt das reale Leben realer Menschen ab. Was ich will, ist nur, daß

Sie sich bewußt sind: Wenn Sie jetzt nicht wirklich etwas tut, dann sind Sie für das Blutvergießen des Kreml in Rußland mitverantwortlich.

Editorische Notiz

Der erste Teil (Kapitel 1-5) des vorliegenden Werkes ist eine von der Autorin überarbeitete und aktualisierte Fassung ihres Buches »Geschichten eines Kreml-Diggers« (*Baiki kremljowskogo diggera*), der zweite Teil (Kapitel 6-7) ist eine ebenfalls von der Autorin überarbeitete und aktualisierte Fassung ihres Buches »Der Abschied eines Kreml-Diggers« (*Proschtschanije kremljowskogo diggera*).

Aus unserem weiteren Programm:

Joris Luyendijk

Wie im echten Leben

Von Bildern und Lügen
in Zeiten des Krieges

Aus dem Niederländischen von
Anne F. Middelhoek
256 Seiten, gebunden
ISBN 978-3-932170-25-6 € 19,80 (D)

»Starke Thesen und faszinierende
Geschichten.« DE VOLKSKRANT

Wie im echten Leben ist der Sachbuchbestseller aus den Niederlanden. Mit seinen provokanten Thesen über die internationale Berichterstattung aus den Konfliktgebieten der arabischen Welt hat Joris Luyendijk eine breite gesellschaftliche Debatte ausgelöst. Anhand verblüffender Beispiele und mit viel Selbstironie beschreibt er präzise die Manipulations- und Verfälschungsstrategien der Medien.

www.tropen-verlag.de

Denis Johnson

In der Hölle

Blicke in den Abgrund der Welt

Vorwort von Georg M. Oswald
Aus dem Amerikanischen von
Bettina Abarbanell
192 Seiten, gebunden
ISBN 3-932170-90-3 € 18,80 (D)

»Eine Prosa von erstaunlicher Kraft.«

PHILIP ROTH

Denis Johnsons Afrika-Reportagen *In der Hölle* stellen ohne Zweifel einen Höhepunkt seines Werkes dar. Er ist im Auftrag der Zeitschrift »The New Yorker« zweimal nach Liberia und einmal nach Somalia gereist. Dort erkundet Johnson das dunkle Herz Afrikas und blickt tief in die Abgründe des menschlichen Wesens. Es sind Reiseberichte von schockierender Klarheit und Erzählungen vom Verlust der äußeren und inneren Zivilisation.

www.tropen-verlag.de